［清］罗典 撰 兰甲云 校点

# 凝园读易管见

湖湘文库编辑出版委员会

岳麓书社

湖湘文库

# 出版说明

湖湘文化源远流长，博大精深，是中华文化中独具地域特色的重要一脉。特别是近代以来，一批又一批三湘英杰，以其文韬武略，叱咤风云，谱写了辉煌灿烂的历史篇章，使湖湘文化更为绚丽多彩，影响深远。为弘扬湖湘文化、砥砺湖湘后人，中共湖南省委、湖南省人民政府决定编纂出版《湖湘文库》大型丛书。

《湖湘文库》编辑出版以“整理、传承、研究、创新”为基本方针，分甲、乙两编，其内容涵盖古今，编纂工作繁难复杂，兹将有关事宜略述如次：

一、甲编为湖湘文献，系前人著述。主要为湘籍人士著作和湖南地区的出土文献，同时酌收历代寓湘人物在湘作品，以及晚清至民国时期的部分报刊。

二、乙编为湖湘研究，系今人撰编。包括研究、介绍湖湘人物、历史、风物的学术著作和资料汇编等。

三、乙编中的通史、专题史，下限断至1949年。

四、甲编文献以点校后排印、据原本影印及数据光盘三种方式出版。

五、除少数图书以外，一律采用简体汉字横排。

六、每种图书均由今人撰写前言一篇。甲编图书前言，主要简述原作者生平、该书主要内容、学术文化价值及版本源流、所用底本、参校本等。乙编图书前言，则重在阐释该研究课题的研究视角和主要学术观点等。

七、对文献的整理，只据底本与参校本、参校资料等进行校勘标点，对底本文字的讹、夺、衍、倒作正、补、删、乙，有需要说明的问题，则作出校记，一般不作注释。

八、甲编民国文献中的用语、数字、标点等，除特殊情况外，一般不作改动。乙编图书中的标点、数字用法、参考文献著录规则等均按现行出版有关规定使用和处理。

《湖湘文库》卷帙浩繁，难免出现缺失疏漏，热望社会各界批评指正。

**《湖湘文库》编辑出版委员会**

# 前 言





《凝园读易管见》十卷，清罗典著。罗典（1719—1808），字徽五，号慎斋，湖南湘潭人。乾隆皇帝曾经表扬罗典为“正经老实人”，孔子有仁者寿之语，罗典无疑是一位仁者，有《尚书》所说的“考终命”之福，享年九十无疾而终，端坐迁化于岳麓书院任上。朝廷敕命祀于乡贤，奉旨入祀湖南乡贤祠。

罗典是清代岳麓书院著名的山长，著有经学著作多种，如《诗管见》、《春秋管见》、《今文尚书管见》、《罗鸿胪集》等书，是一位经学家。然而他不仅仅是经学家，更是一位以经学培养人才的教育家和实践家，他以经学培养了一大批经世致用的人才。罗典执掌岳麓书院27年，培养了陶澍、欧阳厚均、严如煜等栋梁之才，再传弟子曾国藩、左宗棠等皆为中兴重臣。严如煜赞叹“三十年来大湖以南，人材辈出，登甲第，内外蒙擢用，暨孝廉、明经，以行品、才猷、文学著名者，数百人。门墙之盛，为从来所未有”。罗典称得上是岳麓书院历史上享有盛名的经学家与教育家。

罗典为人勤谨，笃志于道，深于学问，真诚老实。据严如煜《乐园文钞·清故鸿胪寺少卿慎斋先生传》所说：“少倜傥，负奇节，状貌瑰玮”，年轻时长相不一般，但是家里却很穷，“家屡空”，常常揭不开锅，然后罗典却专心于读书学问，“笃志于学”。乾隆丁卯（1747）举乡试第一，辛未（1751）举进士，选庶吉士，授编修官。后转御史，历吏、工二科掌印给事中，迁鸿胪寺卿，两主河南乡试，督四川学政。

1782年罗典入主岳麓书院，他教育学生，其宗旨是“学宗邹鲁，礼门义路圣贤心”，其目标是“令学者陶咏其天趣，坚定其德性，而明习于时务”。他采用的教育方法是“晨起讲经义，暇则率生徒看山花、听田歌”，徘徊亭台楼阁之间，随时当机指点启发学生。他追求的教育效果是使学生有“龙虎气”、“圣贤心”，德性定，时务习。有气度，有品德，有实际能力服务于社会、服务于国家。罗典为岳麓书院写的一副对联，典型地概括了湖湘大地人杰地灵、年轻学子很有培养潜力以及培养学生的宗旨、方法、途径。“地接衡湘，深山大泽龙虎气；学宗邹鲁，礼门义路圣贤心”，以儒家经典为教材培养学生，以礼义之道趋向圣贤之路，效法先圣先贤，以圣贤之存心为学习榜样，以此激励学生成就学生。罗典教导学生有方，自己身体力行，德高望重，研究经学，不遗余力，对儒家经典《诗经》、《尚书》、《周易》、《春秋》都有专著问世，罗典的经学是其教导学生的教材，是为教育学生培养国家人才服务的，因此，他的经学研究不仅仅是学问，更重要的如何利用经学来培养人才，他更重视经学的社会功能和经学的实践教育。

《凝园读易管见》一书，是罗典学《易》治《易》的心得体会。罗典研究经典，十分重视字句贯通，重视义理融通。对于罗典如何治经，严如熤说：“先生虽以制艺名一时，而精神专注，则在经。以古人简质，文字无闲剩，即经诂经，字栊而句梳之。既皆有确切注脚，则通之一章，又通之全篇。全经有所窒，则废寝食，夜以继日，必得融贯而后安。注《易》始京，寓之凝园，名曰管见。”罗典治经，从一字一句的理解把握开始，一个字一个字地仔细琢磨体会，方法是以经典中的字句来理解经典，即以经诂经，这种方式方法，确实可靠，经得起检验，功夫扎实。由字到句子，再到章节，到全篇。常常为了一个字的准确理解而苦思冥想、废寝忘食。《凝园周易管见》，虽然也有引用其他学者的文献，但比较少，只有四家，即《程传》、《集说》、《本义》、《折中》，全书绝大部分内容主要是阐述罗典自己的看法和观点。在中国易学史上，罗典的许多见解与观点，值得后人研究，应该引起足够重视。尤其是罗典利用经学，包括易学，培养造就人才的做法，同样值得今天的教育界借鉴学习。

罗典易学的主要观点体现在《管见》之中，而犹以《乾》《坤》两卦为关键。《乾》《坤》两卦之中，关键的关键，又在《乾》卦。罗典解释《乾》卦时，先引用《程传》以解释乾，认为“天者，天之形体。乾者，天之性情。乾，健也，健而无息谓之乾”。按照《程传》的观点看来，乾卦就是谈论天的性情的，天的性情就是健而无息。又引用《集说》，认为“孔氏颖达曰：天之体，以健为用。圣人作易，本以教人。欲使人法天之用，不法天之体。故名乾，不名天也”。孔颖达认为，天以健为用，圣人作易的目的，是教人法天之用。这些观点是罗典认可的。

所谓乾之性情，乾之健，乾之性命，都包含体现在乾卦的卦辞“元亨利贞”四个字里面，元亨利贞四个字，就是一部《周易》的总纲领。罗典认为：“欲知乾之统天，当先观于天也。云行雨施，品物流形，此天之元亨也。知天之元亨，则于乾之统天，以共成为元亨者，亦可知也亦。”罗典认为，天之元亨，就是云行雨施，品物流形。罗典进一步加按语认为：“盖天体纯阳，其云行雨施，则所谓大和也。阳以大和为正，天之贞，在斯矣。已故乾之统天者，其元亨为万物资始。其元亨之利于贞，亦惟在于保合大和已也。”罗典提出一个非常重要的易学观点，就是天体纯阳，云行雨施，就是元亨，就是大和。所谓利贞，就是保合大和。因此，一部《周易》就是谈如何元亨，如何保合元亨这一大和，即利贞。只有纯阳，才能达到大和这一动态平衡局面。

罗典认为，大和为性命之正。乾卦六阳，皆有六龙之象。“乾道纯阳，纯阳则易亢，亢则戾于大和。此不免以任气质之偏，而失性命之正矣。”乾卦上九爻为亢，亢则有失大和，则性命不正。二五两爻虽然中正，但是往往敌应而不相与，如果敌应不相与，则不免近于亢，而不得大和。因此，罗典认为，乾卦的关键在于如何保合大和，即如何同体乾道，如何变化气质，如何各正性命，如何不偏于亢，然后才能保性命之大和，以合于天之大和。罗典的这一个易学观点，无疑具有十分重要的意义，是他深刻体会揣摩而得出的结论，完全合乎传统易学宗旨。



罗典解释《坤》卦，认为“坤，主人之顺……坤德之在人，为地之顺以承天，实为地之厚以承天也。此其所以称元亨乎！”“坤之元亨，其曰利牝马之贞者何？告六五耳。六五居尊，为主卦之主。欲其有以及万物，而致元亨，不能无所行也……坤之六五亦取象牝马者，象六五君子之有所行也。但牝马之行地无疆，惟从乎地类之类，以行而已。此见其柔顺，不见其贞也。贞则当行，而与其类行。不当行，则则有不与其类行而止者。”“坤位西南，而主于顺。艮位东北，而主于止。以西南之主于顺者，得朋行乎其所当行，利也。又以东北之主于止者，丧朋不行其所不当行，亦利也。”罗典总结坤卦的特点是主人之顺，坤卦之元亨在于地之顺以承天。坤位西南，主顺，得朋当行，则利。艮位东北，主止，丧朋不当行，也同样有利。顺而能行，顺而能止，皆利。贞则当行，不贞则当止。

罗典解释《乾》《坤》二卦辞时，抓住“元亨利贞”这个卦辞核心，联系《乾》《坤》二卦《象》辞，具体落实到《乾》

《坤》二卦之中来解释元亨利贞的具体内涵。罗典认为，《乾》卦天体纯阳，其元亨的表现就是万物资始、云行雨施、品物流形。云行雨施、品物流形既是元亨，又是大和。保合这个元亨、大和，就是利贞。《坤》卦的元亨在于顺，在于地之顺以承天。坤卦西南，顺而当行，则利。艮止东北，顺而止，亦利。

在历代易学家对元亨利贞的解释当中，从《子夏传》开始，一般人都是把元解释为开始，亨解释为通达，利解释为有利，贞解释为贞正。许多易学家，也包括《文言传》作者从人道谈元亨利贞，将元解释为体仁，亨解释为合礼，利解释为和义，贞解释为干事。因此，罗典的这种解释，在易学阐释史上，是具有重要意义的。



在其余卦爻辞阐释当中，罗典新见迭出。譬如罗典解释《师》卦九二爻辞“在师中”的“在”字，认为这个“在”字应当作“察”字看，引用《虞书》“在璿玑玉衡”之“在”字就是察字。这个说法很有道理，具有说服力。

又如解释《同人》卦象辞“君子以类族辨物”，罗典说：“物之群萃者，为族类之者，如定土疆，叙职业，联姓氏，皆是也。至于族同而物不齐，乃复旌淑别忒以辨之，此足以通天下之志，而见同人之亨矣。”解释类族辨物，联系到定土疆，叙职业，联姓氏，颇有新意，并且切合当时的情况，因而很有说服力。

又如解释《豫》卦卦名象辞都有义理可据，切于人事物理。“雷出地，奋。此仲春雷乃发声之雷也。以雷鸣春，生气宣畅，故其象为豫。先王以作乐崇德，殷荐之上帝，以配祖考，则为卦中之六五，告以处豫之则也。豫莫甚于乐，故举乐言。然先王之作乐，其所得自用者，将以崇德也。岂其导欲而以为豫哉?”这里，将作乐崇德，殷荐之上帝，以配祖考的具体义理，落实到六五爻，表明六五爻作乐是为了祭祀上帝祖先，推崇歌颂上帝祖先功德，而不是为了满足自己的欲望。由此可见罗典解释《周易》卦爻辞，追求字字句句落实，合乎义理易理，学风平实踏实。

解释《豫》卦初六爻辞“鸣豫，凶”时说：“初六之鸣豫，谓假九四雷鸣之势，以威人而自快也。卦惟九四一刚，以震主而有雷出地奋之象。此雷之鸣象也，而下卦柔不中正之初六，实与为应……于是志有所欲得以为豫者，必假侯之势以鸣。”罗典认为，初六与九四相应，《豫》卦只有九四一个阳爻为震主，于是初六不免假九四之势而自鸣得意。这种解释合乎易卦义理，使卦辞爻辞与卦画阴阳爻相互之间的具有一定的关联性。



又譬如，罗典在阐释《归妹》卦时，批评某些旧注当位说，以为自二至五，皆不当位，故言征凶，非也。罗典认为，当位说，并不是很重要的，《周易》最为重视的是中，认为：“易例莫贵于中，中则能正，故二五多善词，不得以阴居阳位，阳居阴位，概指为不当也。”罗典的这一判断，非常有见地。我曾经在《周易通释》一书里面，就当位说这个问题做过详细的数量统计说明，说明可以证明罗典的说法完全正确。以前的当位说，基本上是以偏概全。

又譬如，解释《丰》卦九三爻辞时，罗典提出：“以月会于日而侵日，故食……君为日象，臣为月象，以臣侵君，犹以月侵日也。”从天象角度解释人事政治，合乎易卦易例，所做的解释很有新意，也很有道理和说服力。

由以上例子可知，罗典阐释卦爻辞，注重义理，侧重人情物理，往往从人事实践角度来结合卦爻相互之间关系尤其是阴阳关系来来讨论卦爻辞义旨意蕴。很显然，罗典的《周易》阐释属于义理学派这一系统，他的解释没有繁琐的象数分析。

《凝园读易管见》全书围绕着《周易》卦爻辞，包括彖辞、象辞来阐释《周易》每卦每爻的精义要旨。每爻每卦的义理都能够自圆其说，都能够自成体系。最难能可贵的是，《管见》中的绝大部分观点，都是罗典长期读易学易的心得体会，都是他自家苦苦揣摩、体贴、玩味出来的，甚至有许多是他废寝忘食、苦苦思索后豁然开朗的结果，具有浓郁的罗记风味。

学《易》读《易》，应该以明白事理为核心追求，以通晓人情物理为旨归，以君子圣贤为效法榜样，以修养修学增进德业功业为目标。以修己及人、齐家治国为责任义务。《周易》是教导人教育人的最佳教科书，“无有师保，如临父母”，常常诵读《周易》玩味义理，就像老师、师傅、父母常在自己身边提醒自己一样。

罗典用《凝园读易管见》等儒学经典培养教育岳麓书院学生，取得了巨大成功。在今天，儒家的经典中的许多优秀成分并没有过时，尤其是那些优秀传统中的义理内容，那些普适性的核心价值观念，那些修己正人的原则，《周易》中的那些自强不息、厚德载物、遏恶扬善、贤德善俗、与时俱行等等核心价值理念，对于我们今天的伦理道德建设、和谐文化建设、和谐社会建设，仍然具有重大的价值。

最后要说明的是，本书整理时，因为时间关系，有一部分内容是我指导的研究生曾海纯校点的，他所做的部分工作，后来经过我的核对整理与仔细校改。限于整理者的学术修养与水平，该书的整理可能存在有缺点和不足，敬请各位专家学者批评指正！

2012 年 11 月 9 日兰甲云于湖南大学天马山科教新村肥遁斋

# 目　录

# 清故鸿胪寺少卿罗慎斋先生传溆浦严如熤《乐园文钞》

先生姓罗名典，字徽五，号慎斋，湖南湘潭人。少倜傥，负奇节，状貌瑰伟。家屡空，笃志于学，文思隽异警拔。学使裴园阮公，学士句山陈公，皆海内文章宗匠，每见先生文，辄叹金嘉鱼复生。乾隆丁卯举乡试第一，辛未成进士，入词垣。迁江南道监察御史，转吏工二科，掌印给事中，晋鸿胪寺少卿，充会试顺天乡试同考官者再，两主河南乡试，一为四川学政。先生立朝二十馀年，清耿无所阿，居言路不搏击沽，直声通达，治体平心，持法奏论，必本忠诚。大学士刘文正公座主也，遇大措置，暨事有疑，辄相谘。尝曰：罗君益我，不但为吾老友，精衡鉴，校士优劣，锱铢不差。然性详慎。中州试卷六千馀。手亲评点。两次操文柄，知名士甄拔无遗。视学四川，则以学政职不专衡文，汲汲造士，育人才。按试诸郡，至则诣明伦堂，集师生讲经书，声响如钟。所讲明白晓畅，近里切己，针顽砭愚。听者悚然心动。试毕，进诸生，规诲之娓娓，无倦容，即未列高等生，以疑义叩，训示无所吝。乐易恳勤，朗如霁日，而和如惠风。蜀中士习文风日烝烝上，暨今五十馀年。数学使贤，必首举先生。乙未扈跸热河，纯皇帝召见奏对，称旨嘉奖励者再。

谕诸大臣，曰："罗典是正经老实人。"会先生以太恭人春秋高，请终养。大学士金坛于公，语补山孙公曰："君与慎斋善，上方乡用，曷语慎斋少留？"先生曰："某既以终养请，倖一时荣遇，中辍，则前请者伪也。不慊于中，何以事圣明?”卒请而归。承色笑年馀。太恭人寿终。盖不以一岁九迁，易高堂一日之欢也。先生虽以制艺名一世，而精神专主，则在经。其治经也，以古人简质，文字无闲賸，即经诂经，字枇而句梳之。既皆有确切注脚，则通之一章，又通之全篇。全经有所窒，则废寝食，夜以继日，必得其融贯而后安。注《易》始京，寓之凝园，名曰《管见》。壬寅，《诗管见》成。戊午，《今文尚书管见》成。《春秋管见》成于甲子，年八十六矣。摄心志，观义理，加以阅世之深，洞澈于天人之微，事物之变，周情孔思，立说时出新义。要其精者，实阐古人不传之秘。先是尚书汉三李公，官蜀，耳热先生名，抚湖南，延主岳麓书院讲席。朗夫陆侍郎，杜芗姜尚书，志同道合，倍礼重焉。学使雪门姚侍读，南园钱通政，讱斋张阁读，数先生尤心推服，执后辈礼，维虔先生立教务，令学者陶泳其天趣，坚定其德性，而明习于时务，晨起讲经义，暇则率生徒看山花、听田歌，徜徉亭台池坞之间，隐乌皮几生徒藉草茵花，先生随所触为指示。忆甲辰冬夜，偕彭薄墅向鲁斋陶士升周莲若秦竹浯李白桥吴桃溪罗麓西诸友同侍，有叩礼有犯无隐之义者，先生曰：“汝知圣人勿欺之训乎？勿欺者，先毋自欺，古之人有其善而陈为其难，而责有感格之实者存焉，否则折槛引裾未能信其无欺矣。”又有言居官不贪，庶几良欤？先生曰：“难言也，不贪荣利，自好者勉焉。不贪于名，君子或未之能。有贪名心则察察为明皦皦为洁煦煦为仁甚，或假托圣贤以误世，且但不贪，则恬澹寡营而已，国计民生奚赖焉?”先生之以中道裁狂狷多类此。三十年来大湖以南，人材辈出，登甲第，内外蒙擢用，暨孝廉、明经，以行品、才猷、文学著名者，数百人。门墙之盛，为从来所未有。先生内行修洁，抚弟侄，笃恩谊，作族谱，联合宗人，生平寡嗜好，谨细微，积精诚，而致刚健。不服药，不事导引，以心之常用，形骸之常运，为养生方，年九十，无疾而终。抚臣请于朝，祀乡贤。子绍、祁，端谨有品。事先生，尝先意承欢。孙四，皆力学，能世其业。

赞曰：余至川边，老生言，罗学院将试，保宁阆中县，误童为盗，搒治之，絷其父与师。生童大噪，聚诉之府。府遑遽，牒镇将，以兵捕诸生百馀人，系狱。众汹汹。学院至，则檄府，某日岁试，出诸生与试，府嗾镇将见学院，称凭府牒捕叛，今使者释之，将纵叛邪，罗学院正色曰："诸生叛邪倡乱为谁？屯聚何所？且公同城果叛，则捕不需时，不得俟府牒，非叛安可以府牒擅发兵？诸生试后仍可归案讯，吾行入告矣。"镇将心折不敢违，川北距省数百里，闻镇将以士哗用兵，大骇，制府某公言学使机警慎重决无事，数日事定，喜曰："吾固知学使能了此论者。"谓先生仓卒定大难，不动声色，傥再登朝，建树必更烜赫，惜终不起。然先生杖履优游，出馀绪，培英育才，在岳麓掌教，期满，前后抚臣四奏，训迪著成效。

圣恩予纪录，八次。则名山讲论，即谓为老儒臣之鼓吹，休明，赞助，酞化，讵夸也欤？《湖南通志》：罗典，字徽五，号慎斋，湘潭人。乾隆丁卯，乡试第一。辛未成进士，改庶吉士，授编修，累官鸿胪寺少卿。督学四川，进诸生讲授经义，勖以敦品力学，士习文风，为之一振。先是诸生某为县吏诬陷，令置之狱。同学生公辨，令遂以聚众，闻典至，立为昭雪。以母老陈情归养，主讲岳麓书院，凡二十七年，门下士，中乡会试者，不下数百人。性刚而介，任工科时，值大工作总役，希冒销，赂以三千金，典弗纳，仍痛惩之。按款核销，无虚冒者。为学政时，尽革陋规。为山长时，脩脯所入，除给饔飧外，悉以增葺书院。嘉庆丁卯，重宴鹿鸣。越明年，卒，年九十。祀乡贤。

《四川通志》：罗典，字徽五，湖南湘潭人。乾隆辛未进士，三十一年，由翰林任四川学政，性和而介，包苴不入。校士日坐堂皇，手定甲乙，过市闻书声，辄降舆入馆，为之讲画。有以渎体制为訾议者，典曰："学政职在教化，随时随地，皆当讲论。岂深居简出，为严重邪？"论文喜奇古，注经亦多别解。然宗尚古注。蜀士之知从汉学者，自典始。著有《读易管见》八卷，刊行蜀中。

# 上经卷之一



**☰乾下乾上**

**乾：元亨，利贞。**

《程传》：天者，天之形体。乾者天之性情。乾，健也，健而无息之谓乾。



《集说》：孔氏颖达曰："天之体，以健为用。圣人作易，本以教人。欲使人法天之用，不法天之体。故名乾，不名天也。"

**大哉乾元，万物资始，乃统天。**

管见：《传》于《乾》曰，"大哉乾元"，于《坤》曰，"至哉坤元"，明《乾》之元亨为大亨，《坤》之元亨为至亨，虽同用元字，而亦有别耳。然《易》中他卦称元亨者，皆得以大亨解之。何以别于乾乎？惟乾元之为大有，万物资始之象，则非他卦之言大亨者，所可同矣。卦之有乾也，主人言，不主天言，而其见为大亨者，至使天下之万物，皆资以始，是乃以人统天，直与之合一不二也。大何如哉？按：万物资始一句，正明乾之亨也。其亨为万物资始，故其大为统天。旧注谓此节但释元义。下节乃释亨义。试思不亨而万物何以始？万物资始为未亨，何以遂统天耶？且下节品物流形，指天言，此节万物资始指统天者言，不得混以天之言为统天者之亨也。况元字训大训至，不训始。若以乾之万物资始为元，则当以坤之万物资生为亨矣。不几谓乾不足于亨，坤不足于元乎？此与经文并称元亨者，难通。又于乾之元既曰大也，始也，则于坤之元，亦当曰至也，生也。然注则缺之者，夫亦早知大始二字犹可联属，至生二字，则断难牵合矣。

**云行雨施，品物流形。**

管见：欲知乾之统天，当先观于天也。云行雨施，品物流形，此天之元亨也。知天之元亨，则于乾之统天，以共成为元亨者，亦可知矣。按：此节虽明天之元亨，而天之贞已见，盖天体纯阳，其云行雨施，则所谓大和也。阳以大和为正，天之贞，在是矣。以故乾之统天者，其元亨为万物资始，其元亨之利于贞，亦惟在于保合大和已也。



**大明终始，六位时成，时乘六龙以御天。**

管见：天之云行雨施，固有以成品物流形之元亨矣。立乾之统天者，其元亨亦曰万物资始，则何道以同于天之云行雨施也哉？观爻词以龙取象，则可以求诸卦而得之。盖乾体皆阳，易例：阳大，如《大过》，《大畜》可证已。但阳皆称大，而卦序则有终始。上为终，初为始也。于其同大而明于上为终，初为始，则于五四三二之为中，当亦明矣。是谓六位，以位属人言之，五君位，四三二臣位，初上民位。君与臣民皆具，则一卦自开一世界，而时因以成。此不独《乾》为然，而《乾》其例也。惟是《乾》之时，其六位相乘者，二乘初，三乘二，四乘三，五乘四，上乘五，皆为阳爻，有六龙之象。龙之行天，犹夫马之行地，是则《乾》之时以六位相乘为六龙者，皆能以御天也。夫岂不获同于天之云行雨施以成品物流形之元亨乎？故彖词但曰乾元亨，读彖词者，即可知矣。元亨之为万物资始，乃统天也。

**乾道变化，各正性命，保合太和，乃利贞。**

管见：此节释利贞之义。盖本卦之六位相乘，其有六龙之象者，以其皆乾道也。乾道纯阳，纯阳则易亢，亢则戾于大和。此不免以任气质之偏，而失性命之正矣。故有取于变化，如六位，以上九为亢，则见其盈不可久，而有悔，其宜变化固已，即以二五言之，于易例多称刚中。中则必正，然爻词两言利见大人，其意以为二五为乾道之纯阳，亦往往敌应，而不相与。不相与，则不相见，是犹恐其近于亢，而于大和，有乖也，亦不可以不变化者，又何论于二五而外哉？以故乾道之纯阳，亢为气质之偏，大和为性命之正。其同体乾道者，必能变化气质，以各正其性命。使体虽纯阳，而不偏于亢，然后得保性命之大和，以合于天之大和也。保合大和，而乾道之贞见矣。《易》中称元亨者，多称利贞者，亦多学者观乾之彖词。惟有见于大哉乾元，万物资始，如彼乃知乾卦元亨之元，实能统天，以成其大也。不以是言大，而于元字不确。又惟有见于乾道变化，各正性命，保合大和，如此乃知乾卦利贞之贞，纯乎体天，以存其正也。不以是言正，而于贞字亦不确。然则元亨利贞之词，不宜囫囵读过，亦安得臆为注脚哉？

**首出庶物，万国咸宁。**

管见：庶物与上万物、品物，并指百榖、草木言，其始之甲坼勾萌，为首出耳。首出则一始无不始，所谓万物资始者，于此乃见。而乾之元亨统天，更得其实矣。又前称品物流形，就天言。此称首出庶物，就统天者言。物有万品，而谓之庶物，既非他，且首字与形字，意一串，不首出，何以流形？不使首出以流形，何以统天也？旧说以此句泥定圣人身上讲，则当云首出庶民，不当云庶物。就使以民称物，亦通。在乾之彖传解庶物者，不应与上万物、品物互异也。万国咸宁，宁，安也。称万国，则人系之矣。人待庶物以养，首出庶物，则各有以给人之求，人宁，故国宁也。虽万国，岂有异乎？按：上节于贞字特详，其利贞之利如何，尚未明也。故更指言元亨之实，曰首出庶物，即以推言万国咸宁，而见利见贞之实，为利也。又按：乾之六位时成为六龙，而其能体乾道之贞，以保合大和者，惟五与二。故一为飞龙，一为见龙，其相与普其德施，以首出庶物，直与天之云行雨施，品物流形，同一元亨也。以是而观，其时不既成为万国咸宁之时哉，莫利于万国咸宁，而要于元亨见之，于其贞，足以致元亨见之。然则彖词之言元亨利贞，其有望于五与二之同德相与以济时者，意尤切也。

**天行健，君子以自强不息。**

管见：乾，健也。不言健，不明天，健即乾也。再言乾，则复，故卦名从省。然于乾曰天行健，于坤不曰地势顺，乃曰地势坤者，乾为健，则坤为顺，可知。故于坤不曰地势顺，明乎顺之义，已因乾而著矣。惟卦名终不可没，则欲存乾之名于坤，而曰地势坤，使人知乾虽不名，其称天行健者，即可以称天行乾耳。君子以自强不息，如三爻所称，君子终日乾乾，夕惕若，是已。按三爻之词，盖言五与二之自强不息以告三，非即指三言也。乾之六位为六龙，物莫强于龙者，然惟飞龙之五，见龙之二，实体天行之健，以终日乾乾，夕惕若，此所以能首出庶物，而无遗物。即使万国咸宁，而无异国也。由此言之，君子以自强不息一句，大象特明五与二之合于天行健者，其实如此，亦并见三爻，终日乾乾夕惕若之云，固非即指三言矣。



**初九：潜龙，勿用。**

《程传》：下爻为初九，阳数之盛，故以名阳爻。

管见：卦之六位，于下称初，则上之为终可知。既明重卦，先内后外，观卦者当自下始，亦以明卦之既重，两卦合而为一，即当作一卦之终始观也。九阳数，六阴数，盖自古约举厘定律吕之大凡耳。作《易》者取以目卦画之阴阳，亦与卦词所称刚柔、大小、男女、夫妇之类同例。总言之，皆阴阳替字也。旧注泥揲蓍之数言九六，遂谓《易》为占筮之书者，非是。潜龙勿用，潜龙二字，当一读，龙足以成云行雨施之功，可用者也。不见而为潜，何贵其为龙哉？惟初之阳在下，与四之阳在上者，实为敌应，而不相与，非如二与五之皆为大人，虽亦嫌于敌应，犹以同德而相与也。以故初可用，而四欲勿用，使之终于在渊，以为潜龙，不复跃之出渊，以为见龙也。然则初之安于潜也，固宜。



**潜龙勿用，阳在下也。**

管见：初之在下，其得称龙者，以其阳也，其终必为潜龙，而使四勿用者，亦以其阳也，阳字宜重读。

**九二：见龙在田，利见大人。**

管见：出潜为见，二之为见龙也，以其德施之普于庶物，与云行雨施同功耳。庶物以百穀为重，百穀以田为本，田之所在，皆德施之所在，即皆龙之所在也，是为见龙在田矣。然初亦称龙，二独出潜而为见者，初可用而四欲勿用，二可用而五则用之，其见也，以其用也。二与五皆阳爻，疑于敌应而不相与，而五乃能用二者，以其与二并为大人，故能以大人用大人也。乾体皆阳，阳皆为大，而惟五与二之以乾道体天，能保性命之大和，以合于天之大和，此特称大人也。五以大人用大人，则二以大人见大人矣。乾之时，五有飞龙在天之象，在二之见之者，缘是奉其德施，以普于庶物，则亦成为见龙在田之象也。是岂不利见大人也哉？

**见龙在田，德施普也**。

管见：以保合大和之德，为云行雨施之施，造自天者，普于田，故五称飞龙在天，而二称见龙在田也。



**九三：君子终日乾乾，夕惕若，厉无咎**。

管见：君子终日乾乾，夕惕若，盖举五与二之自强不息以告三耳，其独告三者，三与四俱有位，而不如四之逼近至尊，其心多惧，则将侈然自恣，以同上之亢矣，故告之也，阳为君子之道，五与二称大人，亦可通称君子，从通称者，欲见三，虽不成为大人，要不得自外于君子云尔。终日乾乾，《传》曰：反复道也。按：道为道路之道，此万国所由以通也。天行之健，包乎地，而一日一周，在君子之心殷万国者，其德施之为庶物所资，惟恐一方之不偏，故万国之道，纵横交错，而田因之，君子则反复于心，至于百过千回，念兹常如一日，试就其一日言之，其心之以乾体天，而不息者，几于天行之健，包乎地，而 日一周，是为终日乾乾矣。乾乾字重者，谓何以天行之一日一周，日行夕亦行，人则不能是也，故以一乾字明其终日之自强。又以一乾字起下夕惕若之意，总明终日之自强不息也。人有大恐，为惕，心动而神不宁，则有夕不息而行者。君子之终日乾乾，通乎夕，徒以心殷万国，不得安向晦宴息之常，亦犹人之有大恐然。故曰夕惕若耳。

厉无咎，则正言三之自处，宜如是也。厉字与上爻亢字对看，亢则心安，厉则心危也。其宜反亢而为厉者，五与二之自强不息，有终日乾乾，夕惕若之象。三敢以偷闲肆志，恬然安枕而卧乎？虽二惟自效于人无尤，五欲儆于有位，则将问其罪矣。是必有咎者也。以故三之自处，惟有见于君子之终日乾乾，夕惕若，即以反亢而为厉焉，则其不失为君子者，虽难下合于二之大人，以与五俱有功，犹可上承乎五之大人，以与四并无咎也，故曰厉无咎。

**终日乾乾，反复道也。**

**九四：或跃在渊，无咎。**

管见：或字，暗指阳在下之初言。惟爻位非如人之本有名称，故言或以代之，或犹某也。《易》中用或字者，此外如坤三，或从王事之类，要皆实有所指。岂得概以为疑词哉？按：乾之六位，惟初特称潜龙，此在渊之象也。初为龙而在渊，何以独潜而不能跃，以四之勿用故耳。然观二之见龙在田，曰利见大人。既明二宜得用于五，于五之飞龙在天，亦曰利见大人。则又重明五为必宜于用二也。五必用二，四乃勿用初，其咎殆不免矣。何也？初亦同于上之无位。而其阳在下者，不为亢龙之不可用，则君子也。四勿用而二将用之，二用初，必白于五而用之。于斯时也，五知初以君子沉沦不起，实由近臣抑塞，壅于上闻，以是为四之咎，岂可胜哉？故为四计之，必知以人事君之义，使如或之为潜龙，而在渊者，由四用之，而忽见其跃焉，夫乃可以无咎也。

**或跃在渊，进无咎也。**

管见：四之无咎，《传》曰：进无咎者，上为进，下为退。或跃在渊，必以四能用之也。以是谓四之自处，退可告，无咎于初。是犹不足言者，惟是进而对五，亦以或跃在渊，而得无咎，处近臣多惧之位，有咎，则难胜其无咎，弥足幸也，四亦知此否乎？

**九五：飞龙在天，利见大人。**

管见：《彖传》曰："时乘六龙，以御天"，是乾之六位，皆为龙，皆能以行天也。惟九五以天德居天位，其德施及物，能与天之云行雨施，品物流形相统，故爻词特称飞龙在天也。行天莫如龙，言飞则视御，为更神矣。神妙万物，是以天下之万物有始，不能自始也。既资天之云行雨施，造之尤资飞龙在天之大人，以德施造之，凡作始者为造，此《传》所谓大人造也。其又曰利见大人者，五为大人，二亦为大人。在六位之中，是能与五同德，即能因五之德施以普于天下者也。惟五之于二，以同德相与，不以敌应而不相与。于是二以五为大人，而利见之，五亦以二为大人，而利见之矣。当其既见，其相与以存乾道之贞者，皆能正性命，以保合大和。其相与以体天行之健者，皆能自强不息，以终日乾乾，夕惕若，故乾之六龙，惟五以德施造万物之始。独有飞龙在天之象。惟二因五之德施，以普于天下，使万物实能资之以始，则又成为见龙在田之象也。见龙缘飞龙而极其见，飞龙凭见龙以畅其飞。则爻词欲二五之相见，而并言利见大人者，其为利可概见矣。



**飞龙在天，大人造也。**

**上九：亢龙有悔。**

管见：龙之有升无降，曰亢龙。是不能有云行雨施之功者，上九以阳处卦极，其势亢而不下，故于龙之中，独称亢龙。亢龙无云行雨施之功，非万物所资，则天下之田，将不足利。然在乾之时，于五为飞龙在天，于二为见龙在田，此足以首出庶物，万国咸宁矣。虽有上九之亢龙，于天下何病？独其身之有悔者，不得免耳。盖上九于龙为亢，于人则为盈，自高者其志满也。然天道亏盈，欲其盈之，可久得乎？九五犹天欲其不亏。上九之盈，而使之可久得乎？此所以为有悔也。按：六爻之终，称上不称六者，既可避九六之六字，亦并见卦终为上，则卦初为下，有上下，而后位以名耳。





**亢龙有悔，盈不可久也。**

**☷坤下坤上**

**坤：元亨，利牝马之贞。君子有攸往，先迷，后得主，利。西南得朋，东北丧朋，安贞吉。**

《集说》：干氏宝曰：“行天者，莫若龙。行地者，莫若马。故乾以龙繇，坤以马象。”孔氏颖达曰：“乾坤合体之物，故乾后次坤。地之为体，亦能始生万物，各得亨通。故云元亨，与乾同也。牝对牡，为柔。不云牛而云马者，牛虽柔顺，不能行地无疆，无以见坤之德也。”

《折中》：后得主，当以《文言》为据。利字，应属下两句读。

**至哉坤元，万物资生，乃顺承天。**

《本义》：“至，极也。”

管见：至哉坤元，明坤之元亨为至亨。与乾之元亨为大亨者其义有别，其量亦无歉也。何以言至以其亨为万物资生耳。万物资生之亨，惟地之顺承天者如此，坤卦也，卦之有坤，主人言，不主地言，而其亨亦为万物资生是乃以顺承天，与地同量，而无歉量也，岂不至哉？

**坤厚载物，德合无疆。含弘光大，品物咸亨。**

《集说》：林氏希元曰："无所不包可见其弘。无所不达，可见其大。"

管见：坤，主人之顺，言何以承天，而有万物资生之至亨哉，以其厚能载物，德合于地之无疆故耳。德存诸中为含，不可见也，自存及发而有，可见是为光矣。坤厚载物之德，其内含者，既合于地之无疆，而弘则其外光者，亦必合于地之无疆，而大也。以故物有万品，莫不资坤之厚德载物以生，其见为咸亨者，亨之至也。由此言之，坤德之在人，为地之顺以承天，实为地之厚以承天也。此其所以称元亨与！



**牝马地类，行地无疆，柔顺利贞。君子攸行。**

《集说》：蔡氏清曰："本义谓马行地之物者，明龙之能飞乎天而为乾之象也。"

管见：坤之元亨，其曰利牝马之贞者何？告六五耳。六五居尊，为主卦之主。欲其有以及万物，而致元亨，不能无所行也。惟牝马为地之类，其行于地为无疆，故知乾之九五取象飞龙，坤之六五亦取象牝马者，象六五君子之有所行也。但牝马之行地无疆，惟从乎地类之类，以行而已。此见其柔顺而不见其贞也。贞则当行，而与其类行，不当行，则有不与其类行而止者。岂牝马之所能哉。以故君子之体柔顺以行，有同于牝马，而其利于牝马之贞，能行亦复能止者，是又自成为君子攸行，而不尽同于牝马之行也。

**先迷失道，后顺得常。西南得朋，乃与类行，东北丧朋，乃终有庆。**

管见：行之同乎牝马者，以柔能顺，不先而后耳。就此言之，亦未始非利也。如六五之为君子，其为行地无疆者，且无论已，即以凡有攸往言，往与来相因，虽亦为行而有疆，非如行与止相反，虽亦为往而无疆也。然当其有攸往也。苟或不顺而先之，无与为引，而能独往乎？是有不免于迷而失道者，故曰先迷。若使不先而后，以守其顺，有引之当道者，而因以不迷，则是道本有常，惟以不迷得之耳。其道不失，而得常者，其心固不迷而得主也。故曰后得主，夫君子之有攸往，不先而后，则不迷而得主，岂非利乎？试即其有攸往而推之，至于行地无疆，其为利岂外是乎？但执此以言利，而不知其他，则有合于西南得朋之利，卒未尝见有东北丧朋之利也。故继之曰利西南得朋，东北丧朋。八卦之坤与艮，皆于五行属土，为地象。坤位西南，而主于顺，艮位东北，而主于止。以西南之主于顺者得朋行乎其所当行，利也。又以东北之主于止者，丧朋不行其所不当行，亦利也。如下卦六二之为柔顺，五之朋也。其词曰直方大，不习无不利。信其能引君子，以布德云尔。于是而以西南之顺得朋，知其必将有庆也。乃与其类行矣。非是而有宜于东北丧朋者，则岂可与行哉！又如上卦上六之为柔类，亦五之朋也，其词曰龙战于野，其血元黄。度其将引君子以务杀云尔，于是而以东北之止丧朋，知其不可与行也。乃终见为有庆矣。不然，虽有所为，西南得朋者，亦岂必有庆哉？此象词既言西南得朋，以能顺，明牝马之利，又言东北丧朋，以顺而能止，明牝马之贞之利也。

**安贞之吉，应地无疆。**

管见：君子以顺得朋，亦以止丧朋。是能安于贞矣。安贞何以必吉？以其或与类行，或不与类行。总期无拂乎坤厚载物之德，以应地之无疆而已。

此坤之所以能元亨也，岂不吉哉？

**地势坤，君子以厚德载物。**

管见：地之无疆，其足以承天者，势也。其主于承天者，顺也。地势惟顺，故曰坤，君子以厚德载物。君子指六五言，以厚德载物，则其能使万物资生，乃亦同于地之顺承天矣。夫君子之载物如此，况彼民乎？君子之厚德载物，惟恐无以资物之生，如此，况敢弃德用威戕民之生，以使民战乎？



**初六：履霜，坚冰至。**

管见：履霜，坚冰至。言初六之有所履，虽只履霜也，已如履坚冰然。故曰坚冰至。然爻词于初言履，特取雾与坚冰之象者，何也？以坤体纯阴，而初居卦始，于易例为下位而毕也。阴本卑，而又居卑，则其由阴性之敛肃，以身摄其所履者，常合聚而凝焉。此所以不寒而慄，无在不见为霜与坚冰也。但霜与坚冰，其履之，亦自有别。今初六之履霜，犹履坚冰，固即以霜至，为坚冰至。此其于所履，何以自处，而其随履而至者，有如是哉。凡所履之路为道，尽其所履之道，而止为致其道，惟初六于履之时所以致其道者，则如马之初施衔勒而未驯，不欲上道，人则或肘或牵以驯之，人步亦步，人前乃前，此为驯致其道也。初六之以阴始而凝，其所履之驯致其道如此，以故所履者，虽尚为霜，而其随履而至者，则已俨然坚冰也。按：爻词言此，明初六之无位，为民，其见为履霜坚冰至者，使之无事，以保其身，可矣。若使编什伍而驱之以战，是又夺其霜与坚冰之道，而转诸汤火也。适以尽歼之而已。六五为之君者，当念之。

**履霜坚冰，阴始凝也。驯致其道，至坚冰也。**

管见：《本义》谓《魏志》作“初六履霜。今当从之。”非也。改《传》者徒以阴始疑之，意与霜合，与坚冰不合耳。不知始字连上阴字读，谓初六为阴之始，故其阴凝，而得阴之寒，有以成履霜坚冰之象，亦即见上六为阴之终，则其阴不凝而肆，阴之杀，即有以启龙战于野，其血元黄之象也。然则《传》可不必改矣。



**六二：直方大，不习无不利。**

管见：《彖》词称牝马者，指六五言，取其行地无疆，有以及万物而致元亨耳。然不能与其类行，则亦有所不至。故坤之六二，与五为牝马之类，其以德同位应，而为五之使者，爻词特举其行地无疆之才，而极言之曰直方大，不习无不利。直方谓地上之道之可行者，直为纵，方为横也。方字替横字，极妙，如画碁局然。直者，既备界之以横，则皆方矣。地道如此，而六二之动，因乎地道之直，而直又因乎地道之方，而方是为直以方也。六二之动，直以方，则于地之无疆而大者，皆其行之所至。非特历乎一方隅之小而已。故曰直方大。其又言不习无不利者，明六二之动，虽与五之牝马为类，并非凡为马之善于行者所可同也。凡马之善行者，欲其惯劳耐久，必假于习。不习则必乏，一乏则不可行。是非有不利乎。至于六二与五之牝马为类，本非真马，则不必如凡为马者之待习矣。而其动而欲行，直可也，方亦可也。无不利者，直以方而无不利，是可以见其大矣。以故地道之可行，纵横地上，以纪地之大，却无一不在六二所历之中，以了如指掌也。是为地道光也。地道光，则其于地，宜地产，无不光矣。有二如是，而五以西南坤德之本顺者，顺之则其得朋，而与类行。虽不必日事巡游，使牝马之迹遍天下，而以二为使其自成为直方大，不习无不利者，固将使六五之厚德，四达交通，实足以资万物之生，而不遗也，岂不利哉？



**六二之动，直以方也。不习无不利，地道光也。**

**六三：含章可贞，或从王事，无成有终。**

管见：按：《彖》词曰："利牝马之"贞。又曰："安贞吉。"两贞字，皆言五之不宜专于行，而以止为贞也。由此推之，则爻词于六三曰"含章可贞"，所谓"贞"者，固亦指其不行，而止以为贞矣。但三与二皆有位，以臣于五，君常为主，臣常为使。为主者，择宜而行，不可以无止之，贞者，不为主而为使，则未有同事一君，人不已于行，而我可以止为贞，若如二称直方大，不习无不利，明其与五之牝马为类，有以行地无疆，如此也。二尽瘁于行，以劳自效，乃谓三宜行。行而止，独可守其位，以居贞乎。然而有可贞者，五不借三之趋途以效力，而借三之节用以急公，故其道在于含章而已。如五之词曰："黄裳，元吉。"此含章之准也，五之章莫章于服。《书》云："予欲观古人之象日月、星辰、山龙、华虫、作会、宗彝、藻火、粉米、黼黻、绨绣，以五采彰施于五色作服。"此其由来旧矣。惟坤之六五，欲去华从朴，以惜物力，故虽衣之章不可省，而裳则已杀。虽其裳之黄不可易，而绨绣则全删也。以此而式有位，又孰敢为炫耀观美之具，而不含章乎？然此特以务省、约丰、储蓄耳。六三因之，遂可守其位，以居贞者，何哉？由五之含章，而不耗所有，以时积，亦以时发也。三能含章，以裕其积，而待发则其自效于五，又不必以奔走，恐后为长矣。以故二专于行，三虽不行而止，亦有见其可贞者，或从王事，无成有终，则又言四之括囊，无咎无誉，以告王，使知含章之可贞，在无忘于以时发也。夫称或，犹之称某，而知其为指四言者，以四之词曰括囊，是竭所有，以从王事也。五居尊为王，而其事维何？徒以心殷万物，而将有所行，窃谓人力不裕，不足以尽地利也。固有事于发财发粟，以补助之云尔。于时近臣之四，有见于五之厚德载物者，其于地之无疆，光靡不及，大无不周，而四之知，亦寖以光大，因念王以时发，其事至巨，必宜有以勷王之事，而佐之发者。以是于其行也，不惜括囊以从之焉。夫括囊以行，则必空囊而返，是将无所有矣。然四之括囊以从王事，其能勉于从者，既以不营私，而得无咎，其但主于从者，又以不市恩，而得无誉。此其慎而不害，终于心定身安。虽使囊无所有，以视人之囊，无所不有，其享受休福，无以异也。然则或从王事者，其括囊将以无终，其无咎无誉，而慎不害，乃适以无，而成有之终矣。王苟知不及此，而以有为有，则虽同于五之含章，乃竟忘于五之以时发也。是特私其所有而已，其究必为以有，而成无之终者，于此而欲守其位，以居贞，夫岂可哉？



**含章可贞，以时发也。或从王事，知光大也。**

**六四：括囊，无咎无誉。**

管见：括，结囊口也。囊而待括，则其中固有物矣。物之以囊盛者，非财则粟。又用囊之意，将欲载之以行。故特言其括也。四之括囊，何所行？以从王事耳。按彖词称牝马者，指六五言。

牝马地类，行地无疆。是王将有时巡、省方之事，且其厚德载物非徒行也，必因之而有所发是王有时巡、省方之事，即有裒多益寡、称物平施之事矣。于时四为近臣，五行而四必从之行。五行而以时发，则四之从行者，亦必有以助其发。故知四称括囊，所以从王事也。无咎无誉，解见三爻。

**括囊，无咎，慎不害也**。

管见：慎不害，特释无誉。二字言括囊，既无咎矣，然使自肥之咎去，而好施之誉来。是掩君德，以携众心。其害将不免也。惟以慎为主，使其括囊以从者，谨密不宣于口，晦藏不露其迹，于是人见四之囊，犹五之囊，人见其发四之囊，亦犹发五之囊也。则誉无所起，而害亦绝其端矣。故曰慎不害也。



**六五：黄裳，元吉**。

《本义》："黄，中色。裳，下饰。"

管见：黄裳，盖即五之裳，以明其含章有如此，解见三爻。夫一含章耳，五先之而称元吉，三因之而亦可贞者，在三之《象》传曰："含章可贞，以时发也。"然则五之含章，其汰裁浮饰，以留有余。固欲博施、济众，使天下人，力裕者地利尽，即有以观品物之咸亨也。品物咸亨，亨之至，亦吉之至也。故《彖》词曰元亨，而爻词亦曰元吉。

**黄裳元吉，文在中也**。

管见：文，亦章也。中以位言，上卦之中，为尊位，其服之十二章，以黄为质，盖自古而已然。故爻词明五之元吉，曰黄裳。欲象其能含章也。然裳之章去，而黄不改。黄亦有文于章，为近之，其不能并，不称黄者，以黄之为文，固在中，而居尊位，所以别于群臣、百姓之文也。使其可易，在坤之六五，当无惜乎此。此所以裳曰黄裳。虽似于其文，犹不尽没，乃正见其含章者，固已损之，至于无可损也。按：王之服，以黄色特重。每疑古无明文，及读《易》至《坤》于五之裳，特称黄。《传》复申言。所以必称黄之意，曰文在中也。此可以得其据矣。

**上六：龙战于野，其血玄黄**。

管见：按：坤居外卦者，其上六一爻。《师》称“小人勿用”。《传》曰：“必乱邦也。”《泰》称“城复于隍，勿用师，自邑告命。”《传》曰：“其命乱也。”复称：“用行师，终有大败。以其国君凶，至于十年不克征。”《传》曰：“反君道也。”然则以坤阴而处卦极，其必为小人而肆阴之杀者，不自造乱，以为戎首，则将幸天下之乱，以图军功，其志皆在战矣。坤之时，五以柔居尊位，其垂裳以临地之无疆，保无一方之不服乎。于是而有兴利，用侵伐之议，即愿以其身为前驱者，必上六也。然《彖》词曰：“东北丧朋，安贞吉。”此因五以柔顺为牝马，欲其毋从上六以行，而自止于贞也。苟不知此，而舍厚德以驱民使战，试思初之为民者，其以阴始而凝所履，为驯致其道，可战乎？不可战乎？此其伤败惨矣。故作《易》者，于上六爻中，特为六五痛告之曰：“龙战于野，其血玄黄。”按：《书》称“虎、貔、熊、罴”，《易》特称“龙。”彼以状赴战之材强，此以状合战之势狠也。欲言战而不着龙字，亦形容不出玄黄。言战血之积于野，而未销耳。玄，黑色。血，本赤也。乾则或变而黑，或变而黄，或变而黑黄相间。古战场之可吊，谁能说得切实如此。

**龙战于野，其道穷也。**

管见：野为万物资生之所，一经龙战，满目萧然，人迹不多得，路尽荒塞不行，此所谓其道穷也。道穷，故战，血在野，虽久不销。有见其元黄若此者，嗟乎！地无疆，而物有万。以坤之厚德载之，生气满野，而一战，遂至道穷。当其伤败已成，虽使渐转为复，其端甚微，岂能遂得坤之品物咸亨也哉？然究诘所由，惟上六实为祸始。此六五所宜辨于早也。



**䷂震下坎上**

**屯：元亨，利贞，勿用有攸往，利建候。**

《集说》：胡氏炳文曰："《易》言利建侯者二，《豫》建侯，上震也。《屯》建侯，下震也。震，长子，震惊百里，皆有侯象。"〇蔡氏清曰：利贞，勿用有攸往，二句一意，故《彖传》只解利贞。

管见：屯以初九、九五两爻为卦主。元亨、利贞，勿用有攸往，戒初九之动，而为难也。利建侯，则又欲九五实有以宁之，而使初九之动，将已所以解难也。

**屯，刚柔始交而难生。**

管见：六书之卦，乾坤而外，皆刚柔交者。屯次乾坤，而为馀卦之第一卦。上坎下震，有雷雨之动满盈，天造草昧之象。此难象也。故曰屯，刚柔始交而难生。

**动乎险中，大亨贞。**

管见：下卦之初九为震主，在本爻之词曰盘桓，此动而不安之象。其二与四上三爻，并言乘马班如者，则又皆初九动而为难之象也。震之动，为雷，雷惊百里，在初九岂不自谓大亨耶？然上卦为坎，坎者险也。初之动为动乎险中，是必穷者，安得所谓大亨乎？欲其大亨，其惟守贞而不动，乃可。故《彖》词曰元亨利贞，又恐贞字之义未明，而以勿用有攸往申之，所以戒其动者切矣。初九不可不知也。

**雷雨之动满盈，天造草昧，宜建侯而不宁。**

《本义》：天造，犹言天运。草，杂乱。昧，晦冥也。

管见：雷雨之动满盈，天造草昧，正屯之象也。雨之动为云，盖应雷而兴，以与雷相持者，非欲雨也。五爻所谓屯其膏，即此。雷动雨亦动，相持不休，其殷轰黗霼之势，充然满盈，使天之主宰造化，以位乎上者，七政隐其次，而不得齐，白昼如晦，昏夜益冥，是为天造草昧也。屯之难，既成其结，而莫解有如此，为是时之九五计之，所以处初九者，虽使云解，而雨沛其膏，以下建侯之命，窃恐初九之动而为雷，未必遂帖然以安也。故曰宜建侯而不宁，宜者想当然之意，度其建侯而犹不宁。况可以不建乎？此《彖》词所以言利建侯也。九五亦不可不知也。

**云雷屯，君子以经纶。**

《本义》：坎不言水而言云者，未通之意。经纶，治丝之事也。

管见：云雷相持为屯，所谓难者，乱也。治乱当如治丝，故曰君子以经纶。此盖为卦中之九五说法也。治丝者，引而伸之，曰经。转而收之，曰纶。其道当从容以理，不宜愤激而忍于断割也。凡治乱者，亦然。况屯之为难，生于初九，长男之以贵下贱，亦由九五中男之居尊而屯其膏者，有以成之，此乱生于兄弟也。

其有藉于经纶之用，所系非小矣。作《易》者于《彖》词言利建侯，于爻词再言利建侯，可知屯之九五，其经纶无出此者。

**初九：盘桓，利居贞，利建侯。**

《集说》：胡氏炳文曰：利居贞，即利贞。卦言利建侯者，其事也，利于建初以为侯也。爻言利建侯者，其人也。如初之才，利建以为侯也。

管见：盘桓，动象也。按般取旋义，从石者，盖指磨言，又桓与亘同，《说文》曰亘本字。从二从回，又曰回，回本字。中象旋转之形。然则磐为磨，桓其旋磨之木。与故知屯之初九曰盘桓，盖象其震主之刚，将有藉以生难，其动而不宁者，一室之内，十步之间，周环绕匝，有如此。然初之盘桓，其所由勃然不自遏者，何也？以其以贵下贱，而大得民耳。初主动而大得民，则适有与速之，此必不能志于行正也。故其为初申戒，则曰利居贞。特因《彖》词之言元亨利贞，勿用有攸往，而约其意。五知初主动，而大得民，乃不谋所以处之，亦必不能使之志于行正也。故其为五决策，仍曰利建侯。盖见《彖》词之言利建侯，为不可易之义云尔。

**虽盘桓，志行正也。以贵下贱，大得民也。**

管见：志行正，即爻中利居贞之义，皆戒之也。志与《论语》：志于道之志同，谓初有盘桓之象。其势不能已于行矣。然虽如此，而其盘桓之时，必志于行正，不可以遂行也。所以然者，由初之为，初以贵下贱，固将大得民者也。大得民，而盘桓不能已于行，其意欲何为乎？此而志于正者，鲜矣。故爻词曰利居贞。夫初之利居贞，以其大得民也。则可知五之于初，其曰利建侯者，亦正以其大得民而出于此与？按屯之二体，初以刚为震主，五以刚为坎主。震长男，坎中男，皆托始于乾，主器者，莫若长子。初九其贵者也。然卦以初之在下，为民位，民则其贱者矣。中男处于至尊，而主器之长子，屈在庶民。是以贵下贱也。贵则人思附之，以贵下贱，则人亦必怜之，此初九所以大得民也。以震主之刚动，而大得民，有不生难者乎？难生于以贵下贱，则已难者，莫如易其贱而贵之矣。此五之所以处初者，固当因其大得民而用，利建侯之道也。岂得终屯其膏以靳所施哉？

**六二：屯如邅如，乘马班如，匪寇婚媾，女子贞不字，十年乃字。**

《本义》：字，许嫁也。礼曰："女子许嫁，笄而字。"

管见：屯如邅如，乘马班如，并指初九言。初以震主之刚，而大得民。其盘桓之意，志常在五，而不得宁。是为雷之动也。雷动者，雨亦必动，固已骎骎满盈，而成天造草昧之屯象矣，故曰屯如。夫屯之象，初实始之，以其刚动如雷，而有所往也。然当其将发，仍留，若有所待，而不即往者，则又见为邅如矣。初何以邅如？以二居内卦之中，其下乘初之刚者，即以上应五之刚也。初将不利于五，必劫应五之二，使从己焉，而后可遑于一往也。故有待而见为邅如耳。乘马班如，则实言初九之称兵犯五，以为难者，如此，乘字读去声。班如，行队整严之貌，此屯如之象，所由成也。以二视之，此为寇矣。而初之邅如，其意则欲强二以为婚媾者，故曰乘马班如。匪寇婚媾，初刚二柔，有男女之象，此婚媾之缘也。然初不居贞，而二实守贞，于是初欲引二为婚媾而偪之，而二之于初，则终以为寇也。非婚媾也，而坚拒之。故其象为女子贞，不字，十年乃字。玩十年乃字一句，盖似初执二而固问不已，卒乃为是牴牾之词，以相应，然其不言终不字者，意中固有正应之五在耳。十年之云，则既使闻者不复作万一转移之想矣。

**六二之难，乘刚也。十年乃字，反常也。**

管见：二如女子之贞者也，初以寇来，而强之婚媾，是屯之难生，去五尚远，而二先受之矣。然六二之难，何以不免。以其居初之上，而乘刚耳。二乘初，则初之乘马班如，以为寇者，恐欲往而二扼其冲，或既往而二尾其后，皆有不利，故必因寇之势，以偪二，使成为婚媾者，即与寇为侣，而始安也。如是而六二之难不免矣。至其不夺于难，而为女子之守贞不字者，曰十年乃字。此因时以立节耳。礼称女子有故，而待嫁者，不出三年。今六二比于女子，而适际乎屯之时，其难之生也。衅起于兄弟，而君臣之义蔑如，遂使当世成天造草昧之象，是时之反常也，非女子三年之故所可同者，故因反常之时，以立非常之节，而曰十年乃字也。

**六三：即鹿无虞，惟入于林中，君子几，不如舍，往吝。**

管见：即，迫而逐之也。虞，度也。初之为难，于二与四上言，乘马班如，实象也。此言即鹿，则借田事以明之。按：《传》曰即鹿无虞，以从禽也。是明王于即鹿而禽之者，为初九。而六三乃相从以往耳。盖三以震体，而柔不中正，不如二之能贞。故初之乘马班如，其比于行田，逐鹿而来者，二不从，而三将从之。然《彖》词曰元亨利贞，勿用有攸往，是动乎险中，在初有必穷者，其可相从入险，不见几而舍之乎？故其词曰即鹿无虞，惟入于林中。言六三偪近坎险，若从人逐鹿，而不度其患，则惟入于林中而已。不复见其出也，岂不穷乎？然惟其无虞，故至此，若使能虞而为君子之审于几，以从与舍，一早筹之，当立辨，从之之必穷，不如舍之之不穷也。故曰君子几，不如舍。苟或不然，其懵然以往者，有即鹿无虞之象。则其往而必穷者，亦即以成惟入于林中之象矣。人穷则本心必见，夫乃知从不如舍，几可预决。始之往而不顾，固有愧于君子，而不可使见其兹日之穷也。故曰往吝。

**即鹿无虞，以从禽也。君子舍之，往吝，穷也。**

管见：按：《春秋传》曰："不禽二毛。"禽与擒同，言逐物而求获耳。如初之乘马班如，以为难者，有即鹿之象。是将有所禽也。而六三从之，是从禽也。从与舍对，禽字不指鹿言，则从非从鹿，而舍亦非舍鹿也。又按：三之往吝曰穷，即爻词惟入于林中之意。即鹿无虞，在从禽者，如此则知初之为主，而志于禽者，其穷必矣。穷则不可以大亨矣。不然，乘马班如之势，爻中言其进，未言其止，又安见动乎险中者，必利于贞，而勿用有攸往哉？

**六四：乘马班如，求婚媾，往吉，无不利。**

《集说》：胡氏炳文曰："凡爻例，上为往，下为来。六四下而从初，亦谓之往者，据我适人，于文当言往，不可言来。如需上六，三人来，据人适我，可谓之来，不可谓往也。"

管见：乘马班如，即指初九之称兵犯五，以为难言。求婚媾，则谓其乘马班如者，至是近于险，而畏其穷，乃求结四为婚媾，以通于五，使之释怨而敦好也。此初有已难之心，而五之于初，亦得乘是，而下建侯之命之时矣。特其间宣上德意，以与初讲解于乘马班如之中，非四之明，能致决不疑其求之伪，而坦然以往，不可也。故言往吉，无不利。以安其心，而速之行耳。按：初比二，而应四。初刚二柔，四亦柔，皆婚媾之缘也。二宜守贞不字，四则应其求而往者，初当生难之始，而以婚媾偪二，是特欲使附已以为寇云尔。此反常之大故，不可以无二之守贞也。至于难作不已，乘马班如之势，已迫于四，入险，此其界矣。于时不遑其为寇以禽四，而与之求婚媾焉，其志殆有见于大亨之难，必而出于此耳。故使四之明，苟足称灼知，求者之志，而决于往，初之乘马班如，直可视之若无有也。不患为初给，而将加之害矣，此为吉无不利也。四吉无不利，而难亦将已。故爻中两言婚媾，其端皆发于初有二之守贞，尤不可无四之求而往也。岂当执一论哉？



**求而往，明也。**

**六五：屯其膏，小贞吉，大贞凶。**

管见：五为坎主，坎不为雨，而为云，则雨之动，而未施也，是为屯其膏之象。其言此者，以九五居尊，而初九不得建侯，其施有未光也，故言屯其膏，以著生难之源耳。小贞吉，大贞凶，小大指二五言。二柔为小，五刚为大，《易》例也。二之小者，曰女子贞不字，十年乃字，此其以初为寇而绝之，不可易也。而其贞为吉。若以五之大者，而既屯其膏矣，亦将以初为寇，而终绝之，有如二之贞，而不可易，则不免于凶。何以言之？盖以初之大对二之小言，初刚而居下，二柔而上乘，是男女也，亦初非必有婚媾之义者。至以初之大对五之大言，初震主为长男，五坎主为中男，是兄弟也，则并不啻有婚媾之情矣。故在二之小而贞，其因乘刚之定体，以自固者，初为难而求字，二终不夺于难，而不字，此守男女之正，以全君臣之常，所以抑天下之强暴，而定难也。初之有攸往，而不大亨，亦重赖于此。岂不吉乎？若夫五之大，而亦贞，其因屯其膏之成势，以不渝者，初作难而欲侯，五乃终愤于难，而不建侯，此绝兄弟之亲，以忘父母之爱，所以启天下之乱贼，而长难也。初之以贵下贱，而大得民，变肇端于此。岂不凶乎？且卦中二应五，而四比五，五为大，二与四则俱小也。然二之小，以贞吉。四之小，则不以贞吉，而以明吉。是二之守其贞，而得吉者，在于以初为寇，而不为婚媾。四之不泥于贞，而以明往，其亦不失为吉者，则犹在于以初为婚媾，而不以为寇矣。四不以初为寇，而将婚媾之，五得终以初为寇，而不兄弟之也哉，此五之于初不宜用二之贞，以仍前此之屯其膏在于用四之明，以识今，此之利建侯也。



**屯其膏，施未光也。**

管见：光者，明也，人皆见之，则光矣。五之屯其膏者，人见为雨之动，而不见为雨之施。故曰施未光也。施未光，则以贵下贱之初，与见其以贵下贱之民，皆有不能释然于心者也，又何惑乎？初之大得民，以生难哉！此其不可贞也，审矣。

**上六：乘马班如，泣血涟如。**

管见：乘马班如，亦即指初九之称兵犯五，以为难言。其泣血涟如者，盖上六见初之为寇如此，其近臣之四，已往而应婚媾之求。又五之屯其膏，而不终，亦将因是而下建侯之命。是不克难，而以养寇也，非长计也。故为泣血涟如之状，而未尝有言。欲使九五怪而问之，怜而察之，而后进说有端，亦庶几易入耳。此《象传》特探其意之所主，而代言之，曰何可长也。所幸者五当天造草昧之时，而有君子经纶之志，故初既率其乘马以来，而五不动，四亦应其求婚媾以往，而五不禁也。殆将深屯膏之悔，而思建侯矣。五之志定，则于上之泣血涟如，虽及闻见，而卒不加省，故爻中但曰泣血涟如，而无他词者，以其不省于五，终未尝得间，以尽所欲言耳。使其得间，则所为痛哭以陈者，率其何可长之虑，以进可长之计，必曰是当绝和用讨，行大义灭亲之举，为宗庙社稷谋永永万年也，嗟乎！小人之险而不明，其貌为爱君忧国，以酿王家斧戕骨肉之祸者，尚可问哉？

**泣血涟如，何可长也。**

管见：《传》言上六之泣血涟如，其意盖曰何可长也，此其私忧过计，既不能为四之明，而复以近习谄谀谮愬之法行之，其险则人甚矣。



**䷃坎下艮上**

**蒙：亨，匪我求童蒙，童蒙求我。初筮告，再三渎，渎则不告，利贞。**

《本义》：我，二也。童蒙，谓五也。

《集说》：俞氏琰曰：渎与皆朱子《本义》之语，当连行读。《少仪》“毋渎神之渎”同。不告，与《诗·小旻》“我龟既厌，不我告犹”之义同。初筮，则其志专一，故告。再三，则烦渎，故不告。

管见：《彖》词皆为九二言之。欲其有以养五之蒙，使之得正，以进于圣也。位莫尊于五，而《蒙》之五，为童蒙，以二遇此，似难令其去蒙，而圣以成为亨矣。然而有亨道者，以其志应也。志应，则相求。故曰匪我求童蒙，童蒙求我。匪字宜活看，言匪二求五，则五来求二，相求者也。此五之童蒙，不患其同于四之困蒙，而不亨也。但蒙之言亨，亨于五之志应，尤亨于二之因其志应，以行时中耳。行时中，则能养之，而童蒙之志应。不行时中，则将渎之，而童蒙之志亦不应矣。不观于筮乎？鬼神之明，与圣相通，问焉而以言，其受命也如响。此亦宜有不厌于渎者，然初筮则告，此鬼神受命也。君之尊，与鬼神相将。人之忠诚，拜献以望君之曰俞，犹夫筮者之斋戒册祝，以期鬼神之云吉也。乃再三之渎，不可施于明，通于圣之鬼神，其可以渎六五童蒙之君乎哉？故欲蒙者之得正，以进于圣，其道利于贞也。贞者，恒久之意，从容有常，以养之不迫急，无次以渎之，二之刚中，而行时中，盖如此。此所以能使六五之童蒙，日循循于作圣之功，以成其亨也。

**蒙，山下有险，险而止蒙。**

管见：蒙之二体，自上而下观之，为山下有险，自下而上观之，为险而止。此有目者所共见也。然坎水之为险，孰设之而使险乎？艮山之为止，孰奠之而使止乎？此虽圣人，亦有不知其所以然者，故其卦曰蒙。按：八卦之象，雷风无形，而乍作乍息，似乎偶然一至者，非恒也。而其卦曰恒。山水有形而或流或峙，似乎昭然甚明者，非蒙也。而其卦曰蒙，盖天地之道恒久而不已，其不已者亦不测也。不已为恒，不测则为蒙。故知天地之道不已，则雷风之潜伏于天地间者，亦不已也。天地之道不测，则山水之融结于天地间者，亦不测也。然则雷风之为恒，与山水之为蒙，盖《易》中名卦之似奇，而实正者，不可以不察也。

**蒙，亨，以亨行时中也。匪我求童蒙，童蒙求我，志应也。初筮告，以刚中也，再三渎，渎则不告，渎蒙也，蒙以养正，圣**

**功也**。

管见：蒙，亨，指六五言。亨与困相反，五之志与二应，故不同四之远实而终于困耳。但五有亨道，而其所以终能亨者，则由二之行时中以成之，故曰以亨行时中也。以犹因也，言因五之可以亨，而行时中也。此句就《彖》词亨字而究言之，以起下文通节之意云尔。二当蒙之时，又值六五亦为童蒙之时，则因其志应而不渎之，乃有以养之者，是为行时中也。如《彖》言匪我求童蒙，童蒙求我，此明五之志与二应，不惟二之求五，而五亦求二也。五之蒙而有亨道，盖以此。其曰初筮告者，则以二之刚中而不过刚，求于五，而五必应，有然也。此以亨行时中之验也。至于再三渎，渎则不告之云，则似我求童蒙，而童蒙将不应矣。是渎蒙也。在二之以亨行时中者，岂若是哉，总之，人之于蒙者，而思有以正之，不宜渎，而宜养也。渎蒙者，亦思有以正蒙。然至于求而不应，而蒙者之亨机已塞，不能使之有功也。盖将以蒙终矣，惟以亨行时中者，不为再三之数，以渎之，而用恒久之贞，以养之。蒙之正，以养正，则其因以正者，固将从事于君子果行育德之途，而不自知也，是圣功也，然则正蒙者，其可不识利贞之义乎？



**山下出泉，蒙，君子以果行育德**。

管见：泉，水源也，百川之险，皆由之。然山下出泉，山不知其所自始，泉不知其所自来，是有蒙象。故作《易》者取以名卦也。君子以果行育德，则就卦中六五君位之为童蒙者告之，所以明圣功也。大《象》之意，盖以《彖》词详言二之养蒙，其于童蒙之五所为，以养得正，而有功者，未尝明言，故特指其实如此耳。

**初六：发蒙，利用刑人，用说桎梏，以往吝。**

管见：国有五刑，墨、劓、剕、宫、大辟是已。刑人，主施五刑者。《易》例阳明阴暗，则知爻中之四阴为蒙。其两阳为有以正蒙矣。但二之刚中而行时中，非上所可同耳。如初六比二，而以蒙居下，又坎体性险，是为无知，小民之轻于犯法者，于此而欲因其蒙以发之，使之凛然见夫法之难干，与正其法者之无赦，其势必曰利用刑人也。谨桎梏以待可矣。而九二之包蒙，以为是蒙者也，用刑人以正法，虽使至于死，而亦忽忽已耳。其或不死，刑馀之人，肢体残而庶耻废，亦无以发其吝心也。于是不曰利用刑人，而曰用说桎梏，以往，其包蒙者如此，已而初六之蒙者，果不胜其吝，则包之实所以发之，而九二之刚中，以行时中，乃不惟承五，而并有以及初矣。

**利用刑人，以正法也。**

管见：传词不及用说桎梏，以往吝者，以二爻之词曰包蒙吉，即指此言，不必赘言也。

**九二：包蒙吉，纳妇吉，子克家。**

管见：《易》中《否》言包承，《姤》言包鱼，包瓜，皆主包其在下者言，则此所谓包蒙，包初也。其不用刑人，用说桎梏，以往者，略法原情，是为包矣。二哀初之蒙，而用包。即以发初之蒙，而生吝，则初非怙终，二亦不成，故纵也。故曰吉也。至于五之志应于二，而相求者，如《彖》词所称匪我求童蒙，童蒙求我是已。二刚而五之志应，为柔，则五有妇象，二以行时中之刚，而上接于六五，顺以巽之柔，则二有纳妇吉之象，《泰》之上下交而志同者，其六五曰帝乙归妹，以祉元吉，言以妇归二而吉也。知《泰》之五以归妹吉，则知《蒙》之二以纳妇吉矣。其曰子克家者，对击蒙之上九言，家人之上九为严君，父象也。其五与三初为兄弟，则于上皆其子矣。故《蒙》之两阳爻，于二称子，盖隐然亦以上为父也。二与五，刚柔位应，上与三亦刚柔位应，是皆有男女夫妇之象者，乃上九之击蒙为金夫，其于行不顺之六三，有相仇而比于寇之象。是上之为父，初亦娶女，而终不宜室，二之为子，一当纳妇而已，自克家也。克家能有家云尔，所以然者，由二之刚中而行时中，并有以包在下之初，故能有以纳在上之五耳。此包蒙之与纳妇吉，则分见而其所以致吉者，固同归也。



**子克家，刚柔接也。**

《本义》：指二五之应。

管见：五之顺以巽者，以志应而相求，柔接刚也，二因是而本刚中以行时中，不渎之，而养之，则刚亦接柔矣。刚柔接，故二之于五，为夫妇，有纳妇吉之象，而二之于上为父子，又独成为子克家之象也。

**六三：勿用取女，见金夫，不有躬，无攸利。**

《折中》：金夫，《本义》不黏爻象，《程传》以为九二，然九二发蒙之主，若三能从之，正合《彖》词童蒙求我之义，不应谓之不顺。

管见：勿用取女，愤词也，非戒词也。以为人之取女，求得妇耳。今观六三之行不顺，其以女归于上九者，以婚媾同于敌仇，是为寇矣。取女如是，则宁终其身不得妇也。焉用取女为哉？见金夫，不有躬，无攸利，正申上勿用取女之意。金夫，谓夫之刚者，即指击蒙之上九言。不有躬，意与《论语》“一朝之忿，忘其身”相似。盖六三之蒙，而性险，有寇伏其心也，夫为金夫，必将击之。击之而发，则有置身绝地死地以从事者，此为见金夫不有躬也。取女者，利其得妇耳。利其得寇乎？求得妇而乃得寇，其为无攸利必矣。然则焉用取女为哉？

**勿用取女，行不顺也。**

《集说》：熊氏良辅曰：蒙，小象凡三顺字，只是一般，不必以不顺为不慎。

管见：夫妇，人之大伦。男女，人之大欲。今有为勿用取女之言者，岂其本心也哉？由此推之，则知爻言勿用取女，盖实见于取女而行不顺，若六三之见金夫，而不有躬者，于上九无所利也。故有激而云然耳。

**六四：困蒙，吝。**

管见：困，与亨相反。蒙之终于不亨者，曰困蒙。困蒙之象，当与童蒙对看。盖人当盛壮，而蒙者也，童蒙不耻于求人，而望其亨，盛壮而蒙，则耻于求人，而终安其困矣。故曰困蒙，吝。吝者，耻于求人也。观《传》词言困蒙之吝，独远实也。可见如九二之刚中，为坎主，坎体中实，是能自力于果行育德之圣功，而足以正蒙者。四处上卦，而与五比，五以童蒙，下求于二，四不可从五以求之乎？五以求二，而蒙得亨。四岂从五求之，而终不免于困乎？四之意，盖曰屈尊就学，吾君之盛节也。我之于圣功，盖无望矣。尚能降居童子之列，下奉九二，为先生长者，而事之耶？此五之顺巽而为童蒙，五不吝，而四独吝。二之坎体中实，而足以正蒙，五求之，而四独远之也。

**困蒙之吝，独远实也。**

管见：按：山上有水为《蹇》。山下出泉为《蒙》。皆艮坎相重也。《蹇》四之《象传》曰当位实也。实字，指坎主之九五言。坎主居五，尤为当位，故不但以实概之，《蒙》四之《象传》曰独远实也。实字指坎主之九二言，坎主居二，虽不称当位，而犹必以实表之，此传例也。观习坎之《彖词》称有孚，《传》称行险而不失其信。孚信所谓实也。然则《蒙》二之于五，其有初筮之诚，而无再三之渎，用利贞之道，以成养蒙之圣功者，皆以此艮体，亦有笃实之义在，《大畜》之《彖传》言之，然与坎同居一卦，则有不得并以实称者，故《蹇》之三为艮主，《象传》曰见险而能止，知矣哉。取其艮阳在外而明也，艮阳在外，则不如坎阳在中之实，蒙之上，亦为艮主，爻词曰击蒙，不利为寇，明其艮刚不中而过也。艮刚不中，则亦不如坎刚得中之实矣。旧注概以实为阳刚，而不辨者，非也。



**六五：童蒙，吉。**

管见：童蒙。求人而不以为吝，有顺以巽之意，故六五之柔中，而能顺以巽者，曰童蒙。在《彖词》曰匪我求童蒙，童蒙求我，所谓顺以巽者，如此。夫五之顺以巽，以柔中而求刚中，而二之承其顺以巽者，又本刚中以行时中，则五之蒙亨矣。蒙亨则将去蒙而圣矣，岂不吉乎？

**童蒙之吉，顺以巽也。**

《集说》：胡氏一桂曰：顺以爻柔言，巽以志应言。

管见：巽，入也。象其志下求之意。

**上九：击蒙，不利为寇，利御寇。**

《集说》：吴氏澄曰：二刚皆治蒙者，九二刚而得中，其于蒙也，能包之，治之以宽者也。上九刚极不中，其于蒙也，乃击之，治之以猛者也。

管见：击蒙，盖夏楚加之之意。上之于三，有夫妇之象。三之词曰见金夫，不有躬，此其险而不顺，比于寇矣。然取女之初，其行未尝若是，则是寇之状，于三见之。所以启寇之衅，则由上之击蒙，实为之也。因事而激之，使发曰为寇，未事而防之，使止曰御寇为寇，御寇之利不利，上九非蒙者也。而不能辨此乎？



**利用御寇，上下顺也。**

管见：爻言利御寇者，御字取艮止之义。亦取艮主之能止，有笃实之义。则知所以御之者，盖不外于君子之果行育德矣。此教上九以行顺也。上九行顺，即有以止六三之行不顺，而使顺焉，所谓利御寇者如此，传恐读《易》者，误解御字，为角拒抵当之意。故特申之曰利用御寇，上下顺也。上谓上九，下谓六三，明御寇之利，为上下顺，则知御寇之御，固当果行育德，以弭于未形也。苟不知此，而负强务克，相持不休，则御寇亦同于为寇矣。其何以成上下顺之利哉？按：《渐》之三爻亦言利御寇，《象传》与此并加用字，明御寇为取象耳。又《剥》之六三《传》曰剥之无咎，失上下也。上下字，指上九、六三之应言，与此正同。

**☵☰乾下坎上**

**需：有孚，光亨，贞吉，利涉大川。**

管见：需有孚，统指卦中四阳爻言之，《易》例同德相合为孚，五与下卦之初二三，以阳相孚，则上卦四上两阴之为险，可无患矣。光亨，贞吉，特言五在险中，而必亨，且吉也。光亨二字不平，言光则必亨耳。盖五之位乎天位，以正中也。此与乾五之为大人同，量其光犹之天光，非坎阴所能掩也。五之光不以阴掩，则五之身，亦不以险困，是必亨矣。故《需》之九五，但自守其正中之贞，则其位乎天位者，固将自天祐之，而无不吉也。何患处险而以险终乎。利涉大川，则欲下卦三阳之孚于五者，相与犯难而行，以安九五于险中耳。此所以成其亨，吉也。故《传》曰往有功也。上卦为坎，有大川之象，在四上两阴实为之。苟下卦之三阳以刚健行义，毅然往涉，以守于险，是必能定寇匡王，以有功者，有功则无不利，又何患其近险，而以险陷乎？按：此卦之名《需》，旧注多谓以刚遇险而宜待。非也。观四上两爻，有出穴入穴之词，乃知坎体之二阴，其设险之御人，为川象，其凭险以自固，又为穴象也，此其为寇之道，盖以守隘胜，而不以迎敌胜者，寇而迎敌，则三阳并进，当如疾风，迅雷之不可遏矣。惟寇知近敌之不胜，而入穴以守其隘，则非待其出，而寇不得也，故其道利用需。需者，偪近其穴，以须之，必求得寇而后已耳。如是以为需，则非往涉大川，不能以临寇穴，不临寇穴，而寇亦终不得矣。何功之有？故由《彖》称利涉大川，《传》言往有功也，乃知需者，往而须之，以求得寇，非却而须之，以求避寇也。若如旧说所云，五之位乎天位者，寇实迫其左右矣。在乾体三阳之刚健，乃畏险不进，以保其身，此岂复有君臣之义也哉？

**需，须也，险在前也，刚健而不陷，其义不困穷矣。**

管见：需，须也，临寇穴以待寇，而求得之，是为险在前也。

前犹目前当前之谓，言至近耳。险之至近如此，在下卦三阳之为乾体刚健者也，以刚健而须于险，独不虑其陷乎？陷则险者得志，而刚健者乃困穷矣，然《彖》词曰利涉大川，明其往则有功也，又何忧其陷而即于困穷哉，盖三阳之刚健而不陷，其故非特以其刚健也，以其刚健而行义耳。卦中四阳之同德相孚，五以正中位乎天位，君也。下卦之二，亦为中，初与三亦为正，其皆孚于位乎！天位之五者，臣也，君臣之大分，此无所逃之义也。今险者不义而为寇，须于险者，以刚健行义，而求得寇，是刚健即其义也，但以刚健言其不陷，不可必以其义言，则刚健之不困穷，固可必矣。



**需，有孚，光亨，贞吉，位乎天位，以正中也，利涉大川，往有功也**。

管见：《传》言《彖》词既曰有孚，又继之曰光亨，贞吉，此明有孚于二，与初三之五，其位乎天位者，以正中也，岂不义而为寇之四上，所敢干乎？至其终言利涉大川，则又明有孚于五之二与初三，其往必有功也，岂刚健行义，以须为寇之四上，而不无害乎？

**云上于天，需，君子以饮食宴乐**。

管见：需之为须，急待也，非徐待也。坎有陷义，其水气积而为云，则其上于天者，不以为雨，而以蔽天也。人必急待其云之解，以仰天光矣。此需之象也。卦中具天之体者，其惟位乎天位之五乎？于时坎阴之陷五，以为寇，有如云之蔽天，此下卦同有天德之三阳，不能与寇，俱立其道，有进无反，而相守以需也。因需之时，行需之道，或需之功，在五之词曰需于酒食，盖位乎天位者，其天禄不惟自养，将以待有功也。当寇穴之既清，如云解而天光见，饮食宴乐之事，五以二，与初三共之，此同德相合，而称有孚者也。皆君子也，故曰君子以饮食宴乐。

**初九：需于郊，利用恒，无咎。**

管见：需者，须寇于穴也，必涉大川，而后临其穴，此二之需于沙，三之需于泥，皆涉大川，以犯难而行也。初居卦下，而去险为远，其需曰，需于郊，郊为川上之地，非沙与泥之比也，而初需于此，是不能与二三同涉大川，以临寇穴矣，故《传》曰不犯难行也。四与上，凭险为难，处于难者，位乎天位之五也，五处于难，而初不犯难，此能免于咎乎？然初之需于郊，但令守此不去，而知利用恒焉，则亦可以无咎也。何也？初用恒而据川上之郊，既使犯难者，舍郊而涉于川，亦不患其无援，且使为难者，舍川而走于郊，亦自知其不得脱也。此足以襄须寇之功，而得同于二三之刚健以行义矣。故《传》曰未失常也。义者以臣事君之道，万古不易之常也，未失常，故无咎也。按：初本乾体，而非畏险，又需于郊，而非近险，宜其必能恒矣。乃爻词若虑其不恒，而曰利用恒者，以初于四有应，则虽与二三同为须寇之举，而或义夺于私，其心亦有时不固耳。

**需于郊，不犯难行也。利用恒，无咎，未失常也。**

**九二：需于沙，小有言，终吉。**

管见：沙，水涯也。二之需于此，盖往近大川，而将涉矣，所谓犯难而行也，小有言，谓四上两阴之小者，其于需于沙之九二，有言以恐之耳。下卦三阳之刚健，惟二五位应，则涉川需寇，以行义者，必二为之倡也。以故小有言之言，独欲使在中之二闻之，而心悸耳。与三不足虑也。所言维何？言其终之不吉而已，以为必我需，我将尔陷于君，无济而自灭厥躬，吾不忍使慕义而不智者，之一朝同尽也，其言如此，而九二之衍在中，以为寇之志，大可见矣。独其言出于穴，其身盖不出矣。于是使三需于泥以致之，需之愈急，致之愈力，寇不保于穴，而其身将自出矣。出则寇得而需，寇之功成矣。以此特而思小有言之言，特寇之妄言耳。岂有所为不吉乎？故知刚健而不陷其义，不困穷者，盖决然而无疑也。此所以为终吉也。

**需于沙，衍在中也，虽小有言，以吉终也**。

管见：衍，宽意，郊之象也。沙为陷地，郊为衍地，二之在中，而需于沙，其心知其不陷，而不至困穷者，以视初之在下，而需于郊，无以异，故曰衍在中也。二之在中如此，故当小者有言，言其终之不吉，以恐之也。而以九二自度，则曰，虽小有言，以吉终也。此足以观衍在中之实矣。

**九三：需于泥，致寇至**。

管见：水之深处，其下为泥，需于泥，是涉川犯难，以临寇穴也。四与上，凭坎险以为寇，其有穴之象者，盖如水族怪物之窟宅，于水然，故其涉大川以需之，不以舟涉，而以徒涉，至于三之需于泥，而乃有以致寇至也，致寇者，犯其穴而使不得保，所以夺寇之魄，而速寇之出耳。致之而至，则寇可必得，而须寇之功，于是成矣。然不与二同称吉者，三之刚健不中，有冯河之勇，而无临渊之惧，故但言需于泥，以明其地之险，如彼言致寇至，以明其事之险如此，则三之犯难而行，其宜防灾备败，以行其敬慎者，可于言外得之。

**需于泥，灾在外也。自我致寇，敬慎不败也。**

管见：三之需，需于泥，泥者，外卦坎险之象。四与上，实成之，盖将陷涉者，以为灾也。其险非特沙之近于坎而已，故曰灾在外也，灾字宜重读，见犯难而行，此为至险，不可以不敬慎也。盖三之去沙，而需于泥，其意固主于致寇者，夫寇不至，而自我致之，及其至也，寇迫于我，而不得安于穴中，独不虑其既出而为敌，亦将败我于泥中乎！故三之致寇，必以敬慎致之，而不惟其刚健而后需于泥者，能自立于不败之地，不以灾在外，而遂陷于灾也。按：敬慎二字，本欲三之临事而惧，亦并欲三之奉命惟谨也。犯难而行之举，三之致寇于外，必以二之在中者为谋主也。二需于沙，而曰衍在中，有处险若夷之意，则其使三致寇，以近在外之灾者，必早示以入水不濡之策矣。特恐三以刚健而不中，或不免于负强自用，以取败耳。故传词直言敬慎不败，初不虑其敬慎而犹或败者，二用三以致寇，三实借二以谋寇，固相与有功，而不败也。



**六四：需于血，出自穴。**

管见：血，杀之也，需于血者，谓六四之为寇，至是自缚以降，靡然俯首，而待诛耳。此需字，与五爻需于酒食之需，皆借用卦名须待之义，非名卦之正义也。与《解》言解而拇，《丰》言丰其屋，《涣》言涣其躬之类同例。盖需者，需寇于穴，而使之出也。主下卦之三阳言，四与上，凭险为穴，不恃我之敢出，而恃人之不敢入也。已而初之需于郊，据川上而不去，其在中之二，需于沙以偪之，不可以言动也。三又偪之已甚，而需于泥矣，四以此时自度，穴不固而身已危，不出而负固死，出而角拒，或出而逋窜，亦死。智尽道穷，苟非柔性难忍，固将自绝其脰矣。此所以束身而出自穴，即以就戮，而需于血，其状乃如前之不能为寇者然，其意又如后之终不为寇者然也。故《传》曰需于血顺以听也。

**需于血，顺以听也。**

**九五：需于酒食，贞吉。**

管见：坎体中实，其为水则井养之义也，故有酒食之象。《困》之二习坎之五皆取之，其曰需于酒食者，五以寇难未宁，在二与初三诸臣，方于郊于沙于泥以须之，酒食之具，留之以待有功，不敢自为宴乐也。其但取酒食之象，而曰需于酒食者，又特见九五之在险，而亨其中正之贞，闻其为酒食以待之有功，而不忘耳。岂尝闻其具鼎镬以待寇之有罪，而思逞乎？此亦如《困》之九五当困亨有说之时，利用祭祀，而不用劓刖也。在《象》词曰贞吉，明其以正居中，所以位乎天位者，能体天德者也。故《象传》先言正，而曰以正中也。此言贞吉，明其以中行正，所以位乎天位者，能先天命，而后天讨者也。故《象传》先言中，而曰以中正也。合而观之，以正居中，而见为正中。以中行正，而见为中正，皆九五之贞也，如是以为贞，所谓受禄于天，保佑命之自天申之者也。亦安往不见其吉哉？

**酒食贞吉，以中正也。**

管见：五有酒食，而以贞得吉者，就酒食言之，其不自奉，以待有功，由于五之正也，其志切赏功，而不急于诛罪。又由于五之以中行正也，五之正，以坎主而通乾德，德充则口体之养，非所私矣。五之以中行正，虽坎体而无险心，心和则恩体之加，为独优矣。故知五有酒食，而以贞得吉者，贞于中正而吉也。

**上六：入于穴，有不速之客三人来，敬之，终吉。**

《集说》：胡氏炳文曰：速，主召客之辞。三人，乾三阳之象。

管见：上与四，皆为寇者。四出自穴，而上入于穴，非敢不为顺以听也。盖寇以四为首，需寇者，以致四为急，至于四出，而需于血，则其穴亦稍安矣。此以知上之入，而不出者，固惶惧敛伏，以倖须臾无死云尔。然九五之中正，主于靖寇，而不杀降，四之需于血，未闻即正典刑，则上六犹有生理也。五之词曰，需于酒食，其待三人之有功者，以宾礼礼之，有客之象，其三人之需寇有功，皆自激于义以行，非由五以酒食召之，而始来也。有不速之象。当饮食宴乐之将举，五有不速之客三人来矣。若上六以此时出穴，而迎三人之来，以敬之，膝行匍伏，稽首肉袒，亦如四之顺以听者，然四邀宽法，而独苛于上乎？此所以为终吉也。不然，入于穴而不出，有出之者，而上之罪乃反重于四，而不得逭矣。故上之自处，入于穴而不出，似避凶而终凶，入于穴而还出，疑不吉，而终吉也。

**不速之客来，敬之，终吉。虽不当位，未大失也。**

管见：不速之客来，敬之，终吉。何以知其终吉耶？以六四观之，可矣。卦中之四阳，所谓有孚者也。四以一阴介其间，而恃险为寇。五之位乎天位，其可干乎？二与初三之犯难而涉大川，其可遏乎？以位言之，其不保其身者，不待需于血之日，而后知也。是为不当位也。然虽如此，而其出自穴，以需于血，终犹以其顺以听，而未尝加刃焉。则九五之阳刚居尊，于《易》例为大者，见其大而中正，未见其大而过也。过者，失也。刚过为大失。

刚中正而不过，是为未大失也。大者，未大失，而不伸刑杀之威，则知小者能小顺，而皆沭赦宥之仁矣。如上六之处卦外，其视四之不当位者，犹有间也。以故寇同谋而穴同处，不容四之不出，犹可听其上之自入也。于时，五为大，其所客之三人，亦为大，二大而中，初与三大而正，则皆孚于五之中正，而为未大失者也。上不能遂达于居尊之五以望恩，不犹可疾奔于五所客之三人，以乞命乎？故曰不速之客来，敬之，终吉。

䷅坎下乾上

**讼：有孚，窒惕，中吉，终凶。利见大人，不利涉大川。**

管见：讼者，以言搆志也。《传》曰，上刚下险，险而健，特指初三两阴之为险，与四上两阳之为健言。险与健，上下不相能，于是险者，私于二，健者附于五，以成天水违行之象，而讼兴矣。健者讼险者，于五若曰二在下，而初与三之险，实左右之，恐二之因以悠谋而危其上也。险者亦讼健者，于二若曰五在上，而四与上之健，实左右之，恐五之因以逞志而戕其下也。所谓讼者如此，此岂二五之志哉。然讼兴，而为讼之时，五可无患，而其为二之患者深矣。故《彖》词专为九二谋。其孰吉孰凶，孰利孰不利也。有孚窒惕，中吉。《传》曰刚来而得中也。按：此与《无妄》之言刚自外来，而为主于内相似。皆言刚自外卦之乾来也。乾为父，坎为中男，则九二之为坎主，其刚固自乾主之五来矣。二之刚自五来，于人为父子，天性之合，非特他卦之取君臣同德相应已也。是有孚者，特其刚来而得下卦之中。其同体初三之两阴，与上卦四上之两阳，以险健而兴讼，则二与五之有孚，亦窒而不得孚矣。二五本君臣之位，而讼二之托始于五，所为刚来而得中者，又父子也。有孚而窒，臣不得达于其君，子不得达于其父。二将何以自立乎？故知得中，而不得孚，其得中不可为吉。不得孚，而不安于中，其惕中乃所以为吉也。盖二之有孚而窒者，因其窒而忧之，为惕听其窒，而安之为终，终何以凶？以下之讼上，必讼于二，以观其意也。二惕之，则讼言不入，而讼不成。二终之，则讼言入，而讼将成矣。然自下讼上，患至掇也。讼其可成乎？故《传》曰终凶，讼不可成也。利见大人，申惕中吉之义。以为惕中者，非直惕而守其所得之中也。在于以惕求孚，即将舍此而往，以见大人云尔。盖九五之中正，为君，为父，此大人也。在二之刚来得中，而不可并以中正称者，则臣子也，微也。当有孚而窒之时，其敢违行以背大人，而不见乎？凡《易》之所以尚中正者，以其为大人也。二之得中，而宜惕中正，以屈于五之中正，而宜尚中正耳。故《传》因利见大人之词，而推见者之心，曰尚中正也。至于见大人之所以利，于爻中见之。二之词曰不克讼，归而逋，其邑人三百户，无眚。二之归，归而见大人也。其必逋者，恐为邑人所牵，而不得速归之意。当其既见大人，五之处于中正，以成讼之元吉者，在邑人亦得无眚。而二何患乎？此为利也。知利见大人之利，则知惕中之吉。吉以此已。不利涉大川，申终凶之义。下卦为坎，坎有大川之象。涉大川者，主徒涉言。所以习险也。如《泰》言冯河，《需》言需于泥，《既济》言濡其首之类，皆是二之刚来而得中，得坎之中也。若因是而涉大川，以习险，则是以终成讼，将与邑人为克讼之谋，而其患深矣。凡习水者，多死于水。故《传》词即因涉大川，以言不利。曰入于渊也。莫上于天，莫深于渊。五之为大人，天也。涉大川者，而入于渊。则永无见天之日，不利孰甚焉？比足以观终凶之凶矣。

**讼，上刚下险，险而健，讼。讼，有孚窒惕，中吉，刚来而得中也。终凶，讼不可成也。利见大人，尚中正也。不利涉大川，入于渊也。**

**天与水违行，讼。君子以作事谋始。**

《集说》：吴氏澄曰："水行而下，天行而上，其行两相背戾，是违行也。"

管见：上下之相讼，以言因其讼，而上下相克为事。初爻言所事，下克上之事也。三爻言王事，上克下之事也。然事为克讼之事，下宜于不永，上利于无成。则以讼之时，而作事固当谋其始，而不轻作，使上下相安于无事，而后可也。卦中以二五为主，五以刚健中正为大人，二以刚来得中为君子，皆赖其能作事谋始者也。乃《大象》之意特以君子暗指九二，而切告之者，以克讼之事，二作之，而患斯至，其有借于谋始，尤亟亟也。二之谋始如何？谋其孰吉孰凶，孰利孰不利，如《彖》词所云是已。

**初六：不永所事，小有言，终吉。**

管见：讼之初六，属于二，为私人。初本民位，民之数，至众也。所得属者，皆可借而稽之。则知二爻之言邑人三百户，其象具于初矣。所事谓克讼之事，其不永者，以二之不克讼，归而逋，故其事旋已而不永耳。然作事以二为主，其倡言以初为始，下卦坎体之二阴，皆为小也。三以食上之旧德，而未敢有言。初之聚为邑人三百户，则不念德而兴怨，乃独见为小有言矣。言者，讼其上于二，而欲二之因以克之也。有言如此，岂必待其事之成而始召患哉？然初之欲有所事，二以归而逋者，谢之固将使之废然于后也。其初之敢于有言，二以其辩明者，觉之则既使之悚然于先矣。此其所以卒免于患，而终吉也。

**不永所事，讼不可长也。虽小有言，其辩明也。**

管见：初有所事，二不永其所事者，以其兴于讼耳。兴于讼，则所事为克讼之事，苟不速已，而其事遂成，其患立至也。岂可长乎？讼不可长，故虽初之小者，才有言也，未必遂为其事，而二之因其言以辩之，必曰自下讼上，患至掇也。奈何以邑人三百户，同沦灭乎？其辩之明，有如此，此以知初之终吉，初得之而二实成之也。



**九二：不克讼，归而逋，其邑人三百户，无眚。**

管见：克者，以众相角，而求胜之也。上下以讼，有隙即欲以克相灭，为克讼，然非二五之志也。如初属于二，为邑人三百户，其有言，而即有所事者，将欲因二以克讼也。而九二之惕中，其志则不克讼，其身则且归而逋矣。按：归字当与《彖传》刚来之来字对看。反其所自来者为归。二之来，来自五，则二之归，亦归于五可知。故此所谓归者，归而见五云尔。《彖》词言利见大人，即指此。二与五为君臣，实为父子。其见大人也，非特同于有位之赴阙朝王，故取省觐之义，而曰归耳。归而逋者，不欲使邑人知之，亦欲急求大人而见之也。当上之讼言已兴，其人告于五者，必谓二实拥其邑人三百户以居，固将违行，而不归矣。已而二则既归，未敢背大人也。归而出于逋，亦未尝从以邑人也。于是二惕而求见，五喜而召见，讼言释而窒旋通，其有孚之象依然，《家人》父子之相洽矣。彼初之属于二，为邑人三百户者，虽尝有自下讼上之言，然不永所事，则其言已虚。纵使上闻，在九五之中正，亦不欲穷治而悉加之罪也，此所以为无眚也。

**不克讼，归逋窜也。自下讼上，患至掇也。**

管见：爻言归而逋，《传》曰归逋窜也。逋为逋窜，则非归其邑以逋辟，并省而字，曰归逋，则知其归，以逋窜而归，只是一事。非先有所归，而后复有所逋也。其不释二何所归者，以《彖》词言利见大人，固早以其所自来者，定所归耳。不克讼，归逋窜也，二之逃邑人，而见大人，如此者，其心盖曰自下讼上，患至掇也。如初爻称小有言，此自下讼上，而欲因以克之者也。初虽成为邑人三百户，在五之居尊为王，既尝锡上以服，而嘉讼其下之讼上者，岂不思命四以师，而使克其下之讼上者乎？当其患至，其尽执邑人三百户，而获之，有如掇矣。掇字之象，盖犹鹰鹯之逐鸟雀，攫击无不中。然其患如此，此二之自全，以全，初所以使之无眚，而免患者。既因小有言，而辩之明已，足以观不克讼之志，而其速归以见大人，尤惕然不能已于逋窜也。

**六三：食旧德，贞厉，终吉。或从王事，无成。**

管见：三与初，皆险而有违行之象。则皆能自下而讼上者，然爻词但于初曰小有言，则是三犹未尝有言矣。所以者何？初为民，而三有位，其食君之食，以饱其德者，由来已久，是为食旧德也。以故三之险，与初同。而自下讼上之言，犹不出于食旧德之口，以成为违行耳。三若因是而守其贞，不言初之言，亦终不事初之事，则虽切比于四之□□安贞者，亦不免于厉而自危。然而为厉而不即于患，则可与初六并决，其终吉也。或从王事，无成乃思上终吉之意，五为王，五之将克讼，为王事，四之奉命终王以克讼，为从王事。然四之词曰不克讼，复即命，渝，安贞，此曰二以归而逋者，见五于是。五自收其克讼之为命，而不行，即欲四之反而听其不克讼之今命，以守贞也。故曰或从王事无成。或字即暗指九四。四健而不安于贞，其末言有事，而惟恐无事者也。从王事而无成到不至，以克讼之命，而逋亡于掇矣。斯时也，自下讼上之词犹有言无眚，而曰终吉，岂三之未尝有言以守贞无眚乃以言厉而不终言乎？

**食旧德，从上吉也。**

管见：德谓恩德，上与自下讼上之上字同。并指五言。三食上之旧德，而不出下之讼言，则无违行之志，而主于从上矣。从上者，下之贞也。贞则不见厉之为厉，而但见其终吉之吉。故直曰从上吉也。按：此爻《传》词特因三之食旧德，而言其能贞，则吉耳。至或从王事无成一句，以四爻所称不克讼，复即命，渝，安贞者，即指此。故不重释也。旧注见从字与经文同，便指从上为从王事，非也。



**九四：不克讼，复即命，渝，安贞吉。**

管见：险能克健，健亦能克险，其因讼以兴事者，下莫甚于初，以自凭其邑之众，上莫甚于四，以近倚于王之尊也。下之禁初，而不克讼，二主之。则上之止四，而不克讼，必五主之矣。当上九受服之时，讼言既入，五必有克讼之命。命四而使之行此，所谓从王事也。及九二归逋之时，讼言将解，五亦必有不克讼之命。命四而使之反，此所谓从王事而无成也。然四之健，不安于贞，或谓二虽归，而三不来，是将食旧德而背之也。又初之在下，为邑人三百户，窃闻其有言而事，亦将作矣。吾将成，五克讼之前命而不受。五不克讼之今命，殆亦应机达权之道，未为失也。然如是以从王事，无论不成，成亦专而抗也。岂四之吉乎？故爻词切告之曰，不克讼，复即命，渝，安贞吉。已行而反为复，即者就而从之也。即命，犹言从命。反而从之者，其命为不克讼，则其先之已行，固为奉命以克讼矣。克讼之命，健者乐从，不克讼之命，健者不乐从也。何也？以其不安贞耳。渝，安贞吉。渝，变也。不克讼，复即命，是能即其不安贞者，变而安于贞矣。四变而安于贞，有顺以听，无专而抗，则不以健不中正，而有失也。不失则能切承九五中正之君，而卒事之也，岂不吉乎？

**复即命，渝安贞，不失也。**

**九五：讼，元吉。**

管见：五当讼之时，而曰元吉者，于其不克讼，见之。当讼，言之既兴，上以言入，而受兴，则克讼之事，将因之矣。迨二以逋窜来归，而五遂有不克讼之命，使四反而安于贞焉。于斯时也，二之归而逋，五已不失其父子之爱，其三之食旧德者，虽厉而终吉，其初之为邑人三百户者，亦无眚而免患，则又以父子之爱，以递及于群臣百姓，而降之福也，此岂不为元吉与？

**讼，元吉，以中正也。**

管见：五曰讼，元吉，于不克讼见之，而其所由不克讼，以成元吉者，则以五之中正，实主之，又《彖传》曰尚中正也。对二之得中言，此曰以中正也，对四三之不中正言。上卦三爻皆乾体而刚健者，上以不中正而有讼言，四以不中正而喜克讼之事，故惟有五之中正，以镇定其间，则讼言虽入，不无上之受服者，而克讼之事无成，固亦即有四之复即命，渝，安贞者也，此所以称元吉也。

**上九：或锡之鞶带，终朝三褫之。**

《本义》：鞶带，命服之饰。

管见：或字，暗指五言。锡者，赏其能同下之险而违行，以告变也。上九之讼于五，他虽无据，如初之属二而为邑人三百户者，亦既无所畏忌，而有言矣。因其言而加张大，或转蔓引，五不得以为妄，而不信也。于是不谓上忠，当谓上能必思有以锡之矣。上处卦外，为无位，则所锡莫宠于受服者，服不惟其鞶带而已。而爻词不及他物，举一以例馀也。带加诸身，为束。去诸身为褫。上当拜赐之馀，得前所未有，专众所共荣，一鞶带也。方惊喜而束之，旋爱惜而褫之，不忍不束，亦不忍不褫，终朝之间，有一再不已，而至于三褫者，其状若此，其意云何？以为此鞶带也，受之自我锡之，自王非可亵也，深足敬也云尔。上之以讼受服，其自为得计，无所用耻者，即鞶带言之，而情貌已如绘矣，他如等于鞶带，与重于鞶带者，又何论哉？



**以讼受服，亦不足敬也。**

管见：受服本足敬也，而上九以讼受之，则既亵此服矣，故曰亦不足敬之。

# 上经卷之二

**☷☵坎下坤上**

**师：贞丈人吉，无咎。**

《本义》：卦惟九二一阳，居下卦之中，为将之象。六五以柔居上，而任之，为人君命将出师之象。大人，长老之称。

管见：师以将为主，兴师命将，以君为主。故《彖》词皆为六五告也。五之词曰，田有禽，利执言，此喻言用师之得其正也。是为有贞，然师有虽贞，而亦凶者。此不能免于咎矣。故曰丈人吉，无咎。言师贞而得丈人，乃以吉。无咎也。丈人指九二言，二为将，而曰丈人，以年高状其望重德尊云尔。吉，无咎，并指六五言。以丈人帅师，毒无下者，所以怀万邦，其民从之。而五之王成矣。此所谓不贞不吉，则为咎。《象传》曰师或舆尸，大无功也。又曰弟子舆尸，使不当也。大无功，使不当，皆五之咎也。吉则无是，可知师不惟其贞，而尤有借于丈人也。是在六五之能任大而慎所使矣。

**师，众也，贞，正也。能以众正，可以王矣。**

管见：民之聚为众，动众行师，而不失其正，为《彖》词曰：师，众也，贞，正也。众不自正，而五之用师以贞，为以众之不自正者，而使正焉，则其不得已于师，其意一以怀万邦为主也。故曰能以众正，可以王矣。

**刚中而应，行险而顺，以此毒天下，而民从之，吉，又何咎矣**？

《程传》：言二也，以刚处中，刚而得中道也。

《集说》：胡氏炳文曰：毒之一字，见得王者之师，不得已而用之，如毒药之攻病，非有沈痾坚症，不日用也，其指深矣。

管见：五之能以众正，所谓师，贞也。即此帅贞，以王岂不吉乎？而《象》词以为师则贞矣，师贞而任之将之为丈人者，乃成其所为吉，而亦因以无咎也。九二之为丈人，如何以其刚中而应，行险而顺耳。卦惟九二一刚，其得中者，实能委志于五而应之，不以柔主生慈心也。又二之刚，为坎主，于师中为将，是主于行险也。而其以中应五，即能承五之坤德，以行其顺，亦未尝擅威柄而逞杀伐也。夫二之刚中而应，行险而顺如此，而五以之帅师而出，将拯天下之疾苦，以全其生者，有如毒天下而药之，而民之怨后我，而望来苏，其从之盖恐后矣。民从则天下自此大定，而五之王已成，师无吉于此者，然实由其能在丈人之九二也。五以任丈人，而得吉，则不以不任丈人而得咎，亦不以不专任丈人而得咎也。故曰吉，又何咎矣。

**地中有水，师，君子以容民畜众**。

管见：地险，山川丘陵也，然莫甚于川。地中有水，其合聚冲决之势，所向无前，有师之象。君子以容民畜众，特指六五言之。谓五为坤体，其同于地之厚德载物者，以容民畜众为本。初不取于水之行险以逞，而用师也。有不得已，而其命将之词，如二爻曰王三锡命，传曰怀万邦也。则亦犹是容民畜众之意而已。

**初六：师出以律，否臧凶**。

《本义》：律，法也。否臧谓不善也。晁氏曰“否字，先儒多作不”是也。

《程传》：“律谓号令节制。”

管见：卦中之五阴，惟初六居下为民位。民致至众，则知用为卒徒，以成师者，象特具于初耳。旧注言五阴为众，二以一阳统之，故其卦名师，非是。师出以律，否臧凶，告师中之九二也。初性阴而险，又成师，而用之以行险，一使失律，则诛屠焚掠，无所不至，非特离什三而愆步伐也。是曰否臧。否臧则凶，凶字与二爻吉无咎之吉字对看，并主帅师者言之。师出之时，主三锡命，谆谆以怀万邦为词，逮其既出，而否臧若此，其又敢望于天宠以获吉乎？此所以为凶也。



**师出以律，失律凶也。**

《集说》：蔡氏清曰：不曰否臧凶，而曰失律凶者，明否臧之为失律也。

管见：失律凶也，既明否臧由于失律，又以是二五两爻之言凶，一称大无功，一称使不当者，与此而有辨也。盖凶则为咎。凶由于失律，其咎在帅师者，凶由于大无功，使不当，则其咎在命将者矣。

**九二：在师中，吉，无咎，王三锡命。**

管见：在师中，在，察也。与《虞书》“在璿玑玉衡”在同，谓察其师中之失律，否臧者耳。师之有借于丈人，其老成洞达，众皆望之，犹神明都从一在字，指出不然，二与三之为尸，无以异也。在师中，而师不失律，即不以致否臧之凶，此足以有功而承天宠矣。岂不吉乎？又君之犹天，能宠人，亦能罪人。又师中之任，多有功罪，不相掩者，而二之在师中，则独见其有功而已。

故更言无咎。以足吉字之意。盖咎者，咎其无功而废王命也。师出之时，五之锡命于二，其言主于怀万邦者，盖已一至二再至三，惟恐失其容民畜众之意。则二之在师中，以不失律，戒否臧，乃实能守怀万邦之王命，以无废也。固宜其以功承宠，有吉而无咎矣。

**在师中吉，承天宠也，王三锡命，怀万邦也**。

《集说》：邱氏富国曰：“王者用兵，非得已嗜杀岂其本心，故三锡之命，惟在于怀绥万邦而已。”谷氏杰曰：“不曰威，而曰怀，见王者用师之本心。”



管见：承天宠之实，如上爻所谓“大君有命，开国承家”是已，臣以君为天，故曰天宠。其上称大君，而称天者，亦见六五之坤德主顺，特代天以命有功，非私也。卦中吉字凡两见，《彖》词指五言，爻词即指二言。五之受命于天，而可以王，二之因以吉，亦承宠于代天之天以开国承家者，以师出之时，王三锡命，其意主于怀万邦也。怀万邦，为上天生民之心，故当其师出有功，即以当天心而吉，二以当代天之心而亦吉也。怀即大有容畜之意。

**六三：师或舆尸，凶**。

管见：舆尸，舆字当从本义。作以车载之意解。尸字以从《程传》，作如祭之，有尸以为王解。六三之与九二二丈人望而居其上，犹弟子当祭，而为尸者，五有尊位，而□若使六五用师，而以若人推毂而命之，是舆尸以往耳。其能在师中，以严失律，戒否臧乎？若此而虽使王三锡命，切告以怀万邦，而乱邦滋甚。欲其下而民从之难矣。此为凶也。按：凶字与《彖》词吉无咎之吉字对看，就主命将者言之，明其任丈人，则为有……丈人而舆尸，则必至于乱而见凶也。是在六五之能早辨矣。

**师或舆尸，大无功也。**

管见：六三阴为小，九二阳为大，二之大为丈人之象。三之小为尸象。师不用丈人，而或舆尸，是使大者具有怀万邦之才，而无功，乃以小者流其毒。天下之害而生乱也。其凶必至，其咎谁归？

**六四：师左次，无咎。**

《集说》：吴氏澄曰："兵家尚右，右为前，左为后。"

管见：左次，师中偏裨之象也。凡师之所舍为次。左次，让右以尊主将耳。四近五，位高而才亦弱，固不足当师中丈人之任。然与三俱小，而不与三同险，则犹能从二以有功者，若使六五用师，以二为主将，即以四为偏裨，其坤体主顺，当与刚中而应，行险而顺之九二有相辅，无相敌也。岂以左次，而失其常，致成长子帅师，弟子舆尸之象乎？凡左次者，以失常为咎。未失常，则独见其从二以有功，不见其妨二以为咎矣。是称无咎。

**左师无咎，未失常也。**

管见：左次，即四之常也。左则不侵右以争权。左次，则不轻进以专命。是为未失常也。然言四之未失常，正见以三当此，则有必至于失常者。在三之词曰，师或舆尸，凶，此明用三为主将而凶也。对二言之，故《传》曰大无功也。至五之词曰，长子帅师，弟子舆尸，贞凶。则又明用三为偏裨而亦凶也。对四言之，故《传》曰使不当也。

**六五：田有禽，利执言，无咎。长子帅师，弟子舆尸，贞凶。**

《集说》：胡氏炳文曰："长子即《彖》所谓丈人也。自众尊之则曰丈人，自君称之，则曰长子。"

管见：田即田猎之田，师象也。诸卦之言田者，皆同。禽为兽之通称。利执言，犹云利言执也。偶用倒装耳。田为师象，而曰有禽，既非恒四之无禽者。非其位而功不成。且有禽而曰利执言，利于言执，则不利于言纵矣。执，获也。此又如《解》二之以田获三狐，为吉，非如《比》五之用三驱，而以失前禽为吉也。本此以用师，固所为取残伐暴，而得师之贞者。岂疑于佳兵好战，以为五之咎乎？故称无咎。然师贞虽曰无咎，其师贞而吉，使人不咎其不贞，故亦不咎，其贞凶者，则有借于丈人也。今如师不用丈人，而或舆尸，是舍二而任三也。其凶固已，不宁惟是，虽使任二而参之以三，亦有不免于凶者。何以言之？凡主器者，莫若长子。弟子为尸，则将使长子失其尊矣。二之大于人，为丈人，则于子犹长子也。若五以长子帅师，而又使三之比于弟子者，俨然舆尸以从之，彼其险而不顺，顾能安为弟子，以让长子，亦如四之左次，而不失其常乎！师以主将为主，以偏裨为使，主当而使不当，则有以使夺主，由争功以丧功者，是不能成五之可以王，而以乱邦矣。故师之六五，其因时用师，虽于田有禽，利执言而见为贞，而其以师任人，则犹虑其长子帅师，弟子舆尸，而不免于凶也。是曰贞凶。按：贞凶之凶，与三爻凶字并当，合《彖》词吉无咎之吉字对看。皆指命将者言之。但爻词于三言凶者，《传》曰大无功，是舍二而任三，直使以小代大，于五再言凶者，《传》曰使不当，是任二而参之以三，亦犹以使夺主也。二凶字，一意其由来，却是两层，不可以不辨也。

**长子帅师，以中行也。弟子舆尸，使不当也。**

管见：以中行，以五以之也。二有长子之象，其刚能应。五者中也，而五以之帅师而行，是以中行也。帅师而以中行，固将行险，而不乖于顺。所以为师之主者，当矣。然曰长子帅师，弟子舆尸，则三之与二俱行，以为师之使者，有不当也。如四称左次，明其以右为主，而将听命也。是为使，四称左次，无咎，明其为使以听命，而未失常也。是为使，当今以三从二，曰弟子，其名为使，而其与二俱行，曰舆尸，其实为主，是必与帅师者争长，而以使夺主者，故曰使不当也。夫以三为使而不当，似与以三为主而不当，犹有间也。然其舆尸之象同，则其凶亦同矣。故知六五之用师，以二之中为主，以四之顺为使，三则无一可者也。

**上六：大君有命，开国承家，小人勿用。**

《集说》：赵氏汝楳曰："大君，六五也。"胡氏炳文曰："初，师之始，故纪其出师而有律。上，师之终，故纪其还师而赏功。六爻将兵，将将，伐罪，赏功，靡所不载。末曰小人勿用，则又戒词也。亦在于谨其始焉耳。"

《折中》：小人二字，非论在师立功之人。

管见：大君有命，《传》曰以正功也。功无大于二者，故特举开国承家言之。五封二以地为开国，即使二世世守之，为承家。国家二字，不必分贴。诸侯、卿、大夫言开国承家，五之代天命，以命有功也。二之承天宠者，此其实矣。小人勿用，则谓上六为小人。而五宜勿用，所以防三之乱邦也。上亦坤体，而位居五上，则不能如四之以顺承五，而且与下卦六三之险者为应矣。三与二四，皆当有位之地，以六五用师之时，不命三以帅师而为主，又不命三以左次而为使，至于师出有功，二承开国承家之宠，则其次必有以宠，四可知矣。三介其间，而希宠不得，立功无所，国有事而见弃，尚望得君于天下大定之后乎？此其阴险不中，固将以觖望怀乱邦之谋者，而上六之不顺，实与为应，则六三之私人也，五苟用之，而被以宠，是适假三以外援，而发其乱邦之谋矣。故《传》曰，必乱邦也。然则师之六五，当其有命以正功，即宜知三之将乱邦也。然犹未见其必然矣。至于上六之小人见用，则三之乱邦有必然者，可不慎哉？



**大君有命，以正功也。小人勿用，必乱邦也。**

《集说》：杨氏简曰："正功，言赏必当功。不可差失也。"胡氏炳文曰：王三锡命，命于行师之始，大君有命，命于行师之终。"

管见：曰正功，则举凡有功者，而正之也。故知大君有命，非惟二之承宠而已。由主将而偏裨，则及四，由偏裨而卒徒，则及初。爻词特言开国承家者，举其命之大者耳。

**☷坤下坎上**

**比：吉，原筮，元永贞，无咎。不宁方来，后夫凶。**

《集说》：冯氏椅曰："《萃》与《比》，下体坤顺同，上体水泽不相远。惟九四一爻，有分权之象。故元永贞，言于五。《比》下无分权者，故元永贞言于卦。"胡氏炳文曰："原筮，本义读如原蚕。原庙原田之原义，皆训再。

管见：《彖》词之意，盖专为六三告也。卦中五以一阳居尊，则凡比于五而辅之者，皆有得于下顺从之义。岂不吉乎？但在下之四阴，惟六三与上六有应，则有不比于五之元永贞，而比于上六之为后夫者，故欲其原筮，以辨吉凶于早耳。原字当如本义训再。筮即实。就卜筮之筮言，三何以宜筮？以其柔暗不中，谋断两诎，又其志在匪人，而贰心于王，非可商之人，以代决也。使阴谋诸鬼神，而吉凶固不爽矣。其有藉于原筮者，三有志于比上，此其初筮也。而筮必告凶，初筮比上而凶不已，而再筮比五，则筮必云吉。何也？五之刚中，以坎主通于乾德，乃统天而为元。非特同于阳，为大之常例也。德不已，而以德履位者，亦不易，皆有永贞之道。是曰元永贞也。此在原筮之时，必有见于此者。三当原筮，而有见于五之元永贞，则宜一于辅五，以守下顺从之义也。岂有咎乎？无咎，岂不吉乎？若夫不宁方来，而使三有不得安其位，以保其身者，则伤之者将至。是为凶矣。三之凶何自？来自其所应之上六，为后夫者来耳。上六无位，故称夫。五临下之四阴，而负上之一阴。临下则面之。负上则背之。故上六称后夫。后夫者，匪人也。当显比之世，而为匪人，其究必道穷而凶矣。后夫凶，而其比之匪人，以从后夫者，岂得免乎？此在初筮之时，亦必有见于此者。孰吉孰凶，何去何从，鬼神不欺人也。三其斋明肃拜，问焉以言，可矣。

**比，吉也。**

管见：《象》称比吉，是比有吉道也。然非凡有所比，则皆吉，故下节申言比吉之比曰比辅也，下顺从也。如是而后吉。不然则凶。

**比，辅也，下顺从也。**

管见：比，辅也，所谓辅者，五以一阳为主于上，其阴之在下者，皆比而辅之，是为下顺从也。比之称吉，盖如此。由是言之，在上六之居上，性险而不能辅五，固与下顺从正相反者，其凶殆不可解矣。若三之有应于上六，虽其辅五之志不诚，然因其位本在下，而同坤体者，导之以顺从，则未必无悟也。故《象》词曰原筮，元永贞，无咎。明其审于所比，则同顺从者，以免咎也。免咎则远于凶矣。又申之曰，不宁方来，后夫凶。明其妄有所比，则同不顺从者，以召凶也。召凶则远于吉矣。六三不可不早辨也。



**原筮，元永贞，无咎，以刚中也。不宁方来，上下应也。后夫凶，其道穷也。**

《本义》：刚中谓五。

管见：五为坎之刚中，是以天德位乎天位，而无不当也。故当比之时，五之独为元永贞者，以此三之宜于原筮。元永贞，以无咎者，亦以此上下应。谓上六与六三为应，故上之凶，亦足以及三。有不宁方来之象。在《蒙》之上《象传》曰上下顺也，《剥》三之《象传》曰失上下也。上下字，并指上为上，三为下言，与此正同，其道穷也。道为道路之道，人所托以游其生者，道亨则吉，穷则凶矣。今上六之为后夫，匪人也，至王用三驱之时，以后夫为前禽而逐之。其曰失前禽者，盖不使显比之世，犹有上六之迹也。此其为道穷可知。

**地上有水，比。先王以建万国，亲诸侯。**

管见：水以地载，水必比地也。地亦以水润，地必比水也。故地上有水，为比象。先王以建万国，亲诸侯，此上下相比而有同于水地相比之象者，建万国以比天下之民，亲诸侯以比天下之臣，上比下也，先王比天下之民而民比之，则万国无畔民。先王比天下之臣，而臣比之，则诸侯无畔臣。下比上也，是有同于地上有水之为比象矣。卦中惟九五一阳，以坎主居尊，而无二上，其具水德，以王奄有下土，而臣民相顺从以辅之者，词曰显比，正可于先王之建万国，亲诸侯，观其概也。

**初六：有孚，比之，无咎。有孚盈缶，终来有它，吉。**

《集说》：胡氏炳文曰：“初六不与五应，故曰有它。”

管见：孚，合也，信也。初爻两称有孚，上指孚于二四之柔言，以柔与柔合，而相信，为孚也。下指因二四以孚于九五之刚言，则又以柔与刚合，而相信，为孚也。初内比二，而外应四，是为有孚。孚则于所比者，比之于所应者，亦比之矣。夫比以五为主，非五则为有它。有它则为咎者，然以观于初六之有孚，其比之则无咎也。盖咎以咎其比之不贞耳。二四皆贞，则初之比之者，为无咎。且二四以贞得吉，则初之比之者，非惟无咎，而且吉也。何也？初得二四为有孚，初即因二四以达于五，而亦为有孚也。五以坎主居尊为王，此初之在下，为邑人者，所托命也。有孚则足以承其水德之养于不穷矣。故曰有孚盈缶，缶为小民之食器，所难得者，厌饱耳。盈缶，则其养足，初之吉，莫吉于此。试以六三较之，其于五不当比应之位，而思比于所应之上六，与初之于五，亦不当比应之位，而思比于所比之六二，及所应之六四者，皆有它也。然三之有它，为比之匪人，则终来有它之凶。《象》词称不宁方来是已，若初之有它，曰有孚比之，无咎，则比于二四之贞也。非匪人也，故当其有二四之孚，而比之，是为初之有它，而其无咎者，即得因以有五之孚，而见为盈缶，则赖王之养，以长为邑人，乃终来有它之吉也。岂有所谓不宁方来者与？

**比之初六，有它吉也。**

管见：《传》言比之初六，有它吉也。正见比之六三，有它则凶云尔。

**六二：比之自内，贞吉。**

管见：二与五为正应，五居外，二居内也。二之比之者，自内而比于外，则或于外应之五，远而未浃，已先于内比之。三近而相昵也。在三之词曰，比之匪人，比匪人者，亦匪人也。二牵于同体，在内而比之，则自失矣。然可信其不至此者，以其贞耳。二之贞，谓何顺而已，以顺为贞，则其在内也。初得附之，以同其顺，三不得引之，以成其不顺是能不自失也。不自失者，以其贞者也，贞则无不吉矣。按：卦中阴爻称吉者，惟初与二四耳。初在下，为民。其吉曰盈缶，则二四有位之吉，其隆以钟鼎可知。又五爻称王用三驱，言用师也。所以讨上六之为后夫者，五之讨罪以师旅，其命贤必以服章，此盖足以征二四之所谓吉矣。

**比之自内，不自失也。**

**六三：比之匪人。**

管见：上六以阴险处卦极，自外于五，以为后夫。其逆而不知有君者，曰无首，是匪人也。六三本坤体，而不守其顺之贞，乃以上下之应，而比之。是比之匪人也。然不明言凶者，在《彖》词曰不宁方来，后夫凶，告六三也。又上六爻词曰比之无首，凶，亦告六三也。言凶者，再其意已尽矣。故于本爻，更不明言，而使之自筮耳。

**比之匪人，不亦伤乎。**

管见：伤者害自彼而及此。即《彖》词所谓不宁方来也。盖上六后夫之为匪人，于其无首见之。是必凶者，匪人则既凶矣。比之匪人者，不亦伤乎？按：不亦字，乎字，皆醒三之词，亦以存爻中，使之自筮之微意也。

**六四：外比之，贞吉。**

《集说》：李氏过曰："二应五，在卦之内，故言比之自内。四承五，在卦之外，故言外比之。"

管见：四之位，居外承五，于其外而比之，则并非如比之自内之二，其去五犹远也。但上六亦居于外，所谓匪人也。三以有应，而比之四，不将以同体，而比之乎？此尤在于能贞矣。贞者，比于贤，以从上，不比于匪人，以背上也。其贤为谁，即在内之六二是已。有贤如二，而四何以得比二，自内而比于外，五得藉之，为良臣，四即得因之为益友。此足以比于贤矣。二之贤从上，四比于贤以从上，则四之在外，不比于匪人之上六，而自比于贤，与二之在内，不比于比匪人之六三，而不失为可比之贤者，其贞同也。贞同则吉同，故皆曰贞吉。

**外比于贤，以从上也。**

管见：外比于贤，以从上也。特发明四之所以能贞者，如此《传》于六二曰比之自内，不自失也。以六二柔中，顺体其贞，能不自失，非必因人而后不失者，此所以为贤也。至于四之柔，不得中，又坎体而险，则亦可为上六匪人之徒者也。其能不失其贞乎？特其位居五下，与上六不同，又居五下，而承五，与六三不同。居下则有从上之势，居下而承五，则有从上之缘。以故四之在外，而不失其贞。非如二之本贤，乃比于二之贤者也。非如二之本贤以从上，乃比于二之贤，以从上者也。然则贞吉之贞，二与四同归。而其所由以贞者，二不倚于四，四则有赖于二矣。旧注谓外比于贤，为比五，既与从上词，复又五以坎之刚中居尊，当与乾五并称大人者也。仅以为贤，亦于德不称。

**九五：显比，王用三驱，失前禽，邑人不诫，吉。**

管见：卦中惟九五一阳，居尊位，以为万国诸侯之主。其光盖四表上下无不至者，是曰显比。王用三驱，失前禽，讨上六也。三驱者，军名。字典谓军之前锋，曰前驱，次前曰中驱，则知次中而应于前者，其为后驱必矣。军分前后中为三，犹其分左右中，与上下中为三也。不曰军而曰驱者，既取其词之文，又五之用师，主于迸逐，不主于诛灭。于驱义尤近。故下文曰失前禽也。前禽谓上六，上居卦极，五负之，则相背，是为后夫。五征之，则相向，是又为前禽矣。《象》犹称夫，爻则直指为禽。以上六为匪人耳。失者谓前禽之迫于三驱，其道穷而无所终，有如失也。邑人不诫，邑人指初言。下卦坤有邑象，其初属民位，则邑人也。此王用三驱，而役为卒徒者，诫犹誓诰之类。盖恐邑人之不孚，而亲命之耳。比五之于初，则有孚矣。故不诫也。夫先王之建万国，亲诸侯，其下之顺从相辅，至于国有事，而用师，而其实乃见。今九五之显比，曰王用三驱，失前禽，邑人不诫，其有事如此，则当无事之时，而有以属，天下群臣百姓为一身者，可知矣，是为吉也。

**显比之吉，位正中也。舍逆取顺，失前禽也。邑人不诫，上**

**使中也**。

管见：五之位正中，与乾五同，则其崛起在位者，万国诸侯，共仰其光，天下更无地以容匪人也。故爻词曰显比，而终之以吉，舍逆取顺，舍取二字，蒙爻中王用三驱之用字生出，盖王以上六之不可宥，而用三驱，非王能独为而不用其臣也。于时二与三四之为臣者，不能有顺而无逆，在显比之五，实早见之，如三之比于匪人，逆者也，则舍而不用。二之贤而贞，四之比于贤而亦贞，顺者也，则取而用之。然则王用三驱，王自将中驱，以为主，二之远臣，则用以帅前驱，为之导。四之近臣，则用以总后驱，为之殿也。如是而上六之为前禽，有反走亡命而已。此所以言失前禽也。至于初以民位而称邑人，当王用三驱之时，非能不为王所使者，然王使之，而不待诫之则何以得此于民也。以其上使中也，盖五之居尊为上，初之居卑为下，其位分之悬绝固已。然二四之有位者，当初之上，五之下，是处于卦中者也。上使二四之在中者，则初之在下，其在中者，固有以使之矣。观初爻两称有孚，言初与五隔，而因孚于二四，以孚于五也。五使二四之孚于初者，以使初，此犹待于诫乎？

**上六：比之无首，凶**。

管见：比之无首，凶，其意主于告六三也。与《象》词同旨。首为君象，指五言，无者，蔑视也。无首，犹言无君尔。卦中五以一阳居尊，犹人之有首也。五为首，而上六之居上，以匪人为逆，是欲自为首，而陵五之为首者矣。其六三之在下，又以比之匪人，而从逆，是欲奉上为首，而不戴五之为首者矣。上之心无首，三比之而亦以无首，则皆不容于显比之时，而无所终者也。岂不凶乎？夫上六以处卦极，为后夫，即以坎体性险为匪人，其敢于无首以蹈凶者，无足惜也。所惜者，三居内卦，而兼顺体，初不知不宁方来之伤，为足戒，乃复比之，以同上之无首，而不免于凶耳。故爻词不正言上六之凶，而为比上之六三告曰，比之无首，凶。

**比之无首，无所终也。**

管见：无所终，犹不得其死之谓。《象》词称后夫凶，又五爻曰，王用三驱，失前禽，所谓前禽，即后夫也。失则为乌有矣。此上六之无所终也。夫五之于上六，因其处卦外，而逐之，则五之于六三，必因其处卦内，而执之矣。逐之者，为困兽之横奔。则执之者，当犹孤豚之入苙也。上已乌有，而三得长存乎？故统言其凶，曰无所终也。



**☴乾下巽上**

**小畜：亨，密云不雨，自我西郊。**

《本义》：“小，阴也。畜，止之之义也。密云，阴物，西郊，阴方，我者，文王自我也。”

《程传》：“云气之兴，皆自四远，故云郊。据西而言，故云自我，畜阳者，四畜之主也。”

管见：畜，止也。大畜、小畜，皆谓畜下卦之乾，以止其健耳。大畜，阳畜阳，主艮主之上九言。小畜，阴畜阳，主巽主之六四言。大畜之畜，畜以德。能使健，而不由道者，有所率循而不妄行。小畜之畜，畜以位，能使健，而屈其下者，有所顾瞻而不敢进。大畜、小畜之辨，盖如此。小畜，亨，谓小畜之时，其大者宜于自下，上复以成为亨。不可竟为小所畜也。小畜之象如何？盖六四之柔得位，其阴上升为密云，其不和于阳，以下降，为不雨。密云不雨，而小畜之象成矣。然密云之兴，何以不雨？以其自我西郊故耳。西郊，属兑。兑正秋也。其严凝之阴，以时行于天，而为密云。即将抑扬，使止以归于敛藏者，故不雨，而成小畜之象也。然密云之盛势，四特凭于得位而已。以位言之，尤有五之大而在中者也。在下卦乾体之三阳，其可竟为小所畜，而不思所以亨乎？按：小畜以巽重乾，巽东南也。《象》词以巽之阴为密云，而云兴自西郊者，从反对之《履》卦取义。《履》之下卦兑，兑转而上，则为巽。是犹泽气之阴湿上行，其变为密云之垂天也。诸家或谓卦中自二至四互兑，属西方，故曰西郊，取互体，似不若取反对为确。《明夷》之上六曰，初登于天，亦本《晋》之明出地上来，则知取反对者，《易》所有取互体者，《易》所无也。



**小畜，柔得位而上下应之，曰小畜。**

管见：巽居下卦，则其柔为初六。居上卦，则其柔为六四。初属小民，是无位也。四属大臣，是得位也。《涣》之《象》传称柔得位乎外，亦与此同。又《易》中六四承九五者，其外卦非巽则坎，但坎险而巽顺，顺则承五，险则陷五。故《坎》体之六四，不称柔得位，巽主之六四，独称柔得位也。上下应之，上指五言，上应之者，以其柔而顺也。下指三与初言，下应之者，以其得位为大臣也。五在上，而应之，则予之凭借，以固其位。而小之体尊，三与初在下而应之，则有所附属，以屈于柔，而畜之势重矣，故曰小畜。按：从来说《易》者，例分比应，以《传》词言应，不言比。观之则比应二字可通也。如经于《比》卦言比，虽应亦比也。《传》于《小畜》《大有》言应，虽比亦应也。比应之可分，而仍不可泥，亦概见矣。

**健而巽，刚中而志行，乃亨。**

管见：柔得位而上下应之，曰小畜。小畜则大不亨矣。然有不为所畜，以成其亨者，以二之于五言之。二健体，而五巽体，其并为刚中以相与者，当小畜之时，二以健体上进，而应五之志行，五以巽体下入，而应二之志亦行。则知四之柔得位，而上下应之。上之五应四，而其巽而刚中，则犹主于应二也。小畜之畜，特畜下耳。岂能上止五之志，使不得哉？且下之应之者，亦惟三与初而已。至于二之健而刚中，则独主于应五，而未尝应四，是小畜之畜，虽畜下也，亦并未能下止二之志，使不行矣，故概观于四之柔得位，而上下应之，小能畜也。将令大者不得亨矣。及究观于二五之健，而巽刚中而志行，大乃亨也。顾使小者竟能畜乎？此卦名《小畜》而《彖》词曰亨，盖有见于能亨者，而欲其亨也。



**密云不雨，尚往也。自我西郊，施未行也。**

管见：尚，矜尚也。盖自得之意耳。柔宜下于刚，以自屈者，至小畜六四之柔往而得位，乃躐乾体之三阳而上之。则其心以为到此，固不易也。有不胜其自得者，是曰尚往也。四尚往，而其阴之既升，乃不欲和于阳以下降矣。故其象为密云不雨耳。自我西郊，明外卦之巽，自兑转而上也。然兑亦为泽，兑可上为密云，独不可因密云以为雨乎？而小畜不雨，是《彖》词所云自我西郊者，特见其兑秋之肃，以是而上凝，不见其兑泽之说，以是而下际也，故曰施未行也。

**风行天上，小畜。君子以懿文德。**

管见：风，阴气也。行于天上，则风高尚而气肃。此阴盛抑扬之象也。故卦名《小畜》。君子观其象，而知小畜之畜，柔畜刚，巽畜健也。柔巽为文德，刚健为武德。于是懿美其柔巽之文德，以畜止其刚健之武德，自治身言，文之以礼乐，而勇敢勿尚。自入世言，不敢侮鳏寡，而疆禦亦驯。君子之善用小畜，盖如此。

**初九：复自道，何其咎，吉。**

管见：《程传》以复为上进，当从之。按：《彖》词言自我西郊，既从反对之《履》取义，则知《小畜》之巽，由《履》之兑转而上，《小畜》之乾畜于巽，即由《履》之乾转而下也。巽以阴为主，小者也。乾之大者，本在上，而下屈于六四，巽主之小者，则为畜至于乾之大者，虽在下，其不畜于六四，巽主之小者，而同归于九五。巽体刚中之大者。是为复矣。不为所畜而能复，《彖》词之所谓亨即指此。然《传》曰健而巽，刚中而志行，乃亨。则惟二之于五，为有孚。故能自复以成亨也。若初之在下，居卑而与五隔，其于柔得位之四，不能不应，势必终为所畜矣。而亦有可因以复者，在二之词曰牵复，谓其引初与俱，而不惟自复也。特恐二于所复之道，而牵之初，或疑于四将归咎，而不吉。不能决于行义以从之耳。故爻词特定其志，以速其行，曰复自道，何其咎，吉。道者，正路也。二之复，自此二之牵初以复，亦自此。此为不出他途，以奔走私门者，所谓义也。于是而四之柔得位，犹或有恶于初而咎之。咎其不阿已耳，此不得为初之咎也。若舍此而他求，初之复自道，更以何者为其咎乎？亦惟见其与二同亨而已，亨，故曰吉。

**复自道，其义吉也。**

管见：复自道者，知有居尊在中之五，而不知有柔得位之四，故曰义。以义从五，四不咎之而吉，四咎之而亦吉也。岂患其不亨乎？初亦本其健以行义，可也。

**九二：牵复，吉。**

管见：牵复，谓二牵初以俱复也。牵，引之也，犹人将有所往而不决，其要于路者，或牵其臂与其衣以相引耳。二自复，而又牵初以俱复，则其健而刚中，其志得行者，乃益见矣。志行则二能亨，此有以上合于五，而成为有孚也，岂不吉乎？



**牵复在中，亦不自失也。**

管见：中字指上卦之五言，非谓二也，自失与自得对看，谓其志不行，而靡然沮丧耳。小畜之时，以乾体三阳之大者，而畜于六四巽主之小者，则将不成为刚健矣。能无沮丧自失也哉？惟九二处畜能亨，其不惟自复，而并牵初以俱复者，其志在于上卦居中之五，而不屈于近五而不居中之四，则知四之柔得位，其尚往者，固自得也。而二之牵复在中，其志行者，亦不自失也。不自失而能亨，吉可知已。藉非然者，如九三之畜于四，而不复，既受制于舆说辐矣。而其忍而相守，遂为夫妻反目，不能正室之象，是比人之畏内而不成丈夫者也。其自失不已甚乎？三自失而不能亨，有折节于四之日，无通诚于五之日，欲求二之所谓吉者，不可得也。

**九三：舆说辐，夫妻反目。**

管见：下卦乾之三阳，其不为四所畜，而能复者，惟二耳。

三与初皆应之，则皆得为四所畜矣。然初犹以复自道，行其义者，徒以初居二下而卑，又去四为远，故有二以牵之，而初亦从之也。若三之有位，而居二上，则能自为政者，不可以强牵也。且迫近于四，而易昵，则早因其同为有位，而独称得位者，不惜俯首降心，以相狥矣。二又何从得而牵之也哉？故小畜之时，惟九三卒为四所畜，其不得复，而不胜其自失者，曰舆说辐，夫妻反目。舆，四之舆也，柔爻之取舆象。舆坤同说去也。说辐，四说之也。舆以轮行，说其辐，则轮解而舆废矣。然四有舆，而乃说辐，以防三之缘我，以达于五，而因以抑我耳。三乾体，为马象，当其屈身阿四，则其马丧矣。于是四假之舆，则得行，四不假之舆，则终止也。下卦乾之三阳，在四之欲畜之，以自怙其位者方恨不能要诸道以廻，牵复之二与初，岂三已投足其门，而复纵之使往乎？故有舆而说其辐，使之一步不可行者，独欲其屈刚承柔，长如夫之依倚其妻，以相守于室耳。此非三之健者所能安矣。然四为柔得位，三无如之何也。故特成为夫妻反目之象。反目者，不相面而相背也。三与四之始合，得比于夫之于妻。既有终身不可改更之谊，又四之为妻，能夺夫之纲，以自为纲者，由《象》词观之，其势之亢为密云不雨，其性之肃，为自我西郊，则实足以慑过刚之三，而不使逞也。故三于四为夫，其因愤于舆说辐而反目者，盖不敢言而敢怒耳。夫反目，妻亦反目，则非三敢怒而四不敢怒也。四敢怒而三益不敢言，此《传》所谓不能正室也。特隐忍以就羁束而已。岂尝见其说辐，复完终假之舆以出于亨道哉？三之为四所畜而不得复其自失之状，盖如此。

**夫妻反目，不能正室也。**

管见：男以女为室，然必如《家人》之男正位乎外，女正位乎内，乃能有以正其室也。《小畜》之时，三以刚位内，四以柔位外，此与《归妹》之柔乘刚者同也。故不能正室，而有夫妻反目之象。

**六四：有孚，血去惕出，无咎。**

管见：有孚，孚者合也。欲其上合于五之志，以为孚也。五之志何在？在于健而刚中之二而已。如五之词曰，有孚挛如，盖言五遇二为有孚，其相见之欢洽，有如此也。五在上，而志与二孚。四即能因五与二孚之志，而上合之。此则四之所谓有孚也。其曰血去惕出者，谓当二之复而遇于五，四不谨避之而走，迓之其出，而惕然震悚之状，有如人之病甚，伤阴而血去者，然凡阴为血象，至《小畜》六四之阴，其在天为云者，已甚密，则其在人为血者必过盛也。故宜有以去之。去之如何？亦惟痛自抑损，以除其亢满耳。凡血之有因而去者，或上逆而吐，或下漏而写，其身必委顿而不宁，其居有不得已，而力疾以出盖有不寒而慄者，此血去惕出之实象也。今四之合志于五，以有孚其惕出，而与二相见者如此，则于二之不为所畜，而自复初，不愤其适从何来，而加之态色也。与二无忤，则于五为有孚。于五有孚，则在四可无咎矣。盖咎者，以其不合志于五，而五咎之耳。今五之志在二，而以挛如者，亲之爱之，四知五之志在二，而以惕若者，畏之敬之，则能上合志者也。又何咎焉？

**有孚惕出，上合志也。**

管见：血去者，于其惕出驗之，故但言惕出，上合志者，申言所以有孚也。有孚，则其无咎可知矣。

**九五：有孚挛如，富以其邻**。

《本义》："以，犹《春秋》以某师之以，言能左右之也。"

《折中》：四曰上合志者，指五也。五曰以其邻者，指四也。四与五相近，故曰邻。又邻即臣也。《书》曰臣哉，邻哉，是也。

管见：有孚谓五与二以同德相孚也。《彖》传称健而巽，刚中而志行，此言二之上达于五，以成其亨，亦即可见五之下合于二，以成为有孚也。其曰挛如者，挛为以手拥抱之义，人与人契合之深，如《诗》言置予于怀，《礼》言进人则若加诸膝，此所谓挛如也。九五而有孚如此，则惟二之同德者，当其既复而亨，其君臣会合，欢然交欣有然耳。至于四之柔，得位而近五，五亦自其上而应之，非不孚也。如其不孚，四复何从上合志以称有孚也哉？特欲因是而成有孚挛如之象。则非四之所敢望于五也。盖五之于四，其因位之近，而便其柔能顺事者，独如富以其邻已耳。五居中，而四依于其旁邻也。五居中，阳实，于《易》例为富，则四之依于其旁，而阴虚者，是邻之不富者也。以富者，而以其邻之不富者，不患其不上承以合志矣。故知四言有孚，盖其心惟恐上不合于五之志而得咎，则其位有不固耳。此亦犹里有素封，其邻之贫窭者，欲求为之用，而不得，故不敢不效诚以相结也。于是而五之于四，虽以其上合志，而未尝不孚，初非即视为好仇腹心之相合无间也。岂有所为有孚挛如者哉？

**有孚挛如，不独富也**。

管见：有孚挛如，则友之矣。富以其邻，则事我者也。故知五之于二，称有孚挛如者，以二之阳实，亦为富，非五之所独也。五不独富，则其与二为有孚，犹之富与富引为同心，以相友也，岂若四之依五为邻，而阴虚不富者，终屈于五之独富，而惟其听以，但谨而事之也哉？

**上九：既雨既处，尚德载。妇贞厉，月几望，君子征凶。**

《程传》："载，满也。《诗》云：'厥声载路。'妇谓阴，君子谓阳。"

管见：此爻惟末言君子征凶一句，为正戒上九。月几望以上，皆就六四言之。盖深明君子之所以征，则必凶也。既雨谓小畜之已亨，既处谓牵复之已定也。盖六四之柔得位，其欲畜下卦之三阳者，为密云不雨之象。此所以为小畜也。至于二之健，而能亨，并牵初以复于居中之五，而五之遇之者，曰有孚挛如，于是巽主之四，亦遂转而合于五之志，以有孚其血去惕出之状，无恶于二而能下之，则是始欲畜阳，而不雨者，今则和于阳，而既雨矣。四既雨，而不坚其畜阳之志，此上合于五之志，而得无咎者也。无咎，则四之柔得位，初不至于失其位矣。由是牵复之二，始因四将畜之，而不雨，乃引初以上行继因四不终畜之，而既雨。则仍引初以下处也。二处二位，初亦因之以处初位。是曰既处，尚德载。尚，矜尚也，亦自得之意耳。按：此言尚德，当与《象》传尚往合看。始而尚往，犹隐疑于德之不足，其克跻此位者，大幸也。今而尚德，则窃喜于位之甚安，其自多其德者，方张也。此不免于载矣。夫四何以积而至于此哉。盖当既雨既处之时，其心有见于下卦之三阳，如三之为我畜者，阻于说辐而处，即如二与初之不为我畜者，一任其牵复于道，而亦处此，于我之位无所妨也。其无妨于我之位者，乃其不能加于我之德也。于是而自尚其德者，乃至于载，殆不复能为血去惕出之状矣。然四之德，妇德也，不可载也。故以血去惕出为无咎。若尚德而至于载，则阴血之周作，有庞然自忘其为妇者，此惟不能正室之九三，能相与反目，而守此以终耳。若使九五为夫，而以尚德载之妇为之妻，则其力能以咎之者，正之将使不得居其室也。此足以知尚德载之不可贞矣。贞则必厉。夫四之为妇所为尚德载者，其象如何？盖其一阴得位，不雨则见为密云。既雨而云解，则又将为月几望也。以此言载殆无以加矣。然密云不雨，有不得不雨之时。则于密云既雨，而为月几望者，独可保其长盈，而不食乎？月为妇象，其盈则必食者，不可贞也，而其厉亦见矣。君子征凶，则戒上九之妄行，以私交于四耳。阳为君子之道，故上九之刚不中，而亦称君子。其不免于征，以狥四者，以其处卦外，为无位，亦为五之邻，而不为所以，故于得位承五之四，见其月几望之甚盛，乃欲借其光荣以纳交耳。而岂知其必凶哉！征何以凶？《传》曰有所疑也。疑者，谓五将疑四，而亦因以疑上也。疑与孚相反，四之上合志而有孚，孚于血去惕出之状也。至于尚德载，而五疑其柔将不顺，不可借以位矣。此四之所为厉也。若夫上九之居五上，而刚不中，非如二之与五同德，能相合，以成有孚挛如者，在五之疑之必早度其亢，而不能事我也。至是而复私交于尚德载之四，其行踪规避，因缘为邻，五之疑将益甚矣。上与四皆左右于五者，至于五有所疑四将不保其位，而得咎，在上之出其门者，岂得免乎？故曰征凶。

**既雨既处，德积载也。君子征凶，有所疑也。**

管见：积者，渐也。积载，渐至于载也。

**☱兑下乾上**

**履虎尾，不咥人，亨。**

管见：此卦上为天，而下为泽。天旋不息，泽流不停，皆主于行者，故于人为履象。履虎尾，不咥人，亨。盖以卦中惟六三一柔，主于说，而履不正，其所比九四之刚，在三爻指为武人，在五爻明其夬履，此其恶柔说而难近之状，有如虎之咥人也。故三之履虎尾，必能使咥人者，而不咥人，夫乃得其所履之道，而见为亨耳。否则凶不免矣。按：尾字，只当后字看。兽以尾为后，履虎尾者，犹言履于虎之后云尔。又按：咥为笑貌，由此推之，则虎之咥人，盖有怒于履其后者，而回身相向，其张吻露牙以威之，有如人之当笑，而形诸齿颊然，非即谓咥为啮也。



**履，柔履刚也。**

管见：此节特明《彖》词所谓履虎尾之履耳，非通释卦名也。盖卦以上天下泽为履，在六爻之一柔五刚，皆各有履象。故以履名。至于《彖》词所谓履虎尾之履，特就六三之柔，履九四之刚言之。是以《传》曰履，柔履刚也。或谓九四之履九五，为刚履刚。其爻词亦称履虎尾，安知《彖》词履虎尾之履，独言柔履刚，而不兼言刚履刚耶？曰以下文不咥人，亨，通观之，可矣。爻词言咥人之凶者，独为六三之履虎尾，危之，则《彖》词言下咥人之亨者，亦独为六三之履虎尾望之也。

**说而应乎乾，是以履虎尾，不咥人，亨。**

管见：六三以柔履九四之刚，此《彖》词所谓履虎尾之履也。于是不曰咥人，凶，而曰不咥人，亨，则其所以亨者，殆必能以说而应乎乾之九二，为履之准也。应，合也。乾谓九五，下节刚中正三句，正申明应乎乾者，为应乎九五非统指上卦也。二兑体，为说，而刚得中，中不自乱，则所履一执于正，故有以合于五之刚，中正而曰应乎乾也。若使六三之柔说，不中正者，亦如二之虽为说体，而不以说自乱，则去邪媚而归直方，乃不独二之合于五，为能应乎乾矣。三能说而应乎乾，有合于五，则宜无恶于四也。是以三之比四，其为柔履刚者，则曰履虎尾，其有能说而应乎乾者，则曰不咥人，亨。

**刚中正，履帝位而不疚，光明也。**

管见：此节申明应乎乾者，为应乎九五，亦正见应乎九五以为履者，无不能应乎九四，以成亨也。按：《传》中于九四称刚，如柔履刚是已。五则称乾，以尊之，以五之刚中正，为乾之主也。又三之柔履刚，为履四，其能亨之，由不言应乎四之称刚者，而言应乎五之称乾者，以五之刚中正，履帝位而不疚，为乾之主，即为履之主也。盖疚者，心所[illegible]然，不安之，故不疚，则五之履帝位，其深宫不见，是图之心，固有可与朝野共见者矣。是曰光明也。光明生于乾之刚中正，其因是以辨上下，定民志者，履之道昭而履之主定。履之主定，而乾之主尊矣。此所以卦中之柔履刚，而得亨，如《彖》词所云履虎尾，不咥人者，言三之履四而亨也。而其所以能亨，则由说而应乎乾。一以五为主耳。

**上天下泽，履。君子以辨上下，定民志。**

管见：上天下泽，天泽皆主于行，固为履象。又天之行以日论度，泽之行视水较缓有度，而缓于履，为尤合也。君子以辨上下，定民志。君子指九五，上天下泽，上下字分属二体。君子以辨上下，则独以上九居上卦之上，初九居下卦之下，为上下耳。

初九为下，而无位，民也。上九为上，而亦无位，犹之民也。无位之民，多慕逐乎有位，而履之，则知初将乱其志于所应之四，上将乱其志于所应之三也。民之志，以骛于有位而乱，则有位之三与四，非如二之中不自乱者，其志亦将牵于民，而自乱矣。故九五之君子，将定三四有位之志，乃以辨上下，而定初上之民志者，为大要也。按：《彖》传曰刚中正，履帝位而不疚光明也。此足以知辨上下之本矣。辨者，别其为民，以釐所履之道，使之各安于上下耳。君子因其下者而辨之，则初九之志定。故爻词曰，素履，往，无咎。初不以无位为民，仰希九四刚健有位之应，为强援也。于是四亦因以无与，而势戢矣。君子因其上者而辨之，则上九之志定。故爻词曰，视履考祥，其旋元吉。亦不以无位而比于民。降求六三柔说有位之应，为亲暱也。于是三亦因以无与而情阒矣。此君子之辨上下，定民志，固即能使有位而不中者，皆有以定其志，亦如二之中不自乱也。匪直民也。

**初九：素履，往无咎。**

管见：蔡氏谓素者，无文之谓，是也。初九之在下为民，有草野朴质之风，无朝廷文物之饰。本分之外，不加毫末，则其履为素履。君子所以辨之者，盖不出此，循是以往，则志定而不乱。其于所应之九四，初不缘其位高近君或慕其荣华以奔走形势也。是为不失足于人者，故称无咎。

**素履之往，独行愿也。**

管见：初九言素履，往无咎。往者，行也。往为素履之往，则其行为独行矣。初在下而独行，是使身不出里閈，名不闻卿相，而以民终也。此岂位应于九四者之所愿乎？由君子辨之，而知下之可独行，不可有所攀附而行也。则初之志已定，志定而其独行者，乃所愿也。

斯其所以安于素履之往，而得无咎与？

**九二：履道坦坦，幽人贞吉。**

《集说》：“梁氏寅曰：行于道路者，由中则平坦，从旁则崎险。”

管见：坦坦，中道也。幽人谓瞽而无目者。人之履道，而志于中，其专一不自乱者，惟在瞽而无目之幽人，则终身犹之一日，而见为贞也。今九二之以中行，是为履道坦坦矣。而其以中行，而不自乱则以幽人之贞为贞，贞于中者，无不正，即能合于五之刚中正，而所履皆亨也。亨，故曰吉。

**幽人贞吉，中不自乱也。**

管见：履之六爻，二应五，初应四，上应三，三四不如五之中正，其初上之应之者，又不如二之中。在大象曰君子以辨上下，定民志。称上下者，不得中，不中则其志乱。故君子辨之以定其志，使之不应于三四之不中正也。若二本得中，而与五之中正相应。其履道坦坦，得比于幽人之贞，以获吉者，以其中能自辨。非如上下之不中，乃有待于君子之辨之也。其中能自辨，即其志能自定，非如上下不中之志，乃有待于君子之以辨之者，定之也。故曰中不自乱也。

**六三：眇能视，跛能履，履虎尾，咥人，凶。武人为于大君。**

管见：眇能视，跛能履，盖象六三之为兑主，其柔说之情貌邪媚如此，眇者之视不正，说者之以盼睐生妍，而视亦不正，视不正者虽不眇，乃特同于眇能视之视矣。跛者之履不正，说者之以委蛇取态，而履亦不正。履不正者虽不跛，乃特同于跛能履之履矣。凡人非幽人，其履皆以视为主。观上九称视履考祥可见。今六三之视与履，不相资以轨于正，其比于眇且跛者，俨然为少女之不淑，特以意态作逢迎也。世有若人见而爱之者，方引手而欲置诸怀，见而怒之者，乃切齿而思食其肉。故六三之柔说不正，为眇能视，跛能履，而其上比于九四，而不见容，则成为履虎尾，咥人，凶也。夫虎之咥人以威，履其后者，而使之却耳。不已，则攫之，又不已，则齧齿之，凶可知已。武人为于大君，则申言所以履虎尾，咥人，凶之故也。武人指九四，为读去声，大君谓九五也。盖九四之刚不中，于人为武人。故有虎象。其因三之履其尾，而为咥人之状者，非特为身，乃为于大君也。何谓为于大君，以为六三之眇能视，跛能履，其近身而说之，是为淫朋已，不可与狎矣。若更由吾之后，而出吾之前，其近大君而说之，则谐臣媚子流也，不深恶而痛绝之，其可乎？武人之志若此，故其刚之难犯者，三方以视说之，而如眇四则同于虎之瞋目相向也。三方以履说之，而如跛，四则同于虎之蹲足以待也。虎而瞋目蹲足者，其势必张吻露牙，以咥人矣。此三之履四，其所履为武人，是为履虎尾也。武人为虎，而其固为于大君之志，以甚疾乎能说于大君之人，则不免为虎之以咥用威也。故曰履虎尾，咥人，凶。



**眇能视，不足以有明也。跛能履，不足以与行也。咥人之凶，位不当也。武人为于大君，志刚也。**

管见：二之为幽人，不能视也，而其中不自乱，则足以有明，是明生于中也。不中则不正，故三称能视，初非比于幽人，而其眇而不正者，不足以有明也。二之以幽人而有明，其履道坦坦者，足以行也。若三之能视而眇，亦能履而跛，明乱者，行亦乱。其能与二同道，以俱行乎？故曰不足以与行也。咥人之凶，位不当也。《易》中兑居下卦者，凡八，《象传》于《履》《临》《睽》《兑》《中孚》其六三爻皆曰位不当也。大意谓三位多凶，居以兑之主于说者，为不当耳。履三之位比于四，有履虎尾之象。虎可戒，而不可玩，以说遇之，乃适逢其怒，而使咥人矣。故知咥人之凶，亦由兑主居三者实为位不当也。武人为于大君，志刚也。言志刚则非独其貌而已。武人何志为于大君？即其志也，由为于大君之志，而适成为以虎咥人之貌，则其貌之难犯，乃其志之不可夺也。故曰志刚也。貌刚者，能说以不正，志刚者，不能说以不正，故三之履四为柔履刚，苟非同于二之说而应乎乾，固不能转咥人之凶，而为不咥人之亨也。



**九四：履虎尾，愬愬，终吉。**

《集说》：王氏弼曰："逼近至尊，以阳承阳。处多惧之地，故曰履虎尾，愬愬也。"

管见：四为武人，五为大君，人以武人为虎，武人又以大君为虎，故九四之于五，以刚履刚，亦曰履虎尾也。愬愬终吉，愬音索，字从朔者，盖取北方之阴威，以见心寒战慄之意也。四能如是，则其为武人者，能安近于大君之位，以行为于大君之志矣，故曰终吉。

**愬愬终吉，志行也。**

管见：为于大君者，四之志也。其志得行，则身安其位可知，此以为终吉也。

**九五：夬履，贞厉。**

管见：夬履，贞厉。告九四也。夬之义为决，履而曰夬，盖言壮趾而阔步者。其履之直前，乃如以足决物而去之也。是武人之履也。四为武人，而夬履若此，此足为三之跛能履者，矫其枉矣。然率是以行，于九五大君之前，则不可近大君者，其履之盘辟促缩，而不敢逞，将如二之比于幽人也。故履之九五，二应之，四比之，二刚中而为幽人之履，其贞而不变，则吉。四刚不中，而为武人之履，其贞而不变，则厉也。厉者，危也。不吉而厉，四安得而不愬愬乎？



**夬履贞厉，位正当也。**

管见：此言位正当。当与三之位不当合看。三位不当，而五位正当，故四之介处其间，有夬履之象，当其以武人下而陵三，乃特明其为于大君之志。而不即戒以贞厉者，由三之位不当，其履曰跛能履，固乐得有四之夬履以矫之也。然矫之而过正，则独可以下陵位不当之三，而不可以上承位正当之五也。五之位正当者，履帝位而不疚，其中正有准，其光明有别。则知三之跛能履者，为失其四之矫。跛能履而称夬履者，亦未为得也。于是而夬履之不可贞。贞则必厉，四当观于五之位正当，而思所以自处矣。

**上九：视履考祥，其旋元吉。**

管见：视履考祥，谓看一步行一步。考其有吉无凶，而后履之也。其旋元吉，旋者，欲往仍返也。上居卦外，为无位。其属于民，与初同。所欲往者，殆不外乎六三有位之应矣。当视履考祥之时，以考之而知三之凶，即以考之而知从三之亦凶，于是其志既定，欲往仍返，而见为旋也。上而能旋，则于柔说不正之三，有以绝之，而说于凶矣。试以下之初较之，初称往，而上称旋，皆能定其志者也。特初以往而免于咎，上以旋而脱于凶。人之免于处者，亦吉也。至于得脱于凶，则尤觉其有庆，而为元吉矣，故曰其旋元吉。然上九居上，而刚不中正，其能视履考祥，以定其志于旋者，何也？由九五之君子，早以辨之者，定其志，故上九之例于初，以为民，即得因其辨之者，以自考，而志亦俱定也。初之志定，曰素履，往无咎，上之志定，曰视履考祥，其旋元吉，此并由履之九五，欲正有位，而寓其用于民也。故大众特表之曰君子以辨上下，定民志。又以此特明其用耳。君子无无体之用，故《象传》并推本言之曰刚中正，履帝位而不疚，光明也。今按：经文于九五一爻，所谓夬履，贞厉者，告九四耳。其于九五以大君，为履之主，使人即用以见体者，乃特于初上之词，隐跃其旨，向非传实一一指明。后人更从何处求归宿耶？



**元吉在上，大有庆也。**

管见：大有庆，大谓上九之阳为大，对下所应六三之阴为小言。爻中惟六三特称凶，惟上九特称元吉。履莫不祥于凶，莫祥于元吉也。上与三本刚柔位应，此宜吉则俱吉，凶则俱凶也。乃凶在三，而元吉独在上，是三之小者，自作不祥，以召殃，上之大者，以考祥，远不祥，而有庆也。

**☷乾下坤上**

**泰：小往大来，吉，亨。**

《本义》：“泰，通也，正月之卦也。小谓阴，大谓阳。”

《集说》：刘氏牧曰："往来者，以内外卦言之。由内而之外为往。由外而复内为来。"

管见：泰曰小往大来，否曰大往小来。就二卦之反对以明泰否之迭乘耳。《本义》泥往来为卦变，遂称《泰》自《归妹》来，《否》自《渐》来者，非是。告亨二字一串，盖观于《泰》之小往大来，以气化决人事，而为卦中之君子告耳。君子道长，小人道消，此君子之吉也。其因是以上下交而志同者，即与泰时之天地交而万物通，适相济焉。是为亨矣。



**泰，小往大来，吉亨，则是天地交而万物通也，上下交而其志同也。内阳外阴，内健而外顺，内君子而外小人，君子道长，小人道消也。**

《集说》：邱氏富国曰："天地之形，不可交，而以气交。气交而物通者，天地之泰也。上下之分，不可交，而以心交。心交而志同者，人事之泰也。"王氏应麟曰："君子道盛，小人自化。"玉泉喻氏云："泰，小人道消，非消小人也。化小人为君子也。"

管见：按：《彖》以小往大来，大往小来，明《泰》《否》迭乘之意。故传词释经皆用，则是二字作转语，见否还为《泰》，则是天地交而万物通云云。一皆与《否》反也。《泰》复为《否》，则是天地不交而万物不通云云，一皆与《泰》反也。又按：重卦先内而后外，《易》中取阴阳以次往来之象者，凡十二卦。如《姤》《复》始生，至《临》《遁》为浸长，则知卦之二体，内据长之基，外逼消之势也。但二阳浸长，其四阴自上乘之，犹为《临》而不为《泰》。二阴浸长，其四阳自上远之，虽为《遁》，而不为《否》，则以长未及半，而消者之迹，抑犹不大白也。及《泰》《否》之阴阳均，斯消长较然矣。《易》例阳为大，阴为小。

如《泰》以乾体三阳之大者，来居于内，而主长。以坤体三阴之小者，往居于外，而主消。就天地言，三阳长而三阴消，于月为正月，于时为春。故曰天地交而万物通也。卦之名《泰》者，以此。《否》则反是。上下交而其志同，为《彖》中亨字。指其实也。其但言志同，以明上下交之义，不与上文推言万物通，作板对语者，以《否》之《彖传》互相足耳。《泰》言上下交而其志同，则《否》之上下不交，为其志不同可知。《否》言上下不交，而天下无邦，则《泰》之上下交而志同，为天下有邦亦可知矣。内阳而外阴以下，则明上下交之所以合于天地交者，同一消长之理也。盖《泰》之小往大来，是为内阳而外阴，又其阳本乾之健，其阴本坤之顺，亦为内健而外顺矣。阳之健者，以内而长，阴之顺者，以外而消。此气化自然之运，固可信为天地交而万物通也。若以人事言之，居下在内者，体阳之健，居上在外者，体阴之顺。阳为君子之道，阴为小人之道，则为内君子，而外小人也。君子小人各半，而其志同而亨，乃有合于天地交者，以君子之道，于时宜长，能使常伸，其健不见抑于小人。小人之道，于时宜消，能使独守其顺，乃见化于君子也。如是而君子岂不吉乎？其吉如是，岂不亨乎？故《彖》词曰吉亨。至若《否》为小人道长，君子道消之时，则《彖》词曰否之匪人，不利君子贞。其不吉实甚，顾安所得亨耶？

**天地交泰。后以裁成天地之道，辅相天地之宜，以左右民。**

管见：后以裁成天地之道，辅相天地之宜，以左右民，告六五以乘时布政之则也，天地之道，阴阳而已。其阴阳往来消长，以生时月者，至《泰》为正月，为春时。先王即因是以定正月，为十二月之首。春时为四时之首，立春之日，既迎春于东郊，乃命太史守典奉法，司天日月星辰之行，宿离不贷，毋失经纪，以初为常。所谓裁成者，其在斯乎！文《泰》为天地交而万物通。物号有万，气至则物物各若其生，是为天地之宜也。称辅相者，如孟春之月，牺牲毋用牝，禁止伐木，毋覆巢，毋杀孩虫，胎夭飞鸟，毋麛母卵之类，皆是然。裁成辅相之功，莫大于民事。故曰以左右民。左右者，迫近于民，以掖劝之也。时当天地和同，草木萌动，王命布农事，命田舍东郊，皆修封疆，番端径术，善相丘陵、阪险、原隰，土地所宜，五谷所殖，以教道民，必躬亲之。田事既饬，先定准直，农乃不惑。其左右之，盖如此。由此推之，岁序之更始，与国运之方新，其为《泰》一也。为之后者，乘时布政，大要一以明时，令宣扬产，尽人力，为本。则所为裁成天地之道，辅相天地之宜，以左右民者，在卦中为后之六五。固宜上下志同，以与九二图共理矣。



**初九：拔茅茹，以其汇，征吉。**

《程传》：“茹，根之相牵连者，汇，类也。”

管见：按：九二曰包荒，所谓荒者，生谷之土，茅塞而未垦耳。此言拔茅茹，则指治荒以为田之事。言以其汇，征吉，以左右之也。合众为汇，亟于趋事为征，民将因是以生全仁寿为吉。盖否转而泰之时，以先田功，而兴拔茅茹之举，此要务也。初九能以其汇之什伯为群者奔走，恐后相与以征，此其在下近民，以左右民，固于为后之六五能宣导，其裁成辅相之功，以为民致福也。是为吉矣。然初九与其汇，皆民也。民何以率民，而曰拔茅征吉乎？在九四爻称不富以其邻，盖指所交之初九以为邻耳。四与初同志，而以其邻。初因得同四之志，以与民兴事，而以其汇。故传曰拔茅征吉，志在外也。志为四之志，对初言，则在外耳。

**拔茅征吉，志在外也。**

管见：初与四，分内外。拔茅征吉，初之能以其汇如此者，固由与所应之四，上下交而志同耳。凡志为事，先上为下主，则知所同之志，外之四，实先主之也。故曰志在外也。四何志？志五之志而已。《大象》曰后以裁成天地之道，辅相天地之宜，以左右民。此五之志也。四志五之志，而与初同之。故初之有藉以自效者，于民实有所济，而曰拔茅征吉也。

**九二：包荒，用冯河，不遐遗。朋亡，得尚于中行。**

管见：泰之初转，四野萧索，所见惟茅茹耳。故曰荒。包荒者，心殷民食以略井疆，茅茹所没之地，殆无一不归其相度经营中也。然则初之拔茅茹以其汇，征，此分任之事。二之包荒，则兼总以筹之者矣。其曰用冯河者，言于拔茅茹之时，而用其汇之杰，而能征者，以为师也。与上爻勿用师之词反对，师为涉川之象。必用冯河之勇，取之于其汇，则易得验之于能征，则易明汇之中有能征，而挺于走陆者，其势必敢于冯河，王于兴师，此其选也。故以用之者，先为备耳。然泰之初转，二方以包荒者，谋足食，即以用冯河者，并谋足兵，则何也？盖平陂往复之运，若循环然。观上六称城复于隍，勿用师，自邑告命。传曰其命乱也，则知泰之时，有不终矣。虽上六之处卦极，其卒为小人以倡乱者，事以久而后形，而其由于勿用师以为乱本者，理则宜于先事而预防也。故二之以用冯河，明用师之意，盖不狃目前之粗定，而忘远虑耳。是曰不遐遗，虑之远，故防之密，非惟小人如上六也。即以九三之为阳，为君子，于九二朋也。以其与上六外内得孚，亦恐不能守艰贞，以卒为君子，故远之而不与昵，曰朋亡也。合而观之，包荒者，开治基以济泰用，冯河不遐遗，朋亡者，即遏乱萌以保泰，有二如此，此六五所愿举国以听，不惜以身下之者也。故有帝乙归妹之象。归妹者，其位在中，以贵行也，是谓中行。五以中行而归之，二即由五之中行而得尚之。故曰得尚于中行。以尊临卑，为归，以臣奉主，为尚。归为归妹之归，则尚当为尚公主之尚也。《象传》所称上下交而志同者，二之于五，盖其至矣。

**包荒，得尚于中行，以光大也。**



管见：按：传词之意，盖以二对初言之，见其称阳德者，初所同，其全体阳德而见为光大者，二所独也。泰之三阳居内，惟九三有应于上六之小人，恐其不翊治而与乱。二与初则皆有济于时，以推心于君若相者，然其本量亦自有辨。在爻词固自较然也。以事功论之，即如二曰包荒。已与初之所称拔茅征吉者，不可同日语。至于因济泰而为保泰之谋，其词曰用冯河，不遐遗，朋亡。初更念不到此也。则又不必言矣。以遇合论之，其上下交而志同者，如四言不富以其邻，以初也。初因是以自效于四，曰不戒以孚，此特洽比之情耳。至于五言帝乙归妹，归二也。二因是以上承于五，曰得尚于中行，是则好仇之谊矣。岂可以一视哉。然二之所以成为包荒，得尚于中行，则何也？以光大也。二与初皆阳，而其阳之明为光。阳之刚为大者，惟二独全体乎？阳德而见为光大，光则知周，大则力裕，故所谓包荒者，事功特广。光则王宾，大则国干。故所谓得尚于中行者，遇合亦特隆也。

**九三：无平不陂，无往不复，艰贞无咎，勿恤其孚，于食**

**有福**。

管见：安平为泰象，险陂为否象。泰曰小往大来，否曰大往小来。泰否迭乘，是为无平不陂，无往不复也。由此推之，则于泰之时，而终必有上六小人之乱。岂非意中事哉？如是而九三之有应于上六者，恐其以君子而不免于咎矣。故告之曰艰贞无咎。艰贞者，艰难守贞，不见夺于小人，以从乱也。三不为上六之乱党，乃不为六五之罪人。故称无咎耳。勿恤其孚，于食有福。则更为九三除其私忧，以坚艰贞之志也。其孚，指上六。上与三柔刚位应，则亦有上下交而志同之缘也。是曰其孚。当上六生乱之时，有自邑告命之事，盖告三也。斯亦自谓得孚于三。不惮以逆谋贻之伪命矣。三以此时自度受命，而失艰贞，则获咎于五，不可为也。然上告以命，而我不受命，则以其孚，而仇雠视之，顾安知小人之不竟成大事乎？疑虑集而怵惕生，其恤也，以其孚也。然而冥冥之中，则有主矣。恤其孚，为过计，勿恤其孚，非强安也。试以人之食言之，其取资在于生后，其分数定于生前，是有福也，不可以妄求者，至于妄而愈甚，如上六为乱之小人，势将身犯五鼎之烹，以求五鼎之食而不顾，而岂知司福之权，固靡人弗胜哉？故九三之宜于艰贞，而或恤其孚，以怀私忧者，忧上六之倖而得福也。知小人无倖得之福，而可以勿恤，则于五之所称以祉元吉者，福之归也。是宜坚其艰贞之志，以卒为君子矣。

**无往不复，天地际也。**

管见：平陂生于往复，故特主往复言之。际者，接续之义。此往复之所以不穷也。际字与交字有别。天地有际而交者，有际而不交者，泰否之异运也。天地有交而为际者，有不交而亦为际者，泰否之迭乘也。按：传词明往复为天地际，则知有泰不能无否，在天地之心，非以疾君子之贞，而厚小人之福也。故君子宜以艰保贞，小人不能以乱致福。在九三之与六应者，其爻词特统告之曰艰贞无咎，勿恤其孚，于食有福。

**六四：翩翩不富，以其邻，不戒以孚。**

《集说》：赵氏彦肃曰："从六五下贤。"俞氏琰曰："翩翩，降以相从之貌。易以阴虚为不富。六四阴爻，故曰不富。"

《折中》：传义皆以此爻为小人复来。然以《彖传》上下交而其志同观之，则四五正当君相之位。下交之主，两爻象传所谓中



心愿也，中以行愿也。则正所谓志同者也。

管见：翩翩，鸟之双翔，以相从也。泰之上下交而志同，五降而交于二，四亦因之降而交于初。故知四爻之词，乃合并于五，以取翩翩之象者，明四之以五为主也。按：《小过》有飞鸟之象，通达六爻言。中二阳为身，旁各二阴为翼。坎称习坎，此称翩翩，则皆二鸟并飞之象也。但习坎主内外二体言，卦之中皆一奇为身，卦之旁皆二偶为翼。翩翩主外卦二爻言，画之中皆一断为身，画之旁皆两分为翼，取象不同，而义各足也。不富以其邻，以左右之也。所交为邻，即指下卦之初九言。富者用人之财，不富者用人以情。四位高而阴虚失实，是为不富。然与五翩翩相从，以交于下，其初之为四所交，而曰其邻者，即能为四所左右，而得以之矣。四以其邻，而初因以以其汇，故其志同为孚，而其以交得孚为不戒也。戒者上令下之法，非四之以其邻亦富役贫之言，非四之不富以其邻也。

**翩翩不富，皆失实也。不戒以孚，中心愿也。**

管见：翩翩不富，皆失实也。玩皆字之意，盖谓四之言不富，

其为失实固也。即其与五相从以交于下，而曰翩翩，亦皆以其阴爻失实，其画中即具飞鸟之象也。合而观之，两象并见，而其语非不伦矣。不戒以孚，中心愿也。中指中位之五言，以为四之得孚于初，而不待戒者，固由四之自上而交于下，其心愿之也。然爻词先曰翩翩，而后继之曰不富以其邻，不戒以孚，则其与五相从者，其心固以在中之心为心，其愿即以在中之愿为愿，非始于四也。故言中心愿以明爻词以五为主之意耳。

**六五：帝乙归妹，以祉元吉。**

《集说》：项氏安世曰："帝女下嫁之礼，至汤而备。汤嫁妹之辞曰：无以天子之富而骄诸侯。阴之从阳，女之顺夫，天下之义也。往事尔夫，必以礼义。汤称天乙，或者亦称帝乙乎?"

管见：五自上而下交于二，有帝乙归妹之象。于分位似稍降也。然以福祉言之，则以坤元合于乾元，而成为元吉矣。大哉乾元，万物资始，至哉坤元，万物资生，可知五之于二，上下交而志同者，其用合于天地交而万物通也，是为元吉。然元吉成于二五之志同，所谓志同者，其实何如?《大象》曰后以裁成天地之道，辅相天地之宜，以左右民。此五之志也，二之因而同之者，即二爻包荒，二字足以观其概矣。志同如是，功归下而福归上，此五之所由独称以祉元吉与?

**以祉元吉，中以行愿也。**

管见：中以位言，五之中而下行为帝乙归妹，则其行为行所愿也。五中以行愿，二之得尚于中行者，以此，五之居位在中，而称以祉元吉者，亦以此。

**上六：城复于隍，勿用师，自邑告命，贞吝。**

管见：城隍，从坤土取象。城复于隍，状其颓废而不修也。勿用师者，乐颂升平，讳言兵革耳。二句盖明泰之日久备疏有如此，所以然者，由六五居尊为主，能柔顺，不能光大。既任二之包荒，以成初之拔茅征吉，当自谓天下可长治矣。其于思患预防之策，皆将视为后图。故因循久之，而不免有城复于隍，勿用师之时也。自邑告命，则上六之小人，乃乘是以为乱耳。《易》中为人之私属者，多称邑，上六本坤体，坤土有邑象。其以卦外无位，而与卦内有位之九三为应，是即私属于九三，而为之邑也。上六为九三之邑，则其自邑告命者，其为告于九三可知。第民居为邑，君言为命，今来告之地曰自邑，比于民也。而其来告之言则称命，拟于君矣。上六地比于民，而言拟于君，是其心欲悖六五以为乱，即欲号召九三以从乱也。然六五曰以祉元吉，其受福方长，虽九三未必果守其艰贞，而在九二之用冯河，不遐遗，朋亡者，固早知有上六今日之乱，而预知之。则当城复于隍，勿用师之时，城不完而仍能守。师不试而仍能克也。上六何物而敢自邑告命，以首乱乎？其命为乱，则有可行不可反之势，有能死不能转之心，是必贞矣。如是以贞，其蹈于凶害，不足惜。其昧于度量，乃大可嗤也，故曰贞吝。



**城复于隍，其命乱也。**

管见：城为师所凭，以出入战守者也。城复于隍，则其勿用师可知矣。上六以此时自邑告命，命者，大君之权也。以上六无位而称命，则爻词虽不指言所告之实，而其为乱，亦可知矣。

☷坤下乾上

**否之匪人，不利君子贞，大往小来。**

管见：匪人，小人之尤者也，指六二言，二位与五应，而上下不交，则其志不在君矣。志在君者，君子之贞也。否之六二为匪人，则于同体之初与三，皆利其以小人相结，而不利其守君子之贞矣。所以然者，由于大往小来时，自泰而转为否，小人道长，君子道消，故匪人如六二，遂欲自固其党，以与九五成并植之势如此。按：阴为小人之道，其以《姤》象始生者，至《遁》为浸长，是小人之长，长自二矣。故积而为《否》，为《观》为《剥》，其六二皆为小人，不得泥他卦之常例，犹以阴柔中正为词也。

**否之匪人，不利君子贞，大往小来，则是天地不交，而万物不通也。上下不交，而天下无邦也。内阴而外阳，内柔而外刚，内小人而外君子，小人道长，君子道消也。**

管见：天地之际，三阴来而三阳往，于月为七月，于时为秋，故言天地不交而万物不通，以明卦之所以为否，比人事与气化相因。否之匪人，不利君子贞，此上下不交而其志不同也。于是天下陂而不平，虽有邦而无邦矣。所由然者，卦先内而后外，来居内者，主长。往居外者，主消。故否之大往小来，以气言，则内阴而外阳，以体言，则内柔而外刚，以类言，则内小人而外君子。阴为小人之道，其内据长之基者，虽本坤体之柔，初不能以顺上，承有服，从君子之志，则见为内柔而不得言内顺矣。阴以柔抗，不以顺承，是为小人道长也。阳为君子之道，其外逼消之势者，虽本乾体之刚，复不能以健下行，为殄绝小人之举，则见为外刚而不得言外健矣。阳以刚立，不以健行，是为君子道消也。

**天地不交，否，君子以俭德辟难，不可荣以禄。**

管见：君子以俭德辟难，不可荣以禄。盖欲下卦初三之两阴，勉为君子，而毋从匪人也。否之上下不交，六二以匪人而与九五之大人相拒，几于二君矣。君能荣人以禄，则二之无君而自拟于君者，必将以伪命设官，为招纳群小之计也。然五爻曰其亡其亡，上爻曰倾否，亡与倾，乃六二匪人之难也。于时同体之初与三，一或委身于匪人，而利其荣以禄焉。不同及于难乎？夫阴虽为小人之道，亦可以守君子之贞也。何以言之？如阴性收敛，能为吝啬，是有俭之德也。俭者长于食贫居贱，则当否之时，而欲为君子，即可以俭德辟亡与倾之难，而不可使匪人荣以禄也。如初六虽小人，而其志在君，所谓拔茅茹，以其汇者，此为农以服畴也。稼穑为宝，是即能以俭德辟难矣。故曰吉，亨。不然，若六三之包羞为位，不当位者荣以禄也。然以匪人之不顺，无君诲尔序爵，其为不当，可知于此。而犹以妄心，亡乃俭德，其即于难者，身危而名亦辱。包羞，盖无极矣。以此知荣以禄之不可也。



**初六：拔茅茹，以其汇，贞吉，亨。**

管见：按：四爻曰畴离祉。畴谓田也。其离祉者，由否之时，天下无邦，九五特以休否安民，使不荒其本业。以故畴则尽治，不受灾而被福也。由此言之，则知君子之以俭德辟难，不可荣以禄，不患无自全之所也。患其志不在君，而卒从匪人耳。如初六在下，而居民位。民数至众，其得因五之休否以治畴者，于彼新田，于此菑亩，固有拔茅茹之汇矣。使初六因以辟难，即从事于拔茅茹，而以相为左右者，以其汇焉。则同业于民，而矢志于君，是能以小人远匪人，而守君子之贞也。有必吉者，其吉维何？否莫吉于亨。故既曰贞吉，而更以亨明吉之实也。何谓亨？处否之时，辟否之难，则亨矣。

**拔茅贞吉，志在君也。**

管见：传言拔茅为小民力作之事，而因是以称贞吉，则何也？以其当否之时，志在九五为君之大人，而不在六二无君之匪人。故其所称拔茅者，与其汇相为左右，乃即君子之以俭德辟难，不可荣以禄也。是为贞吉。初六亦知所以正其志否乎？

**六二：包承，小人吉，大人否，亨。**

管见：包承，包初也。初为民位，而居二下，有承之象。故曰承。包者，二欲尽收纳之，而使承已也。小人吉，则指所包之初言。初本小人之道，然非同于二之竟为匪人。故其所称拔茅茹，以其汇者，犹得守其志在君之贞。终不以二之包承，而遂承之也。此得于其贞，知其吉矣。大人否，亨，大人指九五。其见为否者，由二有包承之志。故二之于五，有上下不交之情耳。然九五之休否，而不即倾否，其能使初之拔茅茹以其汇者，各安其群而不乱，则不迫小人以承二，而二亦无从包之，是否之时，二之志不在君，初之志终在君也。二之志不在君，则大人否。初之志终在君，则大人固亨矣。

**大人否，亨，不乱群也。**

管见：初言其汇，所谓群也。乱其群而使不得安，则横奔以归匪人。适足以快六二包承之私矣。初承二，而二包初，其志皆不在君，五安所得亨耶？故知否之初为民位，其汇而为群者，不可乱也。今否以五之休否，而有畴离祉之时，即以畴离祉而成拔茅茹，以其汇之举，此有以安之而不乱其群矣。不乱初之群者，即以不益二之尝国，有贼臣而不得收其民，其根本不固，则虽已有苞桑之势，而亡无余待也。大人之在否而亨，必由于此。

**六三：包羞。**

管见：三之包羞，传曰位不当也。三当上下不交之时，其位何所受命哉？此必委身于匪人，而利其荣以禄者。难将不得辟矣。是为不当。不当而位终不保，则所包惟羞耳。包羞者，生既忍耻，死犹遗臭。三苟念此，俭德所自有也。尚何爱于位，而不为君子乎？



**包羞，位不当也。**

**九四：有命无咎，畴离祉。**

管见：命，五之命也。其命维何？曰休否耳。休为静镇不扰之意，五当否之时，而有休否之命。其志恐以急图否之匪人，而欲倾之，则天下骚动，民将不得安其业于畴也。惟九四之承其志以行者，于五无废命之咎，则能不乱群以成初之拔茅茹以其汇矣。畴不没于茅茹，而百谷丽乎土，民食其福，是曰离祉。离，丽也。

**有命无咎，志行也。**

管见：志五之志也，有命则有志，有志则必行。故知五有休否之命，而四承之，其得称无咎者，当其畴离祉，而五之志行矣。五之志行，而无废命于四，又何咎焉？

**九五：休否，大人吉。其亡其亡，系于苞桑。**

管见：否之匪人，不利君子贞，故上下不交，而天下无邦。

是否由六二为梗，非即谋倾之而否将长矣。然九五处此，其志不先除贼，而务在安民，是曰休否。五为君，而志在民。于是初为民，而志亦在君。君与民之志通，故二爻曰小人吉。既明初之守贞，而志在君，其卒不失为君子者，吉。此爻曰大人吉，复明五之休否，而志在民。其终得志于匪人者，吉也。大人吉，则大人当喜。然而大人之心，则犹未尝有喜者，盖休否之时，于四称畴离祉。于初称拔茅茹以其汇，是可喜也。乃匪人之盘踞于下，而不即亡，犹然比于苞桑之固，则其托处于畴之畔，固非能与茅茹同拔者，是未可喜也。故爻词又继之曰，其亡其亡，系于苞桑。苞桑为六二匪人之象。苞者，本固也。桑本较他木特固，虽小才盈尺，拔之不能出其本，故桑曰苞桑。非丛生之谓。其亡其亡，则九五私心默祝之词。系者未尝一日去诸怀也。或谓二为苞桑之象。五柷其亡而遂亡乎？曰必亡。盖匪人之不顺，必托于民。犹苞桑之长存，必托于地。民犹地也。九五以休否安民，而民之志归之，则二之所托不固，是有以撼苞桑之大而危之矣。人亦有言颠沛之揭枝叶，未有害本，实先拨，欲不亡也？得乎？

**大人之吉，位正当也。**

管见：否五以乾体居尊，而为大人，是为位正当也。位正当，故爻词所称休否者，静镇，吉，所称其亡其亡，系于苞桑者，忧危亦吉也。

**上九：倾否，先否后喜。**

管见：上九刚过其势，必以五之休否为迂图，而欲其倾否也。然倾否之道，先否后喜，非可速得志也。否未终而欲倾之，为先否，将终而始倾之为后失于先者，其否不必倾，否如故也。安于后者，其否乃自倾，喜可知已。惟九五辨此，故所称其亡其亡，系于苞桑，未始非倾否之志，而要必出于休否者，先否后喜之较然不诬也。岂迂图哉？

**否终则倾，何可长也**？

管见：倾否者，先则否，而后则喜，是不宜先而宜后矣。然不先而后，顾安知其否之不因以长，而必有喜乎？其有喜者，以其后则有以待于否之终耳。否终则倾，何可长也？不可长，故有喜也。

# 上经卷之三





**☰☲离下乾上**

**同人于野，亨，利涉大川，利君子贞。**

管见：《象》词特主卦中二五言之。五来下同于二，曰同人于野。二近初之民位，故为野象。五下同之，而曰亨者，二以文明中正，近野而亲民，此足以通天下之志。故五能同人于野，则将正位王都，而八荒洞达也。岂不亨乎？利涉大川，欲五之以健下行，不阻于四与三之刚也。二近民为野，五居尊则为都矣。近都者为邑，故四有墉象。邑外曰郊，三之称莽，称高陵，是已。故上之下应于三者，亦曰同人于郊也。郊外为野，此二之所处也。其去五之都，则已远。又其时四为刚，不守则，其据邑者，以墉自保。方为梗矣。至于既甚，而有敌刚之三，乃倚在郊之高陵，而伏戎于莽。莽有戎象。则是高陵之下，又亘以大川也。夫三之设险于郊，志将犯都，以敌五之刚，而无君必先掠野，以挟二之柔，而植党，故知二为同体之宗所劫。虽号咷情激，终不得脱身。间行以从五者，大川阻之也。至于五以大师下临，而后困四之保于墉，以克三之伏于莽，则大川之阻，二不能涉，而五涉之。此有以出二于号咷之中，而获同人于野之亨矣。岂不利乎？其又曰利君子贞者，则欲二之守贞以待五耳。同人之时，三与四皆以过刚为梗，而三尤甚。二其同体也，同体有宗象。使二而同人于宗，则失君子之贞，而不免于吝矣。吝者，身失而名败也。何利之有？故二之自处，惟是守君子之贞，不苟同人于宗，而待五之同人于野，则当其大师既来，大川旋涉，二之得同于五，有易号咷而为笑者，岂不利乎？

**同人，柔得位得中，而应乎乾，曰同人。**

《程传》：柔得位，谓二以阴居阴，得其正位也。五中正，而二以中正应之，得中而应乎乾也。五乾之主，故云应乎乾。

管见：离居下卦者，其六二特称柔得位中，他如坤体三柔，及震艮之本刚卦者，其六二皆不特称柔得位得中，所以别于离也，此传例也。柔刚应有同之象。而此卦六二之柔，以离主之得位得中者，而与九五乾主之刚为应。此天与火之性，合其在人，为君臣相得者，其能同，乃如友朋之相洽也，故曰同人。



**同人曰。**

《集说》：孔氏颖达曰，称同人曰，犹言同人卦曰也。

**同人于野，亨，利涉大川，乾行也。文明以健，中正而应，君子正也。惟君子为能通天下之志。**

管见：同人曰三字，非羡文也。传意以为《彖》称同人于野，亨，人或以野远而在外之象，以同人于野，为大而不私之象也。至于所称利涉大川者，则尤易泥于同舟共济之说，以为与人同者，虽涉险亦利也。而岂知其非《彖》词之义哉？然皆以卦名同人，故多不察耳。今按：同人曰同人于野，亨，利涉大川，盖言九五为乾之主，其下行以同于近初在野之二，则为同人于野，其下行而有所隔，乃用大师以行，而后困四克三，涉险以同于二，则为利涉大川也。而要之皆乾行也。然五之同二，能行则利于行，二之同五，不能行则利于贞。故又曰利君子贞。阴为小人之道，而六二离主之柔，为文明，其得位得中，为中正，则君子也。以是而应乎乾，二之合德于五，为文明以健，二之竭情于五，为中正而应，则君子正也。由此推之，既可即其正，以见二之能贞，更可即二之为君子，以见五之所由亨矣。所谓亨者，莫亨于类族辨物，以通天下之志也。惟六二文明中正之君子，为能通天下之志，则五之涉大川以从二，所谓同人于野，而得亨者，于此可见矣。



**天与火，同人，君子以类族辨物。**

管见：天体属火，其精为日，是天与火一体也。故于人为同人之象。卦中具天之体，以合于火之体，而为同人者，其唯二五中正之君子乎？二五合为文明以健，则犹天位乎？上无不覆帱，而其火为日，又合于天以被天下，而靡不照临也。故曰君子以类族辨物。物之群萃者，为族类之者，如定土疆，叙职业，联姓氏，皆是也。至于族同而物不齐，乃复旌淑别忒以辨之，此足以通天下之志，而见同人之亨矣。



**初九：同人于门，无咎。**

管见：五之下同于二，曰同人于野。野为民之本位，初为民，故于二之近民者，其位取野象也。二与初俱在野，则初之欲同于二，一出门而遂同之。非如位应之四，其近都以为邑者，欲与同而其墉不见。既见其墉，而吾之门遂不可回首也。故初之出门同人，而不远于门，则直谓之同人于门可矣。其曰无咎者，谓不为五所咎耳。初位比二，而应四，二为君子，四则强臣也。唯初之同人于门者，特近比于二以为君子之徒，不远应于四，以为强臣之党，故当五以乾行，而用大师，其欲困四以乘四之墉者，固未尝因以咎初，而问罪于初之门也。是为无咎。

**出门同人，又谁咎也。**

管见：初之同人于门，非不出门也。然出门而遂同人于门，则必亲二而绝四矣。夫初之绝四，不为五所咎。或者犹为四所咎乎？及观于四之困而反则，困则自危，而不暇咎初，反则则自悔，而不必咎初。然则初之出门同人，既为五所不咎，而又谁得而咎也？此其无咎，信矣。

**六二：同人于宗，吝。**



管见：宗之象，指三，不指五。二与三同体，如人之族姓相联者，故曰宗。但三之为宗，其敌刚之志，倚高陵而伏莽，于五则戎也。非可同者。二与五本正应，而适值其宗之不轨，其卒至于敢抗大师，以成相克之势。此并不能同于四之困，而反则矣。为戎者方将盟结非类，岂有亲属如二，而不逼勒为随从者乎？为此时之二计之，其中直之性，郁勃而为号咷，盖非不欲守君子之贞者，特伏戎之克，在三岁不兴之后，则三岁之中，皆六二号咷之时也。二守贞而本柔，三不反则，而益强，则惧二之卒难自胜，不得已而相随，乃至以一念差失，贻终古非笑也。故告之曰同人于宗，吝。以视《彖》词所称利君子贞者，其词意尤警切也。

**同人于宗，吝道也。**

管见：道谓路也。初之同人于门，曰出门。出门则由道可知。二与三虽取宗象，宗同而门亦各立也。出而同之，则为道矣。然爻词曰同人于宗，吝，是其往同于宗之道，吝道也。有宁以死守其门，而不出耳。

**九三：伏戎于莽，升其高陵，三岁不兴。**

管见：伏戎于莽，三也。升其高陵，五也。三以火体之过刚，而谋逆。志将不利于五，故传曰伏戎于莽，敌刚也。刚指五言。莽何以伏戎？以三居下卦，位距四之有邑，称墉者而为郊。郊有莽，亦有高陵。戎依莽为渊薮，即借高陵为屏障。故当五以大师来克，乘四之墉者，亦升三之高陵而戎之，伏于莽，盖已三岁矣。特由三有敌刚之心，二未改其应乾之志，故伏而不兴耳。至是而五之师非得已也。三之戎将焉避之？在五爻之词曰大师克相遇。盖降高陵以遇于莽，而克之也。莽有戎，为大川之象。克戎于莽，为利涉大川之象。故《彖》词称利涉大川。



**伏戎于莽，敌刚也。三岁不兴，安行也。**

管见：刚指五言，一以刚敌五之刚，故其后以相遇，而相克。并不能如四之困而反则也。然其伏戎于莽者，已三岁不兴，是终无能为也。其将何所之，以逃大师之克乎？故曰安行也。

**九四：乘其墉，弗克攻，吉。**

《程传》：三以刚居刚，故终其强，而不能反。四以刚居柔，故有困而能反之义。畏义而能改，其吉宜矣。

管见：四比居尊之五，此近都而为邑者，故有墉象。乘其墉，谓五乘之也。四以健不中正之刚，而比五，有强臣跋扈之势。殆将据其邑，而以墉自保也。至于乾，行而用大师，所向无敌，五以入墉而乘于墉之上，四必以失墉而困于墉之外矣。岂不凶乎？然使因是而反则焉，五乘其墉，四弗克之，以攻其墉，则犹不如三之敌刚，敢以相克，蔑君臣之义也。故以四对三言之，三遇大师而相克，有死于莽而已。虽在郊而安所行也。若四之困而反则者，纵无复归于邑之理，盖犹可去墉而行也。三莫逃而四得免，岂不吉乎？

**乘其墉，义弗克也。其吉，则困而反则也。**

管见：义者，君臣之义也。五乘其墉，而四犹敢克之，义可亡乎？知义之不可亡，而弗克，则困而反则矣。则即义之存于心，而有制者，反则则不终于不义，此四之所以虽困，而犹吉也。非三之比也。



**九五：同人，先号咷而后笑，大师克相遇。**

管见：诸爻言同人，同于人也。此爻言同人，指所同之人也。五之同人为六二，所谓先号咷者，二以柔体逼近于三，其属于身为宗，其敌于君为戎，其设险于郊为大川，皆有以抑其应五之志。故不得伸其中直而号咷耳。然而后笑者，则由五之以乾下行，怀同人于野之心，行利涉大川之举，于是大师所至，既乘四之墉而困之，遂以升三之高陵而克之，故其时与戎相遇于莽者，虽不减大川之险，而戎因以卒莽，因以清，则涉大川犹平地也。今而后五由以得同人于野之亨。以免同人于宗之吝，此五之大师克相遇，其于同人之二，固能使之易号咷而为笑也。

**同人之先，以中直也。大师相遇，言相克也。**

管见：同人之先，先号咷也，二之若是者，非如懦夫之失志，与妇人女子之难遣情也。故申之曰以中直也。二以柔得中，非过柔者，亦得位而正。正斯直矣。惟中不倚，惟直不惴，故二之自处，不夺于强戾无君之宗，以离则畔义者，固不禁其仰天椎心，而泣血也。至于大师克相遇，而五之乾行，竟涉大川，以适于野，此二之所以后笑也。然爻词既曰克，又曰相遇，所谓遇者，非言遇于二之同人也。盖其时，五以大师克三，而三不反则，其志敢于敌刚，亦遂以戎克五而成相克之势，故知大师相遇，言相克也。不然莽被平郊，大师至而伏戎已走，则五之克三，其瞰郊者，独有升高陵之象，其适野者，乃无涉大川之象矣。

**上九：同人于郊，无悔。**

管见：三言莽，言高陵，此郊象也。上近五，而属在王都。其志乃欲同于在郊之三者，亦以健不中正之刚，而与三位应。遂欲待伏戎之内兴，而自为外合耳。卒之戎，则三岁不兴，而五之大师既兴，于是升其高陵，以克于莽，而三之事不成，上之志未得，故无悔也。

**同人于郊，志未得也。**

**䷍乾下离上**

**大有：元亨。**

**大有，柔得尊位，大中，而上下应之，曰大有。**

管见：大有二字，两平者，皆对六五言之。卦中惟六五一阴。《易》例阴为小，小则不大。又阴虚为不富，虚则无所有也。而此卦一阴乃以柔居五位，是得尊位矣。尊位当上卦之中，惟以九居之为位正当。则知柔得尊位，不九五而六五，固以小者得大者之中也。由是而上下之五刚为阳，大为阳，实而富，皆以柔得尊位，大中而应之。应则不自恃其大，不自挟其有也。以故六五之文明首出，尊为天子。富有四海之内，自公以下，皆其臣，亦莫不用享者，惟天子尊大之至也。于是卦中上下之阳，大者不为大，而五之阴小者，乃为大矣。惟天子富有之至也，于是卦中上下之阳实者，不为有，而五之阴虚者，乃为有矣，是曰大有。

**其德刚健而文明，应乎天而时行，是以元亨。**

管见：此明五之柔得尊位，大中者，统言上下应之，则成为大有，特言二之自下应之，则又见为元亨也。盖二为乾主，其德刚健，五为离主，其德文明。文明者，知周万物，与时偕行，君之道，亦天之道也。至二以刚健，应乎五之文明。文明为主，刚健为使，其承五所行而行之者，无先时，无后时，亦如其承天焉。是为应乎天而时行也。五有二如此，君出令，臣行君之令，而致之民，其四达不悖之机，浩乎与大化同流矣。岂不为元亨乎？



**火在天上，大有，君子以遏恶扬善，顺天休命。**

管见：火在天上，其唯日乎？日为众阳之宗，光弥天宇，而不如月之有盈虚，此大有之象也。卦中六五之君子，其以离主之文明，而得尊位大中者，如此光之所被，物无遁形，故其明辨皙之威，使人怵然于心目，不敢为恶，亦不敢不为善也。是曰君子以遏恶扬善。按：大有上下之五刚，惟二得中。此质美而无恶，亦德盛而至善者。故于五为厥孚交如，有以应乎天，而时行也。其他皆刚不得中，每易见其为暴为逆，以志于恶，则难望其为敬为顺，以几于善矣。是非五之威如者，足以遏之扬之，而何以得上下皆应哉？遏者，止其动而欲形之机。扬者，宣其郁而未发之意。遏恶而恶斯弭，扬善而善不息。于是上下之刚不中者，其卒或因以无咎，或更因以吉，无不利，而六五之君子，乃惟主于顺天之休命而已。休命，休祥之命，所以福善也。有事于福善，而无待于惩恶，故但曰顺天休命也。

**初九：无交害，匪咎，艰则无咎。**

管见：无交害，无为禁止之词。欲其无交于位应之四也。盖初九本居民位，而在大有之时，其体为阳之大，为阳之实而富。是素封者也。有纳交之资。在三之词曰公用享于天子，指九四言，四不得不享天子，而初乃乘是以享公。享公者，即得交于公矣。然大臣之门如市，则大臣必不保此害之所在也。乃欲走之以为利乎？故戒之曰无交害。但初之于四，或疑其位为公而势甚彭。一旦嗔我之不交，而咎我，此不可胜也。然有五之明辨晳者，临于其上曰，方自损其彭，以求免于咎而不暇，其敢肆情以咎初乎？故知交四之有害，真害也。不交四之有咎，匪咎也。在初之自处，亦惟矢志于艰可矣。所谓艰者，守下民日用饮食之质，不为豪强以自大，不斗奢靡以夸有。此其恶心不生，而善心生。有以仰承顺天休命之君子，而无咎者也。故曰艰则无咎。

**大有初九，无交害也。**

管见：为大有之初九，则民之力厚财丰，尤易攀援贵显，以资声气，而不知其速祸也。故宜无交害也。保身莫大于防害，知害之不可犯，则谋所以退处于无咎者，又可忽乎哉？

**九二：大车以载，有攸往，无咎。**

《程传》：九以阳刚居二，为六五之君所倚任，如大车之材，强壮能胜载重物也。

管见：九二本乾体之刚健，是为良马以行者也。而其应乎天而时行，五之委任专，而二之受任重，则成为大车以载矣。其载既积，无避事，虽积不败，亦无偾事。以是而有攸往，固将成大有之元亨，以有功于五也。又何咎焉？是曰无咎。

**大车以载，积中不败也。**

管见：载者，有所积也。大车亦每以积，而致败矣。至二为大车以载之象，则曰有攸往，无咎。是不败也。所以然者，以二之刚健得中耳。刚健不免于败，而中不败。故知二之受往于五，为大车以载，其有所积者，积于中也。积中则不败。又安有往而得咎者乎？



**九三：公用亨于天子，小人弗克。**

《本义》："亨，《春秋传》作享，谓朝献也。古者亨通之亨，享献之享，烹饪之烹，皆作亨字。"

管见：公用亨于天子，谓九四也。四位极人臣，天子以下一人而已。其称公固宜，然用享于天子者，逼近六五之威，而心折之。非敢并大。于是竭诚用享，亦不私其有也。在四之词曰，匪其彭，无咎。苟非用享于天子，能无自大自有，而见为彭哉？小人弗克，则指九三言之。三之位，下于四，未得称公。其去天子之威，为稍远，又其刚之过甚于四，抑损为难，则将以位亚于公而自大，以富埒于公而自有，其状甚彭，其器则小。是小人也。有弗克用享之势矣，故曰小人弗克。

**公用亨于天子，小人害也。**

管见：四位为公而必用享于天子者，以小人之易盈而至于彭，则不免于害也。如九三之为小人而弗克用享。在此时柔得尊位大中之天子。其威如者曰易而无备。虽未尝遂以贡献之，缺怒其不敬。诛其不臣，然盛满之招损多藏之。厚亡其害。有必至者四之用享，盖见及此矣。三之弗克，顾可昧然已乎。



**九四：匪其彭，无咎。**

《程传》："匪其彭，无咎。谓能谦损，不处其太盛，则得无咎也。四近君之高位，苟处太盛，则致凶咎。"

管见：彭，为壮满之貌。言人之贵极富溢，以大逞，以有矜者，盖如此，使九四而自处于彭。在六五之柔主。虽犹是易而无备，而其明辨晳者，知骄盈为僭逼之阶，则不能以大度曲容也。咎将至矣。故告之曰，匪其彭，无咎。何以去彭，在三爻称公用享于天子，指九四言，此为能以大有归六五而不自处于彭也。不自处于彭，高而不危，所以长守贵也。满而不滥，所以长守富也。其无咎可知矣。然四本公位，爻词特虑其以彭致处，而不虑其他有咎者何也？以五言厥孚交如。惟是与二一心，而四不与，二称大车以载，有攸往，无咎。其自效于五，以任事者，亦无所待于四也。四职尊而权不重，亦责轻而过独少。故惟深自抑损，以敬承天子。其用享者，俨然泰之犹神明，则不以彭致咎，而亦可信其无他咎也。



**匪其彭，无咎，明辨晳也。**

《集说》：梁氏寅曰，谓之明辨而又谓之晳者，见其明智之极也。

管见：九四之近比六五，其爻词曰匪其彭，无咎。盖虑九四之不免于彭，其心特以六五为柔耳。不知柔为离主之柔，其火在天上者，独如日光之无微不烛，是为明辨晳也。明辨晳者，人莫逃其鉴。即莫不畏其神。五爻之言威如，即指此五有威而能容四之彭乎！四敢彭而能胜五之咎乎？故知大有之九四，匪其彭，乃无咎者，以五为明辨晢，柔而有威，非徒柔也。旧注即以明辨晢属九四言，四虽离体而过刚不中，有虑其实焉。罔觉亦悍然不顾已耳。又何明辨晢之足称哉？

**六五：厥孚交如，威如吉。**

管见：与人相合而信之为孚，五之所孚者惟二，以其得中耳。中与中孚，故二五本君臣之分，而其孚则如友朋之交，而曰交如也。但卦中之五刚，非能皆如二之得中，而可孚者，而在大有之时。五以柔得尊位大中，而上下应之，不可孚而莫不应，则何也？以五之信人，则见为交如，五之服人，则见为威如也。五何以威如？由其德为文明，其文明之用，为明辨晢，光格于上下，明明者必赫赫也。是曰威如，君子之所以遏恶扬善，顺天休命者，在此。故大有之五，以一柔御五刚，而上下皆应之。二得中而应于厥孚交如，在《彖》词既明五之元亨，三四与初上不得中而应于威如，在爻词又复明五之吉也。

**厥孚交如，信以发忘也。**

管见：出其藏为发，志在心而不可见，必信以发之，故知五之孚于二，曰交如。以友朋之交主信，如其信者，乃有以发其志而成孚也。

**威如之吉，易而无备也。**

《附录》：孔氏颖达曰："易而无备者，释威如吉之义。所以威如者，惟行简易，无所防备。物自畏之，故云易而无备。"

管见：惟辟作威，而六五之柔得尊位大中者，以明为威则不作威，而自威也。故曰易而无备也。和平为易，预防为备，柔主而欲立威，则不易。又恐屈于强佐豪民，而或至失威，则先备也。今六五不然，故其不作威而自威者，将以震慑有位，固宜敛四之彭，而戢三之为小人矣。是遏恶也。遏其恶，即以扬其善，则心爱之，勃生于心，无弗克用享于天子者，其有位如此，彼初与上之无位，又孰不祇畏也哉？如是而五之威如，惟是因其易而无备之常，以成顺天休命之美而已，吉可知也。

**上九：自天祐之，吉，无不利。**

管见：所谓天者，即指五言，观《象传》于二之应五，亦曰应乎天，则可知矣。其曰自天祐之，吉，无不利者，盖以上对初言之耳。上与初皆无位，而传词皆冠以大有，则明其阳之大而且实，虽无位而力厚财丰者，同也。但大有之初九曰无交害，盖虑其居卑而与五隔，见其威者，不审则性之刚不中，或不免倚大恃有，私结于位应之四，以相辅为恶，而忘其善也。故以无交害戒之。害即不利，不利岂为吉乎？至大有之上九，非无九三之应，以为交者，又三为小人。传曰小人害也。则交于小人之有害，夫复何疑？然不戒之曰无交害，乃幸之曰自天祐之，吉，无不利者，以上之于五，其威常近，而不违，故虽处卦极，而刚不中，惟是让大避有，以自全耳。于九三小人之交，则既绝矣。上不交于小人，则不见其有与为恶，而但见其善。此所以五之尊如天，而其顺天之休命，以祐上者，独成为上之吉，不虑其有同于初之不利而为害者也。

**大有上吉，自天祐也。**

管见：爻词于上称吉，而申之以无不利。是即以无不利者为上之吉也。故传词只言吉耳。但上与初之刚不中，皆无位而得称大有者也。乃大有之初，不言吉，而大有之上，则称吉。其故何也？以上之近于五，与初之远于五，不同，五犹天也。上迫于天之威，以速受遏恶扬善之转移，故其因是以获吉者，于其自天威之，而见为自天祐之也。祐字兼默相其行，与阴厚之福，一滚说。

**䷎艮下坤上**

**谦：亨，君子有终。**



管见：卦有谦象，谦有亨象，特期于有终耳。谦有终，亨亦有终，是在卦中之君子矣。按：此称君子，特指九三、六五两爻言之。三为下卦艮之主，五为上卦坤之主。又合之以为成谦之主。为上下卦之主者望隆，为成谦之主者德盛，皆所谓君子也。惟不失其为君子，而谦亨为有终矣。

**谦，亨，天道下济而光明。地道卑而上行。**

《集说》：项氏安世曰："下济与卑，皆释谦字。光明与上行，皆释亨字。"蔡氏渊曰："下济而光明，艮也。艮有光明之象。阴不得而掩之，卑而上行，坤也。"

管见：地之隆起者，即为山。此艮与坤，皆于五行属土。但艮为阳卦，得乾之第三画，当属天道。故不与坤之纯阴同称地道也。天道下济而光明，地道卑而上行，《传》意盖从反对之《豫》说来。《豫》下坤上震，震与艮皆阳卦，同属天道。震得阳之动，艮得阳之光明，由《豫》之上震。而动者，反而成《谦》之下艮而光明者，是为天道下济而光明。至于《坤》属地道，居《豫》之下卦，卑者也。反而为《谦》，则自下卦而居上卦，是为地道卑而上行。合而观之，于下济与卑得谦之象，于光明与上行得亨之象，故《彖》词曰谦，亨。按：天道下济而光明，具其象者，当主下卦之九三言。三为艮主之阳，阳乃天道。艮主之阳，乃光明也。光明者，莫光于艮阳之三。上行者，莫上于尊位之五。则知地道卑而上行，具其象者，亦当主上卦之六五言也。



**天道亏盈而益谦，地道变盈而流谦，鬼神害盈而福谦，人道恶盈而好谦。谦，尊而光，卑而不可逾，君子之终也。**

管见：卦之体有天道下济而光明，地道卑而上行之象。此谦亨之象也。人知谦之亨，则知不谦而盈之不亨矣。试更观诸天道其于人之盈者，必有以亏之。一如月邻于望之将缺也。于人之谦者，必有以益之，一如月生于朔之日增也。试更观诸地道，其于人之盈者，必有以变之，一如水徙为陆之非常也。于人之谦者，必有以流之，一如水趋为壑之方至也。然天道、地道之行，必寄于鬼神，神司天道，故因天道之亏盈，而以害盈者。亏之即因天道之益谦，而以福谦者，益之也。鬼司地道，故因地道之变盈，而以害盈者，变之亦即因地道之流谦而以福谦者，流之也。鬼神为天地之使，而害福行，人为天地之心；而好恶见。故鬼神害盈，而人道恶盈。其恶之之心，即天道地道所以亏盈变盈之心也。鬼神福谦，而人道好谦，其好之之心，亦即天道地道所以益谦、流谦之心也。由此言之，谦则亨，不谦而盈，则不亨矣。由此推之，终于谦则终亨，始谦后盈，而不终于谦，则亦不终亨矣。此《彖》词既曰谦亨，而尤期于君子之有终也。君子之终，何如？亦常守谦亨之义，以终合于天道下济而光明，地道卑而上行已耳。如下卦九三之阳，阳属天道，尊者也。以谦而不自有，其尊则不盈，于是人好之，无或恶之，其神之司天道者，奉其福以益之，无或贻之害以亏之，故九三之阳尊，才足有为，其有劳而获吉者，功冠一时，而莫不瞻睹也，是为尊而光也。上卦六五之阴，阴属地道，卑者也。以谦而不自失其卑，则不盈，于是人好之，无或恶之。其鬼之司地道者，奉其福以流之，无或贻之害以变之，故六五之阴，卑位则孔固，其用侵伐，而亦利者，威加四海，而莫不震叠也。是为卑而不可逾也。夫尊而光者，惟谦。故光犹是天道下济，而光明之道也。卑而不可逾，惟谦，故不可逾，犹是地道卑而上行之道也。然则《彖》词曰谦亨，又曰君子有终，即欲其以谦之终，成亨之终也。岂舍谦亨之义，而有所谓终乎？



**地中有山，谦。君子以裒多益寡，称物平施。**

管见：卦体以坤重艮，就气言，艮为天道，坤为地道，天地之气交，是有上下之可言也。故即卦之上下，以明谦亨之象，曰天道下济而光明，地道卑而上行。若以形言，上卦坤为地，下卦艮为山，山无下于地，地无上于山者，则不可以上下言矣。故即卦之内外，以明谦之象，曰地中有山，山视地为高，而其在地之中，则内也。非能出乎地之外，以为高者。地容山之高，而山屈于地之大矣。是为谦象。至于地大于山，山之外皆地也。而地之中，仍有山，则山之在内而高，虽常不敌地之大，而地之在外而大，何尝竟没山之高哉？是亦为谦象。故卦名曰谦，君子以裒多益寡，称物平施。则特为卦中之六五，指其谦之实也。按：下卦之九三，亦以为谦之主，而称君子。《彖》词所谓君子有终是已。但九三之谦，爻曰劳谦。盖欲其以功归君，而不自居耳，其义易明。至六五一爻，称不富以其邻，利用侵伐，无不利，并无谦字，则所称不富者，谓能不有其富，以成谦也。六五尊为天子，富有四海之内，位之尊不可降，财之富，则可损也。君子欲不有其富，而损富，则其所为裒多益寡，称物平施，以立谦之则者，不可以不言也。收而聚之为裒，人君籍户口，经土田，以取其贡赋，则所裒多矣，此所以富也。然其意特以益寡，则欲使天下穷苦无告之民，有备而无患耳，岂必有其富哉？且其所以益寡者，非直小补云尔也。六五为坤之主，如地道之厚德载物，而无不载，即以成万物资生，而无不资，故其施称物，而其称物以施，则平也。平者，徧也，如是而六五真不有其富矣。君子之在尊位，而志于谦，其实盖不外此。

**初六：谦谦君子，用涉大川，吉。**

管见：谦谦君子，谓六五也。五不掩九三之才，使得以劳自见，是能虚己以任下之臣也。谦也，谦而又谦，如初六之最，下为民，五能不有其富，以裒多益寡，称物平施，则全体乎地道之卑以自牧之也。惟山可牧，下卦艮为山，此足取其象以言五之牧民矣。然曰自牧，则必躬亲之，而非特任诸人者，此其谦为至极。故曰谦谦君子耳。夫六五为君，而初六为民，君必用民，民亦必将为君用矣。然非能牧而后可用，亦惟牧之深，而后用之吉也。故此卦之初六，而以六五之谦谦君子用之，其能卑以自牧其民者，既如措诸山之安，以各得其所。一旦有事征发，则虽用以犯难而行，有如舍山而涉大川者。然民皆为之用，亦皆利于用也。岂不吉乎？按：此当与五爻利用侵伐句合看。君用侵伐，民其卒伍也。兵凶战危，是为涉大川之象矣。然用之而利，故称吉也。

**谦谦君子，卑以自牧也。**

管见：《象传》言地道卑而上行，言卑而不可逾，此言卑以自牧也。三卑字皆指六五言之。五以地道上行，而居尊位，是卑而上行也。上行而不务养尊，一以牧民为己任，是卑以自牧也。自牧之，亦能自用之，于是虽侵伐而亦利，则不养尊而常有其尊，上行者安于上矣。是为卑而不可逾也。

**六二：鸣谦，贞吉。**

管见：卦中两言鸣谦，上六之鸣，宣上德。六二之鸣，达下情也。二位与五应，而下比于初，于民最亲，其间阎贫乏不能自存，以仰望恩施者，非六二之恺切敷陈，能不壅于上闻乎？故有取于鸣耳。然鸣而不谦，激戆之过心，纵无他迹，犹疑于沽名市恩也。此必有不得于五之心者，五之心不得，虽使坤体宽厚，终以其为民，而姑纳之。然已不可贞矣。贞者，常也，常有鸣，而常不得于五之心，岂为吉乎？故曰鸣谦，贞吉。盖鸣而能谦，则言者有体，听者易入，于民有益，于己无罪，吉之道也。偶一鸣而吉，一鸣不已，而至再三，亦非渎也，贞吉之道也。

**鸣谦，贞吉，中心得也。**

管见：中以位言，指上卦之六五，非指二也。五居中位，为君，二鸣谦而君心得，故贞吉也。

**九三：劳谦，君子有终，吉。**

管见：劳谦二字句，传词连下，君子作四字句，自是释经之次，不必同也。卦中惟九三刚而才胜，必有以劳定国者，如六五以征不服，而用侵伐之举。初爻称用涉大川，既简民以为之卒伍，则欲得人将之，必九三也。逮其师克论功，劳莫大于此矣。然必处之以谦者，以劳之所由来，实由万民用命，以报六五大君之施。故师出有功耳。三若负其劳以为己力，则万民必不服。万民不服，而谓大君乃心得乎？是不可为吉矣。故知君子之道，无不用其谦。劳谦其一也，君子之谦道，无不期于有终。劳谦之有终，亦其一也。三苟奉劳谦之谦，以力持乎君子有终之终，则但以功归君，为六五彰其蠲富牧民之大泽，其身历行间之状矢没齿而不言，此相从侵伐以涉大川之万民所心服也。凡人臣以劳定国，其卒不至生震主之嫌，蒙削夺诛夷之祸者，恒必由此。岂不吉乎？按：君子有终一言，《彖》词既为九三六五统告之矣。然六五柔中，而九三刚过，与刚过者言谦之有终，恐其人听之不深也，故又独蒙《彖》词而专告之如此。





**劳谦君子，万民服也。**

管见：劳谦君子，作现成人品看。则有终之意已具，万民服，为爻中吉字，指其大端，亦并与《彖传》所谓谦尊而光者，互相发明也。盖三阳尊，而其劳独著，此光之实也。至于劳而能谦，以成为君子，则万民服之，而其光乃益远矣。谦尊而光，是九三之君子，为能以谦之终，成亨之终也。终于亨，而其吉不可概见哉！

**六四：无不利，㧑谦。**

《程传》："㧑，施布之象，如人手之㧑也。"

管见：无不利，㧑谦，依《本义》作二句，为是。盖六五牧民念切，不欲守其富，以靳于施，在位高近君之六四。其忧民生不如其忧国用之深也。必谓人君以博济殊常之恩，殚其储积，一旦国有大事，支给无所，此亦有不利焉。然五之词曰不富以其邻，利用侵伐，则是上竭其财以施，下忘其死以报，有不服而用征，特使九三受命帅师，民之涉大川，犹平地也。岂尝闻以资粮赏劳之不充，或生顾瞻而误国哉？惟六四为坤体不中之阴，见不及此，故先以无不利解之，而后以㧑谦劝之，使之得伸其坤顺之性，惟事谨奉六五之则，而不违也。何谓？则大象称裒多益寡称物平施是已。㧑与挥同，天下之以寡待益者，至众且广，五之益寡，以称物为则，则随人各足，五之益寡而称物，以平施为则，则随地各足，此其散发财粟，数盈巨万，殆如委泥土，扬水波之不惜也。是为㧑矣。㧑而后称物，㧑而后平施，则五之益寡，以称物平施为则，即以㧑为则也。四奉其则，而不违，不敢不称物，不敢不平施，亦即不敢以不㧑。是五以㧑为则，而四即以㧑为谦也。卦中自二至四，皆有位，以臣于五。九三以艮主，如山之刚，得专军旅，有劳五之用其所长也。若因以分牧民之任，则不必如其行师。此以知二之柔中，四之柔不中，而顺乃能合于谦谦君子之五，即得因以共分卑以自牧其民之任者，二在下，而洞悉民隐以鸣上，状其出于谦则善鸣，又矢于贞则常鸣。天下犹有以寡待益，而五不闻者哉！至于言入而君心得，君泽大行，其出天府之富，以逮下者，必假手于近臣之四，而示之，则曰称物平施，敬兹毋违也。若独忧民寡毋，忧国失富，㧑之可矣。以故四之于五，其心窃忧好施之失富不利，一似老成而见远，不知五之用侵伐而亦利者，无所为不利也。至于不忧其不利，而主于益寡者，其施有同于㧑，又似轻易而任情，不知五之以称物平施为则，而欲其不违者，㧑乃所以为谦也。



**无不利，㧑谦，不违则也。**

管见：传言不违则，但释㧑谦之意，即以见爻词无不利一句，特欲坚六四不违则之心，以成为㧑谦耳。

**六五：不富以其邻，利用侵伐，无不利。**

管见：易例阴虚为不富，至于柔得尊位，则有天下之富者也。而谦之六五，怀卑以自牧其民之心，即与二四同德之臣，行裒多益寡、称物平施之政，则仍以富归天下，而五为不富矣。其曰以其邻者，以左右之也。邻指九三言，六五为上卦之主，君也，而阴卑。九三为下卦之主，臣也，而阳尊。是能成并植之势，以为邻者，以位言，君固足以使臣，以德言尊，不安于下卑也。惟六五以富牧民，即以不富得民，卑而得民，是为卑而不可逾者矣。故九三以艮阳之尊，为卦主，于五有邻象，终不敢抗。然分别门户，而不为所左右也。此五之所为不富以其邻也。何以以之有天下者，牧民为大行师，即其次也。时或不得已而征不服，曰侵曰伐，因九三之才而用之，彼其以劳定国，既使不服者皆知五之卑而不可逾，而其以劳克军，亦即使从征者皆知三之尊而光矣。是曰利用侵伐也。然又曰无不利者何？盖恐九三以侵伐立劳于外，在廷无与分功，一或庞然，自大无礼于君，则劳臣俨如敌国，而邻之势张矣。此亦有不利焉，然不必虑也。三有劳而能谦，则万民服。不谦则万民不服。三无如万民何？其如六五何哉？此其所以无不利也。



**利用侵伐，征不服也。**

《集说》：何氏楷曰："侵伐非黩武，以其不服，不得已而征之。"

管见：不服而始征之，由五之卑而能谦也。即其所称不富者，亦由此不服而能征之。由五之以卑守谦，而不可逾也。即其所称以其邻无不利者，亦由此。

**上六：鸣谦，利用行师，征邑国。**

管见：上卦四近五，而有位。上近五，而无位。当五之志于裒多益寡、称物平施也，以四之有位者，总散发财粟之权，故有取于㧑，即以上之无位者，充宣扬诏命之使，故有取于鸣㧑者，欲其随人随地而各足。鸣者，欲其随人随地而共闻，皆所谓则，皆宜不违，故㧑曰㧑谦，而鸣亦曰鸣谦也。其皆有合于谦者，以坤顺之性同耳。利用行师征邑国七字为句，行师即指五之侵伐言，邑国为万民群萃之地，师即寓焉。时而行师，必有奉命征师者，以奔走于邑国。是曰征。不可与《象传》征不服之征混看。征邑国者，师未行而先行，则用人当慎择其可也。不然不利。惟上六之鸣谦，其因五之降恩施以播告于万民者，有君言不宿之敬，每怀靡及之勤，此已用之，征邑国而利矣。若因是而用之行师之时，其于征邑国也，必曰自天子所谓我来矣。王事多难，维其棘矣。其鸣其谦，有异事而同情者，岂五之用之，固一利一不利乎？



**鸣谦，志未得也。可用行师，征邑国也。**

管见：志未得，对六二言。六二应五，而居下卦之中，有位者也。上六近五，而居上卦之外，无位者也。而各成其为鸣谦，此不可以不辨矣。凡人有位为得志，无位为不得志。是六二之鸣谦，志得也。上六之鸣谦，志未得也。志未得而与二俱鸣，其鸣亦与二俱谦，则可知爻词所称利用行师征邑国者，五用之而利，亦上之实可用，而无不利也。

䷏坤下震上

**豫：利建侯行师。**

管见：利建侯行师，言豫之六五，能以顺动，则其动之大者，至于建侯行师，而亦利也。建侯行师，宜串说。五居尊为王，四近五位高，为侯。建，立也。侯不必其行师，因其侯而立为将军以行师。此有事而后命之。故曰建耳。建侯以行师。动无大于此者，惟六五能以顺动，则于此亦利。故《彖》词特言利建侯行师，而其他之有利无不利可知也。

**豫，刚应而志行，顺以动，豫。**

管见：刚谓九四，应谓应六五也。《彖传》于《小畜》《大有》称上下应之，则知应为应，比亦应矣。应与顺义相类。卦惟九四一刚，其切近至尊者，不以刚不顺，而以刚应。则五之志得行，故曰刚应而志行。震居上卦者，凡八。其九四之刚，比六五之柔。《彖传》特称刚应而志行者，惟《豫》为然。为其以雷之动成豫之时，独能不失其顺也。且卦中四比五而以刚应，二应五而以柔应。四之刚应者，以动为主，而无戾于顺。二之柔应者，以顺为主，而能时其动。于是六五之志行于四之刚应，而主于动。尤行于二之柔应，而主于顺。实能相合以成顺以动也。刚应而志行，顺以动，所谓豫者，其时盖如此。知豫之时，而豫之义可推矣。

**豫，顺以动，故天地如之，而况建侯行师乎？**

管见：《彖》词曰利建侯行师，此因豫之时，而举其义也。然读者每以建侯行师为人事之非常，而不知豫顺以动为气化之大常，则不敢决其利矣。试仍以其时求之。豫之时，其动为顺以动。顺以动者，气化之大常也。故天地之雷出地奋，亦如此以动，亦如此顺以动也。而况人事之有象，于雷出地奋，而为建侯行师者乎？此以知豫顺以动之于建侯行师也，在人事则见为非常矣。一以天地气化之大常例之，则仍有所不得不行也。岂必但惊为非常，而不敢言所利哉？

**天地以顺动，故日月不过，而四时不忒。圣人以顺动，则刑罚清，而民服。豫之时义大矣哉。**

管见：此节为《彖》词证言利字，以见豫之时义之大也。由天地言之，雷出地奋，此天地之以顺动也。以顺动，故天地之悬象为日月，其行度不以雷出地奋而或过。日月之迭运为四时，其气候亦不以雷出地奋而或忒也。日月不过，而四时不忒，是天地之以顺动，无不利矣。至于建侯行师，则圣人因于天地之雷出地奋，而行之，是亦顺以动也。凡建侯行师者，必立威以警众，曰师不用命，有常刑，有大罚，皆无赦也。而其时之民，亦相与畏之，固也。然未足以言利也。惟圣人之以顺动者建侯，而侯之行师，不惟其威，则刑罚清。建侯行师，而师之听命于侯以行，亦不惟其畏则，民服矣。刑罚清而民服，利孰利于此乎？由此以思，则知《彖》词利建侯行师一言，固本圣人之以顺动，实有同于天地之以顺动者，为豫之义也。因豫之时，举豫之义，而其大如此，故曰豫之时义大矣哉。时义二字不平。按：《彖传》于豫称时义之大者，告六五也。五为主卦之主，则其以时思义，必求合于圣人天地之以顺动者，不容已矣。



**雷出地奋，豫。先王以作乐崇德，殷荐之上帝，以配祖考。**

《程传》：雷者，阳气奋发而成声也。阳始潜闭地中，及其动，则出地。奋发也。殷，盛也。

管见：雷出地，奋，此仲春雷乃发声之雷也。以雷鸣春，生气宣畅，故其象为豫，而以豫名。先王以作乐崇德；殷荐之上帝，以配祖考，则为卦中之六五，告以处豫之则也。豫莫甚于乐，故举乐言。然先王之作乐，其所得自用者，将以崇德也。岂其导欲而以为豫哉？如以为豫，则非乐不豫，非其乐之盛，犹不豫也。而先王之作乐，惟是殷荐之上帝，以配祖考，见为乐之盛耳。岂其所自用以崇德者，乃或导欲之不已，而至于极欲，必求其盛以为豫哉？按：六五之词曰贞疾，恒不死。贞疾者，不豫之象，以贞疾不豫，而得恒不死，则六五处豫之则，惟是奉先王作乐之意，以为则可矣。豫莫甚于乐。乐不溺，而其他又何溺焉？

**初六：鸣豫，凶。**

管见：初六之鸣豫，谓假九四雷鸣之势，以威人而自快也。卦惟九四一刚，以震主而有雷出地奋之象。此雷之鸣象也，而下卦柔不中正之初六，实与为应，则当九四之平时为侯，初六将自托于邑中之属民矣。于是志有所欲得以为豫者，必假侯之势以鸣。当九四之有事行师，得建侯而为将，初六又将自托于军中之信卒矣。于是志有所欲得，以为豫者，亦必假侯专将柄之势，以鸣也。假侯之势以鸣，有如雷也，则当为豪强以肆侵陵，假侯专将柄之势以鸣，有如雷也，则且为寇贼以逞暴掠。如是而初六之志，固已至于穷，而无所复之矣。此不惟居尊之六五所不容也，以九四处此，其邑中有是纵恣其志，以至于穷者，而能安其侯之位乎？其军中有是纵恣其志，以至于穷者，而能副其建侯行师之命乎？以是置之于法，不诛则徙，凶道也。初六亦知之否耶？

**初六：鸣豫，志穷凶也。**

管见：穷，极也。初六之鸣豫，纵其志之所如，而绝无忌惮，是曰志穷。故以对上六之冥豫言。上与初，皆无位，而其冥豫之志，犹未敢明目张胆，以遂其私，则未至于穷也。志未穷者，尚可望其改更。故于上曰成有渝，无咎。而于初则曰凶也。

**六二：介于石，不终日，贞吉。**

管见：介者，自上覆之之意。犹介虫之有介，以覆其身也。

石为九四之象，四震主为雷，其以一刚踞坤土之上，则为石。六二居下卦，为坤之主。坤属土，而至柔，其与九四并为卦主，而屈于其刚者，则犹地之有土，而石覆于其上也。故曰介于石。土介于石，则土气必郁可知。二之屈于四，而有介于石之象者，虽适处于豫之时，而有不能终日之势也，不豫也，故曰介于石，不终日。然二有不能终日之势，以夺其豫，乃能矢。若将终身之心，以守其贞，则是介于石者，不必去，而所以自宅其身之道，固实同于土之安，敦而不变也。无不吉者，故曰介于石，不终日，贞吉。

**不终日，贞吉，以中正也。**

管见：不终日，为不豫之象。二不求豫，而能安于贞以获吉者，以中正也。中正则德性坚定，处豫不淫，处不豫亦不移，故其贞不失，而其终亦无不吉也。

**六三：盱豫悔，迟有悔。**

《程传》：盱，上视也。

管见：卦之六爻，九四曰由豫。此所以成豫之时也。其间处豫之时，而不苟安于豫者，惟五贞于疾以葆其中。二贞于介于石，不终日，以全其中正耳。他如初言鸣豫，上言冥豫，此言盱豫，则皆处豫之时，而求所以自为豫者矣。何谓盱豫？谓三欲因四以为豫，而其心未敢遂逞目常上视六五也。盖三之不中正，其切近于九四之由豫者，方幸得所依，以享无事之福，则不复如二之见为介于石，不终日矣。是不能忘情于豫也。但三与二，皆有位，以臣于五，当五之居尊，而谢其所豫也。有贞疾之象。此有位之臣，所宜悚惕不宁者，于是而敢侈然行乐，一无顾畏之心乎？此三之不能忘情于豫，而犹不能不留心以盱也？然虽如此，而其悔盖不免焉。故曰盱豫悔，夫豫不可以苟安，盱豫则犹未敢以遂逞，而何以言悔也？其悔之必有者，以其盱之而欲豫未豫，正以迟之而俟其得豫则豫耳。迟者，待也。与《归妹》迟归有时之迟同。以盱为迟，是特出于偷闲伺便之为以求得一快意肆志之时也。为人臣而不忧君之不豫，以同其我惟忧己之不得豫，以思其休，是尚可以为人臣耶。传词称位不当者，以此位不当，则位将不保，而所为豫者，亦终不可得。三以此时扪心自问，必悔向之以盱为迟，而专意于豫者，实为负其位以负君，虽死而莫赎也。故爻词既曰盱豫悔，又申其所以悔者，曰迟有悔也。

**盱豫有悔，位不当也。**

管见：按：传词但言盱豫，不及爻中迟字，正见三之心乎豫而出于盱，即所以为迟也。盱即为迟，则知所谓迟有悔者，其悔亦即盱豫之悔也。特直言其必有可矣。又按：传言盱豫有悔，而曰位不当也。旧注即指失中正之位，为不当，其说似是。但下卦之不中正者，初亦同之，何以独于三曰位不当也？盖卦中凡五阴爻，五为君位，二与三皆臣位，二以中正而不求豫，曰不终日，贞吉，是居臣位而当者，惟当故吉。三以不中正而求豫，曰盱豫有悔，是居臣位而不当者，惟不当，故有悔也。至于初处卦下，为无位，与上处卦外，亦为无位，则不得以位言。故虽初鸣豫，上冥豫，皆视三之盱豫为加甚，而既不得以位言，则亦与位不当之义不相涉也。

**九四：由豫，大有得，勿疑朋盍簪**。

《程传》：四大臣之位，以阳刚而任上之事，豫之所由也，故云由豫。



管见：卦惟九四震主之一阳，其有合于雷出地奋之象，以成豫者，五相之而为侯，则硕辅也，可以致太平。五将之而建侯行师，则丈人也，可以平大难。此其所以称由豫乎！四称由豫，则其阳为大者，能应六五之阴，为小者而有得矣。得对失言，得失犹功过之谓，特明其大有得，则见为以大承小，而有功，不见为以大逼小，而有过也。易中于震主之阳，其系下卦之初九，而词善者绝少，一至于《复》，则曰不远复，无祇悔，元吉。以其刚由是反合于地中有雷之象，有以存天地之心也。其系上卦之九四而词善者，绝无。惟至于《豫》，则曰由豫，大有得，以其刚独能应合于雷出地奋之象。有以效天地之动也。但《复》以立德，《豫》以立功，德欲在己，功必同人。故犹恐其恃才自专，而特戒之也。其词曰勿疑朋盍簪。按：此五字为句，旧作二句者，非其意。则谓九四之由豫，大有得，固将安天下以安其君。但豫由于顺以动，必将开诚心以合于六二之为朋者，与共安之也。四近臣，二远臣，其臣之位同，四以刚应，二以柔应。其事君之心亦同。是为朋象。君为元首，亦为冠，臣为股肱，以辅元首。亦为簪，以安冠也。

冠之簪，一而已，在豫之九四，曰由豫，是五为冠，而所以安之者，四二为之簪也，然五之得安，在藉力于九四，刚动之臣，固为冠之有簪，而四之能安其君，尤在协心于六二，柔顺得朋则犹簪之有盍簪也。盍与合通，盖合二物以成一物者，人之合为以柔节刚，比之物之合，当为以玉饰金也。盍簪之象，盖如此。柔者主顺，刚者主动，柔刚合为顺以动，在《彖》词曰利建侯行师，明五之无不利也。二合于四，而五无不利，则知六二之顺于四，为良朋，即于五为良臣，皆有以安君之尊，如冠者，而成盍簪之象也。特期于四之勿疑耳。疑者，疑其有与为朋，则不能专由豫之名，以收大有得之实也。疑而不解，必使嫉忌生而倾轧起。在二之介于石者，真不可以终日矣。然二以中正守贞，四疑之而五终信之，四疑二，而恃其刚以抑之，五亦将疑四，而乘其刚以制之。然则所谓由豫，大有得者，孰为由我，亦孰为我有哉？此不可以不戒也。



**由豫，大有得，志大行也。**

管见：志大行也，释爻中勿疑朋盍簪之意。疑生于志，九四于其朋之比于盍簪者，而能勿疑，则本其安天下以安君之大志，而与二同之，初不以私心相拒成阻阏不行之势也。是为志大行也。四之志大行，故其合于二以成顺以动者，有以尽其动之才，著其动之功，而曰由豫，大有得也。

**六五：贞疾，恒不死。**

《集说》：王氏宗传曰："当豫之时，而不为豫者，六二六五是也。此豫之六爻，惟六二六五不言豫焉。"何氏楷曰："六五以柔居尊，当豫之时，易于沉溺，必战兢畏惕，常如疾病在身，乃得恒而不死。所谓生于忧患者也。”

**六五贞疾，乘刚也。恒不死，中未亡也。**

管见：贞疾，贞于疾也。六五处豫之时，而贞于疾者，何所以乘刚也？刚谓九四，五自其上而乘之，盖欲四之终处其下而应之耳。何以能乘？惟不自求豫而已。以故四称由豫，五特藉以措天下于安，而其身则不敢康宁，有贞于疾之象也。五不因四之由豫，以享休游之福者，亦即不因四之大有得，而来僭逼之患，此为足以乘刚矣。夫六五之贞疾，为乘刚。六五之所以能贞于疾，以乘刚者，何也？以其中也。惟中则不溺于豫而不豫，是有贞疾之象。惟不溺于豫以守中，而中未亡，是有贞疾恒不死之象也。人受天地之中以生，则必以亡天地之中而死。五以贞于疾而中未亡，是欲尽而理存，形苦而神王也。其享国久长可知矣。合而观之，六五之处豫而贞于疾，其不为九四所牵，而有以乘刚者，既足杜强臣跋扈之渐，而其贞于疾，而恒不死，又以不为九四所夺，而征其中未亡者，尤足宏有道万年之基也。岂不盛哉！旧注不识乘刚之义，遂谓五之贞疾，实由于此。按：《彖传》特称刚应而志行，明乎四应五，而五之志行也。由此言之，四之刚贻五以豫，非贻五以疾。何谓乘刚为贞疾乎？以乘刚为贞疾，则四之逼处深为五患，虽曰恒不死，而已难乎其为君矣。又何有取于中而幸其未亡耶？

**上六：冥豫，成有渝，无咎。**

管见：上与初皆无位，而上独近五，五之却所豫以守中也，有贞疾之象，则上之不中而必耽于豫者，其志犹有所沮，而未敢穷其迹，因有所避，而未尝显于是，豫有时，时不白昼而暮夜。

豫有地，地不大廷而燕私也。是为冥豫。夫欲自为豫，而特阴行以出于冥，亦庶几于可长耳。然冥豫而在上，其处卦极者，既非藏身之所，无曰不显，莫予云觏，实必有声也。何可长也。不早戒于不可长，而犹尝试以成冥豫，此不免于有咎矣。然冥豫之上六，其本震体者，不无悔心之萌，欲人勿知，莫若勿为过，宜速改也，故曰成有渝，无咎。

**冥豫在上，何可长也。**

管见：言冥豫之不可长，则其不可以不渝者，明矣。

**䷐震下兑上**

**随：元亨利贞，无咎。**

《折中》：以二体言之，震刚下兑柔，以卦画言之，刚爻下于柔爻，六十四卦中，惟此一卦，此卦名为随之第一义也。

管见：《彖》词盖为九五言之。五为主卦之主，随之时，由以定也。随之时定，而天下随之，是为元亨。然其所以能定随之时者，惟恃九五位正中之贞，是曰利贞。以贞定随之时，此不致以有乖于正中者，开天下以苟于相随之渐也，是称无咎。

**随，刚来而下柔，动而说，随。**

《集说》：王氏宗传曰：“或曰易家以《随》自《否》来，《蛊》自《泰》来，其义如何？曰非也。《乾》《坤》重而为《泰》《否》，故《随》《蛊》无自《泰》《否》而来之理。世儒惑于卦变，殊不知八卦成列，因而重之，而内外上下往来之义已备乎！其中自八卦既重之后，又乌有所谓内外上下往来之义乎？”

管见：随者，以刚随柔也。卦之二体，震刚来下于兑柔，有屈于柔而随柔之象，然易中阳卦居阴卦之下者多矣，不必皆为随也。至此卦之二体，其析为六爻者，初九之刚来下于六二、六三之柔，九四九五之刚来下于上六之柔，是卦之有随，无不见为刚来而下柔也。刚来而下柔，柔在前，刚在后，柔在前为倡，刚在后为随矣。然柔与刚之前后相次不动，亦不随，不说亦不随也。惟此卦之二体六爻，其见为刚来而下柔者，下卦为震体而主动，上卦为兑体而主说，动则有往从之势，说则有投合之缘，而以刚随柔之象，于是成矣。故曰刚来而下柔，动而说，随。



**大亨贞，无咎，而天下随时。**

管见：柔随刚者，其常。刚随柔者，非常也。是岂可无刚而能贞之九五以定随之时乎？观五之词曰孚于嘉，吉。传曰位正中也。此其刚而能贞，足以持世运之纲，端风俗之原，而其时定矣。由是其道大亨，天下皆以五为随之时极，而随时不敢各以私意相属，则是五之能贞于天下，有功于身，为无咎也。故由《彖》词所称元亨利贞无咎者思之，五苟合于大亨贞，无咎，是能正一人之随以定时，即以一人正天下之随，而使天下随时也。

**随时之义大矣哉。**

管见：天下随时，以五为极也。以五为极，则随之见为刚来而下柔者，其刚其柔，各不牵于动而说之不贞，而一准乎位正中之贞，是为义矣。由随时之义思之，天下甚大，义复何有歉量乎？观爻词所云，如九五之穷上六，是有刚不可以随柔之义。至初九之交六二，则又有刚实可以随柔之义也。九五穷上六，而特主于孚，六二是有刚不随柔而亦为柔所随之义。至六二之系初九，而不嫌于失，九五则又有柔得刚随，而不惟刚，是随之义也。且九五以孚六二为吉，而六二之失九五，而卒成为孚者，亦必同其吉。吉同则有刚实，宜于得柔之随，柔亦宜于得刚而随之之义。至九四以获六三为凶，而六三之求九四，以遂其有获者，亦必同其凶。凶同则又有刚不宜于得柔之随柔，亦不宜于得刚而随之之义也。然则随时之义，诚大矣哉。随时之义大，故当天下随时在五之能贞者，既以率天下于义而信，无咎，亦即以广义于天下，而成元亨也。

**泽中有雷，随。君子以向晦入宴息。**

《程传》：《礼》："君子昼不居内，夜不居外。"

管见：兑泽居外卦者，皆为雨象。当泽气上蒸之时，而有雷以作于中，是泽先而雷从之，有随之象，故名随。君子以向晦入宴息，则举人道之合于气化者言之。盖气化之以阴随阳，与人道之以女随男，此为贞也。至观于泽中有雷，则以阳随阴，而亦为气化之贞。观于君子以向晦入宴息，则以男随女，而亦为人道之贞也。然则随之有不可泥，而仍必以贞为主者，此其准矣。

**初九：官有渝，贞吉。出门交有功。**

管见：耳目口鼻形为人之五官，其性之刚柔不同，而情貌各见，皆自有其本来也。初九为震主之刚，其来下柔者，即不免于动而随柔，则其耳目口鼻形之见于情貌，不能不变其刚之本来矣。此所谓官有渝也。然虽如此，而其以刚随柔者，为从正，是则贞矣。贞亦不一，有见为贞，而仍觉其凶者，九四是已。至初九以从正，而称贞，其贞必吉。出门交有功，申言官有渝之所以为贞吉也。出门为动而从人之象。其特就出门言之，则并见所从为同体近比之二云尔。其曰交有功者，谓二之与五为孚，必有功。初之与二相从，则交于有功也。二何以为有功？按：《彖》传称大亨贞，无咎，而天下随时。又申之曰随时之义大矣哉。此足以知五之转移天下，功至巨也。而要以孚于二得之，是五于天下有功，二于五有功也。故二称有功。二有功而初交之，交有功者，虽不俱有功，而其交不失，是从正也。以故六三之随有求得，其非从正者，则利于居贞。初九之出门交有功，其从正者，虽出于动而不居，亦贞也。九四之随有获，不至于官有渝，以其所获者非从正，则虽谓之贞，而亦凶。初九之出门交有功，虽至于官有渝，而其所交者，为从正，则既谓之贞，有所为吉，无所为凶也。



**官有渝，从正吉也。出门交有功，不失也。**

**六二：系小子，失丈夫。**

《程传》：初阳在下，小子也。五正应在上，丈夫也。

管见：按：初之从二，曰出门交有功。交为友义。称交所以著阳刚之不可过抑也。至其无位而处至卑，以有位应五之二乘之，则二之柔为母象。初则小子之象矣。随母者，惟小子最切。初以震主为长男，而降心以成小子之象。则所称官有渝者，亦略见矣。初于二为小子，五于二为丈夫。小子随母，妇随丈夫，其为义一也。六二以妇道兼母道，其志固有出于系小子，失丈夫者，何哉？盖卦以刚随柔为随。外卦九五之刚，亦来下于上六之柔。上六者，兑说之主于臣，比诸佞幸，于妾同乎妖媚也。在六二之自处，以为五之于上六，其或因同为说体，而以刚随之，犹丈夫之得妇有子，复不免于私其妾，则我之宜让上六，以远于五，独与居卑而能从我之初，以相属，亦犹妇于丈夫之私其妾，则以身为小子所依归，而不求得近于丈夫也。此所以有系小子失丈夫之象也。初为小子，其实为友。五为丈夫，其实为君。二之系小子失丈夫，缔友之好，不固君之宠，有馀地以自处，即有馀地以处上六。盖宽然两无所妨也。至上六之终穷，词曰拘系之，乃从维之，王用亨于西山。特五之自为之耳。岂由二欲结五，必使五之有以穷上，而始快哉？





**系小子，弗兼与也。**

管见：与者，犹言人之匹偶也。妇之于丈夫是已。但随五之为丈夫，其所应之二为妇象。其所比之上又为妾象。则其所称孚于嘉，以成二之与者，二不可以独有也。不可以独有，而欲独有之，是并据于己，而为兼矣。兼与非妇之贞也。二苟如是，彼上之柔说为兑上者，设非五以拘系之，使即于穷其究，将以二谋兼与，而使上成夺嫡争权之衅也。此于五为不吉。二复何功之有？故爻词于二称系小子，不如三之称系丈夫者，明其有与而弗兼也。所与为丈夫，弗兼则为失丈夫矣。能失丈夫而不系丈夫，乃其所以善随丈夫，而有功于丈夫也。知此，则二之柔得中正，其上合于位正中之五，以适成其孚于嘉而称吉者，只一弗兼与之志，而其所为嘉，与其所由吉，具于此矣。

**六三：系丈夫，失小子，随有求得，利居贞。**

管见：此言丈夫小子，仍指二所应之五与所乘之初言。其意盖谓二以柔得中正，而弗兼与，其交初而不求得五者，固有系小子失丈夫之象。若以二之所处，而使柔不中正之三计之，其志必不舍五之在上，而舍初之在下者矣。是将成为系丈夫失小子之象。与二竟相反也。夫丈夫者，我所随。小子者，随我者也。三不能合志于二，而必出于系丈夫失小子。则如四之刚处三上，亦足以成丈夫而为三所随者，将有必求得之，惟恐失之者矣。然四之词曰随有获贞凶，四以获三为凶。则三之求得四者，凶可知也。故以利居贞告之。居与动相反，当与初爻出门字对看。三震体主动，其志以四为丈夫，而求得之者，不能以已。然得之而凶，孰如勿求之利。此三之自处其道，在于以居制动，杜门不出，以守贞也。

**系丈夫，志舍下也。**

管见：三言系丈夫，则其志舍下，不能同于二之系小子矣。此所以随有求得，上视九四为丈夫，而惟恐失之。初不知其利居贞也。



**九四：随有获，贞凶。有孚在道，以明何咎？**

《集说》：郭氏雍曰："六三随有求得，盖随人而有得者。九四随有获，盖以得人之随为获也。"徐氏几曰："三言有得者，得乎四也。四言有获者，获乎三也。"

管见：获虽与得同义，亦微有辨。得对失言。有求而得者，即有求而失者，不必得也。至于获之为得，盖因其有而取之云尔。取对舍言。舍则失，取则得。称获者，不舍而取，即亦有得而无失也。如卦中三上比于四，以柔承刚，而欲随之。此以随人而见为随也。词曰随有求得，明其随之有所求者，惟恐失之，故称得。四下比于三，以刚乘柔，而不克禁其随之。此又以为人所随，而见为随也。词曰随有获，明其随之有所得者，有如取之，故称获焉。夫以三之随有求得，而成四之随有获，三柔而四刚者也。柔求随刚以自行其系丈夫之志，则刚不随柔而得柔之随，亦似有以伸其为丈夫之义也。义则得正而为贞矣。然以四之刚而称随有获，其得不就贬损者，固有合于为丈夫之义，而以四之高位而称随有获，其嫌比于招纳者，则有乖于为大臣之义也。其义之合者，不敌其义之乖者，是虽见为义而亦凶。故传曰随有获，其义凶也。其义岂不谓贞其义凶也，则不为贞吉而为贞凶矣。然非四之位不正中者，所能猝辨也。故告之曰有孚在道，以明何咎。有孚在道，指五言。五之于二，刚柔相与，是有孚也。而其词曰孚于嘉者，则以五居正中之位，而体正中之道，其有孚在于道也。有孚在道，此天下随时之义所由以定，即《彖》词所谓元亨利贞之贞也，其贞必吉。故五爻既称孚于嘉，而即以吉断之。非如四之随有获者，虽亦可以为贞，其实则不吉而凶也。五孰为吉，以其有功耳。四孰为凶，以其有咎耳。合五与四言之，五之有孚在于道，四之有获亦为义，皆可谓贞。此犹易混也。至于五以合道为贞，则吉而有功。四亦以近义为贞，则凶而有咎。功咎之不可掩，固昭然大白矣。四虽位不正中，而其阳刚之明，犹可用也。使于此而以其明焉，其于有孚在道之功，实有以明之。则于五明其功者，于身亦自明其咎也。自明其咎，当不狃于随有获之贞，而实凶者，以自即于咎矣。如是而于有孚在道之五，可以蹈其道，并可以勷其功也。又何咎焉？咎谓罪戾，即上文贞凶之凶也。

**随有获，其义凶也。有孚在道，明功也。**

《折中》：四刚为柔，随处近君之地，有招纳之嫌，故曰其义凶也。

管见：经言以明，明字指体言。此言明功，明字指用言。谓明之也。有孚在道，其有别于随有获之亦为义者。何以明之，亦曰明功也。功为吉，咎为凶，明其功而知有孚在道之吉，则自反而有见于随有获，其义凶者，当求所以免咎矣。

**九五：孚于嘉，吉。**

管见：刚柔相与为孚，丈夫与妇之象也。嘉为完美得愿之意，下卦柔得中正之二，其爻词称丈夫者，为五之象，则二之为妇象可知。于时五以位正中之刚，而与二相与为孚，其道之合既深，其说之入亦深。有若天生好仇以作之合者，是为孚于嘉也。其孚如是，吉可知已。所谓吉者维何？在四之《象传》曰明功，明五之功也。初之爻词曰出门交有功，交二之有功也。五与二相与为孚，即相与有功。其斯以为吉乎！按：五称孚于嘉，二称系小子失丈夫，于五美其得二，于二又取其失五者，以五能得二而成为孚，则不同于多嬖之昵邪淫其于上六之兑说，必恶其害将切身，而使之必穷，此足以见五之位正中者，刚而永于贞，其正不挠，其中不移也。二以能失五而弗兼与，则不同于专房之生妒嫉，其于上六之阴柔不嫌于敌之妨已，而异其必穷。此又以见二之合于位正中者。柔而安于贞，其正不过，其中不伤也。然则随之二五所为有孚在道，而实各尽其道者，行似相悖，而功则相成也。



**孚于嘉，吉，位正中也。**

管见：特明五之位正中者，对九四言，上卦四五两刚，皆有丈夫之象。四下比于三之柔，而获之，五下应于二之柔，而孚之。皆有丈夫得妇之象。然四之获三曰随有获贞凶，以其位不正中，所获亦不正中也。故称凶。五之孚二曰孚于嘉，吉，以其位得正中，所孚亦得正中也，故称吉。

**上六：拘系之，乃从维之，王用亨于西山。**

《集说》：项氏安世曰：“《大有》九三公用亨于天子，《随》

上六王用亨于西山，《益》六二王用亨于帝，《升》六四王用亨于岐山，四爻句法皆同。古文亨即享字，今独益作享读者，俗师不识古字，独于享帝不敢作亨帝也。”

管见：拘系之，乃从维之，谓九五之位正中，其下于上六之柔，而能贞者，既不以说相随，而尤恶其在侧，特依于禁锢之法，以处之，而使必穷耳。拘系之者，羁绊其身也。乃从维之，则又于身所拘系之地，度其四周而设之防也。所以如此者，由上六兑主之柔为少女，为口舌，其有厉为戎，所谓巧言令色孔壬是已。此不可不有以穷之也。然穷之之法，曰拘系之，乃从维之，其实如何？亦曰王用亨于西山云尔。山必有亨，西山其一也。在九五之为王者，即用上六以亨于西山，使奉其祀，而专其职，此谋所以用之，而实置之无用之地也。于是上六以西山老，以亨于西山终，日守寂寞无人之境，以长对聪明正直而壹之神，即亦无从得伸其巧言令色孔壬之性，而岂不穷哉？上如是以穷，则其所谓拘系之，乃从维之者，初不必其与有罪为伍，同一系用徽纆，置于丛棘，而使勿脱也。然已无所复之矣。圣人之说法以处小人，其仁义兼尽有如此。

**拘系之，上穷也。**

管见：卦中凡三柔爻，二称系小子，三称系丈夫，两系字，并指志所牵属者言。至上六之词，亦用系字，而曰拘系之，则谓五之于上，欲为之法，以谨关束耳。此上之所以穷也。不可与二三爻两系字混看。

**☶☴巽下艮上**

**蛊：元亨，利涉大川，先甲三日，后甲三日。**

《折中》：二体则阳卦居上，阴卦居下，六位则刚爻居上，柔爻居下。六十四卦中，亦惟此卦。

管见：《彖》词盖为六五告也。凡物之内坏者为蛊。于时有然，则天下病矣。此而有以治之，使得反于各正性命之初，则天下之病已而治，是为元亨。然天下不自治，治于五之往有事也。故以利涉大川告之，大川之象，从上卦艮山之象对面生出。本五艮体，其性之止如山，此惟天下无事，而不务扰之，则可。若于蛊之时，而晏然于上，则天下之病，将以因循不治，而驯至于溃败，不可治矣。此五之宜往有事者，利于易其安于山之性，以涉大川，急图有济于天下也。先甲三日，后甲三日，则言天行之终则有始，以为往有事之准耳。所谓天行者，即天之五行也。天有木火土金水之五行，而次为甲乙丙丁戊己庚辛壬癸之十干。十干之运，戊己为中，甲乙丙丁为始，庚辛壬癸为终也。以日考之，其终始相循，以贯中者，始不一始，而始乃由终，亦终不一终，而终又生始。故就甲以言，始先甲三日为辛壬癸，其领于庚者，既有以成天行之终。后甲三日为乙丙丁，其领于甲者，即有以成天行之始也。终则有始，天行之周于日者如是。由是积之而成月，又积之而成岁，又积之而成世，以及百年。其见为终则有始，无不视此。先甲三日，后甲三日之日矣。使六五当蛊之时，而往有事。其与日俱不息者，一如天行有先甲三日之终日，即有后甲三日之始日。则其先之终日，非止之日，乃以起后之始日，为常往之日。其先之终日，非止而无事之日，乃以起后之始日，为常往而有事之日也。如是而其往为日进无疆，其往而有事，亦日起而有功矣。是岂不成蛊之元亨而天下治哉？

**蛊，刚上而柔下，巽而止蛊。**

《集说》：《朱子语类》云：“龟山说巽而止，乃治蛊之道。言当柔顺而止，不可坚正。非惟不成道理，且非《易·象》文义。巽而止蛊，犹顺以动豫，动而说，随皆言卦义。”俞氏琰曰：“巽则无奋迅之志，止则无健行之才。于是事事因循苟且，积弊以至于蛊。故曰巽而止，蛊。”

管见：刚上而柔下，以二体言者，当特指卦主之上九、初六言。上九为艮之主，以刚居上。初六为巽之主，以柔居下，是为刚上而柔下矣。且上九之刚，上非特上于下卦初六之柔，亦本上于上卦六五、六四之柔。初六之柔，下非特下于上卦之九之刚，亦本下于下卦九三九二之刚。然则此卦之二体六爻，无不见为刚上而柔下也。刚实而强，柔虚而弱。上皆实而强，下皆虚而弱。则上无所藉以立，下无所本以承也。已有不免于蛊之象矣。又其刚上而柔下者，在二体之刚柔分，如巽主之柔下者，既独成为巽，而艮主之刚上者，又独成为止。在六爻之刚柔，错如巽三画之刚上柔下者，既合成为巽而艮。三画之刚上柔下者，又合成为止。巽者多效顺，止者每恶动，于是巽者宜于止者之恶动，而欲共安于无事。止者亦复宜于巽者之效顺，而不更求往有事矣。是安得不竟成为蛊象哉？故曰刚上而柔下，巽而止，蛊。

**蛊，元亨而天下治也，利涉大川，往有事也。先甲三日，后甲三日，终则有始，天行也。**

《集说》：俞氏琰曰：“文子云流水之不腐，以其逝故也。户枢之不蠹，以其运故也。大抵器欲常用，久不用则蠹生。体欲常动，久不动则病生。蛊之时，止而不动，则天下之事，终于蛊而已矣。

故勉之使往，不宜坐视其弊，而弗救也。”

**山下有风，蛊。君子以振民育德。**

《集说》：李氏简曰：“蛊之时，民之德败矣。败而育之，必振动之，使离其故习可也。”沈氏一贯曰：“君子以振起民心，而育其德，作新民也。”

《折中》：诸家以振民育德皆为治人之事，与传义不同。考其文意，似为得之。盖治已不应后于治人，而《蒙》之果行育德，亦施于《蒙》者之事也。若《渐》之居贤德善俗，为治己治人，则语次先后判然。且居与育亦有别。



管见：《诗》云：“大风有隧”、“有空大谷”，则知山下有风，由山之有虚穴而生也。是为蛊象，故名蛊。君子以振民育德，君子指六五言。六五当蛊之时，莫坏于天下之民之败德也。故特言振民育德，以明治蛊之大端耳。《象》传所谓往有事者即此。

**初六：干父之蛊，有子，考无咎，厉，终吉。**

《本义》：干如木之干枝，叶之所附而立者也。

管见：蛊者天下之坏也。家之坏，亦犹是耳。天下以君为主，家以父母为主。天下之坏，君之蛊。家之坏，父母之蛊也。此而论之，卦中五居尊位为君，犹之父，其以柔居尊位为君，亦犹之母也。于是而不免于蛊。则自五以下，其臣与民之比于子，以父母其君者，乃或见为父之蛊，亦或见为母之蛊矣。如初之无位为民，其尊五者犹之父也。五以不能振民育德，而成为蛊。是非即为父之蛊乎？父之蛊，子得干之，在比于子之民，于其君亦有然者，观上九处卦外为无位。其为民，本与初同，而其爻词称不事王侯，高尚其事，是能为民之望，即以振民育德，而裕如者也。

使初六之卑下为民，亦能如上九之高尚其事，则其自振以育德者，即将与民共振以育德，而天下之蛊，当不至于溃败不可治也。是非即为干父之蛊乎！凡子之干蛊，为干父之蛊者，皆其意承考者也。盖父治外事，有身所未能，为无分所不应为者，故有子而干父之蛊，其意特如服其劳，非敢自为政也。传所谓意承考者，以此。意承考，则考之有子，无有因其意不承考而咎之者，是曰有子考无咎。由此言之，初之有功于五者，诚得同于干父之蛊，则五之无咎于初者，岂不亦同于有子考无咎哉？但初本巽主之柔，非如上九艮主之刚，必能高尚其事，以自振于蛊之时也。是将与六四同为裕父之蛊矣。故告之曰厉，终吉。厉者，其心惕忧不宁，乃所以自振其柔巽，而育德也。始而自振以育德者，终将与民共振以育德。此用誉之六五所必以誉及之者也。有誉则无咎矣。有誉无咎，而吉可知矣，故曰终吉。



**干父之蛊，意承考也。**

**九二：干母之蛊，不可贞。**

《集说》：杨氏时曰："或曰卦以五为君位，而可以母言乎？曰母者，阴尊之称。如《晋》六二之称王母，《小过》六二之称遇其妣，皆谓六五也。"杨氏启新曰："子干母蛊，易于专断，而失于承顺。故戒以不可贞。"

管见：初与三四之于五，取父象。二之于五，独取母象者，以其得中道也。卦之六位，其通于刚柔之往来者，谓之道，中道犹中路耳。二五之位为卦之中道，其馀为旁。初与三四得旁道，于五非应。则共见为五之尊尊，故取父象。二得中道，于五为应，则独见为五之亲亲，故取母象也。夫五之称父，亦称母，其实一人，则初三之称干父之蛊，与六二（按：应为九二，此处为笔误）之称干母之蛊，其实一事也。乃爻词于二曰干母之蛊，而又特以不可贞戒之，则何也？凡为母者，治内事，本与父之治外事者不同。蛊之五，以母居父位，则其成为母之蛊者，正以不能治父之事耳。于是而六二（按：此处应为九二，六二系笔误）有以干之，其势非以身代父之事，固无由以干母之蛊也。代父之事者，疑于擅父之尊，此非母之所能安也。岂得已哉？若不见为不得已，而直行不疑，则以是为贞矣。以是为贞，则五之以母居父位，初见为父，而曰干父之蛊，是为意承考也。二见为母，而曰干母之蛊，乃不可为意承妣矣。三见为父，而曰干父之蛊，是为终无咎也。二见为母，而曰干母之蛊，乃不免为终有咎矣。以是知其不可贞也。



**干母之蛊，得中道也。**

**九三：干父之蛊，小有悔，无大咎。**

管见：小有悔，无大咎。小谓柔，为小。大谓刚，为大耳。按：二爻特称干母之蛊，不可贞。则知以五为父，而曰干父之蛊者，无不可贞也。何以言之。凡子之干蛊，为干父之蛊者，皆其意承考者也。以意承考为贞，其无不可必矣。以故九三之刚，视二为过之，而其尊五犹父，以干其蛊者，初不见为不可贞也。盖干父之蛊，惟柔而小者，为有悔耳。如六四之柔小者也。其词曰裕父之蛊，此能以无悔乎？即如初六，亦柔而小。苟非能厉，则仍无以干父之蛊也。其悔亦不免矣。故曰小有悔。若以刚而大者言之，三与二之两刚皆为大，惟刚大为能干蛊，亦惟刚大为能贞也。干蛊而不可贞，如二称干母之蛊是已。然惟干母之蛊不可贞，此则虑有以大致咎者也。若非干母之蛊，而为干父之蛊，则无不可贞也。岂犹闻有以大致咎者乎？故曰无大咎。

**干父之蛊，终无咎也。**

管见：终无咎也，终犹总、皆之谓，其意盖对初六言。初之词曰干父之蛊，有子考无咎，谓其考无以干蛊之子为咎者，初柔而小，二刚而大，而其干父之蛊与初同。则亦可以无大咎。决之可知，凡为干父之蛊，意承考者，小大并可以无咎也。故曰终无咎。

**六四：裕父之蛊，往见吝。**

《集说》：刘氏弥邵曰："强以立事为干，怠而委事为裕。事弊而裕之，弊益甚矣。盖六四体艮之止，而爻位俱柔，止者怠，柔者懦，怠且懦，皆增益其蛊者也。"

管见：裕父之蛊，裕者增益之使加甚，引长之使无已也。天下以君为主，君以大臣为辅，五居尊为君，犹之父，既因体柔性止，而不免于蛊。此父之蛊也。其四之近君为大臣，而比于子，又复体柔性止而无以干之蛊，不干则加甚，亦无已也。是为裕父之蛊矣。卦中凡三言干父之蛊，言于初与三者，干其所奉为父之蛊，子道也。言于五者，干其所自为父之蛊，父道也。五自成其父之蛊，虽亦藉于初与三之干之，而仍自干之。四近五，而切承其父之蛊，乃不同于初与三之干之，而独为裕之。是则五之体柔性止，止未得而终往。四之体柔性止，往未得而终止也。四何以往未得？盖往之为往，如《彖传》所称，往有事是已。往有事之事，如《大象》所称振民育德是已。四欲往而振民育德，一反顾其不克自振以育德者，则见为身不堪以对民，才不足以语德，而不胜其吝也。此其所以往未得也。往未得则终于止矣。又何惑乎？四之不能辅五，以独成为裕父之蛊哉！

**裕父之蛊，往未得也。**

**六五：干父之蛊，用誉。**

管见：此言干父之蛊者，欲五之为父，有以自干其蛊云尔。何以干之。《彖》词称利涉大川，《传》曰往有事也。又称先甲三日，后甲三日。《传》曰终则有始，天行也。使五之往有事者，一如天行之终则有始，则足以成蛊之元亨而天下治矣。是岂不自干其为父之蛊哉？五能自干其为父之蛊，则于下之承五为父，而能共干其蛊者，乃不用咎，而用誉矣。易中咎誉，每对言之。如《坤》之六四，《大过》之九五，并称无咎无誉，可证也。今本卦之初六曰考无咎，谓五之尊为考，其于干蛊之子无所咎也。所以考无咎者，虽由初之意承考，亦由五之能用誉耳。不然，初自以为承考，安见五之必通其意，而无所咎乎？又如初称干父之蛊，三亦称干父之蛊，则皆合于意承考，而可信其终无咎也。然苟非五之用誉，则刚大之致咎，三亦惧其终不免矣。此以知五称用誉者，明其不用咎也。五不用咎，而用誉，故初见为考无咎，三得自信其无大咎也。不宁惟是，即如二之得中道者，自见为干母之蛊，不可贞，此其即于咎为最易。然以不用咎而用誉之五见之，其与干父之蛊意承考者，无以异也。则亦终无咎者也。又不宁惟是，干父之蛊者，终无咎也。裕父之蛊者，则亦未尝遂加之咎矣。如六四称裕父之蛊，往见吝。裕蛊为咎，其往见吝之心，则犹可谅也。五将用誉，以解其吝，即用誉以劝其往，则岂不与干父之蛊者，俱无咎哉！五之用誉如此，故自五以下，其臣与民之所以承五者，皆各勉为干蛊之子，而承以德也。

**干父用誉，承以德也。**

管见：五自干其为父之蛊，曰干父。干父者，犹贤能之父云尔。五为干父，是能自振以育德矣。由是而用誉，则其誉之心即生于德。岂有空言已哉。如是而其自下承五以为之子者，各以誉自振，即各以誉育德。盖无不因五之德而承以德也。皆承以德则天下自此治，而蛊之元亨见矣。

**上九：不事王侯，高尚其事。**

管见：按：上卦之五为六五，犹之以母居父位也。何以能有干其蛊，而称干父哉？又近五之四为六四，其比于子之于父者，不曰干父之蛊，而曰裕父之蛊。则是蛊之时，固无因得有振民育德之事，以观天下之治矣。及读上九之词曰：不事王侯，高尚其事，然后知作《易》者，盖以上九艮主之刚，为五与四立之则也。五君位，为王，四大臣之位，为侯。上九处卦外，为无位，此与民同者也。然初之无位为民，其干蛊者取父象。子无不事父，则知民无不事王也。又初与四之于五，皆取父象。则其承五而为之子，初以民为卑幼，四以大臣为尊长也。子无不事父，卑幼无不事尊长，则知民无不事王，亦无不事侯也。至上九之无位，与初同，而其词称不事王侯者，以其志之可则，实足以为王侯之师，故王侯方事之，而上九不事王侯也。所谓志可则者为何？以上九艮主之刚，不以止为事之蠹，而以止为德之基，故当蛊之时，其志于自振以育德者，独能高尚其事，以为民望，有如山之屹然于天下也。此其所以可则也。治天下之蛊者，利于振民育德。今蛊之五为王，四为侯，其以柔而泥于止，皆位隆德不足也。是安可不思自振以育德，一以上九之志为之则乎？五则之为王，其有君之尊者犹之父，既自成为干父之蛊，四则之为侯，其承君之尊者比于子，亦不独成为裕父之蛊，是则上九之高尚其事，实足以为王侯之师也。王侯师之，则将屈而事之，此有以成上九不事王侯之象矣。

**不事王侯，志可则也。**

管见：爻词称高尚其事，传曰志可则者，事以志先也。

# 上经卷之四





**䷒兑下坤上**

**临：元亨利贞，至于八月有凶。**

《本义》：临，十二月之卦也。八月，谓自《复》卦一阳之月，至于《遁》卦二阴之月，阴长阳遁之时也。

管见：凡言临者，皆自上临下，无自下凌逼其上，而谓之临者。本卦凡四柔二刚，其数不敌。又四柔皆处上，二刚皆处下。以上之四柔乘下之二刚，有临之象，故名临，元亨利贞，至于八月有凶。其意盖为九二告也。义详传中。

**临，刚浸而长。**

《集说》：王氏应麟曰："《阴符经》云：'天地之道浸，故阴阳胜。'愚尝读易之《临》曰刚浸而长，《遁》曰浸而长也。自《临》而长为《泰》，自《遁》而长为《否》，浸者，渐也。圣人之戒深矣。"张氏清子曰："自《复》一阳生，积而至《临》，则二阳长矣。故曰刚浸而长，《遁》者，《临》之反也。"

管见：按：刚浸而长，特为《彖》词元亨利贞二句作引子耳，非释卦名也。其不释卦名者，因卦体以上之四柔乘下之二刚，其为临之象，本易见。又《大象》曰泽上有地，临。地临泽也。泽处于下，而其上有地，以临之。则临之为上临下，不待再言矣。且易之取象，如《坎》卦以五与二之刚为水，《井》卦以五与二三之刚为水，则知《临》之下卦，惟初二两刚为泽之水耳。至六三一柔，则下合于泽而非水，乃上合于地，以临泽之水也。上合为地者，四柔下实为泽者，二刚以此而成为临，则临之为上临下，即为柔临刚，亦不待再言矣。又按刚浸而长，特指九二言之。盖刚以《复》之初九为始生，以《临》之九二为浸长耳。刚浸而长，则柔浸而消矣。然犹为柔所临，而不得比于《泰》之通，似未可以言元亨也。及观九二之临于六五，则当临之时，有元亨之道，不必泰也。特利于贞而已，若有恶于临之不遂为泰，而不能贞，须知临之倏变为遁者，即终不得元亨，而见为凶也。故为九二之刚浸而长者，告曰临，元亨利贞，至于八月有凶。



**说而顺，刚中而应**。

管见：说而顺，释《临》之元亨，刚中而应，释元亨利贞之贞也。二句皆特指九二之于六五言之。盖九二以兑体主说，六五以坤体主顺，说与顺合，则其君臣相得，有不减于泰之上下交而志同者，是岂不为元亨也哉。但九二为刚浸而长，则恐于六五之柔，或宜应，不应而失其贞耳。然九二为刚浸而长，亦为刚中而不过刚也。使当临之时，不倚其刚浸而长以不应六五，而因其刚中以应六五，是则贞矣。如是以贞，而九二之于六五，其君臣相得，有以成其说而顺之元亨者，诚不减于泰之上下交而志同也。是岂不为利贞也哉?

**大亨以正，天之道也**。

管见：元亨即大亨，贞即正也。凡刚为天之道，就天言之，其合于地，以为大亨，而适得其正者，天之道也。观于泰可证已临之六五为坤体，本地之道，而九二之刚浸而长，其与六五成为说而顺之大亨者，惟自守其刚中而应之正，则是九二之刚，虽本属于天之道，而其大亨以正者，乃实能于天之道为有合也。故曰大亨以正，天之道也。

**至于八月有凶，消不久也。**

《程传》：阳始生于复，自复至遁，凡八月。自建子至建未也。

管见：《临》所谓八月，《本义》兼取《遁》《观》二说。其前说与程传合者，似为得之。盖十有二辰之数，阴阳各六，迭为乘阴，日如是，月亦如是，则《复》言七日，《临》言八月，亦正以卦中之六爻其刚柔以次往来，固与日月合也。其《复》言日，而《临》言月者，日为阳，月为阴，《复》之《彖》词特重刚之来反，故就日象言。《临》之《彖》词豫防柔之浸长，故就月象言也。然《临》为刚浸而长，犹不如《泰》言君子道长之为既长也。《彖》词乃早及于柔浸而长之时，以危言之曰至于八月有凶，则何也？其意盖欲刚浸而长之，九二守元亨利贞之义，以与柔合，毋迫柔使即消也。盖消者必息，息则浸长，消不久于消也，如刚生于《复》，至《临》而浸长，在九二之于六五，本足以成说而顺之大亨也。特宜不失其刚中而应之正耳。若使恶其为柔所临，而期柔之必消，则将舍其说而顺以求大亨，而刚中而应之正失矣。试思刚之既生而浸长者，当其既长而为《泰》，更长而为《大壮》，为《夬》，以至于《乾》，则柔当尽消也。而岂久于消乎？既消而息，则为《姤》，息而浸长，又为《遁》，合而计之，不出八月，其自《复》而《临》，本为刚浸而长者，忽不觉其自《姤》而《遁》，易为柔浸而长矣。柔浸而长，则刚浸而消，岂不凶乎？此《临》之九二为浸长之刚，其与六五为应者，固宜成为说而顺之大亨，而无失其刚中而应之正也。

**泽上有地，临。君子以教思无穷，容保民无疆。**

管见：君子以教思无穷，容保民无疆。君子指六五言。按：五之词曰知临，大君之宜，吉。易例刚明而柔暗，五本坤体之柔，其以知称者，以其下临九二，而主于顺。故九二之临于六五，其说与顺，感而见为咸临者，未尝以说顺命，而以说纳诲，其教思盖无穷也。以二之刚明说体，而教思无穷，则六五之以柔顺之固有以去暗从明，而自成其知矣。知临，为大君之宜，故六五之坤体为地，本足以容保其民而无疆也。而其有资于知，则惟得九二之教思无穷，而后亶聪明作元后。元后作民父母，其容保无疆者，实有合于坤厚载物之无疆也。



**初九：咸临，贞吉。**

《集说》：李氏舜臣曰："山泽通气，故山上有泽。其卦为咸。而泽上有地，初二爻亦谓之咸者，阴阳之气相感也。"

管见：六爻皆具卦名者，四柔居上以临下之二刚而谓之临，二刚居下以临于上之四柔，而亦谓之临也。卦中九二之临于六五，在《彖》词称元亨者，以其说与顺感之象，有如《泰》之九二，其于六五为上下交而志同也，是曰咸临。然说与顺感之象，九二之临于六五，然初九之临于六四亦然，则又如《泰》之初九，其于六四亦为上下交而志同矣。故《临》之初九、九二并曰咸临也。至于九二之咸临，其称吉无不利者，不着贞字，以《彖》词之言利贞，则已告之矣。若初九之亦为咸临，其有所谓贞者，未尝告之，则不得概言其吉也。故曰贞吉。然九二为刚中，初九为刚正，皆非不能贞者，乃《彖》词言利贞，以告九二，爻词又言贞吉，以告初九，则何也？盖九二之刚为浸长，恐其或过于正，故《彖》

词告以利贞者，抑之，使反于正也。初九之刚为始生，恐其不及于正，故爻词告以贞吉者，勉之使进于正也。按：此则贞之为正，虽同而其各告以贞之意，则亦有辨矣。

**咸临，贞吉，志行正也。**

管见：初九为刚正，故其贞曰志行正也。志行正，则其感于四以成为咸临者，不以说作攀附之缘，而以说成道义之合。岂不吉乎？所谓志行正者，如何《临》之两刚，九二浸长而初九始生，此亦同于复之初九矣。《复》之初九曰不远复，无祇悔，元吉。《传》曰不远之复，以修身也。是不可借观而得志行正之实哉！

**九二：咸临，吉，无不利。**

《集说》：蔡氏清曰："初九以刚得正而吉，九二以刚中而吉。刚中则贞，无待于言也。刚中最易之所善。"

管见：九二之临于六五，为咸临。其不着贞字者，固因《彖》词利贞之言而从省。又九二之贞，在于因刚中以应六五，不倚其刚浸而长，以不应六五，则知九二之临于六五，惟是说与顺，感以成咸临之象。固已应于六五而不失其刚中矣。此即所谓贞也。故爻词不更言贞，而特明其元亨者，为吉无不利耳。元亨即吉，无不利即元亨也。何谓无不利？如《传》称未顺命者是已。凡大君之言为命，六五为大君，以临九二，其临之者即能命之者也。惟九二之临于六五，为咸临，其说与顺感，能使其教思无穷，有以益六五之知者，在六五，一皆以顺受之。至于大君有命，则不得挟其下临之势，而强九二以必从。故常见六五必顺九二之教，未始见九二或顺六五之命也。如是而九二之为咸临，无有制于命，而不得伸其教思无穷者矣。此所谓无不利也。无不利，则元亨，吉，孰吉于此哉？

**咸临，吉，无不利，未顺命也。**

**六三：甘临，无攸利，既忧之，无咎。**

《集说》：胡氏炳文曰："忧者说之反，能忧而改，则无咎耳。"

管见：四柔皆处二刚之上，此卦之所以为临也。惟六三一柔为兑说之主，以为柔常屈于刚，而不得伸。今我之在此位者，非独临初九无位之刚，亦临九二有位之刚，殆不可多得之时也。故私心窃幸，不胜其说而甘之，是曰甘临。然卦中自二至四，皆臣于大君之五而有位者，六三之有位，第说其可以临下，岂复忧其无以事上乎？如是而其位为不当矣。位不当，则六五大君之命以位者，固将即以其不当咎之。其得长有此位，以遂行其甘临之志哉？此以知其无攸利也。既忧之，无咎。既字对其始言，始成为甘临而以位为说，既不狃于甘临，而以位不当为忧，则其忧之之时，以思前日之过，而求补过。以畏后日之罪，而求解罪，在六五之坤体宽厚，其于民容保无疆者，何至不能释然于思过畏罪之臣，而必加之咎也。故《传》曰咎不长也。有咎而咎不长，亦为无咎，六三之称无咎者如此。

**甘临，位不当也。既忧之，咎不长也。**

**六四：至临，无咎。**

管见：按：卦中惟初二两刚，初九临于六四，九二临于六五，而皆曰咸临。则六四之临初九，称至临，与六五之临九二，称知临者，义虽各见，而亦互相足也。如六五之词曰知临，大君之宜，吉，《传》曰大君之宜，行中之谓也。中为尊位，不言居中而言行中，明其以尊位下行，而交于九二也。行则必至，故得资九二之教思无穷，以成为知临耳。至于五以尊位下行，而交于九二。四亦以近君之高位下行，而交于初九。当其至也，在六四之临初九为至临，则初九之临于六四，亦同于九二之临于六五为咸临者，以说感而不违其行正之志，岂不亦有以伸其教思之无穷，而进六四于知乎？特六五既称知临，大君之宜，则六四之承大君者，不得并以知名矣。然虽不以知名，而爻词曰无咎，《传》曰位当也。六四居大臣之位而当，亦犹六五居大君之位而宜也。大君之宜，以知临而宜，则近大君以为大臣，而言位当者，亦必其知足承大君之知，乃得以居位无咎，而为当也。然则六四之称至临，不名其知，而其称无咎，以明位当，则亦有以征其知矣。不然，所谓至临者，亦至于所临之初九耳。何以遂为无咎而位当哉？



**至临，无咎，位当也。**

**六五：知临，大君之宜，吉。**

《集说》：王氏申子曰："《中庸》曰：'唯天下至圣，为能聪明睿知，足以有临也。'故知临为大君之宜。六五以柔中之德，任九二刚中之贤，不自用其知而兼众知，是宜为君而获吉也。"

管见：六五之柔暗不足于知，而其降尊以交于九二者，即得资其教思无穷，以自益其知，故六五之临九二为知临，如不觉其有逊于九二之刚明也。《易》例以五位为大君，称九五者乾为宜，为其具有天之光也。称六五者离为宜，为其具有日之明也。今《临》之为大君者，虽不如乾之九五为天，与离之六五为日，而其居临之五位以成为知临，则亦得比于天之光、日之明也。是为大君之宜矣。由是而及于民，知周乎万物者，亦道济天下，此足以尽坤厚载物之量，而成容保无疆之化也。岂不吉哉！

**大君之宜，行中之谓也。**

管见：中以位言。按：《泰》六五之《象传》曰中以行愿也。《归妹》六五之《象传》曰其位在中，以贵行也。皆谓六五以中下行而交于九二云尔。《临》六五之于九二，正与此同。则所称行中者，其犹降尊之意乎？五有在中之尊位，而能降尊下行，以交于九二，则虽坤体柔暗，而亦得成为知临。可知爻词曰大君之宜者，知临之谓也。至究其所以成为知临，而曰大君之宜者，则行中之谓也。行中之谓，亦即至临之谓也，与六四通观之可矣。



**上六：敦临，吉，无咎。**

管见：敦，安敦也。坤土之象。上六以柔处卦极，盖不得与初二两刚为应者，以故五之居中，而以中行。谓下行于所应刚中之九二也。而上六则无由得行。四承五之行中以俱行，而有所至，谓下至于所应刚正之初九也。而上六则无由得至于是。临之外卦，同为坤体，而惟上六之以无由得行而不行，即以无由得至而无所至者，独成为坤土安敦之象也。故曰敦临。敦临何以为吉？《传》曰志在内也。内指内卦初二之两刚言。上六之敦临，其志在内，是于刚中非应之九二，身不行而志则行，亦于刚正非应之初九，身不至而志则至也。岂不吉乎？所谓吉者如何，无咎是已。盖上六之敦临，其志在内，则当六五以交于九二而行。初不以上六之不行为咎。六四以交于初九而至，亦不以上六之不至为咎也。如是而上六为无咎矣，无咎故吉。

**敦临之吉，志在内也。**

管见：敦临之所以吉者，以其志在内卦初二之两刚也。志在内，则于五与四之志正同，而其独成为敦临者，即以不为五与四所咎，而得无咎，故称吉也。按《传》言志在内，何以知其不在内之六三而必初与二乎？曰：蒙上文敦临言之，则所谓内者，其不属六三便见。盖临之为临，柔临刚也。敦临者，临所临之刚，非临其临刚者也。故知志在内者，为内之初与二也。





**䷓坤下巽上**

**观：盥而不荐，有孚颙若。**

《本义》：盥，将祭而洁手也。荐奉酒食以祭也。颙然，尊严之貌。

管见：临观两卦，皆二阳四阴。二阳在下，四阴俯而临之，谓之临。二阳在上，四阴仰而观之，谓之观。观字作平声读，卦名与爻词及《彖》《象》传皆同。盥而不荐，有孚颙若，则谓九五中正以观天下，俨然如神。其下观而化者，自致其洁，特如将祭而用盥，不必更有牲醴、百物之荐，全乎祀神之礼也。然其中之诚信有孚，所以仰望其尊严之貌，而颙若者，固各全乎畏神之心，此传所称圣人以神道设教，而天下服也。观之象盖如此。

**大观在上，顺而巽，中正以观天下。**

《集说》：赵氏彦肃曰："大观在上，统谓二阳中正以观天下，独举九五。"

管见：卦惟五上两阳，阳为大，大而在上，此下之阴为小者所共瞻睹也。故言大观在上，以见卦之所以名观，其概如此。顺而巽，特指在下之四阴言。盖以初二三为顺体，四为巽主故耳。巽亦与顺义近，无不顺，则无不观。故大观在上，必有以致下观而化之应也。但下之观上者，虽观于大观在上，而无不顺而巽。然在上之二阳，其自上以观天下，而成大观在上之象。即使天下因其顺而巽，以成下观而化之象者，则以五为主。五居中得正，故又特言中正以观天下。明乎下观而化，如《彖》词所称盥而不荐，有孚颙若者，实由五之中正，为合天之圣人，故其中正以观天下，即自成为圣人之以神道设教，而天下服也。

**观，盥而不荐，有孚颙若，下观而化也。观天之神道，而四时不忒，圣人以神道设教，而天下服矣。**



《集说》：吴氏澄曰："圣人妙天道于不测，其应捷于影响。盖所存者神，故所过者化也。"杨氏启新曰："圣人设教，诚于此，动于彼。不显之德，笃恭之妙，与上天之载，无声无臭者同一机，而其动物之妙，不变之感，有非人所能测者，故曰神道设教。"

管见：观天之神道，观字当属圣人身上讲。天下观于圣人，圣人又观于天，于是以天之神道设教，一如四时之不忒，以成化于天下焉。故天下皆服圣人之教，而望之若神。在《彖》词曰盥而不荐，有孚颙若。不全乎祀神之礼，全乎畏神之心也。

**风行地上，观。先王以省方观民设教。**

《集说》：刘氏物曰："风行地上，无所不至，散采万国之声诗，省察其俗，有不同者教之使同。"

管见：风行地上，气变四时，此天之神道也。其有声无形，可听而不可观，而卦名乃曰观者，以风行地上，为天之神道，即皆以风行为天神之行，而莫敢不观者，故曰观。由此言之，可知圣人以神道设教，而天下服，固必然而无疑也。试思先王之省方观民设教，其有合于风行地上之象，尤易见矣。而其以观民而致民之观者，盖皆以先王为圣人，合天而望之，若神也。于时犹有一方不服其教者乎？

**初六：童观，小人无咎，君子吝。**

《程传》：小人，下民也。

管见：初居卑，比于小子。又以六居初，暗而不明，蒙者也。故取童象。童观谓其观于凡，以有位为君子者，一皆同于君子无咎之君子，而无以辨耳。如初之无位为民，小人也。其所比之二与所应之四，并以有位为臣，则君子也。然观为大观在上，故惟五上两爻称君子无咎，其他皆为不称其位，而必吝者，乃初六之观为童观，其日中皆见为君子，而莫能别其无咎与否，则惟敬循小人之道，以共承之矣。夫初为小人，而不悖于道，在小人固无咎也。彼二与四之为君子，而不能无咎者，其吝何以免乎？故初六之童观，其观于二也。盖丈夫之杰而君子者，未见其可丑也。而二之言窥观，利女贞，则实见其自处以女而可丑，又初六之童观，其观于四也。盖朝廷之望而君子者，常见其有光也。而四之言观国之光，利用宾于王，则窃见其不重于国，而无光矣。是为吝也。

**初六：童观，小人道也。**

**六二：窥观，利女贞。**

管见：观为阴长之卦，视《否》为甚。按：《否》之《象》词称匪人，即指其六二言已，不如他卦之取柔中矣。然则《观》之六二，其亦以阴长为匪人可知。但未至于剥，而五为九五，其中正以观天下，如神之在上然。故六二匪人之心，其怵于神之尊严者，莫敢明睇而为窃视也，是有窥观之象。夫观而出于窥，此女之贞也。女以是为贞，而二之自处，亦即利于以女之贞为贞者，盖能终于敛迹以比于女，即终不至明目张胆，以肆为匪人，此可以免获罪于九五之圣人而如神者也，岂不利乎！

**窥观女贞，亦可丑也**。

管见：按：传词之意，欲明六二之为君子吝耳。凡见为可丑，则吝生。如爻中所称窥观利女贞，此特因其有所畏而不为匪人，故言所利以成其意。究之二以有位为君子，是小人之望也。而其自处之不可以对小人者，观为窥观，贞为女贞，其清沮避藏之状，



虽在初六之童观，见之不审。然抚躬自镜，所为不可以对小人，而有愧于为君子者，亦可丑也。然则窥观女贞，在爻中但言其利，不明指其吝，而其为君子吝者，意已具矣。

**六三：观我生，进退**。

管见：我生，犹言我身也。观我生进退，谓其欲结于上九，而自反多吝。有莫敢径遂如此者。盖观之为大观在上，五为王，上九则宾于王也。而六三位与为应，必以有纳交之缘，而欲进矣。然彼为王宾，是国之光也。由彼以观我，觉我生之弇陋无光，不足以为王宾之友，即不可以履王宾之庭。故不敢望其容接而欲进，仍退也。夫三以有位为君子，而其观我生者，自侪于二与四之君子，吝，不妄同于五与上之君子无咎，于是由敬王以及王宾，独见其可望不可即，而有进退之象。所谓进者进而上行也，以窥观者，例之则为出门而就道矣。凡已就道而悔其不当行者，为失道。今六三之观我生进退，则欲就道而不果于行，故《传》以为未失道也。道指道路之道，言与初称小人道也之道，持为理之当然者有别。

**观我生进退，未失道也。**

**六四：观国之光，利用宾于王。**

管见：《传》曰观国之光，尚宾也。盖由九五中正以观天下，又得上九之贤而宾礼之，以成大观在上之象。此所谓国之光也。以六四之居上卦，而近君者观之，知此时国中有位之人，利用宾礼于王，如上九者，然后称为君子无咎，不为君子吝也。不然位极人臣，而不能使朝廷增重，大观在上，所见愈亲，而抱吝弥益深矣。按：旧解以宾于王即指六四，四臣位，而非宾位，于义不合。



**观国之光，尚宾也。**

**九五：观我生，君子无咎。**

管见：九五中正以观天下，固所谓圣人以神道设教而天下服者，然当观民之时，或有未服其心，不谓下之无良而梗化，乃谓上之不德而失教，则将观我生而自咎矣。自咎而教，乃益隆化，乃愈洽，此正观之九五所以居尊位为君子，而得称无咎者也。故曰观我生，君子无咎。

**观我生，观民也。**

《集说》：胡氏瑗曰："观流则可以知源，观影则可以知表，观民则可以知己政之得失也。"

管见：爻中凡两言观我生，我为对彼之称，皆与观其生之但从自身起见者不同。今《象传》于九五之观我生特申之曰观民也。则知我字对彼民言，如初六之称小人者是已。由观民以观我生，则其必有以化小人而自成为君子无咎者，其义亦见，至六三之言观我生进退，《象传》但云未失道也。于我字未见发明。按：六四之词曰观国之光，利用宾于王。此以观于上九之为君所尚而不胜其吝也。由此推之，则六三之言观我生进退，其亦不胜其吝者，固由对彼宾于王之上九而称我，从可知已。又何待更有发明哉？

**上九：观其生，君子无咎。**

管见：观之二阳，九五为王，当君位。上九为宾于王，当师位。此所以成大观在上之象，而共襄下观而化之治者也。然上九为王所宾，为天下所观，而其志之不敢坦然自安，窃有以观其生者，惟恐不得免于咎。故《传》以为志未平也。然上九如是，则其检身常若不及之志，乃实能增修其德。居宾位为君子，而得称无咎者也。按：爻词于初六特称小人无咎，于九五与上九并称君子无咎，则知卦中异于小人而为君子，异于君子无咎而为君子吝者，虽其词见于初爻，只指所比应之六二六四言之，而六三亦从此例，不必另作断语也。

**观其生，志未平也。**

管见：上九宾于王，而不当事任，故五曰观我生，对民言之，此曰观其生，则只从自身起见耳。观其生者，惟恐不得免于咎也。故独见为志未平。然上九之志，以畏咎而未平，乃其所以卒为君子无咎，而与五并称也。按：《程传》云："平安，宁也。"

**䷔震下离上**

**噬嗑：亨，利用狱。**

《程传》：噬，齧也。嗑，合也。卦上下二刚爻而中柔，外刚中虚，人颐口之象也。中虚之中，又一刚爻，为颐中有物之象。口中有物则隔，其上下不得嗑，必齧之而得嗑，故为噬嗑。

管见：《噬嗑》内震外离，以初九之刚，六五之柔，分居上下为卦主。此所谓刚柔分也。易例五之至尊为君，初之至卑为民。五柔而初刚，有君弱民强之象。然则下苟不靖而为梗，则上之乘权出令，将阻阏而不行，是疑于不亨也。然而有亨道者，初以刚为震之动，五亦以柔为离之明，是为动而明也。震之动，比于雷离之明，即比于电雷，与电合，则雷之动者，以电之明而章。是为雷电合而章也。由此言之，初之于五，有刚柔分之势，一似五将不得行其志于初，而不亨矣。而其刚柔分者，为动而明，其动而明之合，为雷电合而章。由其分以观其合，既可知动为雷者，不能以夺电之明。明为电者，固有以昭雷之动，即可知初刚而动如雷者。虽欲逞其动而不明，以犯柔，五柔而明如电者，乃得因其明能瞷动，以制刚矣。岂不亨乎？以故易中离主之柔居上卦而当五位，皆为柔得中而上行，而其见为位不当者，惟《未济》与《噬嗑》而已。盖《噬嗑》之时，五以柔得中而上行，乃不免有初之刚不得中而下动，以此见为位不当也。然虽不当位而不害于亨，则因其明而用之，知制动之道，不外于止其制动。使止之法，莫过于狱。故曰利用狱也。狱谓囹圄耳。如《坎》上之言系用徽纆，置于丛棘，《困》初之言臀困于株木，入于幽谷，皆是利用云者。天下之民至众，执其飞扬跋扈者，而禁锢之，则驯良得安。此所为利亦即所为亨也。然《噬嗑》之亨，但曰利用狱，不曰利用刑人，亦见六五之用其明以制初九之动而不明者，其处之极当，固适如其柔得中也。

**颐中有物，曰噬嗑。**

《集说》：王氏宗传曰："《鼎》、《井》、《大过》栋桡、《小过》飞鸟，若此类者，远取诸物也。《艮》背、《颐》颐，《噬嗑》颐中有物，若此类者，近取诸身也。"

**噬嗑而亨，刚柔分，动而明，雷电合而章，柔得中而上行。虽不当位，利用狱也。**



管见：颐中有物曰噬嗑，此统观二体而得其象耳。若据《噬嗑》之爻中为卦主者言之，初九固将负其刚以抗命，在六五之柔得尊位者，为不当，不可言亨，而《彖》词曰亨者，为其刚柔分，动而明，雷电合而章，有亨之道。故六五之柔得中而上行，虽为不当位，而恐其不亨，而其有以处初九者，在《彖》词曰利用狱。用狱而利，则亨可知矣。

**雷电，噬嗑，先王以明罚敕法。**

管见：雷电，天之怒也。人之怒者，气作必齧其齿。故因卦象之为颐中有物，而曰噬嗑。即以状人之怒者，明天之怒也。先王以明罚敕法，其意特为六五告耳。盖先王喜则有赏，怒则有罚。欲明其赏不废罚，故敕法以明之，在《彖》词所称利用狱者，亦此意也。

**初九：屦校灭趾，无咎。**

《程传》：校，木械也。

《集说》：俞氏琰曰："校，狱具也。初在下，趾象也。灭，没而不见也。”姜氏宝曰：“灭，没也。言屦校于足，而灭没其趾。非灭伤其趾之谓也。”

管见：初在下，固有趾象，其为震主，雷动之刚，以妄行，取咎者亦于趾见之。如《彖》词称利用狱，此居尊之六五，早体先王明罚敕法之意，为初九设之防也。然行则得咎而入于狱，不行则无咎而远于狱。故使初九之自处，能常比于屦校灭趾，有所制而不得行，则亦可以无咎耳。观《传》词可见。《传》曰屦校灭趾，不行也。明其非真蹈于法而械其足云尔。不然，天下且无小有罪而屦校者，其得竟称无咎乎哉？



**屦校灭趾，不行也。**

**六二：噬肤，灭鼻，无咎。**

管见：噬肤灭鼻，《程传》以为噬齧人之肌肤，其深入至没其鼻，意最明确。《本义》乃谓祭有肤鼎，盖肉之柔脆而易嗑者。又谓以柔乘刚，故虽甚易，亦不免伤灭其鼻。夫二既乘刚，何不取腊肉干胏之类，而取肤耶？肤为柔脆而易嗑者，又何以噬之，而伤灭其鼻乎？且以口噬肤而伤及其鼻，于情理亦不相近。盖惟齧人肌肤者，入与不入，深入与不深入，皆有灭没其鼻之象。若以噬肤作噬肉言，其于噬者之鼻，非惟末由伤之，而亦不至于遮没也。按：卦名噬嗑，状人之怒也。至怒之甚，而比于噬肤灭鼻。试以五之但称噬干肉者较之，疑于五为得当。二为不得当矣。不得当，则为咎。然而无咎者，以初为震主，雷动之刚，其于居尊之五，有刚柔分之势。故二之自上乘之，其怒其抗悖而深切痛恨之者，曰噬肤灭鼻。此正所谓刚亦不吐，不畏强御也。无不得当者，得当故无咎。

**噬肤灭鼻，乘刚也。**

管见：乘刚言据其上而坐镇之也。乘之如何？亦视初之行不行耳。初苟不行，而自同于屦校灭趾，以敛其刚，二第谨备之而已。设使恃刚而如不得已于行，则有君之法在，二当及其欲行未行之时，执而系诸狱也。所谓乘刚，盖如此。夫以柔乘刚，而柔恐不胜，非能忍不足以致决也。此所由噬嗑卦中二不取象于噬肉，而曰噬肤灭鼻云。

**六三：噬腊肉，遇毒，小吝，无咎。**

管见：《礼·郊特牲》犹明清与醆酒于旧泽之酒也。注为其味厚腊毒也。《释文》腊音昔。《隐义》云腊，久也。久酒有毒。由此推之，腊有久义。则腊肉当为肉之干久者。久酒有毒，肉尤甚矣。或内蛊，或外入也。噬腊肉遇毒，遇字作见字看。以目遇，非以口遇也。人将噬腊肉，而见为有毒，必有所不敢噬而舍之。今六三具此象者，为其于初九之刚动如雷，见其可畏而怵然于心，恒张口挢舌，而齿不得合，有如噬腊肉遇毒者然也。夫三与二皆柔爻，柔皆为小，乃二之小者，柔敢乘刚，则不胜其怒，而为噬肤灭鼻。三之小者，柔不敢乘刚，则不胜其畏，而为噬腊肉遇毒。试思初九以民之无位，而刚动妄行，特恃臣于五而有位者，共深疾恶如仇之志以戢之也。今三之位高于二，而其懦葸畏强，遇初比于遇毒，是为位不当也。能无吝乎？故下卦二亦为小，三则小不当位，而独为小吝。然而得无咎者，有二之能乘刚，而初已不得逞矣。二无咎，三亦得因二以免咎。故其先之以小畏大直等于噬腊肉遇毒，而独抱其吝者，虽不能逃明君之洞鉴，而如六五之明而柔得中，则犹以其知吝而曲容之，未尝必加之咎，以夺其位也，故曰无咎。

**遇毒，位不当也。**

管见：《传》言噬嗑之时，爻词于三日遇毒，与二之言噬肤灭鼻悬殊者，盖明三不能如二之乘刚，虽与二俱有位，而实不当也。其吝可知矣。至于指其吝而复言无咎，所谓无咎者，既下借于二之能乘刚而免尤，上赖于五之柔得中而免非，其身之果无咎也，置之勿论可已。

**九四：噬干胏，得金矢，利艰贞，吉。**

《集说》：王氏宗传曰："肉之附骨者谓之胏，而又干焉。难噬者也。"

管见：濡肉齿决，干肉不齿决，而况于干胏乎？噬干胏者，逞其能决也。今九四之刚不中，有如此，则由其外之逞其能决，以观厥心，苟激于怒，其杀机必易动也。故继之曰得金矢。金矢二字，不分指矢镞言，曰得顿起于心也。如下卦初九之刚，于五为刚柔分，于四即为刚敌，几于不容两立矣。夫岂不为噬干胏之能决，而成得金矢之欲杀乎？然初九之刚动如雷，力能干大法而不顾，当其既发，广于四不容两立也。此犹噬干胏者，设齧之而不入，反伤其口。得金矢者，设用之而不中，还集其身，不可以为吉也。故特告之曰利艰贞，吉。心之难慎，为艰不易，其心之难，慎为贞，四苟知其利于此，而因以敛才惩忿，永念勿忘，其终不为噬干胏之能决，以成得金矢之欲杀者。既使初九之暴民，不得借衅以肆恶，而四亦不自生敌雠也。岂不吉乎？按：初九一刚，与四对峙，与二尤逼近也。乃二之乘刚者，其爻词曰噬肤灭鼻，无咎。何以不如四之告以艰贞也？其意以为乘刚者，据其上而坐镇之，其心本无杀机，独恐其柔不能决，致同于妇人之仁耳。不患其不艰贞也。若九四之刚不中，此为匹夫之勇也。迹其以能决自逞，而欲杀之心随之，如爻词所称噬干胏得金矢者，志欲敌刚，非乘刚之比也，其冒昧甚矣。欲不告以艰贞得乎？

**利艰贞，吉，未光也。**

管见：光，明也。四离体而刚不中。其爻词曰噬干胏，得金矢，皆见其刚，而不见其明。以是为未光也。故又特以利艰贞吉告之。



**六五：噬干肉，得黄金；贞厉，无咎。**

管见：四言噬干胏，对干肉言。独于干肉之中，而为噬干胏，是欲逞其能决之象。此言噬干肉，对濡肉言，别于濡肉之类，而为噬干肉，是又不轻于即决之象也。噬嗑之六五，为柔得中，当明罚敕法之时，其不轻于即决，而必求得当者，比于噬干肉，以此知其口商心筹，独抱离德之明，而不失也。离之明为日，似之者惟黄金之光。故以不失其离德之明，为得黄金也。若四之为噬干胏得金矢，则虽同为离体，固得刚而失其明矣。《传》之言未光者，以此贞厉，常怀忧危也。如五之柔得中而上行，乃以初九之刚在下而见为不当位。既为厉矣，及其不得已而奉先王明罚敕法之意以行之，要不出乎柔中而明之本然者。如爻词曰噬干肉，得黄金，是不能为四之噬干胏，得金矢矣。由此言之，六五所以处初九之法，其极不过如《象》词所云利用狱者，禁锢之而已。岂尝遂曰利用刑人，以诛杀之也哉？夫初九之强暴尚存，则六五之忧危必未已也。岂不为贞厉乎？然噬嗑之亨，特亨于利用狱，则知有甚于用狱者，必不利也。用其利，不用其不利，是为得当。

得当则无咎也。故曰贞厉，无咎。

**贞厉，无咎，得当也。**

**上九：何校灭耳，凶。**

《程传》：何，负也。谓在颈也。

《集说》：郭氏雍曰："初上灭字，或以为刑，独孔氏训没，屦校，桎其足。桎大而灭趾。何校，械其首，械大而灭耳也。"

管见：上九以离体之刚，不中，而处卦极，其势亢而不下，必为自用其明，而不信人言者，虽教之而不受也。不受教之状，背必竖，胸必出，项必强，面必仰，此与何校酷似。又何校则灭其耳，有妨于听，亦正与聪不明之意为有合也。故《传》词发明经文取象之本旨，曰何校灭耳。特言上九之聪不明，其以刚愎不受教者，有如此，非实指其有罪犯法而械其首也。但上九有为恶之才，又无受教之地，其聪不明者，在常时已如何校灭耳，而不得为平民当其有罪犯法。在六五处以得当之道，则亦必曰利用狱也。有与初九同禁锢之而已。岂不凶乎？按：上九之无位为民，与初同。其以刚不中而必为暴民，亦与初同。固皆先王明罚敕法之所必不宥者，乃作易者之心，于初犹异其无咎，于上则直指其凶，非弃之也。盖以初之动而妄行，欲止之以言，而未必不听。故为之说法曰屦校灭趾，无咎。若上之自用而聪不明，有言不信，则说法无益也。故特写照以贻之，而使之自镜，曰何校灭耳，凶。

**何校灭耳，聪不明也。**

管见：言其聪不明，正见上九之听如不听，非其不能听也。

**☲☶离下艮上**

**贲：亨，小利，有攸往。**

《本义》：贲，饰也。

管见：《彖》词特为六五全卦之主告耳。贲之下卦离，以六二为主。其柔来而文刚者，能使九三有位之刚莫之陵，则见为与上兴也，而未见为亨。至于初九之无位为民，其刚足以犯义，而六二之文明有以文之，则化成于天下，是为亨矣。如初九之词曰贲其趾，舍车而徒，《传》曰舍车而徒，义弗乘也。民胥安于义，非化成天下而为贲之亨乎？其又言小利有攸往者，贲之上卦艮，以上九为主，所谓分刚上而文柔也。易例刚为大，柔为小，大能文小，则小宜从大矣。以故上九之刚，处卦外为无位，大而未得志者也。在六五之以小从大，而有攸往者，其词曰贲于丘园，束帛戋戋，吝，终吉。《传》复申之曰六五之吉，有喜也。其为利有攸往可知。盖有喜则与上九相欢，即能挹其白贲之光，以成德。此所以端化原也。由是而使六二之柔来者，相与承流宣化，以化成天下，岂不亨乎？故知下卦有六二而贲必亨，惟是上卦六五之柔为小者，利于有攸往，以从上九而已。按：上卦凡两柔爻，柔皆为小，则皆利于有攸往也。但化原在君。《彖》词举要当六五以小而有折节礼贤之举，彼六四之小而近君，虽不能无疑，而亦不得不往也。又何暇为之劝驾哉？故曰《彖》词特为六五主卦之主告耳。

**贲，亨。**

管见：本义谓亨字疑衍，非也。贲之《彖》词言亨，谓下卦之柔来而文刚，故亨。非举全卦而统言之也。孔子惟恐亨字之不明，而不敢从省耳。

**柔来而文刚，故亨。分刚上而文柔，故小利有攸往。天文也。**

管见：分刚上而文柔，分字之义，就上下卦之各有所主，而谓之分也。六二柔爻，上九刚爻，其质不相同。六二以柔来居内，上九以刚上居上，其位不相易，亦不相统。六二柔来居内而文初，三之二刚，上九刚上居上，而文四五之二柔，其所文之刚，所文之柔，上下不相兼，而文刚之文，文柔之文，亦上下不相掩，故曰分也。其谓之天文者，柔来而文刚，于卦为离。此本于天之生火，以体日精观其明而文自彰，分刚上而文柔，于卦为艮，此又本于天之生山，以为地镇，观其止而文自成也，故曰天文也。



**文明以止，人文也。**

管见：火之文，山之文，皆天文也。自人各得之，以成贲之柔来而文刚，分刚上而文柔，则为文明以止，是人文也。文明之为文易见，上之亦为文者，如何？按：《大畜》之上九为艮主，在《彖传》曰刚健，笃实，辉光，日新其德。此足以观艮止之文矣。

**观乎天文，以察时变。观乎人文，以化成天下。**

管见：察时变，时字作世字看。非四时之时也。如卦之二体为柔来而文刚，分刚上而文柔，此由内离外艮，合而为山下有火之象也，天文也，有天下之责者观之，即可因是以察于时，而期一变而为贲矣。然时之变为贲，变于人文也，由山下有火之天文，以观文明以止之人文。其为柔来而文刚，分刚上而文柔者，即得因之以化成天下，而其时不既变哉！由此言之，则卦中之六五不可不知《彖》词贲亨之义，以究化成天下之效，又不可不知《彖》词小利有攸往之义，以起化成天下之原也。

**山下有火，贲，君子以明庶政，无敢折狱。**

管见：山为地镇，巨观也。火体日精，烈采也。至于山延火，而火丽山，为山下有火，则并非如童山之兀，与突火之炀矣。故其象为贲，君子以明庶政，无敢折狱。君子以位言，政谓法制禁令，其事例繁多，故曰庶耳。以君子而能明之，如老吏之岁久练习，此折狱之具也。然在贲之时，六五因人文以化成天下，则刑名之学必黜，而击断之才当敛，故有位之君子，其有明庶政，而无敢折狱者，实以此。按：《大象》之意，盖对卦中九三言之，义议本爻。



**初九：贲其趾，舍车而徒。**

管见：贲以化成天下为亨，此当验之于民矣。初为民位，其居卑在下，则趾象也。贲其趾者，必以不徒而车为美。然六二之柔来文刚，其贲曰贲其须，是自然之文，非浮饰也。故能使初九之刚，化之有所以贲其趾，亦不以车为美，而安于徒也。徒亦有饰，若礼所云足容行容，布武接武，周旋折旋之类，皆所以贲其趾，何必车也。夫人亦有贲其趾，以车而不为过者，若以初九之分度之，非惟不必，亦正不宜。故传曰舍车而徒，义弗乘也。初守义而弗乘则其他不敢踰分以犯义，胥视此矣，是岂不化成天下哉？

**舍车而徒，义弗乘也。**

**六二：贲其须。**

《集说》：朱氏震曰："毛在颐曰须。"蒋氏悌生曰："须于人身，无损益于躯体。但可为仪表之饰。"何氏楷曰："须者，阴血之形。"

管见：六二以文明为贲之主，其由在中之美见于外，而为文者，于颜面为最著。爻取贲其须之象，而六二之神貌亦俨然如画矣。须曰贲，美须者也。何氏言須为阴血之形，既与二之文，以柔德而生，为适合，不致与上九从同。又须之为人仪表以成其贲也，既非若耳目鼻口之属具于生初，又非若冠服带履之类，由于外假。则我生以后，求一物之比于文貌，而绝不可以人为强致者，须之外不能有对。圣人取象之奇，确不易如此。

**贲其须，与上兴也。**

管见：上谓上九，兴，起也。兴对替言。替，代也。二之贲其须，与上之白贲者，并起而为贲之主。二不可以代上，上亦不可代二也。故曰与，上兴也。然于二必言此者，以上为刚上，二为柔来，不刚不柔，不上而来，一似失其兴之势，而使人得而陵之也。特明其与上兴，则如三之刚居二上，其宜安于永贞之吉，而终莫之陵者，并可知矣。

**九三：贲如，濡如，永贞吉。**

管见：三四两爻皆曰贲如，非即谓三与四之自贲其身也。下卦以六二为主，其柔来文刚之文，自九三俯瞩之，而见为贲如。上卦以上九为主，其刚上文柔之文，自六四仰瞻之，而亦见为贲如耳。按：贲曰贲如，盖以形容三与四之所见，其于文明以止者，非直莫窥其本体之存而已，即以所发越言之，并不可谓实能了然也。又按：四称贲如皤如，统指上九言。见其德本至盛，而年又最高也。若此所称贲如濡如者，贲如明六二之柔，有以文刚。濡如则明九三之刚，莫敢陵柔云尔。濡为湿润之意，凡物燥则刚，濡则柔。三本火体，乃不燥而濡如是，虽位居二上，而莫之陵矣。

莫之陵者，其实如何？如《大象》言君子以明庶政，无敢折狱是也。盖三之有位，为君子，与四并居二上，而不同于四之柔，则用其刚明者，以明庶政，而折狱本所长也。此亦诩诩欲效于君，以行天下矣。其旨让二以独佃乎？惟是贲之时，六五因人文以化成天下，无所取于明庶政以折狱者，故因六二之柔来文刚，而见为贲如，即不敢以刚陵柔，而见为濡如，挺挺者忽折腰而下也。永贞吉，欲其永以濡如为贞，毋复恃其刚以陵六二之贲如耳。故传曰永贞之吉，终莫之陵也。于六二终莫之陵，则于委任六二之六五，不形其抗，当贲之，既亨，九三不与力，而得安其位于化成天下之日也。岂不吉哉？



**永贞之吉，终莫之陵也。**

**六四：贲如皤如，白马翰如，匪寇婚媾。**

《集说》：俞氏琰曰："发白为皤，马白为翰。《礼记》云：'商人尚白，戎事乘翰。'郑氏注云：'翰马，色白也。'"

管见：上九以刚居上，为贲之主。《彖》词言小利有攸往，盖谓上九为贤，六五宜往而从之耳。在五爻曰贲于邱园，束帛戋戋，吝，终吉。是言五既往，而上九亦必来。无不如志，故《传》以为有喜也。然六五有喜，六四不能无疑矣。疑者疑上九之来，将妨其位，而与己为敌寇也，非婚媾也。故爻词所云贲如皤如，白马翰如，皆就六四所见于上九之状言之，以明疑之所由生也。盖上九艮体，笃实以充其德，辉光照人，则见为贲如，老成硕望，非少年才俊之比，德尊而齿亦尊，庞眉皓首，则见为皤如。又六五以礼致之，马与束帛俱往，当其乘之而来也，毛色别群，观者属目，则见为白马翰如。夫六四之居位近君，独以柔能顺事，可幸无罪，为当位耳。非能有所表见，以为国之光者。一旦以阳刚无位之上九，来自邱园，而焜耀如此，得不疑其于我有不利，而以为冦乎？但上九之刚以文柔，非如九三之刚，或不免于陵柔也。刚陵柔者，必激而为挤排倾轧，无所不至，此真寇矣。以是而疑上九，则非也。且踈贱之，以征聘来，其必将见疑于贵近大臣者，上九早知其固，然无足怪于人乎哉，若使六四释疑而缔好，将见刚柔之两合，与婚媾同亲，始无尤，终亦无尤也。然则于上九之来自邱园，其见为贲如皤如，白马翰如者，疑以为寇而非即不疑其为寇，而犹疑其未必就婚媾，亦非也。故为六四明决之曰匪寇婚媾。

**六四：当位，疑也，匪寇婚媾，终无尤也。**

**六五：贲于邱园，束帛戋戋，吝，终吉。**

《本义》：戋戋，浅小之意。

《程传》：六五以阴柔之质，密比于上九阳刚之贤，阴比于阳，复无所系，应从之者也。

《集说》：何氏楷曰："邱园指上，上阳刚而处外，乃贤人隐邱园之象。又曰昏礼纳帛一束，束五两。注十端为束。"

管见：上九贤而处于邱园，六五具束帛之礼，往而从之。人以是为贲于邱园也。而以六五自视，则宜引为吝。吝，羞也。盖上九之刚上文柔，其抱白贲于邱园者，既不可谓人主以驺从临郊，遂足为之光宠，及其造门请谒，所将惟束帛耳。此其戋戋者也。能无缺然于中，而为吝乎？然如是以吝，则深自惭其不德，而所以尊德者弥至矣。其终必使上九受束帛而出邱园，与六五连辔入朝也。四之见为贲如皤如，白马翰如者，以此。试思有攸往之初，其不胜其吝者，念不到此也。不将喜出望外也哉。无人心之有喜者，于事属吉，而况君之有喜，与君之以得人而有喜乎？故曰终吉。

**六五之吉，有喜也。**

**上九：白贲，无咎。**

管见：白曰白贲，则非徒白而已。物之白有光气者，不加藻饰，而神彩炯然。其斯之谓白贲与？按：《噬嗑》之六五为离主，其词曰得黄金，以离之明为日色。如日者惟黄金耳。至贲之上九为二三，艮体笃实，其辉光日新者，爻词但曰白贲，必非无所指以立言也。意者其白玉乎！黄金之光如日，白玉之光亦如虹，非杂采所能夺也。《礼记》孔子曰："君子于玉比德"，《小雅·白驹》之诗曰："其人如玉。"合而观之，则上九之以艮止畜德，处于邱园，而成白贯之象者，可想见矣。然白贲如上九，而第以无咎称，则何也？玉之既美，乃以无瑕为完德之既盛，乃以无咎为至咎，过差也。至求其咎而不得，则其精纯独抱者，乃正于无可疵议见之，故于上九之白贲曰无咎也。

**白贲无咎，上得志也。**

管见：上与二，并以人文为贲之主，而上处卦外，于易例为无位，一似不如二之有位为得志也。然其词曰白贲无咎，则虽晦迹邱园，而六五之帛与马，有不得不为天下来者，是则贲之时，二得志而上亦得志也。虽当六五有喜之馀，不免即为六四见疑之际，然上以无尤终疑者，当旋释矣。曾何害于上之得志哉？

**䷖坤下艮上**

**剥：不利有攸往。**

管见：不利有攸往，戒小人之上行，以变刚也。易中多以自内而外为往。又剥自下始，则小人之有所往者，主内卦言。内卦惟三有应，而不欲为剥。是主于为剥者，初与二也。剥之势，自下而上行，不能无所往矣。此《彖》词之所戒也。观爻中两言，蔑贞凶可见，蔑贞失其顺体也。有攸往，则不顺，是蔑贞也，蔑贞则凶，所以为不剥也。又按：阴自《姤》之始生，至《遁》为浸长。其《彖》词曰小利贞，则已惧其浸长，而有所往矣。然四阳在上，皆为君子，则小人折于不恶而严之中，未尝往也。至于《否》为小人道长，是初二又得六三矣，而亦未尝往者，以三阴三阳，君子小人之数敌，故成上下不交之象。不交则不往，不欲往也。若观之四为六四，则初二之得引以为类，而有所往，又非六三之犹居下卦者比也。独以九五居尊，为大观在上，其下畏之如神，非不欲往也。欲有往而不散耳。惟《剥》则九五亦变于是，在下之小人，如初与二之主于为剥者，以为可以任其所之，而无复忌惮矣。故《彖》词特为小人戒之曰：不利有攸往。



**剥，剥也，柔变刚也。**

管见：剥为柔变刚，则指剥上九之阳言也。然爻中如初二之为剥，与三四之受其剥，皆似以柔变柔，非变刚也。夫柔不为剥，则刚不变柔，不剥柔，则无以及于刚而变刚。变刚者，小人意之所主也。故曰剥，剥也，柔变刚也。

**不利有攸往，小人长也。顺而止之也，观象也。君子尚消息盈虚，天行也。**

管见：小人长，特指初与二言之。非并以卦中之五阴皆为小人以剥君子，而谓之长也。阴以初为始生，《姤》是已以二为浸长，《遁》是已。及其更变为《否》，为《观》以至于《剥》，于是初二同体之三，与相应之四五，皆为柔爻。则所以为小人者，其势甚盛。盖不得谓初为始生而非长，亦不得仅谓二为浸长，而非既长也。故直曰小人长也。长则必蔑贞而有所往矣。尚能守其顺以自止乎？此以知《彖》词所称不利有攸往者，正因为小人之长以示戒，使无倚其长之势，以恣所往也。所以顺而止之也。《剥》之下卦本顺体，而初与二之为剥，至于蔑贞，是小人之不顺也。当其上行而有所往，独赖止体在上之六五，有以止之，是小人之不顺，而不能自止也。圣人因其不顺而使之顺，因其不能自止，而从而止之。其词曰不利有攸往，推其立言之本，盖由观于天而知剥之时，无终尽之理，在小人不宜蔑贞而往，以自即于凶也。所谓象者，消息盈虚是已。凡为君子者，于此皆本钦承奉，若之心以尚之，以其为天行也。人事无不因之者矣。小人亦受转移于消息盈虚之中，岂能独违天行而有所往乎？《剥》之象，阳则欲消，阴则既盈，以天行计之，消者必息，阳不终绝也。盈者必虚，阴难长保也。则知圣人观象于天，而系之词曰不利有攸往，固非小人之犹可往，而故指为不利，以强抑之也。



**山附于地，剥。上以厚下安宅。**

管见：从卦得山地之象，从画之虚实得山附于地之象。六画惟上九一阳为实，以下皆虚，犹之穴山而采金锡丹砂之属，久则洞然以空，故山与地一体也。当其既剥，几乎山自山，而地自地，如附著然。故曰山附于地，剥。剥自下始者也，下剥则上危，是不安其宅矣。求所以安宅之道，非厚下不可。下何以厚？如六五曰以宫人宠，宠之即以厚之也。上宠之，而下亦终以无尤。是即所以安其宅也。岂复有剥庐之患哉？以故上之于下，欲其绝无小人而自为剥诚难矣，即徒恃其不用小人而使不为剥，亦犹难也。

五之不用小人，固有所以宠小人者，惟以厚下为安宅之本，于是下无小人而安，下有小人而亦安也。有小人而未为剥，防于先事而安，有小人而既为剥，救于临时而亦安也。

**初六：剥床以足，蔑贞凶。**

管见：人之所藉以安者，其上为庐，其下为床。剥自初至五皆阴爻，中虚，惟上九一阳冒之，有庐象。又其中无所有为剥卦之庐象。剥始自下者也。就庐中之物言，床为下，剥床为灭下。其初与二，皆言剥床者，二亦同为下也。皆言剥床，而二主床辨，初主床足者，初又下于二也。夫床之足，以承辨。辨以宁人。宁人者床，庇人者庐，当剥之势既成，行将至于一剥，而无所不剥也。故于初与二以蔑贞凶戒之。盖下卦之三阴本为顺体，顺即其贞矣，三之无咎，正以此。今初六曰剥床以足，是灭下也。六二曰剥床以辨，是又成初之灭下也。夫灭下以危其上，则欲凡为下者之皆用剥矣。以故六三有应于上九，不自为剥，而初与二从而剥之，至于四五之在上，其所藉以安者，正此初与二也。剥床之不已，进而剥肤，灾及于四，而五几不免矣。独有望于五之能止耳。若五不能止，则初与二，盖为不顺剥肤者，更进而剥庐。是小人之长其势莫遏，竟以有所往者，亡其顺体之本然也。此为蔑贞。夫蔑贞，则剥极于上。上危者，不必同之。如剥庐而庐欲倾，当时则有覆压之患。其后亦穷蹙无所依归已也。岂不凶哉？

**剥床以足，以灭下也。**

管见：灭下即指剥床以足言。足剥而辨犹存，则其下固未尽灭也。然剥自下始，初为首祸矣。故于初即言灭下。二之剥辨，亦床也，皆灭下也。其独言于初者，以剥之为剥，灭下之祸，由于初灭下，而上行之祸，由于二。二有专罪灭下，其所兼耳，故于二不言灭下。

**六二：剥床以辨，蔑贞凶。**

《程传》：辨分隔上，下者床之幹也。

管见：初与二之位在下，为床象。皆以阴柔小人处之，为剥床之象。《大象》曰上以厚下安宅。上之不安者，受其剥也。厚下则下不为剥矣。故剥之为剥，下为之而上受之，非五阴之分居上下，皆有事于剥也。又内卦之三阴，六三有应，而不为剥。则其剥于下以危其上，骎骎乎不可已者，惟初与二耳。故蔑贞凶之戒，于两爻不嫌其複，而他爻不及也。



**剥床以辨，未有与也。**

管见：刚柔应为与，二五当相应之位，则剥之六二，其以未有与而为剥者，谓不得九五以临之，故不能相制耳。阴自姤始生，至二而为浸长，在《遁》卦中直以小人当之，故自《遁》而《否》而《观》，凡六二皆为小人，不以他卦之取阴柔中正为例也。夫六二既为小人，则虽有与而遇九五，亦不能为九五之助，而其犹赖于有与者，六二无以助九五，九五有以制六二耳。如《观》之九五为大观在上，则六二之闚观，俨然一消沮避藏之状，此有与而能相制之验也。今剥之五为六五，则六二为未有与，而无以相制矣。于是成初之灭下，以危其上，为剥床以辨之象，故曰剥床以辨，未有与也。

**六三：剥之，无咎。**

管见：剥之谓六三之受剥于初二也，初灭下而二成之，则所以为剥者，其势必将上行而有所往矣。六三小人而有君子之应，不欲为剥，故初与二从而剥之，欲以遂其所往也。夫三受其剥，则不能为助于上九，以全君子，宜有咎者，但上九以孤阳处卦外，而正应之六三，介于群阴之中，是上下相失，有应而不得应也。初与二之上行，其究必变上九之刚而后已。四处三之上，犹不能止，而必待于五，则六三之受其剥，而无以助上九者，由于上下相失也。无如何也，故宽其词以谅之，曰无咎。然于六三谅之，非为六三也，欲以见六五之有专责耳。五领群阴而居尊位，操用舍进止之权，是必能禁小人之往，以全上九之君子者，如初与二主于为剥，其不顺而蔑贞以危君子，徒以五之用而不能止之耳。如不用之而止之，则初二亦与三四相安，同被宫人之宠已耳，于处外之上九何伤？不然，小人得用，则剥之自下而上者，必且至于剥庐。是剥以初二始而不能以三四终也。上爻曰小人剥庐，传曰终不可用，皆为六五明切言之，则上九硕果之阳，剥与不剥，皆系于六五也。若六三之上不相失，有应而不得应者，固宜有以谅之矣。且他卦上九之遇六五，而有六三之应者，皆不舍五而从三，故剥之三与上应，而词不如初二之取床象者，三非上之所藉以安者也。独处剥之时，亦不禁下之有应耳。至于有应而不得应，在六三亦有无如何者，圣人又何尝概以小人之类，而必加之咎哉？

**剥之无咎，失上下也。**

管见：上谓上九，下谓六三。《蒙》之《象传》曰："利用御寇，顺也。"《比》之《彖传》曰："不宁方来，上下应也。"与此上下，先儒以上下指四阴，以应上而违去，四阴为剥之上下。剥者，剥也。以违去其党为剥，于义不确。又六于群阴之中而居下卦，何以当剥之时，独能脱然违去其党，以应上九耶？

**六四：剥床以肤，凶。**

管见：剥床以肤，谓四之肤，而初与二将剥之也。方剥床之时，四已不安，而犹有三以间之，则虽不得床而其肤尚无患也。至于三受其剥，而蔑贞，上往之势，不可即止，于是剥床者，其前事也。又剥之甚而以肤矣。四切近下卦，与灾祸相邻，惧其必不免也。故外卦三爻，于六四独言凶耳。

**剥床以肤，切近灾也。**



管见：剥者，剥也。受之则为灾。六三在下，而初与二剥之，是其灾已见矣。自下而上，则灾之所及，不独四也。而切近于灾者，惟四。故前之剥床而失所安，未为甚也。有进而上偪，以及其肤者矣。

按：灾自外至，与眚由自作不同。三四柔类也？其受剥者，由初二两柔，实为小人，其志欲变为上九之刚，而为三四所隔，不得遂于所往，乃先自戕其同类耳。其实非三四之自求祸也。故言灾，而不言眚。

**六五：贯鱼，以宫人宠，无不利。**

《折中》：五以阴居尊，取后妃之象。

管见：贯鱼，指下四阴爻言，阴长之卦，如《观》之得九五为大观在上，则其下亦化之。至于《剥》而又为六五以柔居尊。观者无复有孚顒若，畏之如神之意矣。于时在下之初与二，其为小人之尤者，既自倚其长之势，以蔑贞上往，又复以剥为灾，迫胁同类之三与四，以共为小人，冀得逞其上往之志，自五观之，此贯鱼之象也。鱼潜物，为阴之属，其从行如贯者，好逆流而上，无顺象。又其性多动少息，亦无止象。五之下乘四阴，而不顺不止如此，则将不得安其宅也。是为不利，其何以能君乎？然而《观》之九五，可以阳君阴，《剥》之六五，亦可以阴君阴也。王理阳教，后治阴德，观于为后而其道通于王矣。后立六宫，三夫人以下为宫人，能逮下为宠，此以阴君阴之实象也。使《剥》之六五而以后自处，以宫人处下之四阴，以后之处宫人而被之以宠者，处下之四阴是为顺而止之之道，亦即厚下安宅之道也。有以顺而止之，则不复成贯鱼之象。有以厚下安宅，亦不虑有剥庐之象矣。何不利之有哉。

**以宫人宠，终无尤也。**

管见：尤谓怨尤，亦指下四阴爻言。六五之于四阴，以宫人处之，是知小人之不可用，而皆以置之无用之地也。所以顺而止之也。然有以闭其身，而不能尽安其心，必怨生而多尤矣。彼四阴之犹贯鱼，固有力能剥庐之小人，在其亦肯甘于不用为宫人，以终老乎？惟被之以宠，则六五为有得于厚下之道，而恩至者，怨不作。故曰终无尤也。终无尤，故安宅也。所谓无不利者以此。

**上九：硕果不食，君子得舆，小人剥庐。**

《程传》：诸阳削剥已尽，独有上九一爻尚存。如硕大之果，不见食，将见复生之理。上九亦变，则纯阴矣。然阳无可尽之理，变于上则生于下，无间可容息也。圣人发明此理，以见阳为君子之道，不可亡也。阴道盛长之时，其乱可知。乱极则自当思治，故众心愿戴于君子，君子得舆也。小人剥庐，庐取在上之象。

《集说》：程子曰："硕果不食，则便为复也。"胡氏炳文曰："乾为木果，众阳皆变，而上独存，有硕果不食象。果中有仁，天地生生之心存焉。床，上之藉下以安者也。庐，下之藉上以安者也。始而剥床，欲上失所安。今而剥庐，自失所安矣。自古小人欲害君子，亦岂小人之利哉？

管见：君子得舆，小人剥庐。君子指上九，小人指初与二。曰得舆，曰剥庐，盖为六五言之。欲其用君子，而不用小人，以救剥也。观传词可见。盖《剥》之上九一阳，君子也。而为硕果不食之象。则疑于孤危。然君子为民所载，是民为舆，而所载之，君子为得舆也。夫民能载上九，独不能以载六五乎？五能用得民之上九，以收其民，则民当共载之矣。若小人如初与二者，主于为剥，其势必挟三四，以变上九之刚。上九一阳在上，覆盖群阴，此庐象也。五居尊为庐之主，而于小人之为剥者，不止之使反于顺，乃用之以遂其长，则不去上九不已也。而剥庐之祸成矣。夫五以君子为庐，君子以民为舆，民能载之，得舆者，固无伤也。君子去之，失庐者，将何依乎？六五辨此，则小人之终不可用也审矣。

**君子得舆，民所载也。小人剥庐，终不可用也。**

管见：小人剥庐，其象成于四阴之犹贯鱼，而实始于初二之能蔑贞。故小人指初与二，又二位独与五应，与初不同，则所谓终不可用者，殆于五之于二，戒之尤深也。盖二用而初必从之，其蔑贞上往之势，将使三不得独守其顺，四无以自安于止，则贯鱼之象见，而剥庐之象亦旋见矣。六五居尊而操用人之权，其可不早辨乎？

䷗震下坤上

**复：亨，出入无疾，朋来无咎。反复其道，七日来复，利有攸往。**

《程传》：《姤》，阳之始消也。七变而来复，故云七日。

管见："复"以刚反，成初九之一阳。阳为君子之道，其居初位卑，则君子在下，而能修其身者也。《彖》词主此以立言，故其所谓亨者，曰出入无疾，朋来无咎。出入象震之动也，疾与疾病之疾同，亦象也。人之动而不顺者，出入多妄。恒足以致疾，则凶悔吝之生乎动，亦犹是耳。初九动而以顺行，是能以敦仁体道之身，安然于出入之地也。此其所以称无疾，与朋来无咎，朋谓二与四，为初九之朋也。初于二为比，于四为应，故称朋。二来下仁，四来从道，故称朋来无咎。无咎，当与无疾并属初九，言非谓其朋之无咎也。二与四为有位，人之处卑下，而性主于动者，至于能致有位，为交游，则咎必随之。然《复》之初九，虽震体主动，所谓出入无疾者，能安于下，以自修其身者也。于是朋以下仁，从道而来，则初九非以有朋而失其仁与道者，何咎之有？反复其道，七日来复，则又取卦象之合于天行者言之，以明复之时，为君子道长之机，如初九者，非必终安于下，以自修其身而已也。其亨固将利于有所往矣。盖复之亨曰出入无疾，朋来无咎。出入之义，特从门，以内外近取之，不得正言往也。至于二与四之有位，而为朋者，皆以下仁从道而来，则初九终亦未尝有所往也。故《彖》词以复之象推亨之理，谓刚反为反复其道，七日来复。虽未尝往而已利于有所往也。反复其道，道犹路也。所由以往者也，卦自初至上为位，而其刚柔之往来相循，如《姤》《复》等卦者，其位即其道也。道以上为委，以初为端。得初则其道主进。失初则其道主退。是初之位为刚柔消长进退之关也。如纯乾之卦，柔来居初而为《姤》，则刚以次退，而其道为柔之道矣。纯坤之卦，刚来居初为而为《复》，则柔以次退，而其道为刚之道矣。故《复》之言反复其道者，谓既反之刚，为已复，其可以往之道云尔。七日来复，即承反复其道串说来者，反而来也。自上言之，则刚反于下，为反复。自下言之，则刚来自上为来复。其实一也。刚之反为反复其道矣。而所由以反而来复，以复其道者，于前之失其道计之，则自柔居刚反之位，而为《姤》者，始自姤而《复》，凡七变。故取象于十有二辰之相次，而言七日来复也。夫《复》为十一月之卦，而《彖》言日者何？《复》重刚反日为阳，象故不言月而言日。卦本配月而可以日言者何？易盖以卦当月，以爻当日耳。阴阳以次消长之卦，易中凡十二，以配自子至亥之十二月，亦初不外十有二辰之数也。今统月于日，约卦于爻。爻之不变者，如乾坤之重卦。阴阳各六，一爻当一日，此为十二辰矣。若以其变者言之，六爻当六日，其变者亦当六日。如《乾》变为《坤》，《坤》变为《乾》，则不出六爻，而亦合于十二辰也。《复》以《坤》之初爻变而刚反，于日为子。则自《姤》以《乾》之初爻变而刚退者，于日为午。卦惟六位，由初退，亦由初反。凡七变。爻变而十二辰不变，则于日为自午至子，凡七日也。此为七日来复耳。夫来复即复其道也。复以七日，则复前为失其道之日，复后为得其道之日矣。人之有所往者，其程为道，其期为日。道有穷通，日有衰旺。利不利，可预卜之。今复之刚反，既得其可以往之道，而又至于可以往之日，此君子道长之机，故虽未尝往，而已利于有所往也。如初九者，岂终安于下以修其身，独以出入无疾，朋来无咎，为亨也哉？

**复，亨，刚反，动而以顺行，是以出入无疾，朋来无咎。**

管见：顺为外卦之德，初九何以兼之？刚复于纯《坤》之后，犹未离乎《坤》之顺也。易中震居下卦者，多戒词。惟《复》不然。其戒之以其动也，其善之以其动而以顺行也。

**反复其道，七日来复，天行也。**

管见：天行之不息，以其能反而来复也。又其所由以复者，按之有常道，讨之有常日，故《彖》词本此，以《说卦》为说，反复其道，七日来复，《传》则直明其立言之本，而曰天行也。知其为天行，而人事准此矣。



**利有攸往，刚长也。**

《集说》：邱氏富国曰："刚反，言剥之一刚，穷上反下，而为复也。刚长，言复之一阳，目下进上，为《临》为《泰》，以至于《乾》也。以其既去而来反也，故亨。以其既反而渐长也，故利有攸往。刚反，言方复之初。刚长，言已复之后。"

管见：刚以复而得反，亦既复而必长。故复之言亨者，于初九之刚，既反而决之。其由复之亨，而推言其利有攸往者，则于初九之刚变反而亦必长卜之也。

**复，其见天地之心乎！**

《集说》：程子曰："复，其见天地之心。一言以蔽之，天地以生物为心。"胡氏炳文曰："天地生物之心，即人之本心也。皆于几息而复萌之时见之。"

管见：复其见天地之心一句，就人身言，亦就世运言。如复之亨，由刚反。刚反者，初九成卦之主也。在初之词曰：不远复，无祇悔。是于人身见天地之心，而有以修其身也。故其亨为出入无疾，朋来无咎。至于以刚反，而卜其刚长，又为利有攸往之象。

则世运在其中矣。盖刚反为反复其道，七日来复，此天行也。可知复之时，将为天下更兴之会，非直初九一人之身之庆也。于此而见天地之心，则如上爻之词曰：用行师，终有大败，以其国君，凶。至于十年不克征。在六五为主卦之主者，其可不知戒此，以力维世运哉？

**雷在地中，复。先王以至日闭关，商旅不行，后不省方。**

《本义》：安静以养微阳，《月令》是月也，斋戒掩身，以待阴阳之所定。



管见：雷在地中，特未发声耳。故其象为复。至日阳生，此天行也。在人身者，必应之。是以君子斋戒，处必掩身。身欲宁，所以自养也。先王以是日闭关，商旅不行，后不省方，则欲天下之人，无一人不得宁其身，以自养也。盖身之不宁者，惟商旅为甚。志在于行，虽至日犹常日也。故闭关以止之。后不省方，谓后虽省方在外，亦当至日而不出也。以至日省方，后之身虽宁，其从后省方之人，与所省之方之人，其身皆不得宁，故不出也。此先王之意也。然孔子于《复》卦言之，则非独为至日存旧章而已。合观《彖》爻之意，如阳生之日为至日，七日之日为子日，阳之气来复，必安其身以养阳。阳之德来复，必修其身以养仁。理本相通，此人所知也。至于本先王至日之令，为六五戒其行师，使得体天地之心，以与民休息，则人所不及知也。天行之复，以世运为大，至日其小者耳。先王于此，方且念商旅而曲养之。虽其时有省方之举，亦不以本为观民，而偶不加慎，岂剥伤之后，大难初平，犹可不务安养而用行师乎？谁实用之，谁实行之，其辨之宜早辨也。

**初九：不远复，无祇悔，元吉。**

《本义》：一阳复生于下，复之主也。

《程传》：复者，阳反来复也。阳，君子之道，故复为反善之义。

管见：六二之休复，传曰下仁，则初九一阳，盖体天地之心，以为心者，所谓仁也。其心不违仁，故曰不远复。明非既失而后复也。无祇悔，无，不也。祇音支，但也。祇悔，但以悔见也。震无咎者，存乎悔。初九震体，主动，则能悔，亦震之可取者，然复之初九为不远复，则修身而仁矣。不但以能悔见，故曰无祇悔，盖以悔而复，以其既失而后复也。非不远之复也。且以悔而复，无咎而已，不可以称元吉。元者，善之长也。惟复之初九为君子，体仁，此所以为元吉与！



**不远之复，以修身也。**

**六二：休复吉。**

管见：刚反为复，自二至五皆柔爻，何以亦言复也？然阳气下动，则在上之积阴，不必如纯坤之固沍矣。刚反即刚长之机，君子之道将长，则小人之道欲消。是君子者，复之主也。小人思化为君子，则因复之主而亦复也。故自二至五，皆可言复。特所由以复者，不尽同耳。六二曰休复。休谓安也。震居下卦者，凡八。如《震》，如《屯》，如《噬嗑》，其六二皆言乘刚。以初九为震之主，有雷动之象，居其上者常不安也。惟《复》之初九为雷在地中，动而未形，则于人心为仁，于人为体仁之君子。故六二之居其上者，下之得为初九之朋，即将资其仁以自远于不仁，而其复油然以安也。是为休复。不然彼《豫》卦之雷才出地上，非必即如《震》之洊雷，《屯》之云雷，《噬嗑》之火雷，有相助以行者，而其六五之乘刚，虽当《豫》之时，而犹托身于贞疾，可见《复》之六二为休复者，独以初九一阳未见为雷，而见为仁。固自可亲，而易从耳。《传》曰休复之吉，以下仁也。盖幸其所下者为仁，非独以其能下而谓之休复也。

**休复之吉，以下仁也。**

管见：言下仁，则不见其为乘刚也。故六二之复为休复。



**六三：频复，厉，无咎。**

管见：初九，复之主也。六三不如二之比初，四之应初，则非能因复之主以为复者，幸其下为下仁之六二，上为从道之六四，于是将为不仁而或受转于六二之下仁，将为非道而或中阻于六四之从道。此失而后得，亦至再至三，故曰频复。频复者，能悔者也。六三亦震体，主动，故能悔。能悔者，必震动，震动者，必危厉。故频复曰厉。频复之厉，是能以义自制，不敢悖仁而为不仁，不敢悖道而为非道也。又何咎焉？故爻称无咎，《传》复申之曰义无咎也。

**频复之厉，义无咎也。**

**六四：中行，独复。**

《集说》：缪氏昌期曰：中即中以自考中字。

管见：中行谓六五居上卦之中者，能下行必从初九之道耳，非谓四也。初之不远复，能修其身，以体仁，有道者也。离居卑在下，而五宜从之。又五之中为尊位，有所欲行，无不得行者，非必如四之与初为应，有朋象。乃得下行以从之也。故中行指六五言。夫五以中行从道，而四因与中行者俱行，则亦以从道而复于道矣。其称独复者，对上六之迷复言。盖五居中而以中行，四与上皆同体也。然惟四之以顺俱行，能因五之从道，而亦从道耳。若上六之迷复不顺，则不能与五俱行以从道，是为反君道者也。故于四称独复。

**中行独复，以从道也。**

管见：四承五之中行以俱行，乃不同于上六之迷复，而成独复者，以其能从道也。道犹路也，与行字尤切。故二之下初，称下仁，而四之从初，曰从道。



**六五：敦复，无悔。**

管见：敦，安敦也。坤土之象，复以初为成卦之主，以五为主卦之主。在五之居中，而有取于行者，于四爻见之。所以从道也。以从道而复于道，则仁之体存，而天地之心亦见其复也。又特宜于安土以敦之矣。何以宜敦如所比之上六曰迷复，凶，有灾眚，此其不仁，而昧天地之心，必好乱而启行师之衅也。五不能敦而为所动，则亦必有以用之。然上六之词又曰用行师，终有大败，以其国君凶，至于十年不克征。则其悔有不可言者。故六五惟敦复为无悔也。何以能敦？盖上六之用，与行师之不戒，惟六五不自考耳。五居中而在尊位，其以从道而得复者，既以体仁而见天地之心矣。若因是而自考，则于用人行事之间，必有定见定力，以自立于安敦也。岂有夺于上六贻他日之悔者哉。

**敦复无悔，中以自考也。**

**上六：迷复，凶。有灾眚，用行师，终有大败，以其国君凶，**

**至于十年不克征。**

《程传》：灾，天灾。眚，已过。

管见：坤居外卦者凡八，其上六一爻，如《升》言冥升，《明夷》言不明晦，冥与晦皆为迷象。又《泰》言城复于隍，其命乱也。《师》言小人勿用，必乱邦也。阴邪首乱其性，必不仁，而昧天地之心，故于《复》独称迷复。迷复者，不能悔者也。悔心绝则生理亡。其身必蹈于凶。故曰凶。既曰凶，又曰有灾眚者，迷复之人，不知复，安知所谓凶乎？故明告之曰有灾眚。其灾眚并言者，不言灾，则迷复之心不惧。但言灾，则直懵然，以为降自天而已。用行师以下四句，乃复极言上六之不可用。使六五早辨之耳。盖不用，则凶在上六。用之，则凶及国君。其悔甚大。故言之悚切，初未尝或以不祥而稍讳也。其独举行师言之，则何也？复之时，莫忌于行师，在《彖》词曰七日来复，则六日为纯《坤》之日也。《坤》变自《剥》而上六又称龙战于野，其血元黄。知其兵革之祸烈矣。至是更变而为《复》，则天地生物之心，可见在主卦之六五，其谋所以抚其人民，培养国脉者，必有道也。若于是而复用迷复之小人，以行师，战血未销，剥伤相踵，固宜其一败而不可复振也。终有大败，终字杜倖心也。谓其初，虽或不败，然败稍迟，而败愈大也。以其国君凶，国君当分说。行师而致大败，国之凶也。以国伤而凶，归于君。故先言国而后言君耳。至于十年不克征，言十年者，盖终不知其期之谓天行之运，若循环然，七日来复，岂尝不信耶？但自《剥》而《复》，其时可计，旋复而旋剥，则复之端将绝，其国其君，有陵夷衰微，以底于灭亡已矣。尚何时复有力征，经营天下之举哉？此六五不可以不戒也。按：复之象，自二至五，皆蒙初九之修身言，至上爻而兼及世运，不为两义乎？独上爻言之，他爻不为举一而缺一乎？而非也。盖复以天行为主，如《象》言七日，《大象》言至日，皆非人之为之，则世运可知矣。然世运之初复，验于人心，人心即天地之心也。其端见于天下之思治，其象成于小人之向善而已。如初九之不远复，是君子能留天地之心，以维世运者也。在上之五阴，于易例为小人之道，当复之时，既至迷复者，惟卦外之上六耳。若二以下仁为休复，三以能反于义为频复，四因五之中行从道为独复，而五又由中以自考为敦复，是非初九一君子之力所能强也。天行既复，则人心翕然一新，故爻中自二至五所为复者，只蒙初九之修身言，而世运之复，在其中矣。至于处复之时，而思所以保之行师之戒，其最要者，而独言于上六，不见他爻，非缺也。凡能复者，皆能见天地之心者也。岂虑同于迷复之昏昏，不惜违时而启行师之衅哉？

**迷复之凶，反君道也。**

管见：反君道也，不顺为反，其中位之六五为君，所谓道者，中行之道也。《传》中凡两道字，如四言从道。道字属下之初九言，则脩身之道也。四与上同居外卦，而近君。四顺君道，而与其中行者俱行，即以下从初九脩身之道，而成为独复。上反君道，而不与其中行者俱行，则亦无以下从初九修身之道，而成为迷复也。凶由于迷复，迷复由于反君道，故曰迷复之凶，反君道也。

# 上经卷之五

**☰☳震下乾上**

**无妄：元亨利贞，其匪正有眚，不利有攸往。**

管见：志之不正为妄。无者禁止之词，言不可妄也。卦特为初九设戒耳。初九刚自外来，而为主于内，为主者君父之道也。如外卦之九五，以乾居尊，所谓父道，而尊君道者，其为主宜矣。初九之刚自外来，则是震生于乾，而以乾为父也。又当下卦之初位，其去九五之为君，其远以是而为主于内，则恐其与九五相敌，不能免于妄也。故以无妄戒之。按：此卦当与《屯》参看，《屯》之初九，亦震体，《传》曰以贵下贱，大得民也。则亦以其为主于内，而二然耳。故《屯》之《彖》言元亨利贞，勿用有攸往。《无妄》之《彖》言元亨利贞，其匪正有眚，不利有攸往，词意正同，但《屯》之外卦为坎，《无妄》之外卦为乾，时义又别，卦名有不得相同者。坎为云，为中男。中男居尊，而长子居贱，有生难之端。又云雷合，亦为难象。故其卦名《屯》。至于以乾临震，则父子也。万无可以为难者。又乾象为天，雷之势，足以震惊万物，而以当天之赫赫，则无威，是亦不能为难也。所患者其性主动，而终不自安。于是为主于内者，虽不为难之兴作，而或为疾之伏藏矣。是妄也，所当戒也，故其卦名《无妄》。

**无妄，刚自外来，而为主于内，动而健，刚中而应，大亨以正，天之命也。其匪正有眚，不利有攸往，无妄之往，何之矣？**

**天命不佑，行矣哉**？

《集说》：王氏宗传曰："初九之刚，乾一索于坤而得之，是以为震，而《无妄》之外体又乾也。则初九之刚，实自乾来，故曰刚自外来。震以初爻为主，其在《无妄》，则内体也。故震为主于内。"胡氏炳文曰："外卦为乾，震之刚自乾来，《无妄》释元亨利贞，与《临》同，命即道也。"何氏楷曰："震初一刚，其所从来，即乾之初画。"《折中》《彖》言："刚来柔来，未有言自外来者，则王氏诸家，谓指外卦乾体者，信矣。管见《彖传》特言为主于内者，亦不见于他卦，则为主于内，固妄之端所由生也。妄则不正，不正则不可以大亨，故《彖》词曰无妄，元亨利贞，动而健，刚中而应，则于本卦之爻中，特举其得正而大亨者言之，使初九亦得自守其正而无妄也。卦体内动而外健，健者如九五之刚，居尊在中，其为主于外，正也。在动体之六二，即因九五之刚中而应之，为外之应，不为内之主，亦正也。由是而大亨。其刚中之九五，则虽疑于疾，而勿药有喜，岂如初九之有眚乎？其应刚中之六二，则不近于灾，而利有攸往，岂如初九之不利乎？然如是以大亨，其大亨固以正也。非特任其动而健，以为大亨也。夫正则大亨者，何也？天之命也。九五之为主，与六二之为应，不为主皆依乎天之命，而未尝以私志参之，故由天之命而得正者，即由天命之佑而得大亨也。由是言之，在《彖》词之戒初九，所谓其匪正有眚，不利有攸往者，亦惟以天命决之而已。由天命为正，由私志为妄，志者心之所之也。当戒以无妄之时，而有所往，其志之先定者，竟何所之？此可以自问也。其得举以告人否乎？妄而不正者，非天命也，即天命所不佑也。不佑则灾眚相随，无可倖免者，其将不顾而行也哉？

**天下雷行，物与无妄，先王以茂对时，育万物。**

管见：天下雷行，雷不可以妄行也。然雷之无妄难见，必于物验之，物与而后雷，无妄也。与者一气潜孚之意，雷于物验之，物与而后雷，无妄也。与者一气潜孚之意，雷感物以动物，即应雷以育，以是为物与，即以是知雷之无妄，故曰物与无妄也。先王以茂对时，育万物，茂者盛大之谓，指育万物言。对，配合也。其意以为天下雷行，物与无妄，所以育万物者，时之茂也。先王因是以体天顺时，而育万物，其茂亦与时为对。盖相配合以同归于盛大也。故曰先王对茂对时，育万物。夫先王之于万物，其茂育如此，况于民乎？况于自民而上之亲乎？况于亲属之最笃而为父子天性之爱乎？然则卦中九五之乾，而为父所以处，初九之震主为子者，其不宜以未尝为疾之疾，而轻试其不可试之药也。盖不言可知矣。



**初九：无妄，往吉。**

管见：卦名无妄，本以戒初九之有所往也。于爻中又言无妄往吉，则就其能自戒而可以得志者设言之耳。初九以震雷之刚，为主于内，易妄而难贞，乃九五之所以疾而将药之者，惟卦曰无妄，而初九亦因自戒曰无妄，则其刚自外来者，虽有时自内而往，初不敢违天命之正，其以正而得大亨，当即有以邀天命之佑，而无妄吉也。否则不正而有眚，不利有攸往矣。为初九者顾可舍其吉而自趋于不利哉？

**无妄之往，得志也。**

管见：《象传》曰无妄之往，蒙卦名设戒之意，以言往者是隐问其志之所之，曰何之，《象传》曰无妄之往，蒙初自戒之意以言往也。故明慰以志之必得曰得志，传言以富为有，以贵为得志，则知传于四称固有谓可贞，称得志，谓必贵也。初虽民位，而其刚本自外来，则以九五为父子也。以《屯》之初九例之，抑亦可称利建侯矣。所患终同于匹夫之不得志哉？特妄心不宜有耳。故爻词曰无妄，往吉。《传》曰无妄之往，得志也。



**六二：不耕获，不菑畬，则利有攸往。**

《程传》：耕，农之始。获，其成终也。田一岁曰菑，三岁曰畬。



《集说》：胡氏炳文曰："耕获者，种而敛之也。菑畬者，垦而熟之也。"

管见：耕获，菑畬，求富者之本务也。易中以阳实为富，以虚为不富。本虚而志于富，与处卑而志于贵，皆妄也。富贵者，九五为主之大权也。《小畜》之五曰富以其邻。《蹇》之上六从五，曰从贵，不富不贵，则从人而左右于人，或富或贵，则欲人之从之，而不为人所左右也。六二不富而有位，可以至于富者，惟柔中得正，妄心不生，故以富之权归五，而于世人之耕获菑畬，孳孳求富者，皆不为也，则利有攸往，则字重读，见富贵为人所欲，其不知天命而生妄心者多矣。必如六二之不富，而不求富，则合于大亨以正之义，而利有攸往耳。言外正为初九定其志，以祛其妄也。初九阳实，非不富者，妄莫妄于不安于下，以求贵矣。然《象》传曰无妄之往，何之矣。问词甚隐，曰天命不佑，行矣哉？戒词甚严，则其妄之所至，有不可明言者。以二三两阴爻有不富之象，于是一言不求富之利，一言求富之灾，使初九略见大意，从旁观以自觉其局中之迷也。《象》曰其匪正有眚，不利有攸往。

恐其罹于灾也。爻曰无妄，往吉。欲其审所利也。不知所谓利，借观六二可已。不知所谓灾，借观六三可已。

**不耕获，未富也**。

管见：未富，未尝富也。六二阴虚为不富，其柔中守正，而不求富，为未富。不富其本来者，非必由于不耕获得之。未富其见在者，乃正于其不耕获信之也。《象》之词曰不耕获，不菑畲。而《传》不并举者，菑畲亦以为耕获耳。且耕获亦不为其不屑问菑畲可知。



**六三：无妄之灾，或系之牛。行人之得，邑人之灾**。

管见：卦名无妄，戒其妄也。戒之则妄犹未形，是吉利与眚灾两有，所未定也。若六三之不正，则无妄之灾，于此见端矣。灾于何生？以妄生也。六三亦阴虚不富，而守正不如六二，则世之耕获菑畲，孳孳以求富者，二不为而三为之。夫求富，妄也，灾即生于求富之中矣。如耕获菑畲之需于牛，其常也。然即有以一牛之故，而致菑者。今或有人系之牛焉，能自系之，必自有之，似与行人无与也。一旦而为行人之得，以为自今得之，实自前失之，则行人反为牛主，而邑人不得有其牛矣。行人今日之得牛，邑人既不能禁行人，方究邑人前日之得牛，邑人益不能堪，是不为以一牛之故，而致灾乎！由此推之，能致灾者，不惟需于耕获菑畲之牛而已。无不可作牛观也。且求富者，亦不惟有其牛以从事于耕获菑畲而已。无不可作耕获菑畲观也。夫一念求富，而灾即随之，彼甚于求富者，其又何所倖焉？

**行人得牛，邑人灾也。**

**九四：可贞，无咎。**

管见：贞者，正也。不贞而得咎，咎即为眚，而灾亦不免矣。人之妄而不贞者，非求贵，则求富也。四居近君之高位，贵者也。然天下有位而贵之人，亦不可尽以富称。如下卦之二与三是已。至于四之有位，而阳实，又不同于二与三之有位而阴虚，则所谓富者，乃其固有之者也。四既不虑如二之不求富，而终未富，亦岂虑如三之以不富求富，而不觉其会于灾乎？然天下既贵且富之人，或者以位极人臣，不敢过望，而其于富之固有者，则且视为未有，而益求其有，此亦必以妄心不去，而得咎也。以故九四之位高刚过，而特拥有其所固有，其能去妄以守贞与否，未可知也。第就其所固有者，以理平论之。夫亦可以贞矣。其能去妄守贞，以无咎与否，未可知也。第就其所固有之可贞者，以势推度之，抑亦可以无咎矣。可贞无咎，九四不当早自审裁，以矢为无妄哉。



**可贞无咎，固有之也。**

**九五：无妄之疾，勿药有喜。**

管见：此爻所谓疾者，其象当从下卦震主之初九得之。何以言疾？盖九五阳实居尊，操富贵之大权，以为主者也。他无所患，惟患疾耳。于时下卦之初九，以雷动之刚，为主于内，其宜戒以无妄者，自九五见之，恐其妄之不能无，则为无妄之疾矣。然九五之刚中，为天命所佑，无不大亨者，非初九竟能贻之疾，以为身患也。故曰勿药有喜，勿字不作禁止之词，只言其疾可不药耳。按：易中震居下卦者，在《屯》之初九为难，其于上卦坎主之九五，兄弟也。《无妄》之初九为疾，其于上卦乾主之九五，父子也。当难生疾见之时，自非达于民心天命之正者处之，其起凶拘祸，有不可胜言者。圣人于《屯》之九五特告以屯膏之不可贞，所以副民心也。于《无妄》之九五，特明其勿药而自有喜，所以顺天命也。副民心者，不克难而难息。顺天命者，不攻疾而疾除。此其于兄弟父子之间，所全多矣。

**无妄之药，不可试也。**

《程传》：试，暂用也。

管见：药者，治之也。恐初九之不能无妄，而治之使无，则为无妄之药矣。不可试，谓攻疾之道，非乾五之为父，所可用之于震初之为子者，用之则天性伤矣。且初九雷动之刚，药之太急，或且妄未发，而顿生妄。既作而增甚也。此其所以不可也。按：《传》词之意，盖因勿药有喜，而推言之者，勿药承疾言，不可试承药言。其疾可不药，其药亦不可试。自是两层说者，即以不可字为正解，勿字谓勿药之勿，当作禁止之词。是又泥《传》而误之者也。

**上九：无妄，行有眚，无攸利。**

管见：无妄，戒上九之妄行也。其行安之，亦下行于所应之六三耳。上九之阳实，与四同富，亦其所固有之也。独以处卦外为无位，无解于穷不得志，故挟其所有以行，思以济六三之阴虚不富，而求富者，亦即谓得通于六三，犹可藉其有位得志，以自盖其穷也。是有所利而为之也。然素封之家，以财贿奔趋宦逵，其行必有眚也。又爻词于六三特告以灾者，为其不能如六二之不求富，固使其门若市，忽不知苞苴负乘之速祸也。事发按问，与受两非，三及于灾，而上乃独脱乎？此以知其行有眚者，有所为灾，无所为利也。亦早以无妄之心，慎守其穷可矣。

**无妄之行，穷之灾也。**

管见：爻词于上九戒以无妄，而特虑其不能已，于行有眚之行者，以其无位而穷耳。行由于穷，则以行有眚，无攸利，而遇灾者，亦由于穷也。故爻词但即其行以言灾，不明其所以然，而其因上九之穷，以立言者，固可推也。按《传》于上九言穷，当与初九之言得志对看，得志则不穷，穷则不得志也。于九四言固有之，当与六二之言未富对看。未富则无有，固有之则已富也。又按：行与往字本通用，如《彖》词之戒初九，称不利有攸往。《传》曰天命不佑，行矣哉？是自下而上，往亦可以言行也。又《蹇》之六四上六，皆以下从九三，而称往《蹇》是自上而下行，亦可以言往也。然本卦《彖》爻之词，于初九两用往字，于上九独用行字，若不可易者，下卦动体，上卦健体，言往以极动之势，言行以存健之本，各有当也。亦不可以不辨。



**☶乾下艮上**

**大畜：利贞，不家食，吉，利涉大川。**

《本义》：大，阳也。

管见：阴为小，阳为大。畜者，止也。《小畜》，阴畜阳，主巽主之六四言。《大畜》，阳畜阳，主艮主之上九言，皆以畜下卦健体之三阳也。

**大畜，刚健，笃实，辉光，日新其德。**

管见：此言上九之所以能畜乾者，以其德也。刚健，即指上九言，如旧说指下卦之乾者，非也。盖上九之刚，得乾之第三画，而为艮，为少男，阳卦也。其健之本来自存，故上九亦可以刚健归之。独其为成艮之主，则不惟有乾之刚健而已也。艮为止，为山，有敦厚充积之意，故笃实。又三男之卦，惟艮之阳在外，不掩于阴。故又曰辉光，日新其德。新字于辉光见之，日新而不已，则自其笃实来也。夫上九之德，其由刚健笃实、辉光，而见为日新者如是，所谓贤也。彼下自之乾，特以刚健称者，虽如二之得中，亦不可为笃实辉光、日新其德也。况初与三之不中乎？存诸心为德者，见诸事则为道，德不足而但率其刚健以行，其不合于道者，正多也。微上九之贤而有德，孰能以道正天下，而畜之使止哉？



**刚上而尚贤，能止健，大正也。**

《程传》：刚上，阳居上也。阳刚居尊位之上，为尚贤之义。

《集说》：《朱子语类》云："能止健，不说健而止，见得是艮来止这乾。"

管见：止健为畜，刚上而止之为大畜，而《彖》词必曰利贞者，明大畜为以德畜之，非以刚止健，而为畜也。盖上九以刚居上，为艮之主，所谓刚健、笃实、辉光、日新其德者也。其居尊比上之六五，因是奉以为贤，而尊尚之，德重贤尊，则其道足以大行于天下。故下卦之三阳爻，其有以健行而不由道者，皆能止之，使不妄行也。夫止健而使不妄行，则畜之象成矣。然以刚上而尚贤，止之，是其止健以成畜者，畜以德也。大畜之畜，畜以德，则大畜之大为大，而正此之谓贞。不然，下以健上行，上以刚下之阳，皆为大，适以相敌成相轧也，非正也，岂大畜之为大畜哉？

**不家食，吉，养贤也。**

《本义》：亦取尚贤之义。

管见：《彖传》于《颐》曰：“圣人养贤，以及万民。”于《鼎》曰：“大亨，以养圣贤。”养贤，正尚贤之实也。故上九有不家食之象。其称吉者，德立于身，而道行于天下耳。

**利涉大川，应乎天也。**

管见：下卦之健体，有行象者，如初特戒以利已，不就舆马言，盖徒者也。二三有位曰舆马，一以说輹而得无尤，一以舍马而闲舆卫，乃为利有攸往，则是本其健以行者，皆宜止也。至于止体之上九，《彖》词独以利涉大川归之，大川可涉，则舆马不足言矣。所以然者，徒健则志主于行，而多不由道，故宜止之。若止健之上九为艮，时止则止者，亦时行则行，是为应乎天，而行所行，莫非道也。故知其体之止如山，而其用之行，则言涉大川，而亦利者，应乎天也。且上爻之词曰何天之衢，言其以道自任也。《传》复明亨之义，而曰道大行也。则于天下之不由道者，亦皆畜之使反于道矣。自非上九之行应乎天，而无不利，其孰能以天道何之于身，而大行于天下哉？所谓应者，自然而合也。所谓应乎天者，谓艮之道，即合乎天道也。观《谦》之下卦为艮，《传》云天道下济而光明，可见艮之道，何以即合于天道。盖天道之在天为道，天道之在人为德，艮主之上九，固所称刚健、笃实、辉光、日新其德者也。以天之德，行天之道，而岂不应乎？旧说以应为比应之应，以天为下卦之乾，以应乎天为六五应九二，皆非也。

**天在山中，大畜。君子以多识前言往行，以畜其德。**

《集说》：张氏清子曰：“天在山中，畜其气也。”

管见：不以形体言天，则天为体物不遗者，故有天在山中之象。天为阳，山峻极于天，亦为阳。以阳畜阳，是为大畜。君子以多识前言往行，以畜其德。盖明大畜之义，就君子一身言之，而卦象已备耳。前言往行，德之散见，而为道者也。多识则道凝，其合聚有如山然。故其德之命于天，以成在我之天者，在人多放失牿亡，以还太虚，而君子有以畜而止之也。按：此言多识前言往行，以畜其德，即为《象》传所言刚健、笃实、辉光、日新其德之实也。君子当即指上九言。上九之畜德于身，其于卦之二体，能具天在山中之象。故上九之以德行道于天下，其于卦之六爻，即以独成刚上而尚贤，能止健，大正之象也。



**初九：有厉，利已。**

管见：大畜之时，上九之何天衢，以道为已任。又六五能尚贤以养之，使其道大行于天下，于是天下有不由道者，其往必不利，不利则为灾矣。以故下卦健体之三阳爻，惟九二之得中，为无尤。初与三皆不可以不戒也。虽初本在下，而无位，于义弗乘，不必有舆马之可用。然健者徒足以骋，亦将无所不至。故当有攸往之时，必熟审其有厉与否，以决行止也。不见为有厉，则利行。一见为有厉，则不利行，而利已。盖厉者，心之疑其非道，而必会于灾也。于此不已，则是明知其灾，而故犯之矣。犯之，岂有倖哉。

**有厉，利已，不犯灾也。**

**九二：舆说輹。**

管见：按：此爻称舆说輹，象行非象止也。輹与辐，音义并同，其言说者，谓輹之两端，内属轂，而外属辋。其人处不合而离，不足以固轮也。舆之行在轮，轮之壮在輹。舆而说輹，则不可以逞于往矣。今乾体至健之九二，当其有所往也，不见为良马，而见为舆。且不见为壮輹之舆，而见为说輹之舆，则知其健悉化，惟是以中，循道而已。以中循道，不以健失道，是谓无尤。故《传》曰舆说輹，中无尤也。按：旧注以舆说輹，为不行者，非是。如初言有厉利已，是宜止也。其前一层之意，亦为无厉则可行矣。岂一于止哉，且如三言良马逐，利，是宜止也。其后一层之意，亦称曰闲舆卫，利有攸往矣。又岂一于止哉？夫初与三，皆不中，犹有可行，乃独谓二之中者，宜一于止，无是理也。且二为有位应五，有位能无事乎？应五能忘君乎？皆有不得已于行者，于此而谓其不行，而一于此为无尤，亦无是理也。



**舆说輹，中无尤也。**

**九三：良马逐，利艰贞，曰闲舆卫，利有攸往。**

《集说》：项氏安世曰："九三纯乾，故为良马。"

管见：良马逐，逐，驱也。此行之至健者。然其失道，必多矣。故九三虽乾体，而为良马。利于艰难守贞，而不用以行也。曰闲舆卫，曰谓其心云然，盖设为改图之词，有谓当为日月之日者，非闲者整饬之，使无出入也。卫则舆之前后导从，各执其物，以为威重者耳。夫舍马而舆，舆之行，较慎于马。然疾而驱之，亦良马之逐也。曰闲舆卫，则其舆必为缓辔鸣鸾，从容就道者矣。以是言往，往亦不失其艰贞也。故即可以艰贞之利，卜其所往之利，曰利有攸往。

**利有攸往，上合志也。**

管见：《传》言大畜，取止健之义。于九三又以利有攸往言者，惟其曰闲舆卫，必由其道而行，于是上与上九合志，不乖其时，行则行之宜，故曰利有攸往耳。否则为良马之逐，而失其道矣，岂所利哉？

**六四：童牛之牿，元吉。**

《本义》：童者，未角之称。

管见：六四以阴居阴位，其取象童牛者，盖牝牛而童者也。牿则或络其首，或羁其足，使不行耳。童牛不识，阴阳之道不交于刚，特未尝鼻而牵之，轭而任之。其行难禁制，故加牿焉。旧



说谓童牛为指初九。初有童象，而无牛象。又谓牿为楅衡，楅衡以防触者，童牛未角，何所用之也？故童牛之牿，盖象六四之柔，为艮体，能绝初九之应，不交于刚，如童牛然。其止而不行，如牿然也。夫六四近君位，高而以健，能犯灾之初九为之应，其交不绝，则其灾必同之。惟以童牛之牿自处，其得不交于犯灾者，而身亦自远于灾。由六四事后计之，其有喜可知矣。凡人之以得远灾，而有喜者，每视其获福而加甚，故爻词不只言吉，而曰元吉也。

**六四：元吉，有喜也。**

**六五：豮豕之牙，吉。**

《程传》：豕，刚躁之物，而牙为猛利。若豮去其势，则牙虽存，而刚躁自止。

管见：豕之猛利在牙，若去其势，而为豮豕，则牙之威杀矣。虽不等娄猪之纯柔，亦不敌艾豭之纯刚。是牙虽存，而势则屈也。此为厚自贬损，而以尊大，予人之象。故六五之尚贤，取之诸家，或以豮豕指九二言，然二称舆说輹，《传》曰中无尤也，则其健已悉化矣。何至刚躁难驯，犹待六五以豮豕之法制之也哉？

**六五之吉，有庆也。**

管见：有庆，谓得贤也。六五以上九为贤，不惜自卑以尊尚之，故其象为豮豕之牙。然以尚贤而得贤，则所谓一人有庆，兆民赖之者也。岂不吉乎？

**上九：何天之衢，亨。**

《集说》：张氏浚曰："刚在上为何，何谓胜其任。"

王氏宗传曰："何，如何校之何。"《释文》曰："梁武帝读音贺是也。"

《折中》：何字，《程传》以为误加，《本义》以为发语，而诸家皆以荷字为解，义亦可从。

管见：按：《传》曰何天之衢，道大行也。则所谓天之衢者，天之道也。衢字取象耳。犹之以舆马、大川言行而已。但天之道，日在天下，非贤而有德者何之，则有时而不行。《大畜》之上九在《彖传》曰刚健、笃实、辉光、日新其德，《大象》又曰君子以多识前言往行，以畜其德。则其道集于厥躬可知矣。以故天之道，犹天之衢。惟上九之贤而有德，天下仰之如山者，乃能以身何之，而因以不坠也。由是天下之行虽不同，而徒者、舆者、马者皆能见天道之为天衢，以为由之而行，则远灾寡尤，而利有攸往。不由之而行，则犯灾多尤，而不利有攸往。故其道集厥躬者，亦大行于天下，遂有成畜之功，而得亨也。夫大畜以止为义止，以上九为主，而《彖》之词曰利涉大川，爻之词曰何天之衢，亨，皆取象于行，不言止也。然则艮之道，以止为艮，尤以行不失其宜为艮。即大畜所谓止健者，亦止其不由道之行，而令其行道耳。不然上九之艮如山，而又尽举健行如舆马者，抑之使反是，率天下以束手坐困，杜门裹足，为止也，亦何取于大畜哉？

**何天之衢，道大行也。**

**䷚震下艮上**

**颐：贞吉，观颐，自求口实。**

《本义》：颐，口旁，口食物以自养，故为养义。为卦上下二阳，内含四阴，外实内虚，上止下动，为颐之象，养之义。

管见：观颐，自求口实，谓人之不能无养者，当观颐卦之所养，而求所以自养之正也。



**颐，贞吉，养正则吉也。观颐，观其所养也。自求口实，观其自养也。**

《程传》：贞吉，所养者正，则吉也。

管见：天地养万物，圣人养贤，以及万民。此《颐》卦中之所养也。观其所养者，盖欲观之以知其时之大耳。既观于天地圣人之所养，而知其时之大，则所以自求口实，受天地圣人之养，以自养者，即可于观颐之际，返而观之，而得其所为贞吉矣。

**天地养万物，圣人养贤，以及万民，颐之时大矣哉。**

《集说》：赵氏汝楳曰："圣人之于万民，岂能家与之粟，而人与之衣，其急先务者，亦曰养贤。贤得所养，则仁恩日及于百姓矣。"

《折中》：卦有曰尚贤养贤者，皆是六五上九相遇。此卦《颐》为养义，而六五又赖上九之贤以养人，故曰圣人养贤以及万民也。

管见：此一节，孔子特指观颐之实，以示人也。《颐》之二体为山下有雷，有天地养万物之象。又爻中如六五遇上九，有圣人养贤以及万民之象。圣人所谓王者，以其与天地同功，故不称王而称圣耳。颐之时大矣哉。时谓卦中之时也，《颐》之卦象成，则《颐》有颐之时矣。大者以其养万物养贤，以及万民，而大之也。颐以养万物，养贤以及万民为大，则其受养于天地圣人，以口实自养者，其为小可知矣。天位乎上，地位乎下，圣人成位乎中，万物不一类，贤与万民不一等，无一不得其养，即无一不有其养之正，故观颐之所养，而见其人，即可，以返观其自养，而知其正也。



**山下有雷，颐，君子以慎言语，节饮食。**

《程传》：山下有雷，雷震于山下，山之生物，皆动其根荄，发其萌芽，为养之象。

管见：山主于止，而有雷以动之，则万物由以发育。《彖传》所谓天地养万物者，即指此。颐者，养也。山下有雷，为有合于养之义，故曰颐。颐，贞吉，养正则吉也。欲养正者，莫善于节饮食。欲节饮食者，莫要于慎言语。言语口所出，饮食口所入。能慎其所出者，必能节其所入。世固无有从事于缄口扪舌，而不免为饕餮者矣。故君子以慎言语节饮食，其饮食无不节者，此养正之则也。

**初九：舍尔灵龟，观我朵颐，凶。**

《程传》：龟能咽息不食。

《集说》：何氏楷曰：“初与上，阳刚之德同，而吉凶不同者，初为动之主，上为止之主也。”

管见：卦中惟初上两阳，上艮体，畜德，贤者也。初虽震体，主动，无畜德之象。然阳刚能明，则亦知者也。故以灵龟目之，但灵龟之灵，灵于能咽息不食，则人之得全其知者，惟无欲也。今初九之刚明在下，有灵龟之知，而其震体主动，不能以在下而不求养者，固难比于灵龟之无欲也。初既有欲而求养，则于所应之六四，必将以其位高近君而情尤炽也。故自六四之心言之，其以初为不足贵者，则曰舍尔灵龟，观我朵颐也。朵颐者，虎求食之貌，非谓人也。在四爻称虎视眈眈，其欲逐逐，即此所谓观我朵颐也。夫当颐之时，而自求口实，如此龟之灵将日汩，虎之欲盖日肆矣，岂不凶乎？



**观我朵颐，亦不足贵也。**

管见：亦字之义，盖以上九相形而得之，如初之刚明，有灵龟之象，其知过人，则亦几于上九之贤之足贵也。乃上九之贤，能养万民，为由颐，故六五之于上九，其以为贤而养之者，为其诚足贵也。至于在下之初九，虽其刚明而知为灵龟之象，而其观我朵颐，以求口实之养，则易而为虎象也。故六四之颠颐，其有以养初九者，特比于养虎以为当饱其欲而已，岂尚以为得几于上九之贤，而贵之哉？故曰亦不足贵也。

**六二：颠颐，拂经于邱颐，征凶。**

《集说》：项氏安世曰："上艮体，故为于邱。"

管见：物势向下为颠，故自上养下曰颠颐。颐之初九比于虎，其视耽耽，其欲逐逐，盖贪戾人也。在所应之四，犹不得已，而有所施，况二与为比者乎？故两爻并曰颠颐。然颠颐同，而于二特称拂经，则何也？以四居上卦，而与初远，其见为虎之观我朵颐者，虽视之欲之，而犹有待于行也。若二之乘初，而与虎逼近，其予取予求之不能堪，必非常理所有者，故特称拂经耳。颠颐，拂经，二无如初之为虎，何也？然犹有四之颠颐以济之，则不患无以饱虎之欲，特患无以制虎之行而已。若二以颠颐之拂经，而虎无以自养，乃引初上行，使之餍所欲于四，四艮体为山，有邱象，则初之以虎行山而求养，是为于邱颐之象也。颐之上卦，皆为邱象。虎至于邱，而遑欲以行，其势将不可止于是，初之视眈眈，而欲逐逐者，且据四之位，以偪尊之五，亦与上九之贤为敌仇也。然五之词曰居贞吉，不利涉大川，是以安于山者，坐镇之也。虎之于邱颐，其能以撼山乎？又上九称利涉大川，非便于山而不习于水，以济险之才，除害缚虎于山，易易耳。岂终听其于邱颐，而不去乎？夫虎之于邱颐，其征而上行者如此，凶可知已。然非独虎之凶也。虎去于邱，乃更问虎之所由征而上行者，谁实导之？则亦当以虎之罪罪之也。何也。虎为非类，与虎俱行，为行失类，行失类，则同征，同征则同凶，可不戒哉？



**六二：征凶，行失类也。**

**六三：拂颐，贞凶，十年勿用，无攸利。**

管见：拂颐二字句，上九之贤，五以柔中居尊，故与为比而能养之。若所应之三，为柔不中，其有位者，但求自养而不知有上九，则于六五养贤之道，固大悖也。是为拂颐。拂颐岂可贞乎？三苟不自审，而以因位得养，非非虎之欲不惮，恬然安之以贞焉，此则有不免于凶者。何以言之？三之因位得养，必赖五之用之也。今惟拂颐是贞，而于其贤漠然，则无复有万民在其意中矣。以五念此，苟非褫其位，以夺其养，使之终身废弃，不可也。故曰十年勿用，无攸利。一者数之始，十者数之终。既曰十年勿用，则其无攸利已见。然或六三待用之心不死也，更以无攸利明决之，使知十年以后之年，皆勿用之年，则虽国有庆典，而恩不逮身，亨大耋而嗟，益长路穷气尽，至此凶乎否乎？

**十年勿用，道大悖也。**

管见：五以圣人养贤之道为道，而三之拂颐反之。五，君也。三，臣也。以臣而反君道，故称大悖。

**六四：颠颐，吉。虎视眈眈，其欲逐逐，无咎。**

《集说》：苏氏轼曰："自初而言之，则初之见养于四，为凶。自四而言之，则四之得养初九为吉。"吴氏澄曰："自养于内者，莫如龟。求养于外者，莫如虎。"



管见：颠颐，与六二同，皆谓下养初九也。其颠颐则吉者，以初之观我朵颐，其象为虎视眈眈，其欲逐逐，固不得不出于颠颐也。见可欲而动为眈。称眈眈者，状两目耳。视先而欲随之，有如行者之相逐矣。而又略无停时，故云逐逐。然初九何以然哉？以卦中惟两阳爻，而皆无位。上则诚贤，初不自谓比于贤也。至六五养贤之道，特隆于由颐之上九，则初之不得与者，以为辱矣。于是思所应之四，亦犹俨然在上也。若使偪之以威，俾得分所养以及我，则自上而施其光，当与养贤之道不相远。故其为虎视眈眈，其欲逐逐者，特以致四之颠颐云尔。四因是而能颠颐，心知其不足贵，而未尝不应其求，以示可贵，则初之于四，固不至有因其靳于上施之光，而咎之者，四于是为无咎矣。夫初犹虎也，以虎视眈眈，其欲逐逐之初，而无所咎于四，则四之无咎，岂不吉乎？

**颠颐之吉，上施光也。**

管见：光谓光荣，上施则为光者，以其近于养贤耳。惟其然，故虽二之颠颐，至于拂经，初仍以为非上施也，不光也。于是虎视眈眈，其欲逐逐，不忘情于上之四，而望其施，以为是乃差与养贤之道同光者，初以上施为光，则四之颠颐为必吉矣，故曰颠颐之吉，上施光也。



**六五：拂经，居贞吉，不可涉大川。**

管见：二与四之颠颐，皆养虎也。惟偪近者，将过甚而难堪。故二爻独言拂经。然虎之拂经，则何所不至哉？如二既颠颐，四亦颠颐，欲虎之安于下也，其或虎不安于下，必欲上征而于邱颐，此其视眈眈，而欲逐逐，虽以睥睨觊觎于居尊之五，亦不顾而拂经也。但初能拂经，上必反经，为此时之六五计之，惟是端居正位，守其艮止如山之贞，则虽虎之在邱，非能为患也。无不吉者，虎何以不能为患，如上九之贤，有利涉大川之才，则行于山者，固其所也。以故五惟顺以从上，而居于贞，在初之为虎，必有执而问其拂经之罪者，若使不居，而行不贞于山之安，而图涉大川之利，是则舍贤自用，不度其力以轻身犯虎也。其患将莫测矣，夫岂可哉。

**居贞之吉，顺以从上也。**

管见：顺以从上，则有以尽其利涉大川之才，而五之居贞，固泰然安于山之不可动也，故曰吉也。

**上九：由颐，厉，吉，利涉大川。**

管见：万民由之以养，曰由颐。上九当之，则所谓贤也。其见为厉者，以下卦初九之刚，为震主，而比于虎，当其于邱颐也，将拂经而逞欲于五，则于上九之独贤膺人君之养者，必欲得而甘心也。岂不厉乎？然虽厉而必吉，于何知之？艮之道，时止则止，止如山而利，时行则行，行如涉大川而亦利也。初九之为虎，利于行山，不利于涉大川，则其行，有时穷也。于此而以利涉大川之不穷于行者制之，则虎之于邱颐，固将无死所矣。此初九之所谓凶也。初凶而上则吉，故曰厉吉。

**由颐，厉，吉，大有庆也。**

管见：上为阳，阳为大，有上之大者为贤。又有初之亦大者为虎，以危上之贤，是为厉矣。然上之由颐，以养万民，则大而有庆者也。岂初之惟求自养，以朵颐致凶者，固能以大生厉，夺上之有庆，而贻以不吉哉：故曰由颐，厉，吉，大有庆也。



**☱巽下兑上**

**大过：栋桡，利有攸往，亨。**

《本义》：大，阳也。阳居中过盛，故为大过。

《集说》：何氏楷曰：“栋，《说文》谓之极。《尔雅》谓之桴，即屋之脊檩。”

管见：言栋桡者，盖以卦中强，而本末弱。有室庐危而不安之象。室庐每以栋计，故言栋，即统言室庐，犹之称一家者，只称门称户耳。解者以辞害意，遂指卦中四阳爻为栋，不知栋为屋之脊檩，安得有四耶？利有攸往，亨，为五与二告也。《大过》之时，本末皆弱，有栋桡之势，亦甚危矣。然使四阳之中，如五之居尊为主，与二之位应于五而为辅者，协心并力以维之，亦犹不至于倾圮也。特利于有攸往耳。往者行也，二往而上行，以遇主，五往而下行以求辅，有主有辅，则栋桡之势可救。岂不利乎？但二五俱刚，于易例为敌应而不相与，况大过为大者过，其合尤难，或者二有攸往，而不必得主，五有攸往而不必得辅。则未见其上下志同以成亨也。然而无不亨者，以大过为刚过，而二五则为刚过而中，又二之刚中为巽体，五之刚中为说体，二以巽行，其进遇于五之说者，必相说，五以说行，其降求于二之巽者，必相入相说。相入则岂不上下志同以成亨乎？故知大过之利有攸往，第就其刚过言之，疑于不亨也。至观于二五之刚过而中，巽而说行，则利有攸往之不可往者，乃其必亨，而无不可往者也。岂宜坐听其栋桡莫救也哉？





**大过，大者，过也。**

《程传》：大者过，谓阳过也。

**栋桡，本末弱也。**

《本义》：本谓初，末谓上，弱谓阴柔。

管见：本末象室庐之上下，弱则下不竹苞，上不松茂，故为栋桡也。

**刚过而中，巽而说行，利有攸往，乃亨。大过之时大矣哉。**

管见：大矣哉，非赞词，盖危词也。大过之时，有栋桡之象，所系非小矣，处此时者，得不共图所以扶持保护之道与？

**泽灭木，大过。君子以独立不惧，遁世无闷。**

管见：泽者，雨也。大过之在气化，亢旱近之。木几欲然矣。时或雨降，而炎铄不解，水湿变温，殆如沃木以汤也。故泽不生木而灭木，是为大过之象。以人事言之，在君子有时而见为大过者，惟是独立不惧，以镇危疑，亦或遁世无闷，以廿穷阨。其自胜有如此，若其事殊势异，不能不借助于同人，即不能不殷忧于天下，则《彖》词所谓利有攸往者也。于是而求亨，固以刚过而中，巽而说行，得亨也。尚何取于大过哉？

**初六：籍用白茅，无咎。**

《集说》：初六，执柔在下，不犯乎刚，其谁咎之？

管见：藉，荐也。白茅至柔，可以藉物之刚者，而无所触也。初六在下，而承刚，为藉之象。以巽主在下之至柔，而承过盛之刚，为藉用白茅之象。初一于承刚，其称本弱者，以此。此《彖》词栋桡之象，所由始也。初承刚而不犯刚，其得无咎者，亦以此。此二爻老夫女妻，过以相与之象，所由成也。



**藉用白茅，柔在下也。**

管见：柔在下，谓以巽主之柔，而在下之初位也。三女之卦，皆称柔。惟巽居外卦者，其六四曰柔得位，巽居内卦者，其初六曰柔在下，盖传例也。

**九二：枯杨生稊，老夫得其女妻，无不利。**

《本义》：稊，根也。

《集说》：胡氏炳文曰：“枯杨，大过象。老夫九，象女妻，初柔在下象。”

管见：杨木易生，阳象也。而其性喜湿，过燥则枯。故枯杨为大过之象，其于二五言此者，戒其刚过而失中。不能以其巽而说行也。刚过不行，则比于植物之非动物，各成其为枯杨而已。二与五各成为枯杨，而无相与之象，于是二私于初六巽主之柔，以相入，则为枯杨生稊之象。五昵于上六兑主之柔，以相说，则为枯杨生华之象也。杨以过燥枯，枯而遇湿，亦暂生，遇于下者，为得土之微润，则生稊。稊下引，有合于巽之入。遇于上者，为得雨之薄滋，则生华，华上荣，有合于兑之说也。然五之言生华，《传》曰何可久也。则生稊者之不可久，当同之。皆无救于枯杨者，乃过盛之阳，比阴则合，固无如其相入相说之易何也。以夫妇之道言之，如五之于上六，其相说者，为老妇得其士夫之象。此老妇之利，而士夫之不利者也。五犹不以为可丑矣。至于二之于初六，其相入者为老夫得其女妻之象。此女妻之不利，而老夫之无不利者也。二犹不以为可与哉？但老夫女妻，过以相与，而非中以相与也，九二不可以不知也。

**老夫女妻，过以相与也。**

管见：惟过刚乐亲，过柔惟过，柔善承过刚，故老夫得其女妻，为过以相与也。然明其为过者，正视见其失中耳。《彖》之言曰利有攸往，亨。固欲二之刚中，而巽往从于五之刚中，而说以相与也。不中以相与，而过以相与，虽无不利，利其能承己而已。为大过之九五，而使己私其女妻，五依于老妇，上下不交，而漠然相视，至栋桡莫救之日，亦同归于尽耳。然则目前与之利，岂如利有攸往之利？

**九三：栋桡，凶。**

管见：九三之词，其意盖以告九二也。二位比三而应五，大过之时，有栋桡之象。若使九三为主，其不中而以刚居刚，不可以有辅也。则将冒君子独立不惧之名，以取败矣，是必凶者。至于九五之刚过而中，其居尊为主者，可以有辅，则非同于九三无救于栋桡，而必凶也。因其可以有辅而辅之，在刚中之九二，固当知利有攸往之亨，而以巽行矣。其得假君子遁世无闷之道，为枯杨自绝之道哉？

**栋桡之凶，不可以有辅也。**

**九四：栋隆，吉，有它，吝。**

管见：隆谓高也。栋高而见为隆，则大过之本末弱，而不免于桡者，愈可惧矣。然有以知其吉者，以其时九五之刚中，可以有辅。又九二之刚中，能辅五之可以有辅，则栋之在上而隆者，终有保以之。固不至于自上而桡乎下也。此栋隆之吉也。若使六四惧其不吉，而有它，是欲脱身出走，不复处于栋隆之下矣。过刚不中者，不敢于扶危，敢于去危，不敢于徇主，敢于弃主。此其人既出，而义不可以复入也。卒之栋隆如故，与五相守者，皆托庇焉。在九四之不堪回首，岂不愧死无地也哉？故曰有它吝。



**栋隆之吉，不桡乎下也。**

**九五：枯杨生华，老妇得其士夫，无咎无誉。**

《程传》：上生华秀，虽有所发，无益于枯也。上六过极之阴，老妇也。五虽非少，比老妇则为壮矣。于五无所赖也，故反称妇得。

《集说》：沈氏该曰：“九二比于初，近本也，生稊之象也。九五承于下，近末也，生华之象也。”

管见：本始末终，故初之柔为女妻上之柔，为老妇也。二与五皆刚过而中，其取夫象亦有别者，二对女妻而称老，五以对老妇而称士耳。夫非必欲老妇者，以上为兑之主，而能说于五，故称妇得无咎无誉者，士夫而为老妇得之，亦必士夫之说之也。士夫说之人，谁得而咎之？故曰无咎。然男女婚姻之际，见之者多美词也，人不咎之，而亦不誉之，则其心固以是为可丑也，特说之者不自知耳。

**枯杨生华，何可久也。老妇士夫，亦可丑也。**

管见：何可久，谓枯杨也。以华言，则固非能待于久者，亦可丑告士夫也。以老妇言，则又鲜能鉴其丑者。夫九五之与上六相说，其不可久如彼，其又为可丑如此，然则非求辅于刚中之二，其何道以去其可丑，而图所为可久者哉？故《彖》词曰利有攸往，亨。既欲二之刚过而中者，以巽行，尤欲五之刚过而中者，以说行也。

**上六：过涉灭顶，凶，无咎。**

《程传》：因泽之象，而取涉义。

管见：泽之在上者为雨，上六具其象矣。然泽之为水，升于天为雨泽之泽，降于地，而复为川泽之泽，反其本也。故爻词于上六之既穷，即取泽反于泽之象，以立言曰过涉灭顶，凶。过涉，涉之深也。因是而至于灭顶，则志将自沉，岂不凶乎？其谓之无咎者，《传》曰不可咎也。然则于九五有专责矣。盖上六一柔，处末而弱，此大过栋桡之象，由以卒成之者也。向使五不利其以说相匿，而自以其刚中而说者，下行以求九二之刚中而巽者，则以主得辅，而栋桡之凶去，栋隆之吉来。在上六亦得借之以共保也。至于五任其刚过而不求辅，徒近依于柔说易与之上六，以成老妇士夫之相守，则栋之隆者，行将桡乎下，而莫救矣。当是时也，在九五之为士夫，既同于枯杨之不可久，老妇有心，其得不以死殉之乎？计无所出，则曰其何能淑，载胥及溺云尔，是可哀，而不可咎也。有使之至于此者，此上六过涉灭顶之凶，而谓之无咎与？

**过涉之凶，不可咎也。**

**䷜坎下坎上**

**习坎，有孚，维心亨，行有尚。**

管见：《传》曰习坎，重险也。是习为重坎之义，不得以人习于险及水，习于险诸说，曲解之。按：《月令》季夏之月，鹰乃学习，谓数飞也。《小过》有飞鸟之象，重坎有二鸟并飞之象，故曰习坎。《有孚》指二五之阳实言，即《大象》所称常德行也。阳实而德行有常，则虽处坎陷之中，其身有险而心未始有险也。故曰维心亨。其又言行有尚者，盖处险中而无所行，是未如之何而已。亦安在其为心亨也哉？行与行乎患难之行同，尚谓尊尚。有尚谓其行之时，固有前人之行之可尊尚者，为之极。无以其意行者，是即《大象》所称习教事也。旧说以行有尚，泥出险言。五居上卦，词曰坎不盈，秖既平。犹未尝有出险之意。则二可知矣。且圣人于坎卦中，舍处险不言，而言出险，是以险为不可一朝居也。不几有险之时，而无险之用乎？

**习坎，重险也。水流而不盈，行险而不失其信。**

《集说》：胡氏炳文曰："水字当读流水而不盈，行险而不失其信，两句皆指水言。以水之内实，行有常者，释卦词有孚之义也。"

管见：水性常流，流而不盈，则其流独在坎中，为行险之象然水之不盈而在坎，与水之既盈而出坎，其流虽异，而内实则同是为行险而不失其信之象由水观之，则《彖》词之于习坎，言有孚者，亦可以见其意矣。

**维心亨，乃以刚中也。行有尚，往有功也。**

管见：刚中既有孚也。惟有孚，而后心亨。故曰维心亨，乃以刚中也。刚中则德行为有常矣。行有尚，能习教事也。率是以往，则坎中亦有安途，其心常亨，而身不危也，是谓有功。

**天险不可以升也，地险山川丘陵也。王公设险以守其国，险之时用大矣哉。**

《程传》：王公君人者，知险之不可陵也。故设为城郭沟池，以守其国。

管见：按设险守国，当兼兵革言之。又按：天险地险，王公设险，皆非险之时也。而《传》言此者，以为险之时虽未至，其大端则以气化人事二者为主。固可即其常，以推其变也。就气化言之，如天险不可升也，地险山川邱陵也，此其常也。推其变，则末世之多故，事属不祥，有不可明言者矣。就人事言之，如王公设险以守其国，此其常也。推其变则浇俗之用，机谋乃百出，又有不可究言者矣。然则险之时，岂不大哉？有险之时，则必有因时而行之用，无用则必穷于时。有用而不大，亦必穷于时之大。此以知君子之常德行，习教事，其有合于《彖》词之言，有孚心亨，行有尚者，乃为用与时俱大也。故悚然动色，以告人曰险之时用大矣哉。

**水洊至，习坎，君子以常德行，习教事。**

《程传》：坎为水，水流仍洊而至，两坎相习，水流仍洊之象也。

《集说》：苏氏轼曰："事之待教而后能者，教事也。君子平居常其德行，故遇险而不变。习教事，故遇险而能应。"

管见：习教事，就处险之时言，有生所未经，必以前人之阅历为阅历也。故曰习教事。

**初六：习坎，入于坎窞，凶。**

管见：习坎，入于坎窞，凶。此统言卦中之柔爻，其相与为重险，以陷刚者，卒之刚不为所陷，而徒以自陷也。习坎之象，始于三之来之坎坎，成于初上之因其来之相合为坎坎也。三结初上，初上合三，缺一则重险不成，是则皆得指其习坎，以著凶之原也。其独于初言习坎者，如三称来之坎坎，其习坎之意已具。至于上与初同称凶，其凶并由于失道，则失道之皆罪其习坎，不言可知。习坎者，以陷刚也。然《彖》词曰有孚，维心亨，行有尚，是则处险之时，得险之用，不患其终陷也。惟是相与为习坎者，其人皆为失道。失道则必凶耳。道谓君臣之道，五为君，二为应五之臣，此而以习坎陷之，则皆无君而不臣也。其失道如是，光天之下，何处足容此辈哉？故即如其所，为习坎者，以明末路归宿之地，曰入于坎窞，凶。按：窞为坎中之陷处，入则必死。有入坎而遂至于窞者，在三之陨于险且枕。如梦未始醒也。时复驱初使即殉之，亦不容须臾缓矣。若上之称系用徽纆，置于丛棘，三岁不得，是自坎而窞，其人犹可作两截观也。然先后同尽，其视初与三，何以异哉？此以知习坎之失道，其入于坎窞之凶，皆不免也。

**习坎入坎，失道凶也。**

管见：按：《传》于初上两言失道，则三之来之坎坎，以主为习坎者，其失道自见。

**九二：坎有险，求小得。**

管见：坎有险，二之时也。求小得，二之用也。二五皆居坎中，而惟二言有险者，五居上卦之坎，又得四之柔以际之，则非二之所可同也。以二视五，而二之时为独险，故于二曰坎有险。处险者，其内必主刚，其外必用柔。惟主刚而内不为险所困，亦惟用柔而外乃不与险相触也。易例阳为大，阴为小。用刚为大，用柔为小。能大而不能小，其处险必危，故坎之九二宜求小也。然本大而求小，在刚之过者，虽求之而不得，故坎之九二，其刚而得中，为求小得也。夫九二曰求小得，是与中未大之九五，皆得处险之用矣。又何坎有险之足云哉？



**求小得，未出中也。**

管见：求小得，是能用柔矣。然非遂变其刚也。求小即以求中。求小而得，即求中而得。故曰求小得，未出中也。二未出中，此所以常德行也。而其由于求小得者，于何求之，于何得之，亦曰习教事而已。

**六三：来之坎坎，险且枕，入于坎窞，勿用。**

《集说》：《朱子语类》云：之，往也。

管见：卦中四柔爻，惟六四感于五之信，以际于五耳。然其词曰纳约自牖，则私与五际，亦未显与三绝也。故习坎之时，三居内外卦之交，来则能缔初，以成二之坎，之则能联四及上，以成五之坎，是曰来之坎坎。夫三本多凶之位，而此更因以为习坎之媒，倡失道之首，其险至矣。乃三位自度以为柔，皆为我用，不患刚之复我图也。当其来之既倦，窃谓而今而后，姑且安枕而卧可矣。不知四之际五，已有纳约自牖之忧，则其伺间发谋，有以图三于险且枕之会者，固即夺其床第之安，而置之坎窞也。夫坎窞，犹坎坎也。其由三之来之而成之者，为坎坎。其如三之来之坎坎，而报之者，为入于坎窞。然则非自为之，而自入之也，一间耳。三试反心内问，何所为而瞀不畏死，以出此也。岂其来之坎坎，以陷二与五者，即将二图代五乎？然此事为何等事，而侥倖其必成耶？不成则终无功，亦徒自毙而已，故止之曰勿用。



**来之坎坎，终无功也。**

**六四：樽酒簋贰，用缶，纲约自牖，终无咎。**

《程传》：以瓦缶为器，质之至也。

《集说》：何氏楷曰："贰，副也。谓樽酒而副以簋也。《礼》天子大臣出会诸侯，主国樽桮簋，副是也。"

《折中》：簋贰之说，何氏得之。

管见：卦中刚爻皆处坎者，而五之刚为君，柔爻皆为坎以陷刚者，而四之柔独近君，于此而不相际，则君臣之道几乎息矣。但于四言之，以柔际刚，则纳约自牖其实也。而先言樽酒，簋贰，用缶者，明刚柔之际，以刚为主，在五之有孚实，下通于四耳。按：樽酒簋贰为句。《传》不可易也。贰非数目字，故何氏训副。用缶，谓樽与簋皆非贵重而华美者。酒食为际之具，故主酒食言。《需》之坎在上，五曰需于酒食。《困》之坎在下，二曰困于酒食。则坎有酒食之象矣。而皆于二五言之者，《井》以阳为泉，《鼎》以阳为实，则酒食非阴爻之所有也。故樽酒簋贰，说此以为际之具者，当属阳实之九五言，且樽簋用缶，在险而不能备物，非五之刚中有孚，亦不得以器具之简质，谓足以明至诚也。纳约自牖，约，要约也。交际者，必有要约，而况于在险乎？此五所以有樽簋之设，而四亦受命于行酒进食之间者也。受命而出，亦反命而入，故言纳。其纳之曰自牖者，在险而有约。君不密则失臣，臣不密则失身，几事不密则害成，故不得已而行以私，亦犹兵有诡道，不害其为堂堂正正也。四之际五如此，故虽柔体险性，本于三与初上同也。卒之三，以来之坎坎，为罪魁，既无功，而有咎，其初上之从之，而不免于凶者，一曰失道，再曰失道，皆以三之咎，咎之矣。而四独得免，是为终无咎也。咎谓获罪于五。



**樽酒簋贰，刚柔际也。**

《程传》：刚柔指四与五，谓君臣之交际也。

《集说》：王氏弼曰："刚柔相比而相亲焉，际之谓也。"姜氏宝曰："观孔子《小象》以樽酒簋贰为句，则晁氏之说以贰用缶为句者非矣。"

**九五：坎不盈，祗既平，无咎。**

管见：祗音支，但也。与止同义。坎为阳陷阴中，则阴为坎，而阳为水，水之在坎也，不见其盈，而止于既平。则无横决不安于险之象。所以明九五之刚中，不汲汲以求出险，而或比于激也。不比于激，则其安然于君子之常德行，习教事者，固已处险之时，而当险之用矣。又何咎焉？是为无咎。

**坎不盈，中未大也。**

《集说》：陆氏振奇曰："知二之得小，则知五之未大矣。"陈氏仁锡曰："水流不盈，才盈便横流泛滥。五爻曰不盈，象曰未大，以五有中德，故不侈然自大。未大，所以明其不盈。"

管见：用刚为大，五处险而无刚之迹，见其中，未见其大，故曰中未大也。又按：习坎中，下卦之坎，较险于上卦，故二五皆刚中，五言未大，而二言求小。求小视未大，而愈敛也。

**上六：系用徽纆，置于丛棘，三岁不得，凶。**

《程传》：取牢狱为喻，如系缚之以徽纆，囚置于丛棘之中。

《集说》：吴氏澄曰："《周官·司圜》收教罷民能改者，上罪三年而舍。"

管见：《说文》："索三股为徽，两股为纆。"丛棘，遮狱墙之具也。习坎之以柔陷刚，三为首，初与上为从也。其刚之不终陷，而转以陷柔者，由五之信，足感四，而四际之，乃欲为五图三，以除首恶，于是用险，贼险一发，即致其命，初六入于坎窞云者，已为地下之游魂也。又罪大逆者，无首从，四因克三之势，以及初，亦将使之速毙，以相从于地下耳。故皆曰入于坎窞也。至于上之失道，与初同，而位处卦外，虽亦有罪当诛，四必敛手以听裁于五也。以五计之，三之首恶既歼，其为从之初，亦伏辜矣。彼五所逃罪，如上者，则且执而幽之，囹圄可也。故曰系用徽纆，置于丛棘。然其死虽可缓，而于法无可贷，则欲苟全于三岁之久，而不得也。盖与初同失道者，亦必与初同其凶。系用徽纆，置于丛棘，有入于坎之象。然犹可以倖生也。至度其必尽之期，而曰三岁不得，则亦终为入于坎窞之象矣。其何道以自脱于凶乎？

**上六：失道，凶三岁也。**

管见：《经》言三岁不得，凶。《传》曰凶三岁者，明上六之失道，虽倖生于三岁之中，断难逾于三岁之外也。语似稍宽而意愈紧矣。



**☲离下离上**

**离：利贞，亨，畜牝牛吉。**

《程传》：畜牝牛，谓养其顺德。

《集说》：吴氏澄曰："牛牝皆坤象。离中画一阴，坤之中画也。故象牝牛。"吴氏慎曰："离性炎上，炎之盛，则突如焚如，离炎忿之类也。"



《折中》：畜牝牛，吴氏之说为切，盖离，明也。高明柔克，则用明而不伤矣。

管见：利贞，亨，主二五言。畜牝牛，吉，则为初三四上说法也。离之六爻皆明体，惟二五为柔，丽乎中正。中正则贞，贞则亨，故曰利贞，亨。主二五言。二五而外，皆刚而不中，不中则不正，是不能以贞而得亨矣。惟二五全体乎！坤之顺德，有牝牛之象。其初三四上之刚而不中者，皆与之同体，则亦可以二五为準，而养之使成也。故曰畜牝牛吉，为初三四上说法也。

**离，丽也，日月丽乎天，百谷草木丽乎土，重明以丽乎正，乃化成天下。**

《程传》：离，丽也。谓附丽也。

管见：日月丽乎天下，即所谓重明也。百谷草木丽乎土，则处天之下而待日月之化之者，化于何成，成于日月之重明，丽乎正也。丽乎正，则四时不忒，而万物以生。故日月之在天，惟重明以丽乎正，而后百谷草木之丽乎土者，乃各得其所，而化成于天下也。日月为重离之象，丽乎正，为贞象。化成天下，为亨象。

则《彖》词所谓利贞，亨者，观于日月，而其意见矣。旧说以日月二句作平对语，与丽之义虽合，而百谷草木，与离之象不合。又以重明以丽乎正二句，属人事言，百谷草木不能引起重明之意，丽乎天、丽乎土，不能引起丽乎正之意。《传》岂惟其词之相配哉。

**柔丽乎中正，故亨，是以畜牝牛吉也。**

管见：离之二五皆柔，而丽乎中。中无不正，既皆丽乎正也。有此合于重明之丽乎正矣。则岂不足以致化成天下之亨乎？然其亨也，惟以二五之柔，丽乎中正，故亨。是以初三四上之刚不中，亦即不可为正者，必以二五之柔丽乎中正为归，而谨顺之，皆从事于畜牝牛焉。而后有以去凶咎而获吉也。



**明两作，离。大人以继明照于四方。**

《本义》：作，起也。

《程传》：大人，以德言则圣人，以位言则王者。

管见：《象》传曰重明，以对待言。此称继明，以流行言。皆谓日月也。继字之义，犹中庸所谓代明，两作而实更作也。离之二五，与日月合其明，故特称大人。其以日月之继明照于四方者，乃其所以得同于日月之重明，而化成天下者也。按：易中以阴爻而特称大人，仅见于此《传》。盖直以离之二五，跻于乾之二五矣。柔丽乎中正之德，其盛如此。

**初九：履错然，敬之，无咎。**

《集说》：胡氏炳文曰：“错然者，敬之之貌也。”

管见：离之四刚皆不中，各具火体炎上之性。其能戢志敛身，以出于敬者，鲜矣。如九四称突如焚如，此纵火之烈，以横行天下，肆然无复忌惮者也。其次如歌嗟不平之九三，火欝不得发，则见于声音，如此动作之不检概可知已。初九亦过刚而火体，特以居下，位卑，其势尚屈，故以履错之敬教之。初有趾象，故言履错然者，盘辟促缩之貌，所谓敬也。敬之之字，指所比之六二言。敬之而其履错然，是实能以牝牛之象，自处者也。离之卦主皆柔，有牝牛之德，则凡能以牝牛自处者，皆不得谓匪其丑也。故初与九三同体，当王用出征，有嘉斩首之时，四既伏辜，即以三为匪其丑而获之，咎无可辟也。初则有以辟咎，而无咎矣。



**履错之敬，以辟咎也。**

《集说》：徐氏在汉曰："敬以直内，坤之德也。履错之敬，是体坤之德，所谓畜牝牛吉者也。"

管见：履错之敬，能托身于六二，则非六五所谓匪其丑者。故有以辟咎，而曰无咎。

**六二：黄离，元吉。**

《程传》：二居得中正，丽乎中正也。黄，中之色，文之美也。文明中正，美之盛也。故云黄离。以文明中正之德，上同于文明中顺之君，其明如是，所丽如是，大善之吉也。

《集说》：俞氏琰曰："九三言日仄之离，六二其日中之离乎！"

管见：离，明也。黄明为日中之正色。物之似者，惟黄金之光。故《噬嗑》之六五曰得黄金也。但二称黄离，与五同象不嫌于两日并出乎，此则其德虽盛，或以有妨于五，而不可为元吉也。然二之得中道者，无不正，是能以日为体，以月为用者也。以日为体，则其见为黄离者，既与五合一而不二，以月为用，则其成为继明者，又与五并行而不悖也。此足知其得君无间，必有以襄洪化而受介福矣。其元吉也，信哉！

**黄离元吉，得中道也。**

**九三：日昃之离，不鼓缶而歌，则大耋之嗟，凶。**

管见：日昃之离，象其明不中正也。明为用刚之主，言其明则刚可知矣。不鼓缶而歌，则大耋之嗟，盖言九三之心，恨不如二之得君，而自鸣其不平耳。离之时，二五以柔丽乎中正，同德相与，则过刚之九三，宜其穷约以终老矣。然非三之所能安也。刚明失中，易生感激，故不歌则嗟耳。缶为齐民之器，鼓缶而歌，伤不鼎食也。又以为人寿几何，不能忍而待之，则为大耋之嗟矣。过盛为大耋，老也。大耋，犹甚衰之谓。夫九三之不歌，则嗟如，此其愤懑不平之意，欲其畜牝牛，以守顺德，难矣。当王用出征之时，以四之突如焚如为首，则歌嗟之三，亦五所谓匪其丑，而必获之者也，岂不凶乎？



**日昃之离，何可久也。**

管见：日昃则倾，刚明而不正则凶，皆不可久者也。

**九四：突如其来如，焚如，死如，弃如。**

《集说》：章氏潢曰："明之于人，犹火之于木，火宿于木，而能焚木，明本于人，而能害人。顾用之何如耳。九四不中不正，刚气燥暴，其害若此。"何氏楷曰："四处上卦之始，似火之骤烈。"

《折中》：离明，德也。继明，与继世之义，全无交涉。因先儒有以明两为继世者，故《程传》用说九四爻义，于经义似远。章氏何氏谓燥暴骤烈者，得之。不能以顺德养其明之过也。

管见：三居下卦，其势不极。四位高，则有强臣跋扈之状。非特三之愤懑而已。突如其来如，突，灶突也。言突即言火耳。四之刚如火，故取突象，而曰突如。火自突出其势，莫能已，则曰其来如。观一句用两如字，自以作两层说为是。来自突者，将缘延他及，而不可扑灭，其祸烈矣。此之谓焚如，为祸始者，必为罪魁。其究适以自焚耳。上爻曰王用出征，有嘉折首，则离之九四为罪，不容于死者也。故曰死如，又曰弃如。弃者，既戮而肆其尸之意。



**突如其来如，无所容也。**

管见：如突之出火，而不可已，此暴烈而无所容者也。其卒以死，且弃也，宜哉！

**六五：出涕沱若，戚嗟若，吉。**

管见：五之所以出涕沱若，戚嗟若者，其事于上爻见之。上爻曰王用出征，有嘉折首，获匪其丑者，谓四。匪其丑，谓三。折之获之，人见为有嘉，而六五固以为不祥也。惟王公主于正邦，不得已而出征耳。非其安忍而为此者，故当折首之时，不得不折。而五仍不免于出涕沱若，以折之。获匪其丑，亦不得不获，而五仍不免于戚嗟若，以获之也。自爻词言此，而离五之为王公，以正邦者，其柔丽乎中正之德，宛然行于除暴讨贼之中矣。岂不吉乎？

**六五之吉，离王公也。**

管见：离王公也，谓六五居尊为王公，而此卦之六五，则离体而王公者，故其柔之道，主于明。既足以成有嘉折首，获匪其丑之功，而其明之道，行于柔，犹不能忍出涕沱若，戚嗟若之情也。无不吉者。

**上九：王用出征，有嘉折首，获匪其丑，无咎。**

《程传》：征伐用刑之大者，去天下之恶，若尽究其渐染诖误，则何可胜诛？所伤残亦甚矣。《书》曰歼厥渠魁，胁从罔治。

管见：上爻之词，皆六五正邦之事。惟无咎二字属上而言，谓其当此时，而得无咎耳。危之也，亦幸之也。离之六五，与二同德相与，有重明丽正，化成天下之象。而三四之过刚，火体实，以卦主皆柔，而自恣无忌，突如焚如，其最甚者，此为首矣。若三之歌嗟不平，势必为之，从以助其燄，从四则悖五，所谓匪其丑者也。于此而不用征，何以除乱邦之罪人，而正邦乎？然五爻曰出涕沱若，戚嗟若，上爻曰有嘉折首，获匪其丑，一者合而离之，为王公不好杀，亦不养奸，能用刑，亦能用德，所谓柔丽乎中正者，其善如此。上九亦过刚，而火体者，独以处卦外为无位，其无所凭藉，与初同。是能勉从履错之敬，畜牝牛以守顺者也。故其时，王用出征，王嘉美之功，于四之为首则折之，于三之匪其丑，则获之。而上九不在从恶之列，非王师罪谪之所及，此所以卦中四刚，惟上得与初称无咎与？

**王用出征，以正邦也。**

管见：王用出征，王自征之，非用上九也。或谓他卦六五遇上九，多取尚贤之义，安见上九之不为师中大人乎？曰此时义不同耳。离之二五，同德相与，如日月之丽天，故遇上九而不取尚贤之义，且卦中四刚，而二五皆丽其中，则刚为过甚者，任之以出征，是以火济火，非惟不克，而又甚之，亦恶在其为正邦也哉？

# 上经卷之六

**䷞艮下兑上**

**咸：亨，利贞，取女吉。**

管见：卦名咸者，取山泽通气之义。

**咸，感也。**

管见：王氏应麟曰："咸之感无心，感以虚也。兑之说无言，说以诚也。其说似有见。然孔子于咸曰感也。于兑曰说也。则固不以字体之有心有言为嫌矣。"

**柔上而刚下，二气感应以相与，止而说，男下女，是以亨，利贞，取女吉也。**

《集说》：王氏肃曰："男而下女，初婚之所以为礼，取女之所以为吉也。"冯氏当可曰："柔上刚下，感应相与，所以为亨。止而说，所以利贞。男下女，所以取女吉也。"

管见：咸曰柔上而刚下，恒曰刚上而柔下。刚柔皆指内外成卦之主言。乾刚坤柔，六子各得其一画以为主，而亦称刚柔。此《彖传》之例也。至其于兑艮震巽之相重，而言刚柔上下者，以卦主居初三四上之位，与坎离相重，其卦主正当二五，而刚柔得中者，有异也。故分别言之耳，亦《彖传》之例也。二气感应以相与，二气谓山气泽气也，柔上为兑泽，刚下为艮山，山泽通气，为感应相与之象。他卦刚柔应者，皆相与，即恒之言雷风相与，刚柔皆应可见，而咸之义为感，则以相感而相应，非独应之云也，故曰感应以相与，加一感字，便见与恒之应以相与有辨。此《彖》词所谓咸亨者也。旧说以感应分属内外卦，谓止则感之专，说则应之至，其义不确。盖应为易之所同，感为咸之所独，故并言之，非艮感兑应之谓也。止而说，释《彖》词所以既言咸亨，又曰利贞也。咸之二体，柔上为兑，而主说，刚下为艮，而主止。取而较之，说者难贞，止者似犹可贞也。然止而遇说，为二气感应以相与，则说者一于说，而止者亦不能止，故惧其皆不贞也，而曰利贞。然《彖》词又曰取女吉者，何也？咸为二气感应以相与，主山泽言，亦可兼男女言，以柔上刚下，有艮男下兑女之象也。男而下女，非贞也。求其贞者，惟初昏取女之时，行亲迎之礼，则以男下女为贞，而得吉耳。外此则有不贞者，安得吉也？故咸之《彖》言取女吉，正见柔上刚下，感应相与，主男女言之，其贞者绝少，所以足上文利贞之意。旧说以止而说，即为能贞，六爻吉凶悔吝不同，何谓止而说者，尽能贞也？又概以男下女为正，遂认《彖》中取女吉一言为特表咸卦之第一义，其于经之本旨达矣。



**天地感，而万物化生，圣人感人心，而天下和平。观其所感，而天地万物之情可见矣。**

管见：咸有男下女之象，而《传》言大地感，言圣人感人心，而不言男女者，以咸之亨，利于贞，男女之感未可以为贞也。故知《彖》词曰取女吉，盖即男下女而揭言其贞惟此耳。言外正见男女相感之情，直可置之不论之矣。天地感而万物化生，贞在天地，而亨见于万物也。圣人感人心，而天下和平。又贞同于天地，而亨亦通于万物也。此在善观象者，自得之耳。观其所感，即谓观咸卦之所感也。卦为山泽通气，则天地感，而万物化生之象，即此而在。故曰观其所感，而天地万物之情可见矣。体天地者圣人，盈天下者万物，见天地万物之情，则圣人之情。天下之情，可相因而见矣。又《大象》曰君子以虚受人，虚字意境，正于见天地万物之情见之，不然，充塞锢蔽之人心，见为有我而已。其又何由而得虚也？

**山上有泽，咸。君子以虚受人。**

《程传》：虚中者，无我也。

《集说》：崔氏璟曰："山高而降，泽下而升。山泽通气，咸之象也。"何氏楷曰："天地以虚而感物，圣人以虚而感人心。"

管见：山泽通气，为山上有泽，此天地感而万物化生之象也。然惟天地之虚，无不包，故无不感耳。有谓虚义生于山内虚者，非是。君子以虚受人，则欲虚中无我，与天地同量，使天下之人，皆为所容纳也。此圣人感人心而天下和平之本也。有谓受人为受人之感者，亦非是。

**初六：咸其拇。**

《本义》：拇，足大指也。咸以人身取象，感于最下，咸拇之象也。

《程传》：初六在下卦之下，与四相感。

《集说》：《朱子语类》问咸内卦艮止也，何以曰艮虽是止，然咸有交感之义，都是要动。所以卦体虽说动，然才动便不吉。蔡氏清曰："咸其拇，辞意若曰感以其拇也。"

**咸其拇，志在外也。**

《程传》：初志之动，感于四也，故曰在外。

管见：初艮体在下，宜乎能止。而有咸其拇者，以其志在外卦之四也。志在于四，则吉凶皆至，四能贞吉，悔亡，而初吉，四不能贞吉。悔亡，而初凶，故初不言吉凶也。

**六二：咸其腓，凶，居吉**。

《本义》：腓，足肚也。

管见：咸其腓，凶，以其比三而戒之也。三当股化为艮体之主，亦不能处而志在随人，则二之承三，为腓象者，其势殆不能已。故曰咸其腓，股随身而腓随股，相牵以往，是违其艮体之本然，而不顺害，必因之，此为凶矣。然二固有应于五者也。五之词曰咸其晦，无悔。《传》曰咸其晦，志末也。则五为能不失其贞者，二不顺而往以从九三之不处，则有害而凶。二能顺而居以承九五之志末，则不害而吉。吉凶之界，固宜早为审几而致决也。



**虽凶居吉，顺不害也**。

管见：居者，止也。是为因其艮体之本然，故曰顺。

**九三：咸其股，执其随，往吝**。

《本义》：执者，主当持守之意。

《程传》：股者在身之下，足之上，不能自由，随身而动者也。故以为象。言九三不能自主，随物而动，如股然。其所执守者，随于物也。刚阳之才，感于所说，而随之，如此而往，可羞吝也。

《折中》：执其随，《本义》以为随下二爻。《程传》以为随上。然随之为义，取于雁行相从，则以三为随四者，近是。证之随卦，初刚随二柔，五刚随上柔，可见也。

管见：九四居脢之下，股之上，于人身宜直腰腹之间，非心位也。非心位则无主。又兑体为说，说者感之媒也。则九四之居上体，其承脢以为身者，欲其守贞而不妄有所往难矣。九三当股位，居腓与拇之上，为艮之主，固宜有以自制，上合于九五之志末，而守其贞也。若徒以股属于身而执其随身欲往，股则与之俱往，此为志在随人之象。为下卦艮体之主，而志在随人，是与初六之位居最下，而以其志属于在外之四者等矣。何贵乎有三也？故言吝，以愧之。

**咸其股，亦不处也，志在随人，所执下也。**

《程传》：前二阴爻，皆有感而动。三虽阳爻，亦然。故云亦不处也。不处谓动也。有刚阳之质，而不能自主，志反在于随人，是所操执者卑下之甚也。



管见：三之不处，以随四也，曰亦不处，便见三之不宜出此，而可吝之意已寓。盖内卦之艮，以三为主，为主者人必随之，今九三为主于下卦之上，而反以随人，是位在上而所执下也。下字对初六言，以三之志在随人，与初六志在外之志，无以异也，可吝孰甚焉！

**九四：贞吉，悔亡，憧憧往来，朋从尔思。**

管见：旧说谓四爻为心位者，非也。五之爻词曰咸其脢，脢为背肉。背与心平，人无背在上而心在下者，则不得以五为背，而四为心矣。故四当指腰腹之间，承脢以为身者，言身安其居处之，正为贞，贞则吉，而悔亡。其既曰吉，又曰悔亡者，明四之吉，非他也。悔亡安贞为吉，其憧憧往来，朋从尔思，则以发明不贞之害有四之身位为之，则五之心位将受之，固有不可以不贞者憧憧动其心，使不得宁之意，往来者，往来于心也。言往又言来，则往不一往，而成其为憧憧矣。朋从象其往来之不绝也。尔谓四，思则九五之为心主，居其上，以宰四者也。盖九四刚不中正，又说体为感之媒，必不安其居处之正，故其为客气所使，不能已，于有所往者，在所属之下体，如股与腓拇，虽未尝遂行，而其居上为心主者，已先受之，而不得宁，是为憧憧往来，朋从尔思也。夫四之不贞，则足以乱其心，如此天君乱，而身益不治，至于动与凶会，其心有悔，则身即为受悔之归矣。以此言之，处咸卦九四之身位，以承五之心位者，固可以不贞乎？

**贞吉悔亡，未感害也。憧憧往来，未光大也。**



管见：感害，犹人感于不正，而受病者，然贞吉悔亡，则无憧憧往来之害，故曰未感害也。光大为虚之象，憧憧往来，则其心不虚，以其朋从尔思，故不虚也。以其不虚，故曰未光大也。

**九五：咸其脢，无悔。**

《本义》：脢，背肉。

管见：五为君位，心为君象。五为全卦之主，心为全身之主，则咸之九五以心象君其身者，必有所以制其心矣。乃爻词不曰制其心，曰咸其脢，则何也？五脏皆系于背，是心之系，本在背者，脢为背肉，咸其脢，正以制其心也。易中以背制心之法有二，如《艮》言艮其背，此隐挈其心之系，以归心于心之位也。故《大象》曰君子以思不出其位。然此可以制未感之心耳。若咸之言憧憧往来，朋从尔思，则其心之既感，有艮其背，而犹不能定者，是又有藉于咸其脢矣。按：《传》曰咸其脢，志末也。末，不也。今人于憧憧往来，朋从尔思之时，其志注于背，以摇动其背肉曰不可，不可，是能举心系而左右曳掣之也。其视艮背以制心之法，为尤有力矣。使志末者，无变志，则于憧憧往来，朋从尔思之不贞，而致悔者，皆得以咸其脢，而使之退听，故有以决其无悔也。夫无悔之心，即为未感害，而能光大之心也。如君子以虚受人，圣人感人心而天下和平，其本体皆从无悔见得，至寻其当身着力处，所由知道者，切实指点，则使常人为之，亦有把鼻有应验然，则心法之要，有艮之《彖》词曰艮其背，又有《咸》之爻词曰咸其脢，六字已尽一切，后之理学家，可无多谈也。

**咸其脢，志末也。**

**上六：咸其辅、颊、舌。**

《本义》：辅、颊、舌，皆所以言者，而在身之上。又兑为口舌，故其象如此。

**咸其辅、颊、舌，滕口说也。**

《本义》：滕腾通用。

管见：《传》曰咸其辅、颊、舌，滕口说也。恐人以辅、颊、舌之动，与《噬嗑》朵颐相似，或主饮食言之耳。按《咸》之六爻，以人身取象。得其意者，固不局于一身而已。《传》于初之咸其拇，曰志在外也。于三之咸其股，曰志在随人，所执下也。若使泥于拇股，安得谓之有志。泥于股之随身，安得谓之随人也。读者于此审之，则观象之时，于初三两爻，知其不得以拇视拇，以股视股，而他爻可类推矣。

**䷟巽下震上**

**恒：亨，无咎，利贞，利有攸往。**

《集说》：徐氏几曰："恒有二义，利贞者，不易之恒。利有攸往者，不已之恒也。”林氏希元：“惟其不易，所以不已。”

管见：八卦之象，雷风以声气显，而无形色。时作时止，疑于偶然耳。而卦名乃曰《恒》者，明乎天地之间，雷风助日月以成四时，育万物，当其无有，有之理，虽只一旦而有，有终古之理，不可以为偶然也。故易以雷风为恒。此卦名之似奇，而实正者。恒，亨，无咎，利贞，利有攸往。《象》词盖因雷风为恒之象，而主人事言之耳。其意则于告六五为尤切，由《传》词推之，恒之用其成化于天下者，与天地同功，是为亨矣。若主其一身言，能与天地同功者，即当与圣人同誉。誉之反为咎，有誉故无咎也。但圣人之所以成化于天下，必以天地之道为体，则久，为久于其道也。非正者必远于道，故曰利贞。又圣人之久于其道，以为贞者，一如天地之终始相循而不已，故成化于天下，则又非以坐镇无为，为能久于其道也。故既言利贞，又以利有攸往申之也。如恒之利于贞，然后久于其道者，与圣人同誉，此所以称无咎，知恒之利贞，又利于有攸往，然后成为圣人之久于其道，而天下化成者，即与天地同功。此所以称亨也。六五居尊，为主卦之主，其得不于恒审所利哉？



**恒，久也。刚上而柔下，雷风相与，巽而动，刚柔皆应恒。**

管见：《象传》所以言刚上而柔下者，详见《咸》卦，震居外卦为刚上，巽居内卦为柔下。震之刚为雷，巽之柔为风，其刚上柔下，合为雷风之象。为雷风相与，此天地间之疑于偶然，而实常然者也。在《大象》曰雷风恒，其义只是如此。至下文又云巽而动，刚柔皆应，则以发明刚上柔下，所以成为雷风相与之实耳。巽字训入，不训顺，刚上柔下，何以为雷风？以柔下为巽，而主入，刚上为震，而主动。下巽而上动，故其象为雷风，巽而动，为雷风，其相与者，于何见之？刚柔应，则相与，以卦主之刚柔言之，如初柔为巽主，四刚为震主，初与四当相应之位，是相与也。即以不为卦主之刚柔言之，二三之刚，与初之柔同体，成巽风之象者也。而遇外卦之五上，皆柔以为应，五上之柔，与四之刚同体，以成震雷之象者也。而遇内卦之二三皆刚，以为应，以二三五上之应，合于初四之应，为刚柔皆应。则震巽之重而为雷风者，固有以见其相与，而绝不相悖矣，雷风相与为恒，巽而动，刚柔皆应，所以成为雷风相与，而谓之恒也。旧说分四句为四项，谓皆合于恒之道者，非是。



**恒，亨，无咎，利贞，久于其道也。天地之道，恒久而不已也。**

《本义》：恒，固能亨，且无咎矣。然必利于正，乃为久于其道。不正，则久非其道矣。天地之道，所以常久，亦以正而已矣。

管见：恒之象，见于雷风。然雷风，为天地之用，则雷风之恒，由于天地之道之恒久而不已也。故恒之《彖》词取象于雷风，而主人事言之。其立言之旨，则固依天地之道，以为本也。如《彖》言恒，亨，无咎，明乎体恒之象者之可以亨，可以无咎也。而继之曰利贞，则以恒久为天地之道，久必久于其道，而后为恒之尤咎也。非贞无以合道，其言利贞者，言必久于其道也。然恒之道，自在天地人，必久于其道，必如之何而后能久耶？亦仍即天地之求之可矣。盖天地之道，恒久而不已者也。何以不已？其终则有始也。人不能终则有始，如天地之不已，则能久于其道，故《彖》词既曰利贞，又曰利有攸往者，后能久于其道，亦如天地之终则有始而不已也。

已为恒，即恒之能亨在是矣。

**利有攸往，终则有始也。**

管见：终则有始，天地之道之不已也。不已故恒，尤人之志于恒，而亦宜不已者，必曰利有攸往也。按：上节恒，亨，无咎，蒙《彖》词总挈利贞，利有攸往，分解，中以天地之道恒久而不已也。二句上承利贞，下起利有攸往，则此节宜并上为一节，语意乃完。

**日月得天，而能久照，四时变化，而能久成，圣人久于其道，而天下化成。观其所恒，而天地万物之情可见矣。**



《折中》：日月为之体，四时为之用，四时日月之所为，合之皆天地之道也。圣人久于其道，如日月之得天而久照，化天下而成之，如四时之变化而久成，此恒道之大者也。

管见：卦以雷风为恒，而《传》言日月以及四时，则何也？天地所以育万物者，日月为主，雷风为之辅，日月为主，其积为四时。雷风为之辅，即辅日月以成四时。然则雷风之行，其为天地之道之恒久而不已者，由日月四时计之，而雷风在其中。由日月得天而能久照，四时变化而能久成计之，而雷风之为恒，亦在其中矣。圣人久于其道，而天下化成，此体天地之道，以成化于万物者。久于其道，为恒之无咎。天下化成，为恒之亨。此在善观卦象者之自得已耳。卦以雷风相与为恒，由此观之，则知其辅日月之久照，以成四时之变化者，皆天地之恒道，与万物相终始而不已者也。天地之道在恒，则天地之情也。万物之化以恒，则万物之情也。故曰观其所恒，而天地万物之情可见矣。见天地万物之情，则圣人之情，与天下之情，固无不可相因而见者。使卦中居尊之六五，乃能观其所恒，而有见于此，天高地下，万物散殊，在五之成位乎中，固即可与圣人久于其道，而天下化成者同矣。然则恒之象，岂可忽哉？

**雷风恒，君子以立不易方。**

管见：君子以立不易方，盖表二之能久中，以告五耳。恒之二体，刚上而柔下，其卦主皆不得中，不可以为君子。则如二与五之得中为君子者，固宜立不易方，以久中矣。但二刚而五柔，刚能立，则能久中，而不易方。柔不能立，则恐不能久中，而必易方也。故爻词于二曰悔亡，明其以刚守中，而能久中。是为君子之立不易方也。若于五言恒其德，贞，妇人吉，夫子凶。则将舍中守柔，以从刚之不中，所立已易方矣。五之立易方，德非君子之德，贞非君子之贞，有不免于凶者，其可不如二之能久中乎？按：君子以立不易方，即《彖》词利贞之贞也。然《彖》词曰利贞，又曰利有攸往，而《大象》特于利贞之贞，重发明者，贞为利有攸往之本云尔。知此，则君子之立不易方，以成为贞，能立所以能行，不易所以不已，有方所以无方也。夫岂不足于利有攸往之义哉？

**初六：浚恒，贞凶，无攸利。**

《程传》：浚，深之也。

管见：卦中四以刚上为震主，初以柔下为巽主，皆不得中，则因其巽而动之常性，以见为恒者，必不能久于其道也。道之反为欲，故四之刚动取田象，曰为有位之畜，而其志利于得禽，非道也。欲也，震之刚以动，为恒巽之柔以入为恒，故初称浚恒。浚如掘井凿矿之类，亦小求得其欲之象。有所利而为之也。岂复知久中之道，道则不可贞矣。初若以是为贞，彼其浚恒而求深者，将无所底止也。贪夫狗财濒死不顾其深而愈求，适自陷而已，是曰贞凶。夫浚恒者之心，其始大有所利为之也，而卒之乃与凶会。身既蹈祸，身外而归乌有，谓利者安在乎？初若有知，固宜即究其所终以速反于道也。按：浚恒之象，《本义》、《程传》皆谓求望于所应之四太深，故曰浚恒。浚象下求。求四则向上矣。又诸家多言初为事始，浚恒则求之太遽。夫欲速者不达，说进者退速，谓之悔咎吝可矣。于凶字不切。总之浚恒之求深，下求而非上求，亦求欲而非来道。故以贞凶，无攸利戒之。



**浚恒之凶，始求深也。**

管见：浚恒，贞凶，终于凶也。以凶终者，以求深始。故明其所自来，而曰浚恒之凶，始求深也。旧说以始为卦初者，非是。

**九二：悔亡。**

管见：按：《彖》词言利贞，欲恒之久于其道也。然必得中，乃能见道。亦必刚而得中，乃能久中，以久于其道。是利贞之贞，惟九二为合。乃爻词于九二不曰贞吉，而曰悔亡者，其意盖对所应之六五言之。如五称恒其德，贞，未始非贞也。岂如二之能久中乎？独以五虽不能久中，而中之体自存，则所称恒其德贞者，特出于有所容，非其本心也，亦将悔矣。夫五之有悔，正其所以卒能久中之藉也。至二之能久中，则并不待悔而后能之，故于二特曰悔亡，不曰贞吉，且爻中贞字凡三见，或凶或吝，皆不利也。于二之能久中，而浑言贞吉，则于贞而不贞之取凶吝者，无以别矣。虽五为得中，犹有见于恒其德之凶，而知悔，若下卦之初与三，一以浚恒者，恒其德，一以不为浚恒者，不恒其德，其究皆狃于不中之贞，而不悔，又乌知其必凶必吝，固非《彖》词利贞之贞乎？



**九二：悔亡，能久中也。**

**九三：不恒其德，或承之羞，贞吝。**

管见：此称不恒其德，五称恒其德，所谓德者，特指巽而动之德言。但恒之巽而动，就二体以论气化，其雷风相与之象，则为天地之道，若析六爻而主人事言之，在初与四之为卦主者，位皆不中，则其巽而动之德，非如雷风相与，本即天地之道之恒久而不已也。由此以推，可知下卦同为巽体之二与三，上卦同为动体之五与上，皆不宜于恒其德矣。然四之为动主，其刚足以胁五上之柔，故不惟上之位不中，而成为振恒，一狃于动之性，以恒其德也。即如五之位得中，而能不恒其德者，犹或不免以夫子处四，以妇人自处，则因有所容，而以动从动，亦将恒其德矣。若初之为巽主而柔，其于同体二三之两刚，不能强之，使从己也。故二称悔亡，其因位得中，而能久中者，既不狃于巽之德，以恒其德，即以三位不中，而其刚非柔所得牵，亦不下同于初之浚恒求深，以恒其巽之德也。特三与二，皆能不恒其德，而惟二得中，是有所据，以成立不易方之君子也。至三之不恒其德，而无中可据，则不从初之柔巽不中，而有事于浚以求利，又将从四之刚动不中，而有事于田，以求得也。然四为久非其位，在上之以振恒从之者，亦以大无功而致凶。三复漫狥以身，是为立不易方之君子所羞也。故曰或承之羞。承者，自下而奉诸上之谓，下之承以羞者，不外能久中之二也。不言二而曰或，虽似未尝指目，然味承字自明，羞即吝也。贞吝，谓三为巽之德，而不恒其德，一似舍其不贞以求贞也。而卒不免于或承之羞，以成其吝，是不中者之所谓贞，特以贞致吝而已。岂如二之不恒其德，而能久中者，实有合乎久于其道之贞，而曰悔亡哉？

**不恒其德，无所容也。**

管见：容，谓隐忍也。五位得中，而不免于守妇人之贞，以恒其德者。盖因九四之刚，为强臣逼处，五以柔乘之，而势将受制，故隐忍出此也，有所容也。若三之位虽不中，而与二俱刚，其于初六之柔，本为同德，而能不恒其德者，刚不受制于柔也。岂如五之于九四，以柔受制于刚，而恒其德，固有所隐忍，以容之哉？故曰不恒其德，无所容也。至于三之不恒其德，犹夫二而其卒以不中为贞，固不得比于二之能久中，此其位居二上，而不与二同方者，即为二所不与立，在爻词曰或承之羞，贞吝。又不待申言，而知其必不免矣。

**九四：田无禽。**

管见：易中取田象者，皆师象也。大凡强臣震主，必先立功，其立功之藉，莫要于行师者，故恒之九四，以刚动居高位，事柔主，其志欲立功，而利于行师。在爻词特取田象也。然曰田无禽者，无禽则不用田，以明九四之刚动，无可逞耳。盖卦之外体，震居其八，在九四一爻，惟《豫》称由豫，大有得。以其时利于建侯行师，故其志大行，而有功，此为当位，不为非其位也。若《恒》之义，取于久利，在久于其道，而天下化成，不利于建侯行师也。则是九四之位，在《豫》为当，在《恒》为不当，故《传》曰久非其位也。久非其位，犹云恒非其位耳。夫《恒》之与《豫》，其九四皆侯位也。《豫》则其位，《恒》则非其位，此其切承六五，固不能必如《豫》之用其刚动，即因其位为侯而建之行师也。不行师，则既无田象矣。又安得如师之所称田有禽，利执言者，以成得禽之象乎？是曰田无禽。

**久非其位，安得禽也？**

**六五：恒其德，贞，妇人吉，夫子凶。**

管见：德指动之德言，上卦九四之刚，为震主，其志于动，有田象。田此于行师，此特务武功，以毒天下，在居尊之六五，不能与之久于其道，而天下化成者也。不可从也。但六五以柔乘之，或者受制于刚，而有所容，则其下从九四，有不免于恒其动之德，以为贞者，然如是以贞，特妇人从一而终之贞耳。就妇人言，则吉。为其有以事夫子也。若以夫子出此，夫子制义，乃至谨守妇人之贞，则将以妇人为夫子，而从之矣。是从妇也。有不成为夫子者，岂不凶乎？今六五以柔居尊，柔虽妇人之才，其居尊则夫子之位也。夫子之自制以义，宜于卓然独立，一如君子之立不易方，不宜降以相从，有若妇人之从，一而终也。如五所乘之九四，其位为臣，臣犹妇也。臣宜从君，犹妇之宜从夫子也。其或五为君而柔，四为臣而刚，柔制于刚，而以君从臣，乃如夫子之不能制义，而转而从妇，试思四之刚不中，而主动，其卒无可逞，以成田无禽之象者，独以五之不从耳。至于既从，而曰恒其德，贞，则四之以动自逞，固将挟五以田，而以禽献功也。五殆难乎？其为君矣，凶乎？不凶乎？

**妇人贞吉，从一而终也。夫子制义，从妇凶也。**

**上六：振恒凶。**

管见：振者，怂恿之意。外卦九四之刚，为震主，而有田无禽之象者，徒以久非其位，欲动而未得逞耳。乃同体之上六，恒因四之不即动，而振之使动，是曰振恒。然振恒者在上，终亦隔于居尊在中之五也。五不舍中守柔，以从四，则四之阳刚为大者，固卒成为田无禽之象，是无功也。四不遂其动而无功，而上六之为振恒，顾敢以阴柔而小者，附于阳刚而大者，以速之，此五所不能容也。如是而大者，见为无功。小者，即不免于有罪。是故曰凶也。

**振恒在上，大无功也。**



**䷠艮下乾上**

**遁：亨，小利贞。**

《本义》：小人利于守贞，不可以浸长之故，而遂侵迫于阳也。小谓阴柔，小人也。

管见：卦以君子远小人，为遁远之云者，能使近在咫尺，皆可作千里观也。岂必脱身避去，以为遁哉？旧说看遁字太泥，遂谓遁非人君之事。九五一爻，亦当主大臣言之，则误甚矣。又卦中以两阴为小人，其远之以成遁者，惟四阳之为君子者也。乃先儒之释爻词谓初六，遁而在后，尾之象。六二以中顺自守，人莫能解，必遁之志小人，亦主遁言，此卦义之所无者，尤不可以不辨。

**遁亨，遁而亨也。刚当位而应，与时行也。**

管见：君子之于小人，以远之，而成为遁，则宜。刚与柔不应不可以言亨矣。而《彖词》曰遁，亨者，明乎遁变为否，乃诚有上下不交，其志不通之象。若犹是遁，而非否，则仍不得同于否之不亨，故知于遁言亨，以其遁之非否，而亨也。不观于嘉遁之九五乎？如下卦两阴之为小人，二之浸长，其尤也。而在五之刚当位者，以中行正，固自合于远小人，不恶而严之道，则其同称为遁，未尝非远二，而其独称为嘉遁，又实未尝不应二矣。所以然者，以其有见于遁之时，非否之时，乃即因乎遁之时，以行，亦非否之时之所行也。夫五之刚，当位而应，与时行者如此，此足见遁之能亨，固不至如否之上下不交，而其志不通，绝不可以言亨矣。故《彖词》曰遁，亨。

**小利贞，浸而长也**。

管见：上节言刚当位而应，此五爻所谓嘉遁，贞吉之贞也。易例刚为大。柔为小。使五之刚为大者，以应二为贞。而二之柔为小者，亦即以应五为贞，则遁之亨成，可不遂为否之不亨矣。然《遁》生于《姤》。而二实当浸长之位，由是进而为《否》，以至《观》至《剥》，其二之为小人，而不如他卦之有取于中正者，皆同，则不可称柔当位也。夫遁二之浸长，不可以称柔当位，其能必应五之刚，当位而不失其贞乎！此以知《彖》词之言小利贞，明乎二之柔为小，其于时则浸而长也。有疑其将为不贞之小人而已，无复可执他卦中正当位之说以例之者，而能无戒以利贞也哉！

**遁之时义大矣哉**。

管见：遁之卦象成，此遁之时也。《彖》词因遁之时，明遁之义。曰：遁，亨，主当位之五言。曰小利贞，主浸长之二言。卦中四刚爻皆为君子，而惟五有当位之德，两柔爻皆为小人，而惟二有浸长之势。使当位之五，既知遁亨之义，以与时行，而浸长之二，亦知小利贞之义，而不与时违，则天下可不即变为否，此以知《彖》词因遁之时，明遁之义，其维持世运者，甚大也。故曰遁之时义大矣哉！

**天下有山，遁。君子以远小人，不恶而严。**

《折中》：天下有山，以山喻小人，以天喻君子，似未切。盖天下有山，山之高峻极于天也，山之高峻者，未当绝人，而自不可攀跻，故有不恶而严之象。

管见：上卦乾体三阳，天也。下卦之一阴犹地，而一阳冠于其上，为艮山之象，是天下有山，特主四阳爻言之耳。



**初六：遁尾，厉，勿用有攸往。**

管见：遁尾，厉，勿用有攸往，即《彖》词小利贞之义也。意本重戒六二，而其词见于初耳。遁字当一读，指君子言。尾者谓乘其后，而追迫之也。下文所称有攸往，即此。夫君子之成为遁，所以远小人，而使莫能犯也。若小人之心，以为君子固实畏其浸长之势，乃遂尾而偪之，以有攸往焉，是必厉者。易例多以自下而上，自内而外为往。遁之两柔于二称浸长，则欲往者莫如二。而初其从之者矣。二比三之刚，而应五之刚。三为艮主，犹之山。五为乾主犹之天也。二苟恃其浸长之势，以有攸往，山纵可踰，天顾可干乎？干天者必有灾厉，可知已。二往而厉，则初之从二以往，亦必厉也，故初与二皆为小。爻词即明二之利贞，而不利于不贞者，以告初曰遁尾，厉，勿用有攸往。

**遁尾之厉，不往何灾也。**

**六二：执之用黄牛之革，莫之胜说。**

管见：按二为浸长之小人，其利贞之义，已尽于初爻，故本爻只主君子所以远小人者言之。远小人者，宜于不恶而严也，若九三之于六二，称系遯，则不免于恶矣。系遯如何？即此所谓执之用黄牛之革是已。黄牛之革坚韧，系物其最固者。九三疑于二之志，有攸往，而不能贞，乃欲以系之者固之，其因过刚中之性，以竭其艮止如山之力，则有执之用黄牛之革之象焉。岂不恶哉？然三曰系遯，有疾，厉。传曰系遯之厉，有疾惫也。疾为惫象，三有是而系，将不固，是难保于二之不说矣。其系之者以恶行，则其说之者，亦必以恶反。黄牛之革既解，而浸长之小人，乃逞志以肆恶焉。此非三之既有疾惫者，所能胜也。故曰莫之胜说。说与《蒙》初用说桎梏之说，音义同，二说于系，而三莫之胜，则天下有山之势不立，即可使山变为地，而成为否也。以是为厉乎，否乎？



**执用黄牛，固志也**。

管见：执，系也。于系而用黄牛，其为革不言可知，志属二，固之者属三，三不能如五之嘉遯，以正其志，而徒欲固之，遂以执用黄牛者，成为系遯，于是二有必欲说之志，又有既说而惟恐复执之志，此其乘三之疾惫，以肆恶不顾者，诚有莫之能胜者也。

**九三：系遯，有疾，厉，畜臣妾，吉**。

管见：六二言执之用黄牛之革，即此所谓系也。三之远小人以为遯，如此，则恐二之志终不正，而系遯之，三其欲固其志，而执之者，势以久而不免于惫也。惫则比于疾，故以有疾明其惫耳。三有疾惫，则二之系必自说，二说而因三之疾惫以报之，固有莫之胜者也，岂不厉乎？故曰有疾，厉。按，爻中厉字，凡两见，初言尾，君子者，必厉，是欲小人同守利贞之义也。三言系小人者，亦必厉则又欲君子共求遁亨之义矣。知遁之所为亨，乃见遁之所以吉。故下文更以五之嘉遁贞吉者告之。盖五之嘉遁贞吉，以其有得于畜臣妾之道而吉也。畜，养也，奴为臣，婢为妾，天下有主，则有臣妾，犹之有君子，不能无小人也。人之处臣妾者，惟用恩以畜之，无或逞威以系之。是为不恶。然有以畜臣妾之身，即有以正臣妾之志，此则必无不贞而犯其主者，又何尝不严哉?！嘉遁之九五，以臣妾视小人，以畜臣妾之道远小人，不至于恶而未始不严。故其刚当位而应，与时行者，虽以二之浸长而皆识利贞之义。一如臣妾之谨事其主，而不生他患也是为吉也。九三亦知之否乎？



**系遁之，厉，有疾惫也；畜臣妾，吉，不可大事也。**

管见：系遁之厉，有疾惫也。言厉，由于有疾。所谓疾者，疾惫也。于惫言疾，取象耳。畜臣妾，吉，不可大事也。大谓刚恃刚以行为大事，如三之系遁是已。使系遁而吉，又何贵于五之嘉遁而曰畜臣妾乎？其有合于畜臣妾者，此所谓刚当位而应，与时行也，非如系遁之恃刚以行而为大事也。三恃刚以行。则以有疾惫而成系遁之厉，此其不可大事，审矣。故遁之不厉而吉。惟不恃刚以行，而有合于畜臣妾之道，乃为吉也。

**九四：好遁，君子吉，小人否。**

《集说》：张子曰："有应于阴，不恶而严，故曰：好遁。"

《折中》：好者，恶之反也。好遁言其不恶也。

管见：小人否。正申言君子之所以吉也，其曰否者，谓小人与小人之志不通，而为否耳，如下卦之初小人也。使四之为君子者远之而近于恶，则初必仇所应，以亲所比，而其志固。与浸长之二通矣。初之志与二通，是将共谋所以尾君子而有攸往也。岂君子之吉乎？以故四荀成为好遁，其不以恶行者，既未尝绝之以召初之怨毒，即不至迫之使为二之党与，初自初而二，自二其志不通，是曰小人否也。小人否，则朋比之缘遂断，而犯乱之迹自消。所谓君子吉者以此。

**君子好遁，小人否也。**

管见：爻词本以小人否明君子之吉。故《象传》但曰：君子好遁，小人否也。不言吉而吉之义愈明。



**九五：嘉遁，贞吉。**

管见：按：《传》曰嘉遁贞吉，以正志也。志属二，正之者属五。五之远小人以为遁者，即有以正小人之志，则小人将化为君子，而岂不嘉哉？故其遁为嘉遁。所以然者由五之刚当位而不过刚，即能以刚应二之柔，而不绝柔。固自与时行，以行其贞耳。贞者，正也。五以贞应二，而无过。正之行，二亦以贞应五，而无畔正之志。将见浸长之小人，其折于不恶而严之君子者。如地之以顺承天，如臣妾之以忠事主。而五无不吉矣，是为贞吉。贞字，宜重读。吉与厉相反。爻词于五言贞吉，则三之以不贞。而厉可知矣。卦中以二为浸长之小人，于三为比于五为应。三不得贞，而其恃刚以行者，不知不可大事之戒。故欲固小人之志以成系遁之厉，五得贞。而其刚当位而应，与时行者，乃有合于不恶不严之道。故能正小人之志，以成嘉遁之吉也。

**嘉遁贞吉，以正志也。**

管见：旧说以正志，指五之自正其志言，非也。盖九五之贞，所以正小人之志以成嘉遁之吉者也，贞为体。正志为用，不可混看。

**上九：肥遁，九不利**

《本义》：肥者，宽裕自得之意。

《集说》：姜氏宝曰："上与二阴无应无系，故肥。肥者，疾惫之反也。"

管见：上与三皆为君子，而位应则当三以系遁而有疾惫之时，必将借助于上也。然一为浸长之小人，三之固其志者，终不能如五之正其志。则上虽往而从之，以济其执用黄牛之不及。要亦同归于疾惫而不免于厉也。以故上之自处，其亦宜于远小人以为遁者，词曰肥遁，盖欲其不并力于系遁之三以致疾惫之象耳。其又言无不利者，释上之疑也。上自成为肥遁，而任三之有疾惫独不疑，于二将浸长不已，遂逞志于有攸往乎。此众君子之不利，而上亦同之者。然而无所疑也。在五爻称嘉遁贞吉，明五之于二，有以正其志也。五能正二之志，则二之浸而长固能守。《彖》词小利贞之义，以不卒为小人矣。无所为不利也，无不利而又何疑哉！

**肥遁，无不利。无所疑也。**

**☳☰乾下震上**

**大壮：利贞。**

《本义》：大谓阳也。

《程传》：大壮之道，利于贞正也。大壮而不得其正，强猛之为耳。

**大壮，大者壮也。刚以动，故壮。**

《程传》：所以名大壮者，谓大者壮也。阴为小，阳为大。

管见：卦自初至四皆阳爻。内卦之三阳为乾之刚，外卦之一阳为震之动。故传词曰：大壮，大者壮也。言大壮之名。独主四阳，言于五上两阴无所取也。又曰：刚以动，故壮。言大壮之所以为壮者，因乾之三阳，合震之一阳为刚以动，故以壮名。若他卦之四阳相连者，如自二至五为大过。过之象比于枯，虽同以大名，而不可以壮名矣。至于反对之遁，自三至上亦四阳相连者，然以阴之浸长，而遁是并失其大，而不可以大名，又何可以壮名乎？且如四阳之卦，其内卦皆乾之刚，而外卦之一阳居五为坎。则有取于须险而名需。居上为艮，则又成为止健而名大畜，以皆不遇震体之阳，如大壮之刚以动也。故惟刚以动者，名大壮耳。

**大壮，利贞。大者正也。正大而天地之情可见矣。**

管见：《传》曰大壮，利贞。大者正也。明乎大壮之《彖》词言利贞，盖特言四阳之大者利于贞，非并为二阴之小者说法也。夫大者能正，是为正大矣。而曰天地之情可见者。欲人以见天地之情为能贞之验耳。盖大壮为雷在天上，雷出地而上于天，此所谓德发扬诩万物自然流行，而为天地之情之正大可见者也，乃天地之情自昭察于天地之间，而人不能见之者何，由于不贞而已。正大而能贞，则其刚以动之情大而壮者，亦大而正。于是天地之情，即其在我之情而见之，不必求诸天地，而亦可质诸天地也。故曰正大而天地之情可见矣。见天地之情而其能贞，为有验矣。

**雷在天上，大壮，君子以非礼弗履。**

管见：卦以四阳之刚动得名。所谓雷者，只就九四之为震主者言。君子以非礼弗履。此大壮之所谓贞也。四阳惟九二之刚为得中。中则由礼。他如初之征，三之触，四之尚往，皆用壮而不能贞，以其不由礼也，由大象指出礼字，则《彖》词利贞之贞，更有实地可为率循者矣。



**初九：壮于趾，征凶，有孚。**

《程传》：趾在下而进，动之物。

管见：初有趾象而为乾体之刚，故曰壮于趾。言虽未征，而妄行之才为已具矣。至于不能守正而用壮以征，此必穷之道也。其凶可知，故曰征凶。初之征，何以必穷而凶也，以有孚为尚往之九四，四必穷，而初亦与之俱穷，故推其所以凶之，故而曰有孚也，易例刚与柔相与为孚，刚与刚相与亦为孚。初四位本相应，而大壮之。初四一刚体，一动体。刚以动牵，动以刚辅。其为孚必矣。且初九在下，为趾象，则九四在上，为身象。趾不合于身，谁使趾者，故有孚当指九四言。旧说以孚为信，谓其凶必可信也。易中言凶者多矣，岂尝不信哉！按征凶有孚四字，若先言有孚，后言征凶，则其义顺，而易明经文偶用倒装耳。

**壮于趾，其孚穷也。**

管见：其孚指九四言，九四刚不中而动体尚往，此履非礼而不贞者，必不免于穷矣。其孚之九四，穷彼以得四为有孚，而壮于趾者，欲不穷也，得乎？

**九二：贞吉。**

《程传》：二虽以阳刚当大壮之时，然居柔而处中，是刚柔得中，不过于壮得贞正而吉也。或曰：贞非以九居二为戒乎？曰：

易取所胜为义，以阳刚健体当大壮之时，处得中道无不正也。在四则有不正之戒。人能识时义之轻重，则可以学易矣。

管见：四阳惟九二得中。故合于《彖》词利贞之义。中则贞吉即所为利也。

**九二贞吉，以中也。**

**九三：小人用壮，君子用罔，贞厉，羝头触藩，羸其角。**

《本义》：羝羊刚壮，喜触之物，藩，篱也，羸，困也。贞厉之占，其象如此。

《程传》：凡物莫不用其壮。齿者龘，角者触，蹄者踶，羊壮于首。羝为喜触，故取为象。

《集说》：京氏房曰：“壮一也。小人用之，君子有而不用。”刘氏牧曰：“罔，不也。君子尚德而不用壮。”郭氏雍曰：“羊很喜触，用壮之象也。触藩羸角，用壮而厉也。君子用罔者。君子罔以壮为用也。

《折中》：京氏以下诸家说用罔，与传义异。以夫子小象文意，参之诸说近是。

管见：三下比九二，上比九四，四之尚往。小人用壮也，二之贞吉。君子用罔也，三处其间而劝戒备矣。何去何从，必有能辨之者。若使狃于性之所近，以为贞。其过刚不中势，将同于小人之用壮而履非礼也。履非礼者，必危，故曰贞厉。羝羊触藩者，羊性亦刚以动为壮象。设藩所以禁其往也，为礼象。触之则不安于藩矣，为用壮而犯礼之象。羸其角义见上爻，所谓不能退遂也，为九三危厉而无所利之象。

**小人用壮，君子罔也。**

《集说》：项氏安世曰：“君子用罔，说者不同。然观爻辞之例，如小人吉，大人否亨。君子吉，小人否，妇人吉，夫子凶，皆是相反之辞。”又象词曰：“小人用壮，君子罔也。全与君子好遁，小人否也”句法相类。诗书中罔字与弗字、勿字、毋字通用，皆禁止之义也。○俞氏琰曰：“孔子恐后世疑爻辞有两用字，以为小人之用与君子同，故特去其一。”

**九四：贞吉，悔亡。藩决不羸，壮于大与之輹。**

《程传》：輹，轮之要处也，车之败常在折輹。輹壮，则车强矣。輹与辐同。



《集说》：俞氏琰曰：“藩决不羸，而不及羊承九三之辞也。”

管见：非礼弗履为贞，尚往而穷为悔。贞吉，悔亡。以九四之震体雷动必为用壮之小人，故戒之也。盖九四所承者为六五。五之辞曰：丧羊于易。易为平地。是决藩以宽遊之而不犯其角也，故九三曰：羝羊触藩，羸其角，而四则言藩决不羸也。三与四皆为羊象。然三以有藩而必触，以用触而致羸，适成其为羝羊也。若四之为羝羊，而当藩决不羸之时，则尚往之心有以伸其雷动之性，而其所为壮者，乃似不可，仍以羝羊目之矣，故别取他象，以甚言之曰：壮于大舆之輹。夫九四之尚往如此，是岂小人用壮尽失乎？君子非礼弗履之贞者。其不吉，而有悔必矣。悔者，悔其穷也。《象传》于初曰：其孚穷，即指此，夫初与四为有孚，是两合而成刚以动之壮也。初壮于趾，而其征必凶。四壮于大舆之輹，而其尚往者，岂复有所谓吉乎？

**藩决不羸，尚往也。**

管见：尚往用壮之心也。藩决不羸，乃益逞于所往，故其质亦为羝羊。而其尚往之势，则又俨然大舆之輹也。

**六五：丧羊于易，无悔。**

《程传》：羊群行而喜触，以象诸阳并进。四阳方长而并进。五以柔居上。若以力制，则难胜，而有悔。惟和易以侍之，则群阳无所用其刚。是丧其壮于和易也，如此则可以无悔。

管见：说此爻者，惟《程传》近之，特未能尽合耳，盖卦中四阳九五刚中守贞无羊象。所谓羊者，初与三四是已。又初为趾，而与四孚，则是九三独为一羊。其初四两爻，并可合而为一羊也。上六曰：羝羊触藩，不能退，不能遂，与九三爻辞同，则羝羊为指所应之三言，非谓上六也。上六之言羊指三，则六五之言羊者，为指所乘之九四可知矣。但四为震主，其壮过于三五之柔中，其德胜于上，故五之处四不同于上之处三，而有丧羊于易之象也。丧，失也。有羊而视之，若无为丧之象。易者平地也。对藩决言，非和易之谓，羊虽壮而喜触藩设，则触生藩决则触已，故以平易之地处羊，而不犯其角。则虽有羊如无羊也，此为丧羊于易之象。夫小人之用壮如羊，以礼防之者如藩，强戾之徒，不堪禁御之严，则思以决裂逞矣。故羝羊触藩，虽终至于不能退遂，而无所利。然有以致其触，而亦几不保于藩，能无悔乎？惟六五用其柔中，而有丧羊于易之象，故所乘之四，苟因是以自消其尚往之往，而不为羊，是自返于贞矣。四返于贞，则谓五为以仁化暴可也，否则因是而盖逞其尚往之心，以为大舆之輹，是自即于穷矣。四即于穷，则谓五为以纵为擒亦可也。此六五之所以无悔与。按：先儒言：卦体似兑有羊象焉，其义不确。易中三画之卦有兑。二兑相重，亦为兑，不可以大壮之卦名兑。顾可泥大壮爻中之羊象为取于兑乎？后之学者，又或据此以为互卦之证，其失盖远矣。

**丧羊于易，位不当也。**

管见：位不当，指九四言。震居上卦者。凡八，《象传》于九四一爻《丰》与《小过》称位不当。《解》称未当位，《恒》称久非其位，皆不当也。所以然者，四切承至尊，本多惧之位，于此而以震主雷动者居之，必将无所畏忌也，是为不当，故大壮之九四，亦同此例。但其词见于五，与前数卦有异，又行文之活法耳。按，传之意，若曰："丧羊于易，明五之善于穷四也。究之四之必穷，以其尚往而为小人之用壮。固处近君之位而不当者，有自即于穷而已。岂独五之善于穷四哉？"



**上六：羝羊触藩，不能退，不能遂，无攸利，艰则吉。**

管见：旧说以羝羊指上六非也。大壮，大者壮也。上六阴爻，无壮象，安得有羊象也？惟九三之辞曰贞厉。羝羊触藩，羸其角。所谓羸者，不能退不能遂也。所谓厉者，无攸利也。故知上六羝羊以下四句，皆指九三言，但本为九三而言于上六者何？五乘四而上应三。四之壮，六五当之，则三之壮，惟上六当之矣。特六五处四于易，故成丧羊于易之象。上六防三以藩，故致羝羊触藩之象也。夫藩以防羊，犹礼以治壮也。五与上皆阴爻。阴性歛肃，于礼为近。然五见为易，而上成为藩者，何也？五能中，而用礼之和，故见为易。而四之为藩决不羸者因之矣。上不能中，而用礼之严。故成为藩。而三之为羝羊触藩者，亦因之矣。夫上能为藩而不能禁三之不触，触藩之心，固以上为防已而咎之也。咎之，则怨怒积而敌仇深，其逞恶殆莫能堪也。此于上疑为不吉。然三之为羝羊触藩者，必羸其角而不能退不能遂，是其用壮以犯礼。固不能奉君子非礼弗履之道，以致详也。其有厉而无攸利必矣。

三无攸利，则上之遇三惟是。艰难以守其藩。而五有以丧羊于易者，上亦可以得羊于藩也。以礼为藩，而使小人受制如此，彼三之任所履而不详，虽尝因上之防己而咎之，岂可长耶？咎之者，不长。则为所咎者，无不吉，故曰艰则吉也。

**不能退，不能遂，不详也；艰则吉，咎不长也。**

**☷☲坤下离上**

**晋：康侯用锡马蕃庶，昼日三接。**

《程传》：晋为进盛之时，大明在上而下体顺附，诸侯承王之象也。康侯者，治安之侯也，上之大明而能同德以顺附治安之侯也，故受其宠，数锡之马众多也，昼日之中至于三接，言宠遇之至也。晋进之时，上明下顺，君臣相得，在上而言，则进于明盛，在臣而言，则进升高显，受其光宠也。

管见：康侯，谓六二也。五为王，二为侯。其谓之康侯者，对九四言之耳。五乘四应二。四为近臣，二为远臣。四之辞曰晋如鼫鼠，贞厉。二之辞曰受兹介福，于其王母。厉则危而不安，受福则安而不危，故六二为康侯也。用锡马蕃庶昼日三接，此二之所受福于王母也。五之大明为日。昼日三接，是为六二丽乎大明之实象也。锡马蕃庶者，二为远臣而五欲接之，故锡之马。二之昼日三接，不可常得之日也。而五之于二出欲其常如此日，故锡马蕃庶也。然五之接二，必取锡马之象者。二坤体为牛。为牝马，必守顺而不妄进，故其行待命于五而有锡马之象耳。旧说以锡马蕃庶为赐予之厚。国家恩礼所逮，舆服器用皆可，何独言马也？且下云昼日三接，未接见而先赐予，于义亦不顺。

**晋，近也。**

管见：上卦五为主。其柔进而上行，有明出地上之象，进也。下卦二为主。其顺而丽乎大明，有锡马蕃庶，昼日三接之象，亦进也。

**明出地上。顺而丽乎大明，柔进而上行，是以康侯用锡马蕃庶，昼日三接也。**

《程传》：凡卦离在上者，柔居君位多云柔，进而上行，《噬嗑》、《睽》、《鼎》是也，



《集说》：崔氏憬曰："虽一卦名晋，而五爻为主，故言柔进而上行也。"项氏安世曰："三女之卦，独离柔在上，为得尊位大中而行之，故谓之上行。巽在六四例，谓之上合上同。兑在上六例，谓之上穷，皆不得为上行也。"

管见：明出地上以二体言。顺而丽乎大明则专主二之于五言也。传中借用丽字最有味。离，丽也。六五以一柔丽于二刚之间，为离之主，其象日，是为大明。而六二之顺体在下卦者。其位中正，乃能自别于外卦之二刚，而独丽于六五，是顺而丽乎大明也，只一丽字。而《象》中锡马蕃庶，昼日三接之意，与爻中受兹介福，于其王母之意，无不该括圣言之简而尽如此。柔进而上行，此五之所以成为大明也。言五之成为大明者，为柔进而上行正见惟六二之顺，乃能以顺承五而丽乎大明也。大明者，柔顺者，亦柔。然则顺而丽乎大明者，为以柔丽柔。因是以二之于五，相得无间。其象为康侯用锡马蕃庶昼日三接也。不然五为大明。近光者莫如九四，乃其词曰：鼫鼠贞厉。不如二之显被殊荣而为康侯者何也？二以柔丽五之柔，则顺四以刚承五之柔则偪，故二安而

四危也，由此推之，在上九虽居卦外，而与四同其刚，则亦恐其偪五而不免于危。在初与三，虽不中正，而与二同其柔，则亦皆能顺五而自致于安也。

**明出地上，晋，君子以自昭明德。**

《本义》：昭，明之也。

《集说》：胡氏炳文曰：“至健莫如天，君子以之自强。至明莫如日，君子以之自昭。”

管见：明之象，在天为日，在人则明德也。故君子观明出地上之象，以自昭其明德，亦如日之进而上行也。卦中惟六五足以当之耳。

**初六：晋如摧如，贞吉；罔孚，裕，无咎。**

管见：初六与九四，位本相应。当晋之时，而上有强援，似乎可进，故曰晋如。然九四曰鼫鼠贞厉，是其位不当而必遭摧折者，故恐其因以及初。而曰摧如，贞吉，守正则吉也。其又曰罔孚者，明初之贞吉，非有他也，在于独行以远四耳。柔与刚相与为孚。罔者，禁止之词。欲初之毋与四为孚，故曰罔孚。所以然者，九四位高近君，能援初，必能命初。初借力于四以进，初必受命于四而不能自外也。于是四之厉亦初之厉，初之有孚，乃初之所以不裕也。心之安而不危为裕。初守贞而罔孚，则不惑于晋如之象，而缘四以进，亦不虑有摧如之象，而兴四同其厉也。故其心安而不危，见其裕，不见其咎，是为裕，无咎也。

**晋如摧如，独行正也；裕，无咎，未受命也。**

管见：独行字，略顿，言初有晋如摧如之象，当以独行为正也。独行释罔孚，正字释贞吉之贞字。未受命，举无咎之实也。上命下受，惟于居尊之五。则然四有命，而初乃受之，是为咎矣。故曰裕无咎，未受命也。

**六二：晋如愁如，贞吉；受兹介福，于其王母。**

《程传》：王母也，祖母也，谓阴之至尊者，指六五也，介，大也。

《折中》：二五相应者也，以阴应阳。以阳应阴，则有君臣之象，以阴应阴，则有妣妇之象。不曰母而曰王母者，礼重昭穆，故孙祔于祖，则孙妇祔于祖姑。盖以昭穆相配。易爻以相配喻相应也，此明其为王母，而《小过》只言妣，蒙上过其祖之文尔。六五卦之主而二应之，故有受福之义。



管见：《象》词所谓康侯，即此爻也。二之于五，位本相应。又遇晋之五为大明，是可进而丽乎大明也。故见为晋如。然二为远臣，不如四之近。又二之远臣为柔体，不如四之刚。四苟为梗，则二之于五，虽欲以其顺而丽乎大明，恐不遂其进也，故又见为愁如。愁字，正反衬康字。晋之六二人见为康侯，而六二之为侯，其心不敢康也，故言愁如。而二之能顺，益见贞吉者，守顺为贞吉，则终能丽乎大明。而所谓愁者解矣。故下文即以受兹介福，于其王母实指之也。受兹介福，为康之正义，所以见锡马蕃庶，昼日三接之后，非独接之而已也。人之所谓介福者，五锡之二受之，故二曰康侯二五本君臣之分。而爻辞不言受福于君，而曰于其王母者。王母，尊之至亦亲之至，故言受福于王母。而二之以阴应阴，其相合无间之情，乃独有以丽乎五而不同于寻常之言应者，宛然可见矣。

**受兹介福，以中正也。**

管见：五之大明，为居尊处中，则惟二之得中者，乃能丽乎大明之五也。五之大明为柔进而上行，则亦惟二之柔居柔位而正者，乃能顺而丽乎大明之五也。丽乎五为受福之缘。中正又为丽乎五而受福之本。故曰受兹介福，以中正也。

**六三：众允，悔亡。**

《程传》：三阴皆顺上者也。三之顺上，与众同志，其悔所以亡也。



管见：三与初二皆柔爻而同体，合而观之，有人三成众之象。故曰众允者，信也。信其所志之在五也。夫三之于五，非比非应。虽曰志之，众何以信之，以其志于非比，非应之。六五者必先绝其所比之九四与所应之上九，故信之也。如九四之刚不中，于初为应，即于三为比。使三之绝其所比，亦犹初之守贞罔孚，而不受其命，则所志与初同而初信之矣。又三所应之上九，其刚不中者，犹夫所比之四也。若使三能绝所比之九四，而并绝所应之上九，则与六二之中正，而顺无所系于四上。而独丽于大明之五者，其所志亦无不同。无不同，则亦无不信也。夫以四上之刚不中，而三之位或比之或应之，有不免于悔者，故三之所以自处，惟在志于上行之五，而绝四上之刚不中，使同体之初信之，二亦信之，而其悔乃亡也。

**众允之志，上行也。**

管见：志如《论语》志于道之志。所谓志上行者，谓其志于柔进而上行之五也，或云五为柔进而上行。只言上行而不言柔进，遂以为五可乎？曰可。晋为明出地上之象，当之者，惟卦主之六五。故惟六五可以言上行，他爻之因五以进者，虽如二之昼日三接，但曰丽乎大明，而不可与柔进而上行之义相混。以易中惟离居上卦，当五位者乃言柔进而上行，此传例也。况《彖传》之于五，既云柔进，则《象传》蒙《彖传》之词而从省亦无不可。旧说谓三之志上行而丽于五统言上行，安知其必在五而不在所比应之四上耶？

**九四：晋如鼫鼠，贞厉。**



《折中》：此卦以《彖辞》观之，则九四以一阳而近君。康侯之位也，参之爻义，反不然者，盖卦义所主在柔，则刚正与时义相反，当晋时居高位，而失静正之道，乖退让之。节贪而畏人，非鼫鼠而何？

管见：晋之九四取鼠象者，以鼠类不敢昼游，为九四近乎大明，欲径进而有所惧之象。其独取鼫鼠者，九四明体而刚，取鼫鼠亦以尽其才也。"《说文》曰："鼫鼠，五技鼠也"。又《埤雅》云："鼫鼠兔首似鼠而大。《本草》一名硕鼠，多技。"为明象，独大为阳象也。然九四据高位，事柔主。当晋之时而用其刚明，乃仅同于鼫鼠者，何也？以六五之柔进而上行，为明出地上，其象如日。于是九四之明夺，而其刚亦屈，故不显而跛扈之状。而阴行其穿窬之私，有晋如鼫鼠之象也。贞固守此，而岂不危哉！知四之危，则二之为康侯，益见何以言之，五之大明，如白日中天。在二则锡马蕃庶，昼日三接，而四则如鼫鼠之昼伏而夜行，此所以四为危厉，而二则受福而康也。

**鼫鼠贞厉，位不当也。**

管见：以刚不中正而处多惧之位，故曰不当。

**六五：悔亡，失得勿恤；往吉，无不利。**

管见：六五为离之主。是能自昭明德以善其用者也，传曰悔亡。失得勿恤。勿，不也。恤，忧也。不忧其有失有得，而以悔亡。在《同人》之大象曰：君子以类族辨物。主离体之六二言，《未济》之《大象》曰：君子以慎，辨物居方。主离体之六五言，合而观之，则离之为明德。无所施而不当，又何失得之可忧？而因以致悔乎？往吉无不利，明其往居五位之吉，无不利也。柔进而上行为往，五为君位，而以离主之柔居之。虽曰六五不得疑其有逊于九五也，何也？离主之柔能自昭明德以善其用，即能有以明明德于天下而大其用。故知其进而上行往居五位者，有吉而无不利也。旧说有以此爻当康侯者，不确。

**失得勿恤，往有庆也。**

管见：五为王，二为侯。五勿恤，故二得康五有庆，故二能受福也。不然二有四之愁，不害为康，有五之忧而共之，则不得康矣。二之受福，受于五者也。非五之有庆而能集福，二能自造之而自受之乎。

**上九：晋其角，维用伐邑，厉，吉，无咎，贞吝。**

《程传》：伐四方者，治外也。伐其居邑者，治内也。言伐邑，谓内自治也。

《集说》：项氏安世曰："晋好柔而恶刚，故九四上九皆以厉言之。"

管见：五以柔进而上行，处外卦之中为君位。而九四上九之两刚实左右之。有角立之象，故曰晋其角。言晋卦中此其角也，然独言于上爻者何？上合于四，以夹五而角之象始成耳。维用伐邑。欲上九独绝其所应之三也。下卦坤体，坤为地，有邑象。二五位应，五为王，则二为侯。上与四为左右于王者。则应四之初，与比四而应。上之三不可以为侯，而皆可为其邑也。角刚能触，有伐之用。其必用以伐邑者，以其道未光也。道指路言，光为明义。道未光，谓六三为上之巴，亦为四之邑。其窃附于鼫鼠者，行踪诡秘，不可以使大明之六五见也。是为道未光也。有邑如此，而上九乃能伐之，故当柔进而上行之时，其与九四并峙为角？必为六五之所不安，势将不免于摧而折其角也，斯亦厉矣。然苟用以伐邑，欲使道未光者，不附私门而遵王路，一绝鼫鼠，潜为招纳之缘。则虽以角而见为厉，乃以善用其角而知其吉也，何也？上之厉，莫厉于五之咎之也。五能咎，上之成为角不能咎。上之用其角以伐邑，是无咎矣。无咎，岂不吉乎？但其转厉为吉，本由于善用其角而能变耳。若使贞而不变，则显与九四并峙为角者，即阴与九四同谋为鼫鼠。鼫鼠之行可恶，其状则可羞也。四为鼫鼠，而上九又复为之徒，此其皆蹈于厉而不吉。固无足深惜者，独念大明在上。虽鬼魅无所逃形，而鼫鼠乃不绝迹于世以行其私，多见其不知量也。故爻词欲使自为猛省，而言吝以愧之。



**维用伐邑，道未光也。**

**䷣离下坤上**

**明夷：利艰贞。**

《本义》：夷，伤也，为卦下离上坤，日入地中，明而见伤之象，故为明夷。

管见：利艰贞者，言明夷之时，利在艰难贞正以守其明德也。

离之象为日，在人则明德也。观晋之大象可见明入地中，而日之明未尝息，则君子当明夷之时，而明德之明亦不可使息也。其在传曰利艰贞，晦其明也。有明而必晦之，故艰晦之。正所以存之，此为贞矣。艰贞之义，备于箕子。利艰贞之言，发自文王。文与箕同道，不惟其言而已。故传释《彖辞》，特以文王箕子对言之也。

**明入地中，明夷。内文明而外柔顺，以蒙大难，文王以之。**

管见：文明柔顺皆主六二一爻言之。六二离之主为文明。又阴爻得坤体之中画，为柔顺。阳主发见，阴主敛，其二为离主，而不同于初三之为阳爻，见其柔顺，而不见其文明，是为内文明而外柔顺。旧说以柔顺为合外卦之德。内卦离为明，外卦坤为夷明者。以夷明者之德为文王之德，可乎？《象传》曰：六二之吉，顺以则也。则六二自有顺德，固不必取资于外卦也。以蒙大难。蒙者被也，为六五柔暗之君所伤，故为大难。如爻中所称夷于左股，是其象也。其曰文王以之者，孔子因经文六五之辞而推文王之心，知其实以六二之道自处，故指以示人耳。盖《彖》《象》皆文王所作。他卦用引证，如《既济》之言高宗，亦象之实而仍虚者也。而此卦之六五乃切指时事言之，曰箕子之明夷，利贞。则文王之意，直以六五之君位。当纣以箕子之为纣近亲，处内难而能正其志者，为贞之准也。文与箕同事纣，而文为远臣。则六二一爻，文之本位也，特其所以自处者不能质言，又圣人不敢自信，故于六五之言箕子以致慨慕之意，警勉之情耳。其实六二之道，文固以之自处矣。孔子有见于此，故代为文王言之，亦代为文王信之。曰：内文明而外柔顺，以蒙大难，文王以之。后之说爻者，因孔子指出文王，遂推而广之。以初之行为伯夷太公，三之南狩为汤武，四之出门庭为微子，则臆说矣。故文王之《易》，非孔子而妄牵引证者，皆不可泥也。

**利艰贞，晦其明也。内难而能正其志，箕子以之。**

《程传》：明夷之时，利于处艰戹而不失其贞正，谓能晦藏其明也。不晦其明，则被祸患。不守其正，则非贤明。

《集说》：俞氏琰曰："大难，谓羑里之囚也。内难，谓家难也。箕子为纣之近亲，故曰内难。"

管见：文王箕子对言。中以利艰贞，晦其明也，二句串上，总见文箕同道之意。盖箕子之内难为艰，正其志为贞。文王有见于箕子之艰贞，而知处明夷之世而蒙难生，皆利于艰贞也。故其《彖》词曰：利艰贞。文王之蒙大难而艰，其内文明而外柔顺为艰贞而晦其明。孔子有见于文王之晦其明，即与箕子之艰贞而使明不息者言之也。故释《彖》词之利艰贞曰晦其明也。

**明入地中，明夷君子以莅众，用晦而明。**

《程传》：明，所以照。君子无所不照，然用明之过则伤于太察，则尽事而无含弘之度。故君子观明入地中之象于涖众也。不极其明察而用晦，然后能容物和众，众亲而安，是用晦乃所以为明也。古之圣人，设前旒树屏者，不欲明之尽乎隐也。

管见：人至察则无徒，故君子涖众，用晦而明。然《大象》言此者以明入地中之象。若就六爻之位言，其上体皆不明而夷下之明，其下体皆明而见夷于上之不明，是为天下多难之象。无可取者，惟君子之涖众，用晦而明，以一身合卦之二体而用之。其用晦为自晦，其明非本不明也，亦非以夷人之明。是则君子之善用明夷而观象者之所宜尽心也。

**初九：明夷于飞，垂其翼；君子于行，三日不食。有攸往，主人有言。**

《集说》：项氏安世曰："垂其翼，不言夷未伤也。夷于左股，言已伤也。说者以垂其翼为伤翼，非也。"

管见：《象传》言大难，言内难，则明夷为多难之世也。爻言飞言行，盖去而避难之象。六四爻所云获明夷之心，于出门庭，即此所应之初九也。下卦离为雉。雉鸟属，以翼飞，故于初之避难，先借鸟以明之，曰：明夷于飞，垂其翼。明夷一读指其时也。于飞，起下君子于行避时难也。人以足行，鸟以翼行。初取足象，亦取翼象，《小过》可类观矣。垂其翼者，翼本以飞。于飞之时而垂，为饥故耳。起下三日不食，见避难之固有如此。有攸往，主人有言，则申明君子于行，所以三日不食之故也。行为在路，靡所定处也，于其行而觅主人，是为有攸往矣。往字，与上行字同解，则复主人有言。其言为何言哉，亦言我不可以为主人云尔。然才见于言，意在不留客，非必遂逐客也。姑忍而食其食以行，无不可者。惟初九为离体之明而过刚，其不足于柔顺，而挺然为君子者，以明见义，以刚守义，窃谓主人有言。即不当食其食也，拂衣而去。虽使主人不即得，有至于三日不食者，其委顿已甚，更不可以行矣。而要其守死不移，则惟知有义也，又岂论不及三日与过于三日哉？故传词特因其不食而壮之，曰君子于行，义不食也。

**君子于行，义不食也。**

**六二：明夷，夷于左股，用拯马壮，吉。**

《程传》：手足之用，以右为便。夷于左股，谓伤害其行而不甚切也。拯用壮健之马，则获免之速而吉。

《集说》：王氏宗传曰："六二，文明之主也。以六居二，柔顺之至，文王以之。"

管见：五为暗君，而二五位应，不能如初之遂行，故言夷于左股，见六二之所处，为既伤而不得行之象。但股伤虽碍于行，伤左，则马壮犹可乘也。故又言用拯马壮，吉。见六二能善于自处，则虽既伤，而犹有可行之象。

**六二之吉，顺以则也。**



《程传》：六二之得吉者，以其顺处而有法则也。则谓中正之道，能顺而得中正，所以处明伤之时而能保其吉也。

管见：夷股而不得行，此文王囚于羑里之象。所蒙受大难也，其用拯马壮告者，以二之顺以则为内文明而外柔顺，故蒙大难而可拯也。若使六二之见夷，不能行其顺以则之，道善为处之。当其难，及而股伤，虽欲拯之而安从得马。虽使马壮，而又安能必拯耶？故爻词但言用拯马壮吉。而传必推其所以可拯者实言之。正见六二之顺以则，有获吉之道，非侥幸苟免之谓也。当此者，非文王其谁与归？

**九三：明夷于南狩，得其大首。不可疾，贞。**

管见：九三爻词，惟大首二字及贞字指九三，馀皆为上卦之夷明者言之也。明夷于南狩，言明夷之时，有于南方行狩之象。离为南方之卦。狩者，畋之通名，其志主于伤物。故于离之明而欲夷之者，为南狩之象也。得其大首，谓九三为夷明而南狩者所得耳。三阳爻，阳故为大。其曰首者，初在下，取翼象，犹之足也。二在中，取股象，故三居下，卦之上者，可取首象。又卦中惟二阳爻，阳皆为大，其在下而大者，为足在上。而大者为首也。故三曰大首。然明夷于南狩，非只为三，而三独为所得者何？初亦明体而刚不足于柔顺。然去上卦为远，故未伤而可以避难也。六二于五位应，不得如初之遂行，而其柔中而明为顺以则。虽不免于伤而可以用拯，故蒙难而终吉也。惟九三刚明不中，失柔顺之道，又切近上卦之坤体而夷明者，则其难之及身不可避亦不能拯，故为所得，如物之就禽于畋也。不可疾，贞。疾者，恶之也。贞谓九三。盖下卦之二阳，初为君子，则三可知。初为君子，而其虽避难而义不苟食，则三亦可知。故九三之处明夷而为狩猎者所得。虽不获如顺以则之六二，然刚明不屈君子而贞者也。于贞者而疾，恶之，则所以伤之者必其不至，非惟得之而已。故为南狩者戒之，曰：大首之疾。

虽为所得，然贞者也，不可疾也。如是，而狩者之志将□，而贞者之难亦稍宽矣。旧说谓九三能向明除害，行师武之事，以获上六之暗君。故曰：于南狩，得其大首。然初三虽明体而刚不得中，不可以为汤武。又发三之明入暗地，除暗君，应云北狩，何以曰南？易例无以上为君而臣五者，就使为君，而上为阴爻，有首象，无大象。何以曰大首？况下文云不可疾贞。解之者以为虽能除害，不可正之太疾，则以爻为戒词也。至孔子作传，且曰南狩之志，乃大得也。是爻方戒之，而传反劝之矣。当明夷之时，如九三之刚明不中，而圣人劝之使行汤武之事以为得志。此其关系大矣，尤不可以不辨。

**南狩之志，乃大得也。**

管见：传言南狩而得其大首，则其志乃不得也。乃字解同方字。南狩者，方大得志，则不知戒矣。故爻词特以不可疾贞戒之。

**六四：入于左腹，获明夷之心，于出门庭。**

《程传》：六四以阴居阴，而在阴柔之体。处近君之位，是阴邪小人居高位，以柔邪顺于君者也。

《集说》：杨氏时曰："腹，坤象也。坤体之下，故曰左腹。"

管见：此爻之词，惟左腹二字指六四，馀皆为正应之，初九谋也。上卦坤为腹，而五居中其上为右，其下为左。四为左腹，入者初九入之也。位应，故有入象。能入人之腹中者，惟吾心耳。然初九以刚明君子之心，而入于六四阴柔小人之腹，是为明夷之心也。心之明伤，则在我妄。推其心之身将及于难，而俱伤矣。故为初九者难抱此明夷之心以去，乃得所以遇六四之道也。出门庭，即初爻君子于行之义。



**入于右腹，获心意也，**

管见：入入腹者惟心耳。初之位应四，而言入于左腹，则初之身远四。其为能自获其心者，意可知矣。腹与心二物相属。斯入与获两情相因，故孔子特明爻词取象之意，其精切有味如此。

**六五：箕子之明夷，利贞。**

《程传》：箕子，商之旧臣，而同姓之亲，可谓切近于纣矣。若不白晦其明，被祸可必也。故佯狂为奴，以免于害。虽晦藏其明，而内守其正，所谓内难而能正其志也。

管见：五为君位。易例不可易也。明夷之六五，其时其君，盖殷之末世与纣之事，足以当之。彼适值其时以切近其君者，惟箕子为同姓之亲，周旋内难，不得已而佯狂为奴。地至偪而心至危，故作易者借以为艰贞之准，而实指之。曰此明夷之时，此六五之君，乃箕子之明夷也。指出箕子则六五之似纣，已从对面形容出来，不必明言矣。旧说以上六为君，以六五为箕子者，非是。利贞，利于贞也。其义由箕子得之。所谓内难而能正其志也，然不泥定箕子说。盖明夷之世人之与六五相依，如箕子之近纣而见为明夷者，利于贞也。即如六二之为远臣而位应六五，同此，箕子所遇之纣，而共成为明夷者，亦利于贞也。六二为文王之位，六二遇六五，即为文王之明夷，然则爻词因箕子之贞而言利贞，在文王固明以箕子为准，而阴善其所以自处之道，以有贞也。惟文王能志箕子之志，惟孔子能言文王之志，故《彖传》以文王与箕子对举。著作易者之非直空言也。



**箕子之贞，明不可息也。**

《程传》：箕子晦藏不失其贞，固虽遭患难，其明自存，不可灭息也。

管见：离之明为明德。六五之明命，不可息者也。如箕子之贞，内难而能正其志。正以明可夷而不可息，故以存明也。由是言之，则文王因箕子之贞而曰利贞，亦以明不可息，而欲与箕子共存之，故其时内文明而外巽顺，以蒙大难，虽处位不同，而贞则一也。夫明夷之时，岂惟殷之末世与纣之事耶？际其难者，虽其君不可挽救，而近亲如箕子，远臣如文王，惟奉利贞之义以自处。使天理常存人心，不死而已。此万世事君之极则也。而说易者乃以三爻之言南狩，指为汤武之事。彼后之观象者，苟遇难而不忍于箕子之奴，文王之囚，则贞之道几乎息矣。其害尚可言哉？

**上六：不明晦，初登于天，后入于地。**

管见：不明晦，举明夷之实象也。处卦坤体，皆夷明者。坤为腹，五为腹之主，为暗君。四为左腹，则上为右腹，皆阴邪小人，以成六五之暗者也。四五得上六，而后三阴备，而坤体全，故明夷之实象，特于上六言之。初登于天，后入于地，从晋卦之反对取义耳。明出地上为晋，初登于天也。明入地中为明夷，后入于地也，晋之变为明夷，只在一反覆之间。此其词甚危，在观象者当益凛凛也。

**初登于天，照四国也。后入于地，失则也。**

《程传》：失则，失其道也。



管见：初登于天，后入于地，以日象明人事也。离为日，如日之登于天，则处上卦者皆明，故于人事为照四国也。如日之入于地，则处上卦者皆不明，故于人事为失则也。人心之明德为则，即其所以照四国之本也。特明则则存，不明则则失耳。上不明而夷下之明，明失则则失。故于上六总言不明晦之，故曰失则也。上夷下之明，而下必艰贞以存其明。明存则则存，故于六二实指晦其明之道，曰：顺以则也。

**☲离下巽上**

**家人：利女贞。**

《集说》：杨氏时曰："齐家自夫妇始。舜观刑于二女，文王刑于寡妻，至于兄弟。利女贞，言家道之本也。"林氏希元曰："所正虽在女，所以正之者则在夫，盖主家之人也。"

管见：卦中四阳爻为男，二阴爻为女。阴为小人之道，故女贞为难。男外而女内，人之一家，容有其外可观而其内不能秩然者。故家人之《象》词，独以利女贞示人。盖圣人洞悉俗情之言也。

**家人，女正位乎内，男正位乎外，男女正，天地之大义也。**

《集说》：吴氏曰："慎曰先言。女正位乎内，释利女贞也。"

管见：女正位乎内，统言二阴，男正位乎外，统言四阳。旧说专指二五者非是。男女正，天地之大义也。有天地而后有男女，故推言天地。其内外之位之正者，义也。然非人之为之，故曰天地之义，男女尽乎天下之人，男女正则家道正，正家而天下定矣。故曰天地之大义。按：家人一卦，六爻，上为父，五为长子，四为长子妇，三为次子，二为次子妇，初为小子，故他卦以上下体为内外而家人不然。中四爻，五与四为夫妇，同居外卦。五为外，四居五之下则为内。三与二为夫妇，同居内卦。二为内，三居二之上亦为外。上为严君，处卦之终为外。初为小子，处卦之下而不在中，亦为外也。又他卦初四二五多取相应，而家人不然。盖卦以初为小子，四为兄之妇，故不可以应。言其二五亦不取相应之义者，以二为五之妇，则必以四为三之妇，三于五为弟弟，处三而弟之妇，处四则内外失位矣。又他卦五上两爻多以五为主，而家人不然。上为父，家人之主，所谓严君也。五虽君位，在天子必有父者。若以五为严君，置上于何地乎？否则一家二君矣，何以正家乎？至于传言严君而并称母者，由孔子补出，详见下节。在卦位固无此象也，若以六二当之，六二妇道也。而以为母，是使女不贞矣。虽爻之取象无定，可以为妇，即可以为母，然于家人之义难通。

**家人有严君焉，父母之谓也。**

管见：此节专指上九之为卦主者言。严君之义，如爻词所称有孚威如是已。兼言母者，盖孔子因卦位所不备，而会全卦之意以补之耳。如上以五与三初为之子，而成其为父，天下岂有无母之子哉？又二四之为妇而能贞，亦必有母教内行以佐为之父者。然则家人卦中，虽其位无母象，以全卦之意通之，则未始无也。但孔子虽补出母字，而仍因父之名曰严君，则有母特以佐父之为严君，而不疑于分父之权也。故家人不可无母象，宜通卦位之穷而补之，特父母并称，而不明以父为主之义。则上九不得独成为卦主矣。此严君之名，以母统于父，而于卦主之权，固较然分明而不见夺也。



**父父、子子、兄兄、弟弟、夫夫、妇妇，而家道正，正家而天下定矣。**

《本义》：上父，初子，五三夫，四二妇，五兄三弟，以卦画推之，又有此象。

《折中》：凡易取类。上爻有父之象，初爻有子之象，故《蛊》曰有子。《观》曰童观，《随》曰小子，《中孚》曰其子，皆指初爻也。

管见：上爻有父之象，于《蒙》卦可见矣。《蒙》惟二与上两阳爻。二曰子克家，则上之为父。不言可知，初为子，亦为五三之弟。五三为夫，亦为上之子。三于五为弟，亦为初之兄，此本义所未详者，宜推言之。父子兄弟夫妇统言之，则男女也。男女正，为天地之大义，故正家而天下定矣。其必由家人而推言天下者，恐人以卦象为门，以内之事，与天下无与也。经文于九五曰：王假有家，则于天下定之意已概见矣。此盖传词所由推言天下之本与。

**风自火出，家人；君子以言有物，而行有恒。**

《本义》：身修则家治矣。

《集说》：俞氏琰曰：“齐家以修身为本，修身以言行为先。”

管见：风自火出，惟冶者之鼓橐适肖，以其一气相生，故卦象为家人耳。旧说主一家之风化言，于火字无着，言有物而行有恒。宜串说物为事，即其所行者言之，必可行，非徒言而已，故曰有物。行之又必可久，非暂行而已，故曰有恒。此上爻《象传》所谓反身之实际也。《彖》词曰利女贞，明乎家道之正。至于女贞而后为正也，要其成也。《大象》曰君子以言有物而行有恒，明乎女贞而家正，必男之反身以自正，而后能使女贞也，原其本也。



**初九：闲有家，悔亡。**

管见：初为小子，不闲则其志将变，而有家者必悔之，故初九之词皆为卦主之上九言也。初宜闲而不能自闲，惟上九之为卦主称严君者，有家而能闲之，故初九小子之志不变，而上九严君之悔亦亡矣。旧说皆泥初九言其义不顺，盖家人卦中得称有家者惟严君，次则主器之长子耳。故九五曰王假有家。若初之在家人为小子者，且未即如三之有室，安得竟以有家称耶？又初九小子之志，不能自闲，则亦不知自悔矣。于不知悔者称悔亡，语阔而不切，故悔亡当属闲初之上九言。

**闲有家，志未变也。**

管见：惟初为小子，故主志言，其未变者，受闲于严君也。

**六二：无攸遂，在中馈，贞吉。**

《程传》：妇人居中而主馈者也。故云中馈。

《集说》：王氏宗传曰："无攸遂示不敢有所专也。妇人之职，不过奉祭祀馈饮食而已，此外无他事也。"诗曰："无非无仪，惟酒食是议。"

管见：无攸遂，在中馈。在字当如《虞书》"在璿玑玉衡"之在同谓察也。盖六二虽柔爻巽顺，然离体而明，与六四之巽体者有异。苟明而自用，则将与丈夫之事而失其顺矣。惟无所必遂而不敢专，特察及中馈以修内职，则六二之有明而善用其明，适以成其顺以巽之贞也。如是而贞则吉。夫六二之为妇，其所夫者，过刚之九三也。三之词曰：家人嗃嗃，则九三之处其妇子而见为厉者，不足于九五之爱，而更甚于上九之威。非顺以巽者承之，其能安乎？故无攸遂。在中馈，为妇人之常道。而六二之明体而为妇，所以处九三之同体，过刚而为夫者，其用此道为更宜也。

**六二之吉，顺以巽也。**

《折中》：六二六四之为顺同。顺者，女之贞也。四位高，故曰顺在位。二位卑，故曰顺以巽。

管见：二四皆柔爻，故其顺同。但四之顺为巽体，巽亦主于顺，可以无他。若二之顺为明体，明则恐其自用，或者虽顺而不如四之巽也。惟无攸遂，在中馈，善用其明而不失其顺，则与六四巽体而顺者，若一矣。故曰：六二之吉，顺以巽也。

**九三：家人嗃嗃，悔厉，吉；妇子嘻嘻，终吝。**

《程传》：以刚居刚而不中，虽得正而过乎刚者也。治内过刚，则伤于严急。故家人嗃嗃。然治家过严，不能无伤，故必悔于严厉。骨肉恩胜严过，故悔也。虽悔于严厉，未得宽猛之中。然而家道齐肃，人心祗畏，犹为家之吉也。若妇子嘻嘻，则终至羞吝矣。在卦非有嘻嘻之象，盖对嗃嗃而言，谓与其失于放肆，宁过于严也。嘻嘻，笑乐无节也。

管见：按：《韵会》以嗃为苦热之意。则此所谓家人嗃嗃者，以九三之离体为火为日，其过刚而厉，则如烈火夏日之威。故其家人畏之。若不胜其热而嗃嗃也，然家节不失。则虽偶动心于严厉之过而有悔，无不吉者。妇子嘻嘻，则溺于爱而不知畏，是为失家节矣。家之节，以男为女纲，外为内则，此君于反身之道，期于言有物而行有恒也。失之，则有愧于君子，而不成为丈夫。故曰终吝。又按：《家人》中四爻主夫妇言，三为夫，以二为之妇而已。而爻词兼言子者，在卦位虽无其象，然以二三两爻之为夫妇求之，夫而得妇，则应有子，以成九三之家矣。犹之卦位本无母象，而《彖传》并言父母者，亦于卦意观其通耳。



**家人嗃嗃，未失也，妇子嘻嘻，失家节也**。

管见：九三之家人即指下妇子言。其曰未失者，以三之厉，即其节也。凡悔者，疑于有失未失，故虽悔而亦吉也。

**六四：富家，大吉**。

管见：易例阳实为富，阴虚为不富。六四阴爻，非能富以富其家者。辞曰：富家，大吉。谓六四之所以富其家以大吉。富之，无取乎多财也。所以然者，六四之巽顺在位，能佐所夫之九五，以成交相爱之情。又能侣为妇于九三之六二，以安位乎内之义，此其以顺召祥而成家之大吉者，未能富其家以多财而已。富其家，以实福矣。此为富家大吉也。旧解谓阴主利，能富其家。谓四之顺在位，能保有其富而大吉。夫家人以女致富，以女之顺在位，独善其能保富。揆以《彖》词利女贞之意，其有合焉否耶？

**富家大吉，顺在位也。**

管见：三女之卦，皆以阴画为主。巽之一阴，居内卦则为初，居外卦则为四。初在下而卑，四在上而尊，故居四为在位，《涣》之《彖传》曰柔得位乎外而上同，亦指巽体之四言之也。家人之六四，明其为顺在位，则知四之顺亦与二同。而其为巽之主爻，居外卦而在位者，又独成为六四之顺，而不尽同于二也。

**九五：王假有家，勿恤，吉。**



《集说》：邱氏富国曰："三刚而不中，失之过严，未免有悔厉之失。五刚而得中，威而能爱，尽乎治家之道者。故人无不化，可以勿忧恤而吉也。"龚氏焕曰："假与格同。犹奏假无言昭假烈祖之假，谓感格也。"何氏楷曰："舜格于文祖，公假于太庙，格假互用可证。"游氏曰："九五尊位，故以王言。"

《折中》：假字训感格，诸说皆有明证可从。

管见：王假有家，不可泥定王家说，如云此九五一爻，大而言之，有王假有家之象。凡有家者，何忧不治也。王家虽与凡有家者不同，而交相爱则同也。按家人一卦，以凡有家者，言上为父，五为长子。以王家言，上为天子父，五为王，亦主器之长子也。经文特于五爻指出王家，王者有天下，则于《彖传》所称正家而天下定者，其大意已见于此。勿恤之义，宜对九三言。传曰：王假有家，交相爱也。以感格而交相爱，既不忧其厉，而有家人嗃嗃之悔，亦不忧其失家节，而致妇子嘻嘻之吝。此所以为勿恤也。

**王假有家，交相爱也。**

管见：交相爱，只主九五之妻子兄弟言。五于四为夫妇，称交相爱。五于三与初为兄弟，亦称交相爱。若上之于五为父，二之于五为弟妇，则交相爱之义不可通矣。诗云：“刑于寡妻，至于兄弟。”所谓王假有家者，假此已耳。

**上九：有孚，威如，终吉。**

《集说》：何氏楷曰：“治家观于身，下五爻未及正身之义，故于此爻足其意。盖探本之论，与大象言有物，行有恒相表里。”

管见：上九一爻，所谓严君也。威如即为严象。其曰有孚者，上九阳实有反身之功。其威生于言有物而行有恒，非作而致之。故上之威如为有孚威如也。终吉，与三之言终吝两终字，皆如事之既成而谓之终者。成为妇子嘻嘻，则失治家之节。苟九三之家如此，而其身不可问矣，故曰吝。成为有孚，威如，则得反身之道。以上九之身如此，而其家无不正矣，故曰吉。



**威如之吉，反身之谓也。**

《本义》：谓非作威也。反身自治，则人畏则服之矣。

管见：言有物而行有恒。所谓反身也，反身二字，释爻词有孚之义。按：家人一卦，以上九为主而称严君，其严君之道，以反身为本。此《彖传》所谓父父也。父父则子子矣。如初之志未变，以有父之身为闲也。三见为厉而威甚于父。其得称未失者，亦以能体严君反身之道耳。至于五之假家，则又承父之道而善用之者，其交相爱也，不见为威如。而其能假之本，则全体乎上之反身而有孚者矣。初与三五皆为上之子，其子之自为序，则兄弟也，皆不愧为父之子。则兄兄弟弟可知。初为小子，为少弟，未有室者。五为兄，而与四为夫妇。三为五之弟，为初之兄，而与二为夫妇。兄兄弟弟，皆不愧为父之子。则其能尽夫道以作妇之刑者，亦将见为夫夫妇妇而家道正矣。然要莫非上九之为父，能以反身为正家之准也。故家人卦中，虽不可无母象，而《彖传》之但称严君以母统于父者，所以尊卦主之权也。母与父相匹，而不并为主，则九五一爻，虽以王家言天子为天下之主。而天子之父，则以家人之谊而不天子之主。此王者以孝治天下之道也。然则家人之卦主，不属上九者，非属上九而更参以九五者，亦非也。

# 下经卷之七

**䷥兑下离上**

**睽：小事吉。**

《集说》：何氏楷曰："小事犹言以柔为事，非大事不吉而小事吉之谓。"

管见：阴为小，故为阴之柔为小事。其所以吉者，义详传中。

**睽，火动而上，泽动而下；二女同居，其志不同行。**

《程传》：火之性动而上，泽之性动而下。二物之性违异，故为睽义。

管见：离中女，兑少女，相重故为同居。其志不同行者，以火动而上，泽动而下，既二女之性也。性相背，故其志不同行。旧说谓离兑皆非长女，其同居无所统率，是以其分不定而志睽。但易中巽为长女，其合离合兑之卦亦未见有能统率之象。著其义于词者，疑只跟火动而上二女说为确。

**说而丽乎明，柔进而上行，得中而应乎刚，是以小事告。**

《集说》：何氏楷曰："易无乐乎柔主也，而独离上外体者，每称焉。乾下离上曰大有，曰柔得尊位大中而上下应之。艮下离上曰旅，曰柔得中乎外而顺乎刚。离下离上曰离，曰柔丽乎中正故亨。震下离上曰噬嗑，曰柔得中而上行。坤下离上曰晋，曰柔进而上行。兑下离上曰睽，巽下离上曰鼎，皆曰柔进而上行，得中而应乎刚。坎下离上曰未济，犹曰柔得中也。下卦兑说，上卦柔中，皆以小心行柔道者。《彖》之所谓小事吉者，此耳。”

管见：小事则吉，睽之六爻皆宜然者，而二五其准也，故《彖传》特为指出。说而丽乎明，主二之遇五言非统举二体也。观丽字，可见丽与晋之顺而丽乎大明同。盖外卦明体之六五，处四上两刚之间。所谓离者丽也。而二之遇五，相得无间，与寻常言应者不同。故借用丽字，以明睽之能合，此其至也。其有取于说者，离体之六五在晋之六二承之，曰昼日三接，曰受兹介福，于其王母。以其能顺，故能丽也。睽之二以刚承之，则虽位本相应，惧其浃洽之不深也。惟九二兑体而说，能用柔，而与晋二之顺同。故知其遇五而能丽乎明者，以其说也。又六五一爻，二应之，四比之。二为远臣，四为近臣。二为元夫，四为恶人也。当其二遇主，而与四相形噬肤之恨，亦恐不能堪矣。而二之兑说能柔者，不惟善承明体柔中之六五，亦能善处刚明不中，火动而上之九四，故知其不隔于四，卒能遇五而丽乎明者，亦以其说也。夫二之以刚用柔，见为说而丽乎明如此，此为合于《彖》辞小事吉之义矣。彼同居下卦，如初之辟恶人而得无咎。三之见舆曳，而能无初有终以遇刚者，亦皆恃其说体能用柔耳。然则不可不以二为准矣。或谓下卦之取于说为其能用柔也。三以柔爻为兑之主，疑愈于二，而传言说而丽乎明，乃独取二而不及三。不嫌于夺卦主乎，曰三之以柔为兑主，其终能遇刚者，亦合于小事吉之义。但以处位不当而多凶，有见舆曳之象，则其初之往固为失道。失道不可以为准也。柔进而上行，得中而应乎刚，主五之遇二言。外卦离体为火动而上，此睽之所由以成也。惟离主之六五为柔爻，其进而上行以居尊位者，得上卦之中正与下卦九二之刚相应。故当睽之时，二以上有九四之为恶人而不来，五能降尊以往而遇之于巷也。是以柔为用，所谓小事者也。观于爻言，何咎？《象传》申之曰有庆；则吉莫大焉。若四上之两刚，皆自行其火动而上之性，以成为睽孤，此正与《象》辞相反者。经于爻中望九四以孚善，教上九以亡疑，皆惓惓欲其以柔中应刚之五为准矣。

**天地睽而其事同也，男女睽而其志通也，万物睽而其事类也。睽之时用大矣哉。**

管见：天地睽男女睽万物睽，皆以我身对天地男女万物言，而见其睽也。其事同，其志通，其事类，皆谓我身之事与志能合于天地男女万物，而见其不终睽也。如天高地下，我身藐然下处，是与天地睽矣。然而天行健地势坤，君子以自强不息，厚德载物。体之则我身之事，固可上同于天地而不惟人也。以人言之，人之类男女并生，非能于我身皆为戚属，是与男女睽矣。然乾道成男，坤道成女，同此天地之理。则我身之志，固可旁通于男女而尽乎人也。不宁惟是。万物于人为异类，是我身之为人，又与万物睽矣。然圣人见天下之赜，而拟诸形容，象其物宜，则我身之事，亦犹下与万物相类，而何况于人也？由是言之，睽之象，以我身别于天地男女万物而皆见其睽。则卦中不能无睽之时，可知睽之必能合以我身，合于天地男女万物。而睽无不合，则卦中六爻之合，其必有睽之时用，岂不大哉？旧解谓天与地睽，男与女睽，万物自相睽，其义亦顺。但传词一曰其事同，一曰其事类，天地无为，事字属天地言，已不可通。若于万物而亦以事属之，万物之事何事，又何以相类耶？此不可以曲解矣。

**上火下泽，睽；君子以同而异。**

《程传》：不能大同者，乱常拂理之人也。不能独异者，随俗习非之人也。要在同而能异耳。《中庸》曰：和而不流是也。

《集说》：项氏安世曰："同象兑之说，异象离之明。"

管见：睽为上下违离之义。无可取者，然以二体言之。一兑说，一离明，说则和众而能同，明则辨物而能异。以同而异，以同而异，此君子合睽之二体于一身而善用之耳。大象言此，盖示读易者以观象之活法也。

**初九：悔亡，丧马勿逐，自复，见恶人，无咎**。

管见：上下之志睽则相远，正如人之所处彼此异地者然。然则睽之终合，非此往则彼来也。故爻中皆取道路相求之意。如初九言马，与六三之言舆言牛，皆所以往之具也。初为刚爻，故取乾之马象。六三为柔爻，故取坤之舆象牛象也。但初九之往，必将见位应之九四。四离体而刚不中，独逞其火动而上之性。所谓恶人也，宜避之不宜见之，今初九不能如二之束身穷巷而以马往，几不免于悔矣。丧马，盖其征也。然初之马何以遂丧耶？三之词曰：见舆曳，其牛掣，其人天且劓。此由睽之时，九四据高位而为恶人。其上暴者，其下必多盗，故劫夺肆行而不之问，行旅苦之。而六三见之如此，然则初九之丧马非无因也，必有攘窃之者，于是而逐之，或生他患。故勿逐，自复，而初九之悔亡，即其处丧马一节而已见矣。不逐而反为复，并不由人之劝沮而反为自复。复以人言，非指丧马也。亦但就勿逐言，非初之遂反于家也。非遂反于家，故终遇于九四而曰见恶人。但初虽见之，必旋辟之，此即丧马之时所以能勿逐而自复之用也。故断之曰见恶人，无咎。所以然者，惟初九刚而说体，故其往而丧马，不可逐则自复。其既至而见恶人，非可见则速辟，皆用柔之道。《彖》词所谓小事也，小事则吉，故其身无咎，而心之悔已亡矣。

**见恶人，以辟咎也。**

管见：见恶人为致咎之由也。其曰无咎，以其见而能辟之耳。辟恶人，即以辟咎。能辟咎，故称无咎也。辟字从丧马勿逐自复。见得在路而丧马，亦为见恶人也。勿逐自复，则能辟可知。

**九二：遇主于巷，无咎。**

管见：睽之下卦，初言马，三言舆牛，往者也。二则杜门自守而不出，故以巷言其居耳。夫二与五为正应，似宜往者。而二乃巷居而深避之，则何也。以九四之近臣为恶人，故敛身用柔，甘于侧陋如此。然睽之六五，是为柔进而上行，得中而应乎刚者。二虽不往五，则必来是以就见于二之所居。而二之遇五，为遇主于巷也。夫以睽之时而求遇，其往而失道者，多矣。如初之丧马，三之见舆曳牛掣其人天且劓，得不自为咎乎？惟九二之巷居而往而失道。故曰无咎。

**遇主于巷，未失道也。**

管见：道者，路也，非道德之道。失道，谓路不安而误由之耳。九二未尝有往，故无失道之咎。

**六三：见舆曳，其牛掣，其人天且劓，无初有终。**

管见：按舆曳、牛掣、其人天且劓，盖寇贼御人于行路之象也。其人，即舆牛之主。曰天者，以其人被杀，卧尸地上而面于天，故曰天耳。见字贯三句，言六三见人之牵舆牛以行者，其舆被曳，其牛被掣，其人则死于地，又劓其鼻而变其形也，睽之时，道路梗塞，行者至不免其身。此事之所有者，六三处睽而有应于上，不能如二之巷居而不往。又三与初柔刚不同，初之往以马，三之往必以舆以牛也。爻辞因其位本多凶，以明所往之失道。曰见舆曳，其牛掣，其人天且劓，则虽患不及身，而几于不免以视。初之实自丧其马，其心之忧危不至是甚也。但六三之往，虽为失道，而其所欲遇者，则未尝不遇也。如三应上而比四，皆各因火动而上之性以自成其孤者。三不遇四，亦无以遇上也。上既见疑，而四方行恶，欲其骤合难矣。是谓无初。然六三为兑主之柔说，不敌刚则能遇刚，是有合于小事吉之义也。故于所比之九四，能遇之而不撄其恶，即于所应之上九，必能遇之而不锢其疑也。此之谓有终。



**见舆曳，位不当也；无初有终，遇刚也。**

管见：独言见舆曳者，省文也。兑以柔爻为主，居下卦则当三位。三位多凶，睽之时当益甚，故曰位不当也。非以阴居阳之谓，统言遇刚，则不独指所应之上九也。五舍四而遇于二，而四之噬肤犹敢怒也。三能离所比而取应乎。

**九四：睽孤，遇元夫，交孚，厉，无咎。**

《程传》：夫阳称。元，善也，犹云善士也。

管见：上卦离体，有火动而上之象。惟六五为柔进而上行，得中而应乎刚，故遇二为有庆，当睽之时而不孤也。若九四上九两爻，其刚不中者，适成其为火动而上矣。上而不下则睽，故两举卦名以见睽之所由以成也。其皆谓之孤，危之也。如九四用刚行恶以与初睽。初见而辟之，其为孤固也。至于所比之六五，亦心知四之为恶人。故舍四而求二于巷。则四之孤，此为甚矣。为近臣而处多惧之地，其孤如此，必罹于咎者，故教之曰：遇元夫，交孚。则虽厉而无咎。元夫指九二，非谓初九也。二刚中说体，对九四之为恶人者言，则善士也，故称元夫。四于二非比非应，四何以遇之？四为近臣，则求二于巷之时。五行而四必从，从五故遇二也。交孚者，欲其与六五同孚于二也。易例柔与刚相与为孚，此六五必孚于九二也。刚与刚相与亦为孚，则九四亦可孚于九二矣。二为元夫，五孚之，四亦孚之，故曰交孚。交孚，则与五同志以亲善士而不成为恶人。故虽处多惧之位为厉，然亦可以承五而无咎也。不然，四之睽孤，成于初之见为恶人而明辟之，犹可言也。初固无如四，何也？成于五之见为恶人，而潜远之，不可言也。五不终为四忍也。

**交孚无咎，志行也。**

管见：四之遇元夫，以从五也，从五则身行矣。若相遇而不相孚，是身行而志不行，终将独为恶人矣。故四之遇元夫，其以交孚得无咎者，志行也。志行，则非勉强从五，独以其身行而已。

**六五：悔亡，厥宗噬肤，往何咎？**

管见：六五一爻，为柔进而上行，得中而应乎刚，柔故能上而亦能下。柔得中，故所应之刚亦得中，而非不中。此睽之时，五能降求元夫之九二，而不昵于恶人之九四也。此所以称悔亡也。厥宗谓九四，非指九二也。四与五同体相属，有宗象。噬肤者，九四以二之侧陋，而遇主不能甘而恨之，故有噬肤之状耳。凡啮人之肌肤者，非深恨不至此。噬嗑之六二曰噬肤灭鼻，以所乘之刚为难制，故痛惩之。所谓刚亦不吐，不畏疆御也。睽之于九四，但曰噬肤而不言灭鼻，则独取其状而已。俗以咬牙切齿言恨，惟噬肤为酷似，故言四之恨曰噬肤也。所以然者，二远臣，四近臣，二远而居巷，四近而为宗，二能遇主于巷，则四之为宗者危矣。然恶人如四，但切恨之而不敢别谋沮止以自快，则何也？二退守于巷，不如初三之舆马以往，则二之遇主，非四之意中也。及五之降尊下求，四虽不欲，无如五何。故不敢言而敢怒如此，然五之遇二，所谓得中而应乎刚者，固宜一心以往以求二于巷耳。若夫厥宗噬肤，是则九四之嫉元夫，而自绝于明主也。四之咎也，五何咎哉？

**厥宗噬肤，往有庆也**。

管见：厥宗噬肤，是四之自为恶人也，不必计也。五惟往而遇二可矣。二为元夫，遇之则有得人之庆，又何咎焉。

**上九：睽孤，见豕负涂，载鬼一车，先张之弧，后说之弧；匪寇，婚媾；往遇雨则吉**。

管见：上九亦火动而上者，故不能下而成睽。睽成而绝六三之应，则其于柔中应刚之六五，亦必不合，皆所谓孤也。故与九四并曰睽孤。见豕负塗，载鬼一车二句，皆以见字贯言。上九火动而上之性，诞妄不情，其平时顾盼所及，见人之徒行者，皆如以豕负塗，不堪其秽而难近也，非人也。又见人之舆行者，以为载鬼一车，不胜其醜而可憎也，亦非人也。夫以人而疑为非人，则将以婚媾而疑为寇矣，故其于所应之六三，亦有不能坦然者。先张之弧，遽意其为寇而备之疑也。后说之弧，又顿意其为婚媾而释之，亦犹然疑也。总见上九火动而上之性，初念无端，转念亦无端，不自觉其情之先后乖舛如此。然六三兑主之柔说，意在遇刚非有他也。故为上九明决之曰：是匪寇也，乃婚媾也，惟去其疑，以往遇于三可矣。三兑体为泽，泽动而下者也。上行则为雨。三之辞曰见舆曳，以其上行故见之。三上行而上九又往遇之，是相和于兑泽之说。而自灭其火动而上之性矣，故上之遇三为遇雨之象。上能遇三，则不成为睽矣。不睽则不孤，即其合于三者推之，知其于近比之六五，亦无不合者。故曰吉。按吉字之义，旧解独指遇三言。但上与四之以睽而孤，惟不合于柔中应刚之六五为甚危也。以四言之，四之辞曰：遇元夫，交孚，厉，无咎。所谓元夫者，二也，为四之睽孤谋，不使求既辟之初九，而使孚遇主于巷之九二，欲其合于五也。合于五，故曰厉，无咎也。然则于上九之睽孤而求所谓吉，其吉之由在遇三，而其吉之实仍在合于五也。盖卦中惟两柔爻，一为三，一为五。五柔中居尊，其于上九火动而上之性，必不合者。惟三之应为兑泽之说，能上行而为雨。上遇三之雨，则火灭，故能终事柔中之主而无不吉也。





**遇雨之吉，群疑亡也。**

管见：上九之疑，生于火动而上也，犹病热者必发狂疾，然遇雨则吉，以疑亡而火灭也。

**䷦艮下坎上**

**蹇：利西南，不利东北；利见大人，贞吉。**

管见：《彖》辞皆为下卦九三一爻言之也。下卦艮，艮为山。东北之卦也，其位与西南之坤相对。艮为止，而坤则顺也。蹇之九三为艮主。其见险而能止，亦可称知。但卦中惟两阳爻，九五在险中，而九三以知自全止而不往。势将失其顺，而不可以为王臣矣。二之辞曰：王臣蹇蹇，匪躬之故。二亦艮体也。而其往而从五，知有王不知有身，是不为艮之止而为坤之顺也。传复申之曰：王臣蹇蹇，终无尤也。蹇蹇者无尤，则见险而止，为九三之来反者，其不能无尤可知，一无尤，一不能无尤。利不利，较然矣。故九三一爻，其往而合于西南之坤顺则利，其不往而安于东北之艮止则不利也。利见大人者，以蹇之九五为坎体，坎得乾之中画，其居尊则乾之九五，所谓大人也，非九三所敢匹者。三能以九五为大人而往见之，则大蹇必因以解，其功不在六二之下矣。故曰利见。贞吉者，蹇之时为西南之坤顺而往见大人，然后不失为王臣也。是之谓贞。贞则有利而无不利，吉可知矣。

**蹇，难也，险在前也。见险而能止，知矣哉！**

管见：上卦为坎，是险在前也。下卦为艮，是见险而能止也。其谓之为知者，艮阳在外，他卦每取光明之象，故可以知言也。但传之言此，其意盖为阳刚艮主之九三微发其隐情以警动之耳，非赞之也。观三之辞曰来反，传曰内喜之也。反则背君，喜则乐祸，其不往而止，一皆阴用其知，而谓人莫能觉，亦时时虑人之觉之者。传为含蓄不尽之词，曰见险而能止，知矣哉！则用知之九三，固将闻之而心悸矣，此所以遏恶于未形也。旧解竟以知为赞词，赞者以知，六二之往，不为非乎。使六二亦以知自全而不往，天下岂复有王臣乎？读传者之不可以辞害意如此。

**蹇，利西南，往得中也；不利东北，其道穷也。利见大人，往有功也；当位贞吉，以正邦也。蹇之时用大矣哉！**

管见：见险而能止，岂曰非知，但蹇之时用甚大，有利于往而不利于止者，如下卦三爻皆艮体，惟初六居卑为宜待，此得以止行，其知也。若二与三之有位，则宜往矣。故《彖》词所谓利西南者，言为西南之坤顺，则能如六二之为王臣。其蹇蹇而往者，不偏于艮止，是为往得中也。得中则其道不穷，岂非利乎？若不知出此而独行，其见险能止之知，则为东北之艮止，而成九三之来反矣。来者不往，反者不顺，是不成其为王臣也。故艮止之道，有时不可用者，其道穷也，《彖》词所谓不利东北者以此。利见大人，往有功也。言往有功，则利见大人之义，与上六爻词所言不同。《彖》主内卦之九三言，欲其不来而往也，故曰往有功也。爻主外卦之上六言，欲其不往而来也，故曰以从贵也。传词极意分明，特读者不觉耳。当位贞吉，以正邦也。《彖》词但曰贞吉，《彖传》更以当位二字冠之。所谓当位者，亦特主九三言，盖艮卦以阳画为卦主。其在重卦中，外卦则居上，内卦则居三。居上为阳居阴位，居三为阳居阳位。上之位为阴，又处卦外者为无位；三之位为阳，又处卦内者为有位，是艮卦之主，其居下卦之位为当位也。居三之位为阳位，则不损其刚而才有馀；居卦内之三位为有位，则得用其刚而权可借，故蹇之九三，其可以往者，不同初六之有待以其权也。其往而有功者，亦视六二为较易，以其才也，所患者以知自全，坐视九五之难而为不顺，则失其贞而不吉耳。若如九三之当位而又能贞，则顺以从五，必有以济蹇而成正邦之功矣。此九三之贞吉也。旧说谓蹇之六爻，自二至上皆当位，故能贞正而吉。按《彖》词曰利西南，不利东北，利见大人，皆极虑九三之不往从九五而失贞也。不应贞吉二字，忽举自二至上而统言之，且卦中当位者，惟如九五六二之得中则能贞。若他爻之不中，虽云当位而不必贞也。如九三当位而辞曰来反，是将不顺而背五矣，何谓能贞？又四与上亦当位者，而其夹五以成坎险之象，此蹇难之所由来也，以为能贞可乎？且初六一爻，以阴居阳为不当位，而其有誉者，固能不失其贞。然则以当位为能贞，非确论也。蹇之时用大矣哉！谓蹇之时有蹇之用，固也。但其用甚大，不惟以知自全而已。故见险而能止，亦其用也。然以《彖》词之意推之，必往而后得中，必往而后有功，则见险能止，以自用，其知者小也。此阳刚艮主之九三所不可不知也。

**山上有水，蹇；君子以反身修德。**

管见：水在山上，以山上之有坎也。水在坎为险，而其坎之险又以山之峻阻成之。则山上有水，水之险至矣。故为蹇象。其曰君子以反身修德者，蹇之时，九五为王而在险中，则恐下之不足于德。如九三者，或幸变而生不臣之心，故以反身修德告之。盖卦中惟两阳爻，以德言之九三之德，能如九五之为大人者乎？在君子处此，固宜反身修德之不遑矣。九三顾可不知量耶？按九三之为艮主，山也；九五之为坎主，水也。三为山，五为山上之水，则五之蹇成矣。然水能习险，虽在山上无伤也。蹇岂足以危大人乎？惟山之为水梗而不减其峻阻，则如小人之徒为不顺耳。《彖》词为九三曰：利西南，不利东北。盖分明欲其不为山而为地也。坤为地而主顺，则如君子之反身修德者，乃所以畏敬大人而不失其顺之实也。



**初六：往蹇，来誉。**

管见：初三四上皆并言往来者，以其位皆不中，当蹇之时而不善其用，不能无两端未定之志，故爻词各就其宜往宜来者而代决之也。上卦九五以阳陷阴中为大蹇，则成坎之险者，四与上也。又四近君而位高，其险必视上为尤甚。初四位应，故其志上往，则遇四之险而蹇矣。若不遂往而来，其见险能止之用，二三不宜而初宜之。其知固足称也，是为来誉。所以然者，初六居下为民位，非王臣之比。止而不往，用其知而不失其顺，其有待者宜也，非背五也。故其知足称而有誉。

**往蹇，来誉，宜待也。**

管见：下卦惟初六言宜待，则二与三皆不宜待，可知，不然，见险能止，宜莫如阳刚艮主之九三矣。乃初言来誉，而三曰来反，固以有位为王臣者不宜待也。不宜待而止，是背五而为反矣。其知尚足称乎？

**六二：王臣蹇蹇，匪躬之故。**

《集说》：王氏弼曰："处难之时，当位居中以应乎五。执心不违，志匡王室者也。"

管见：曰蹇蹇者，谓九五陷于二阴。则六二之往，以四与上之合为坎险而见其蹇也。又所比之九三，才能济难，而志不欲往。是六二之往前有坎险，九三复以山之峻阻为梗，而蹇不一蹇矣。故曰蹇蹇。匪躬之故。故，变故也，即谓难也。匪躬之难，而王之难，则六二之蹇蹇而往，固王臣之分宜然。然于六二正其名曰王臣，又推言所以蹇蹇者曰匪躬之故，则九三之有位，莫非王臣，可知九三亦以有位为王臣，其不得漠然于王之故，亦可知。

**王臣蹇蹇，终无尤也。**

管见：蹇蹇而不失为王臣，故曰终无尤也。终谓难解之后，尤过尤也，不曰有功者。蹇难之时，有才者皆能有功。修德者，乃能无过。故六二曰无尤，非谓其无功也。

**九三：往蹇，来友。**

管见：九三偪近上卦之坎。所谓险在前也，故曰往蹇。但其往虽蹇，终不可以蹇而不往也。若不往而来，则为反矣。反者，背也。背于九五之大人而坐视其难，其心殆不欲与六二共为王臣。故曰反。旧说以反为反而止其所，取还归之义，与来字复。

**往蹇来反，内喜之也。**

管见：下卦三与初皆曰往蹇，则皆以其险在前也。当三之不往而来，安知不为初之有待。而爻词乃独谓之反者，以其有位为王臣，非初之比。又阳刚足以济蹇，其才胜于六二。二往而三独来，是五之在外而遇险，必在内之九三心窃喜之。故于其来曰来反，正以明揭其意之不臣也。所以然者，卦中惟三五两刚，而皆为卦主，则三之刚不中，其屈于五而臣之，非所安也。蹇之时五在险中，二必有负其刚而用知，借有待之名以行其无上之心者。爻词预声其罪，曰反，传词复诛其隐，曰喜之。天下后世，其有奸雄幸祸，异志潜生者，亦可以知惧矣。旧说以误解反字，遂以内喜之为在内之二阴，喜得附于九三之阳，不知初六之不往，以屈于卑位，故待之而不失其顺，非反而背五也。顺者岂附反者而喜之乎？若二之蹇蹇而往，则以三之来反，为不成为王臣者，不怒之恶之，而乃喜之，无是理也。系词言知者观其《彖》辞，则思过半矣。蹇之《彖》曰利西南。传曰往得中也，曰利见大人。传曰往有功也。两举往字，正恐艮体之九三，以止行知而不往也。解此卦者，不知《彖》词之意何属，则且知三之能止。试问九五为王而在险中，如九三亦为王臣者，独反归而为二阴之附，圣人何所取诸而不以为非耶？

**六四：往蹇，来连。**

管见：内卦初与三之言往，上往也，不遂往而终止于下为来。

外卦四与上之言往，下往也，不遂往而仍安于上为来。四上何以下往也？四下比于三，上下应于三，当其合为坎险以陷五之时，阴之力微，必往求于艮主。为山之三，以自固其险也，但三之不臣，其蓄而未发者，以无与耳，得四上之往而其反成矣。成三之反，则相与为不臣，其罪皆非大人之所能贷也。故四与上并曰往蹇。夫四上往而从三，本以成五之蹇也，乃卒之于五，无伤而适为身祸，何为为此乎？况九五之为大人，四与上无不可以自托，但使不往而来，在大人固有以处之矣。如六四之险而位高近君，非上六之处卦外为无位者比也。以四自度，虽能不往从三，不能必其不见绝于五也。而不然也，惟小人必陷大人，惟大人必容小人。则四之既来，五终不绝之而连之者，故为四宽其多惧之心，以坚其承五之志，曰来连。荀氏以来连为承五是矣，但承五而曰连，字义既有未安，且四之能自主者，来耳。其连与否，则以五为政，非四之所敢必也。故连字当主五之不终绝四言。

**往蹇，来连，当位实也。**

《折中》：当位两字，宜着九五说，言当尊位者，有是德也。

管见：实者，德之信也。诸家但谓阳为实，其义未尽。《彖传》曰当位贞吉，为艮主之九三言之也。九三亦当位，亦为阳实，其于五何以别乎？按坎之《彖》词曰有孚，传曰行险而不失其信，所谓实者以此。蹇卦中惟两阳爻，九三艮之主，艮阳在外为知；九五坎之主，坎阳在中为信。知不必实，故三之见险而止，其心窃喜，其谋欲反，不可测其奸伪也。往而从之，是求祸而自为之蹇矣。若五之坎阳在中而不失其信，是乃纯一不贰。能合德于乾而为大人者，虽与三同称当位，而其德之实，则非九三所可同也。惟大人与乾合德者，即与天之覆冒同量。此六四之险，似为五所不容，及其不往而来，在大人之德，固有以连回心易行之小人，而不使终绝也。

**九五：大蹇，朋来。**

管见：阳为大，阴为小。九五以阳之大者，而陷于四上二阴之小者，故曰大蹇，非谓蹇之至大也。朋来，谓九三来也。卦中惟三五两阳，阳皆为大，此朋象也。但蹇之时，三在内而喜之，有反而背五之意，几不来矣。惟九五为大人，能以中节之，而潜消其不臣之志。故九三终来，从五以成济蹇之功也。旧说谓朋为六二者，非是。



**大蹇朋来，以中节也。**

管见：节谓节制。五能节制九三，三来也。其所以能节者，以九五得中而为大人。其德盛，故九三亦反身修德，不敢逞其知以背五，此为以中节也。旧解不识节字之义，故朋字亦误。

**上六：往蹇，来硕，吉，利见大人。**

《程传》：硕，大也，宽裕之称。大人谓五。

《折中》：易卦上与五虽相比，然无随从之义者，位在其上，故于象如事外之人，不与二三四同也。惟有时取尚贤之义，则必六五遇上九乃可。大有、大畜、颐、鼎之类是也。至于以上六遇九五，吉者绝少，而凶吝者多。盖以渐染于阴，为刚中正之累。大过咸夬兑之类是也。惟是卦有利见大人之文，而以九五为义者，则上六与五相近可以反而相从，故蹇、萃之《彖》。以九五为大人，而遇之者上六也。以柔遇刚，则有相从之义。故萃则赍咨求萃于五而无咎，蹇则来就于五而得吉也。乾卦二五而外，爻辞言利见大人者，惟此而已。

管见：往蹇，解见六四爻。其曰来硕者，《本义》谓来就九五与之济蹇，则有硕大之功，然不如程传训宽裕为近。盖上与四合以陷九五之阳，此大蹇之所由成也。若谓来硕为从五而有大功，则以成蹇之人为济蹇之人矣。所谓险在前者，安在乎？按：上之来硕，亦以九五之大人能容小人耳。如以四之险而位高近君，虽志在承五，疑为大人所必绝，而五犹连之。若上之处卦外为无位者，虽与四之险同为小人，但使志在内而从五，而大人所以处之者，固宽然有馀地矣。故上之来为来硕。硕字之义，犹《礼记》所谓人之肥也。志定者体宁，有肤革充盈之象，此之谓硕。夫上六往而从三则蹇，来而从五则硕。往蹇不吉，而来硕则吉也。其又曰利见大人者，上六无位，未尝见大人而臣之，故特指明来字，使上六知所归耳。又按：上与初皆无位，而初之去五最远，故初无利见大人之词。自二至四皆有位为王臣者，二志匡王室，不必以利见劝之；四虽险而为小人，然王之近臣也，纵不欲见大人而安所逃耶。惟九三一阳，与九五并为卦主，而其位又不同应五之二、比五之四。则阴以时难为幸，而不安为王臣矣。故《彖》词特以利见大人告之，使之易反而为顺也。

**往蹇来硕，志在内也；利见大人，以从贵也。**

《程传》：利见大人，谓从九五之贵也。所以云从贵者，恐人不知大人为指五也。

《集说》：苏氏轼曰："内与贵，皆五之谓。"

管见：主上爻言之，以近比之九五为内，以下应之九三为外。五为贵者。大人也。三犹利见大人，上顾可以不从五而从三乎？

**䷧坎下震上**

**解：利西南，无所往，其来复，吉；有攸往，夙吉。**

管见：彖词皆主上卦九四一爻言，欲其动而下往以免乎险也。其曰利西南者，蒙蹇卦之《彖》词取义耳。蹇之下卦为艮，艮为止，东北之卦也。蹇之时，五在险中，九三为艮主，止于下而不上往，是背五而为不顺。故曰利西南，不利东北，欲其为坤之顺以往而从五也。若解之九四为震主。震者，动也，东方之卦，与东北之艮止不同。则已无东北之不利矣，然亦利于西南者，解之时险在其下，震之性刚动而上，以刚动而上者，居近五之位，易为不顺，恐其不能受命于五而下往也。故震为东方之卦。虽非如东北之艮止。本有所为不利，而亦必曰利西南也。无所往，其来复，吉；有攸往，夙吉。夙，早也。言如九四者，惟当时无所往，则其来复为吉，为其能戒妄动之不中而得中也。若解之时，其下有险，是为有攸往矣。不得反借慎动之名，以阴行其不顺之实也。故为此时之九四计之，非独不往为不吉。即使迟迟吾行而不夙往，亦犹不吉也。何也？四之力固能动而免乎险者，止而不往，往而不夙，则是震主之刚不能奔走趋事，用其才以终事六五矣，何以得吉？此解之九四，惟能有攸往则夙往，乃以不失其顺而称吉也。顺者西南，吉，即西南之所以为利。

**解，险以动，动而免乎险，解。**

管见：其下为坎之险，而适遇其上为震之动，是为险以动也。险与动会，则其险有解之势，特患上之不动耳。而免乎险，则解之功成矣，故其卦名解。按：解之险在其动于上以成解之功者，不曰动而除险，而曰动而免乎险。免字宜玩，盖九二以君子在险而卒逢田获之吉，免也；初与三以小人造险，而皆被赦过宥罪之仁，亦免也。

**解，利西南，往得众也；其来复，吉，乃得中也，有攸往，夙吉，往有功也。**

管见：九四为震之主，能顺则下往以免乎险，故有取于西南。免乎险，则得众而有功，故曰利也。其利在得众者何？蹇之险在上，为小人奸伪以启叛逆之端，其君至危；解之险在下，为小人贪饕以生寇盗之患，其民必散，故能以戎靖寇，往而免乎险者，有以收既散之民也，是为得众。得众即为有功，得众言利，有功言吉，利与吉一也。但宜夙往耳，然《彖》词欲其夙往，而必先言无所往，其来复吉者，何也？恐九四借口于来复之为中而不往，亦或虽往而不夙，故设词以宽之，而其意愈紧。盖震以阳画为主，其在重卦中，内则居初，外则居四，初与四皆不得中。其在他卦多戒词，皆戒其妄动而不中也。则固有以来复为得中者，然人知震之来复为得中，而不知震之夙往亦为得中也。惟以吉验之可矣。传释《彖》词曰：其来复，吉，乃得中也。味乃字之意，便见来复而不吉，则不可以为得中矣。但《彖》词言无所往，其来复，吉。传复省去无所往三字者，何也？盖九四震主之刚，苟为不顺中，可借口，无所往之言，亦可以借口也。解之时，人谓九四有所往，九四直谓无所往，亦何能尽起而争之，惟即来复之吉以验得中，吉、不吉，判然两途，则视《彖》词尤直截易明也。试思解之险在下，寇纵横而众离失，九四切近至尊，晏然不动直若天下无事者，然其自以为吉，可乎？不可以为吉，而犹自谓来复为得中，可乎？

**天地解而雷雨作，雷雨作而百果草木皆甲拆；解之时大矣哉！**

管见：百果草木皆甲拆，得众之象也。险在下而未解，众苦于寇，生气索然矣。既解则苏，然后其国有众，直如失而复得也。故曰解之时大矣哉，解之卦象成，则其时可见，与天地同功，此为大矣。

**雷雨作，解；君子以赦过宥罪。**

《集说》：孔氏颖达曰："过轻则赦，罪重则宥。"赵氏汝楳曰："雷者天之威，雨者天之泽，威中有泽，犹刑狱之有赦宥。"



**初六：无咎。**

管见：初与三同为小人以行险，负且乘之物，其相率以归于三者，必初之力也。至于寇盗蜂起，上劳王师，而于初不问其何所作为，而但曰无咎，何也？初居卑而三有位，以义酌之，则初固在所宽也。三之《象传》曰：自我致戎，又谁咎也？是六三不得借初以自贷矣。《大象》曰：君子以赦过宥罪。解之时，尚无所苛于三，则初之得免，不亦宜乎？

**刚柔之际，义无咎也。**

管见：刚谓二与四，柔谓六五。际者，交际也。六五以柔居尊，其所比九四之刚，为震主而成雷者归于顺；其所应九二之刚，为坎主而成雨者守其贞，以贞顺合于柔中，为刚柔交际。有雷雨作之象，此所以赦过宥罪，而初得无咎也。赦宥皆准于义。初之过罪，义当从宽，故曰义无咎也。着一义字，便见刚柔之际，其因时用中，所以处初六者只合如此，非故纵而废刑也。

**九二：田获三狐，得黄矢，贞吉。**

管见：田者，行师之象。传于六三曰致戎，戎为师旅，所以靖寇也。故取于田。狐本妖兽，以象寇之奸猾而难获者耳。当六三致寇而寇至矣，凭山伏莽，窟宅不一，其醜类亦不一也。迨九二陈师以出，有田象，其即以屡擒黠寇而归，有获三狐之象。此于解之时，为有功矣。有功于国，必受赏于君，故又继之曰得黄矢。矢以金为镞，则通称金矢，更以黄金饰其镞，则特称黄矢，盖古之定名也，凡诸侯有大功，则赐之弓矢，如《书》命文侯曰："彤弓一，彤矢百。卢弓一，卢矢百。"是已。此云黄矢，殆即彤矢卢矢云尔。彤赤色，卢黑色，赤黑为矢，身之饰黄为矢；镞之饰以饰名矢，固各见而不相掩也。且如弓矢二物一用，锡应同锡，得宜并得也。然《诗》有《彤弓》之赋，而不及矢，《易》存黄矢之名，而不及弓，则亦不妨独举其一矣。夫九二有田获三狐之功，其受赏于六五，则见为得黄矢，岂不吉哉？其吉如是，而爻词特明其所以致吉者曰贞，则何也？能守险而不动为贞。解之时，其险在下，所谓动而免乎险者，于九四有专责也。故《彖》词曰：有攸往，夙吉。但九四以过刚近承柔主，易为不顺，虽或受命于六五而有攸往，其夙不夙未可定也。当寇兴而戎未整，在九二君子之维甚急，而其守险以贞而不动者，固有以待九四之来。然后因其动以俱动而免乎险。故其以戎靖寇，有功而受赏者，其吉为田获三狐得黄矢也。由此言之，解之九四，利在速于动，则明其夙吉。解之九二，利在不轻于动，则明其贞吉也。

**九二贞吉，得中道也。**

管见：道犹路也，卦之六位，其有往来之象者则为道。解之险在下，其寇交迹于道矣。而九二之所处，于重卦为得下之中道，此于民最近，国之众将依以戢寇也。若使不守以贞，姑谋脱险以避寇，则人心瓦解，有不可复得众者。且重卦之中道，上下相通，苟九二得下之中道而不守以贞，则六五得上之中道而亦逼于险。于斯时也，寇之充斥，如入无人之境，不惟隼犯高墉，而狐之群亦迫之其事，难措手矣。岂易言以戎靖寇而得吉？如爻词所称田获三狐，得黄矢哉？故九二之吉，其吉必以贞也。



**六三：负且乘，致寇至，贞吝**。

管见：负且乘者，负不能胜，又以乘载，盖贿赂公行略无顾忌之象也。因是而盗贼四起，纷然攘夺而莫敢究诘，故曰致寇至。寇至，则三之所有，自其负且乘而来者，亦将以负且乘而去矣。知苟及此，其悛改宜亟亟也。若使贞而不变，是特丰寇之积以待其至耳。当其既至而一切荡然，六三之黩货亦寇也。以寇劫寇，窃恐寇反有名，而六三乃无地以自容也。故言吝以醜之。按：负且乘一句，若依旧说作小人而乘君子之器，则且字说不去，必改经文作而字乃安，且谓小人而乘君子之器，盗斯夺之矣。于致寇之义，亦不甚确。盗之所夺，夺器乎？夺小人乎，器与小人，皆非寇之所利，乌乎夺之？又乌乎致之？

**负且乘，亦可丑也；自我致戎，又谁咎也**？

管见：可丑，使释爻中吝字。自我致戎。戎者，兵也，兵戎所以靖寇，非其得已。惟六三致寇至，而下之险已成，则所谓动而免乎险者，舍兵戎何以免之？当四之解拇以往上，以射隼高墉为之辅，二以田获三狐观厥成，皆所谓戎也。致寇即以致戎，在三之利令智昏，其初必念不到此。至于戎之既作，所从来亦昭灼矣。故为六三作抚心自勘之词曰：自我致戎，又谁咎也？按：爻中但言贞吝，不见咎字，则传之所谓又谁咎者，明三之咎无可分，正以见初六之无咎耳。夫戎以寇致，寇以负且乘，致其负且乘之物，三为之溪壑，必初为之转输，是亦宜有可借口以分咎也。然苞苴之礼，亦无无因至前者，而何况于负且乘之相率而来耶？此三之致寇以致戎，我之外固无可分咎也。

**九四：解而拇，朋至斯孚。**

《集说》：何氏楷曰："卦惟二四两阳爻，皆任解之责者。而，汝也。拇，足大指也。"

管见：解拇，谓拇指之间，不密比而散布也。小民之跣行踪行者，不近履舄而跋涉不休，其拇盖如此。昔人言足胝言胫无毛，亦自切实，不知《易》中所云解拇，尤形容尽致也。解之九四，为震之刚而主动。所谓动而免乎险者，惟宜夙往耳。凡往必资于足，故如九四者，非比于初之在下，而亦取于拇。凡往而恐后，必逞其足而指张，故以拇为九四说法，亦即借用卦名解字之义。而曰解而拇，解拇为能夙往之象，是将合力于九二之田以有功矣。卦中惟二四两阳，所谓朋也，称朋则有孚义，特以下之险在隔于寇，而未尝相际耳。至于四以欲免乎险而夙往，二即以能出乎险而来至，则其相孚之谊在，以戎靖寇之时，同力奏功，已早作之合矣，故曰朋至斯孚。易例刚与柔相与为孚，刚与刚相与亦为孚。言朋言孚，此交际之义也。信于友者，所以获乎上，四与二两刚相际，则能以刚际柔，同事六五之君，而为刚柔之际矣。

**解而拇，未当位也。**

管见：解拇为小民奔走趋事之象，无位者也。四近君而位高，乃爻词欲其下同于小民而曰解而拇者，以其位为未当也。盖四以震主雷动之刚，而位高近君，非六五柔主之所安者。此所以为未当也。故动体如四，居常而不静，则妄有事而不前，则违解之时。寇作而待戢于戎，王事多艰，维其棘矣。四以此时奔走恐后，使用劳同于解拇，则奉命不违，实以震之动成坤之顺也。《彖》词所谓利西南者以此。

**六五：君子维有解，吉，有孚于小人。**

管见：君子，指下卦之九二。维者，谓二在险中。群寇交并如有所系而未解，然至于以戎戢之，此必六五之命也。

由是四之受命者，夙往以襄九二田获之功，则君子之维有解矣。四曰朋至，此维解之验也。二至而与四同反命于六五，君臣相庆，所谓吉也。其曰有孚于小人者，小人指下卦之初与三。君子有解之时，寇定而戎亦息，则将明罚于小人矣。惟六五柔中居尊，一准于义，以行赦过宥罪之典，是故初六直可不问。其三之咎无可辞者，亦削夺其位，以退之而已，于是感服之至，诚爱以生，悔悟之馀，朋奸俱化，则小人之不终绝。固在六五包容变化之中而不自知也。

此为有孚于小人也。

**君子有解，小人退也。**

管见：小人退，专指六三言之。盖五之有孚于小人，以其赦过宥罪也。然初曰无咎，几与平人同矣。其有孚易知，至于三之致寇戎，未知。六五何以赦宥之，又安知所以有孚耶？君子于有解之时，小人如六三者，退之而已。故但见为小人退，而退之外无所加也。亦但见为三之小人退，而三之外无所问也。

**上六：公用射隼于高墉之上，获之，无不利。**

《折中》：此公用，乃随上离上王用之例，皆非以本爻之位当王公也。

管见：射隼于高墉之上者，上六也，用之者为六五，故曰公用。隼者，寇象也。群聚而暴坰野为狐，剽疾而犯城阙为隼，隼视狐为更黠，或恐狐可获，而隼未必获也。然暴坰野为不利于民，犯城阙为不利于君，此寇之为隼者。传则别其名曰悖也，悖者不获，不利孰甚焉？惟六五则有以处此矣。盖上六与九四，左右于五而皆为动体，则皆能以动而免乎险者。九四为刚爻，五则用之以出征；上六为柔爻，五则用之以居守。出征者，总戎师以击寇，而襄获狐之功，故能下收其民，而曰往有功也。居守者，据高墉以备寇，而成获隼之利，故能上卫其君，而曰无不利也。

**公用射隼，以解悖也。**

**☶☱兑下艮上**

**损：有孚，元吉，无咎，可贞，利有攸往。**

管见：损者，损下卦之刚，以益上卦之柔也。损下卦三位之刚以居上，是为上九。上九居上，而益上卦之柔，则所益者莫大于六五。故《彖》词总括五上两爻之辞以明损之善也。九五曰十朋之龟，弗克违，元吉，此即《彖》之所谓有孚元吉也。上九曰无咎，贞吉，利有攸往，此即《彖》之所谓无咎，可贞，利有攸往也。柔刚相与为孚，上九之刚而遇六五之柔，必相合者，是曰有孚。五与上孚，而上能佑五，故五称元吉，是曰有孚元吉。夫上之所以能佑五者，以其不自益也。故五之得上为得臣无家，知有君不知有家，则上九以刚居最上。祐助柔主，既有功而无过，亦善始以全终，是曰无咎，可贞，有孚元吉。则损下以益上者，真有益于上矣。无咎，可贞，则上九之刚，其自下来而见为损者，当其在上而实未尝于其刚有所损也。如是则损之损下益上，其道上行，而有所往者，宜乎其上行矣，故曰利有攸往。

**曷之用？二簋可用享**。

管见：享谓享君，《大有》云公用享于天子，此其类也。称二簋则具食以享君者，君食臣食，宠眷非常。虽二簋不嫌，其契合则至深矣。然《彖》辞既有上节，又复缀此二语者，恐损之损下益上，人或疑于剥下之所有以奉其君，故以曷之用二簋可用享明之。曷之用，犹言何所用也。上九之祐六五，为孚元吉。所以益之者，十朋之龟弗克违，更何用别求，所以益五而曰享耶。且上之臣于五，本不有其家者，家无私蓄，六五固早信之。如其用享，虽二簋亦无不可，则上九之得以无咎而亦可贞者，于此亦概见矣。旧说以用享主享祀言，非也。二簋之祀，自天地社稷守庙以及百神，于何处宜用此礼。又国家草创之初，凶祲之岁，无有于享祀议损而至于二簋者。传曰二簋应有时。然则以何时用之，事之所无，作易者必不以误后世也。然先儒及诸家说易，多不致详于传言损下益上，则曰此剥民奉君之象，乃所以为损也。于《彖》言二簋可用享，则曰此致其诚敬而不必备物之时，乃所以用损也。损之，道下以损民之财，上以损神之祀，而圣人皆不以为非。然则为民神之主者，独居中而受其益矣，此何以解也。

**损，损下益上，其道上行**。

管见：损下之刚以益上之柔，是以下之刚而上行也，故曰其道上行。《彖》辞所谓有攸往者，即此。按《易》中卦变之说，多牵强而不可从。然损益两卦，其名义实从泰否生出，则知重卦之时，八卦互相重，而六十四卦已备，非如八卦之始作，有乾坤而后生六子也。惟是重卦之后，以意生象，因象立言。其卦中六爻有阴阳易位者，如泰之本卦，三与上易位而为损；否之本卦，初与四易位而为益。则虽谓彼卦变，此卦乃成，亦无不可，以其与乾坤生六子之义为有合也。乾坤重为泰否，艮兑二少，震巽二长，相重为损益。八卦之六子，以乾坤为父母者也。六子之各相重，亦因三画之名而不易，则亦可以六画之乾坤为父母也。至于艮兑二少，震巽二长之相重如损益者，谓其变自泰否以阴阳合并之乾坤为父母，理本自然，非假强合也。特不宜泥此而不变耳，如重卦之六子，卦辞皆不专就男女言，惟震称不丧匕鬯，略见长子之义。然非以其生于乾坤而特为之发明也。且如卦之有损益，虽由泰否之乾坤而损益之。然损之损下益上适成山下有泽之象，故见为损而以损名。益之损上益下，又适成风雷相助之象，故见为益而以益名。然则亦不徒以变自泰否而谓之损益也，所以艮兑二少之相重，为损亦为咸。震巽二长之相重，为益亦为恒。咸曰柔上而刚下，恒曰刚上而柔下，其初四三上之相易几与损益同，而亦未尝以为变自泰否而谓之损益也。若夫坎离二中之相重为既未济，以损益推之，亦似以泰否之二五易位而成者。而卦辞皆不言其所由来，此易之为书，所由变动不居也。而说易者倡为卦变之说，如讼自遁变之类，凡若干卦，则不免于滞碍矣。其尤难解者，卦变所载，言泰自归妹来，否自渐来，噬嗑自益来，贲自损与既济来，而损之损下益上，益之损上益下，传词实明其自泰否来者，乃复不在卦变之列，则何也？记此以俟知者。

**损而有孚，元吉，无咎，可贞，利有攸往。曷之用！二簋可用享。二簋应有时，损刚益柔有时，损益盈虚，与时偕行。**

管见：损而有孚元吉一读，连下无咎可贞为句。有孚元吉无咎可贞，皆有攸往之利也。故传辞加一两字作转语，而其义自见。盖损为损下益上，其道上行。上行者，有攸往也。以刚之在下者，往为上九之刚，而益六五在上之柔，使五之得上，不成为有孚元吉，则刚之往为无益于柔不为利也。又使上之得五，不见为无咎可贞，则刚之往虽或有益于柔，亦不为利也。惟损而有孚元吉，无咎可贞，则其上行为利，有攸往，固不待辨而自明矣。至于所谓曷之用，二簋可用享者，享以享君，二簋岂用享之常道乎？曰可用，则应如此矣。应如此者固有时也。然孰是二簋应用之时也，惟损刚益柔有时，故二簋应有时耳。如卦中上九之刚，本自下损之而上行者，其居上则有以益六五之柔。六五为君位，上九实有以益于君，固不必以用享见也。且上九求益于君，而未尝自益，则亦本无可以用享者，不必以用享见，亦本无可以用享。故二簋之享，在损刚益柔之时用之，则不嫌于非常道而见为应也。但损刚益柔，所以有此时者，亦天道之自然，非人之所能为也。何也？刚之可损，以其盈故损之；柔之可益，以其虚故益之。盈虚者，时也。因而损益者，与时偕行也。如损之二体，使下非纯刚，则刚未尝盈而不可损。使上非纯柔，则柔未尝虚而不可益。使下虽纯刚而盈，不遇上之纯柔而虚，则虽损刚以益之，而柔亦不必受益，故损之损刚益柔。其上行者为有攸往，其称有孚元吉，无咎，可贞者，为利有攸往，谁能与时偕行，故能利有攸往也。

**山下有泽，损，君子以惩忿窒欲。**

《集说》：虞氏翻曰：“兑说故惩忿，艮止故窒欲。”

管见：山下有泽，山高为益象，泽深为损象。重卦先内后外乃如先有泽而后有山者。然是为损下益上之象，故其卦名损。其曰君子以惩忿窒欲者，忿之不易惩，以其过刚也。欲之不即窒，以其过柔也。用忿以制欲，则忿因以惩，而欲亦无不窒矣。卦中损刚益柔之道，在君子用之于一身者如此。

**初九：已事遄往，无咎，酌损之。**

管见：初位居卑，其辍所事而连往者，志不安于下，而期人之合志以上行也。损之变自泰，泰之下卦本乾，乾健于行者也。以乾遇坤，下纯刚而盈，上纯柔而虚，则欲因泰之小往大来转而为否之大往小来，亦其势则然。此初九所以有合志上行之谋，而已事遄往以期之也。夫已事遄往，志在益上乎，抑损上乎？以损上为志，此不免于咎矣。然有可以无咎者，惟中以为志而酌损之。不损上而损下以益上，则无咎也。咎字承上，无咎起下，先言无咎后言酌损之者，经文用倒装耳。三之词曰：三人行则损一人，一人行，则得其友，此所谓酌损之也。能酌则初之遄往将自止矣，故无咎。然酌之者，必得中之九二也。初比于二，遄往之时必先以其志白于二矣。二中以为志，则非能合志者，于是酌损之之道而不俱往。故九二不犯征凶之戒，而初九之已事遄往几不免于咎而亦因以无咎也。

**已事遄往，尚合志也。**

管见：尚者，心有所急图而惟恐不遂之意。初九志在上行而位居最下，无与合志不能以独行也。故初之已事遄往，徒欲以其上行之志，往要于二而因以及三耳。三人合志，则上行可以任所之矣。此初之心所急图而惟恐不遂者，故曰尚合志也。旧说以遄往为从四，合志为益四。损之损下益上，言损下卦九三之刚以益上也。所谓一人行也，三行而初又往，是为二人行矣。与卦义不合，不可从。

**九二：利贞，征凶，弗损，益之。**

《本义》：九二刚中，志在自守，不肯妄进，故占者利贞而征则凶也。

管见：初之已事遄往，盖欲二之合志而上行也。然二宜守贞，不宜上行，故曰利贞征凶。所谓凶者何也。损之损下益上，惟三与上易位而处则可。初欲上行，四已不安其所矣。若使应五之二，亦复与初合志，不顾而往，不疑于以臣代其君乎？故曰凶也。惟酌损之时，损三以居上，而二不自损，于是六五之得上九者，乃实有以收其益，则九二之于五，不自损以益五，乃其所以益于五也。故曰弗损益之。



**九二利贞，中以为志也。**

管见：中者，二之可贞者也。中以为志，则不合于初之志而能贞矣。

**六三：三人行，则损一人；一人行，则得其友。**

《本义》：一阳上而一阴下，一人行而得其友也。

《集说》：林氏希元曰："此爻之辞兼举六爻，以三正是当损之爻，乃卦之所以为损者，故于此言之。"

管见：此爻之辞，即初爻所谓酌损之也。三人行，则损一人。此一人者，盖暗指上卦之六五耳。有损于六五者，不可明言，故为含蓄不尽之词，使上行者反而自疑也。若下文一人行之一人，乃特指自三而往之上九言之，如以泰之下卦三阳而合志上行，是为三人行矣。然在上之三阴，亦三人也。以健行之三阳而上行，不将使不能敌刚之三阴皆下行乎？是三人上行，其志不以益上而以损上矣。夫有损于上者，在四与上犹不足言，特其中有所谓一人者，以柔居尊，非四与上之比。损之，则为以臣代其君矣。不可以损言也。今三人行则损一人，上行者，即不顾其他而念兹一人，独不反而自疑耶？若因疑用酌，但使三往居上，不为合志并行之谋，此为三人之中而使一人行也。一人行者，既使三往居上而为上九，即能使上来居三而为六三，于是五之得上九为得臣，而二之得六三即为得友矣。一人行，则得其友，是不惟无损于上之一人，而亦仍自成为在下之三人而如未尝损也。所谓酌损之者，盖如此。由此观之，则知卦之有损，正所以通泰之穷也。泰之《彖》言小往大来，否之《彖》言大往小来，此二体之刚柔易位，不否则为泰，不泰则为否也，反复之道也。惟于泰之时而酌所以损之，但使三与上两爻刚柔易位，大不必俱往，小不必俱来，而泰可不遂变为否矣。且损之象既成，上得臣而下得友，上下相安亦不减于泰之时也。按：三人行则损一人，旧解谓即三人中而损去一人。但上句既言三人行，则所谓损一人者，当谓损之使不行也。乃所损之一人既为行矣，则上文必谓三人不行，而后乃云损一人以使之行也。今谓三人皆行则损一人，使行于损字，文义不合。

**一人行，三则疑也。**

管见：一人二字，宜略顿。行字与下句疑字作反对之词。行则不疑，疑则不可行也。以爻词推之，一人行则致所得之友为说体之六三，是行以一人者，为可行而不必疑也。三人行则有所损之一人为尊位之六五，是行以三人者为可疑而不可行也。疑者惶惧却顾之心，非三人自相猜贰之谓。

**六四：损其疾，使遄有喜，无咎。**

管见：损之所以宜损者，以下盈而上虚也。下盈上虚为疾之象。六四居上下之交，以柔而虚者，乘刚而盈者，虚已不振，盈复犯虚，此四之所为疾也。惟其时，九二守中而酌所以损之，于是损下之盈以益上之虚。而六四之以虚乘盈而为疾者，可解矣。此四之所以损其疾也。但四之疾，二能损之，而其疾之既损而有喜，则在四之不自锢其疾而使速损之也。故为六四告之曰：损之损下益上，所以益在上之五也。而于四亦损其疾，损能损四之疾，不可不使遄也。不使遄则非惟疾之不损，而咎亦将至，何也？四之能损其疾，以上九之刚，自三而上行，故既有以益于五而因以损四之疾也。四若自锢其疾而不使速损之，是必抑三之上行而二之所以酌损者，为无以益于五矣。四位近君而多惧，损之六四既以有疾而无益于五，又自锢其疾，不使下之上行以益五者，其之岂非咎乎？故使遄而四之疾损，是为有喜，使遄而四之疾既损，而五之益亦因以成，则所谓有喜者，又可以称无咎，固不独以损其疾为可喜也。



**损其疾，亦可喜也。**

管见：四位多惧，疾与咎皆非所能堪也。而有咎尤危于其疾，以四之有喜言之，但曰损其疾，亦可喜也。而况损其疾者，又因以无咎，是为尤可喜矣。然则何为自锢其疾而不使遄耶？

**六五：或益之十朋之龟，弗克违，元吉。**

管见：《象》辞所谓有孚元吉，此爻之义是已。或益之十朋之龟，七字为句。十朋，言龟之直，以见其可贵耳。《本义》谓两龟为朋，非也。考字典之解朋字，末引《说文》古凤字注曰：㺯，古文凤，象形，凤飞，群鸟从之，以万数。故以为朋党字。由此推之，朋者，万数之合也。数纪于一，协于十，长于百，大于千，衍于万。以一万为一朋，殆于钱有是号。与此称十朋，钱十万也，约当百金百两。又《诗·小雅》称百朋，则钱百万也，约当百金千两耳。或乃谓古者货贝，五贝为朋，在郑氏说《小雅》百朋，作如是云。而《集传》从之，今证以《汉书·食货志》五品之贝。一大贝，二壮贝，三幺贝，四小贝，五不成贝。不成贝者，不为朋，他皆为朋，其朋各以两计。此虽行自新莽，前未有所考，要亦因其好古兴作而然，可知货贝之有由来，固已久矣。钱制昉于周，及秦乃专行，未应遽舍贝而言钱也。不知贝之为物，特以其有文饰，用充货之一端而已。《商书·盘庚篇》，言具乃贝王，以贝与王联称，其货必利蓄不利行者。疏云：贝水虫，取其甲以为货。若今之用钱，然是则直谓货贝为以贝代钱。在商亦犹行古之道也，而非也。益古者，自交易之始，必有钱自矿山出，金之始必冶铜以铸钱。《汉书·食货志》本太公为周作九府，法圜以为钱之初作，试思古诚有贝无钱。周有天下，忽因师尚父之谋，尽举历代公私所行之具甲而遏抑之，此法岂可立乎？其谓立圜法者，圜法即古之钱法，非周创为之也。或至殷之末世而法大坏，周兴更事整理，是为立耳。九府，盖指造钱之局言，《周礼·地官》泉府注。或曰钱，钱府取诸泉，泉溢为川，则知所谓九府者，具即取诸九川之布四海为义也。故钱之藏曰泉，钱之行亦曰布。后世经生考古，总谓周之先，不行钱行贝，遂至以太公立九府圜法为非古，转以新莽之作货贝五品为近古，亦见其惑矣。且以朋数为两而泥贝言之，虽百朋犹可具也。至于龟为神灵之精用以下，岂货贝之比哉？如此称或益之十朋之龟？益九五也。逸礼，天子龟尺二寸，是为元龟。元龟大龟也，禹贡言九江纳锡大龟。《传》云：此所谓国之守龟，非可常得，因特称纳锡以重其事。据此则只谓两龟为朋，亦正难其有对。更加多而至十朋，安所得之，故惟以朋为钱数，以十朋为龟直，于事理较允。十朋之龟何指，指上九言，益之以上九而曰十朋之龟者，以上九之必孚于五，故取龟象。上九本自三来，其先由九二之酌损之，故上行以益于五。则益之以十朋之龟者，为九二也。九二非如人之有名而可称者，故曰或。犹六三爻之称三人一人，皆实有所指也。特以无可名，故以人概之耳。弗克违，言五之必孚于上九也。上九为十朋之龟象。龟通于鬼神者也，而九二益之以此，君能违人不能违鬼神，故弗克违也。弗违则有孚矣。夫五之于上九，其有孚如是，是故将有为也，将有行也。问焉而以言，其受命也如响。此所以定天下之吉凶，成天下之亹亹也。吉莫大焉，是为元吉。



**六五元吉，自上祐也。**

管见：上谓上九，非谓上天为上也。

祐者，助也。实有以益于五为祐。

**上九：弗损，益之，无咎，贞吉，利有攸往，得臣无家。**

管见：《彖》辞所谓无咎可贞利有攸往，此爻之义是已。其与九二并言弗损益之者，九二损三以居上，而未尝自损。而五之受其益，乃如十朋之龟弗克违，则于五固有以益之也。其上九之为十朋之龟者，能祐五而弗违，则五之元吉。上实益之，然龟之益人无方，而于十朋之价无所亏也，故与二并言弗损益之也。上祐五而能益之五称元吉，上固宜为无咎也。世固无有咎龟者，且龟之弗克违，盖终不可违者也。五方以上之能贞而常保其元吉，则上之以贞而得吉可知矣。其彖曰可贞，而此曰贞吉者，吉而后可贞，亦互相发明也。无咎贞吉，则上九之自三来。其上行而有攸往者，是为利有攸往矣。有攸往之时，柔下居三而为六三，在九二为得其友。刚上居上而为上九，在六五为得臣无家矣。称无家者，上九祐五而不自益，故为无家。龟之效灵于人而未尝自下者，其象亦然。臣而无家，则臣之得君，所以无咎贞吉之道，无出于此者。又按：得臣无家一语，亦以发明《彖》中二簋可用享之意。惟上之于五，二簋可用享，故不失贞，无咎，贞吉。惟五之得上，为得臣无家，故独见为二簋可用享也。



**弗损益之，大得志也。**

管见：按：《象传》之意，虽似但释上爻，其实于下卦之初二两爻，皆可相因而并见也。观《传》中三用志字可知，如初曰尚合志，二曰中以为志，至上曰大得志。易例阴为小，阳为大，初二与上九皆为阳爻，则皆为大矣。特其志有得不得耳，如九二之酌损，能使三上行以益五，是中以为志也。惟上九因二之酌损，能自三上行以益五，是志于二之中以为志者。故二曰弗损益之，上亦曰弗损益之，正见二与上之阳皆为大者，皆有以行其益上之志而无不得也。若初之已事遄往，则惟欲三人合志并进而不知其有损于上矣。试以三人行则损一人告之，能无反而自疑乎？反而自疑，即其所以不得志也。故初亦为阳，阳亦为大。而其称得志者，惟上与二同之耳。

**䷩震下巽上**

**益：利有攸往，利涉大川。**

《本义》：卦之九五六二，皆得中正，下震上巽皆木之象，故其占利有攸往，而利涉大川也。

管见：损言损下益上，益上亦益也，益言损上益下，损上亦损也。而卦名乃各举其一者何，损之变自泰，损下而后为泽，益上而后为山，乃似山以泽成也，则共见，其所以益者由于损矣，故其卦名损。若益之变自否，其风雷之象，虽由损上益下而成，然象之既成，则似雷动于下。而风自上而从之，但见其为益而不见其由于损也，故其卦名益。其言利有攸往者，于爻词两言中行见之。三曰有孚中行，其中行指二；四曰中行告公从，其中行指五中而能行，是有攸往也。二之中行称吉，五之中行称元吉，此为利矣。其又言利涉大川者，损上益下之后，五之得六四，曰利用为依迁国。五之辅六二以初九，曰利用为大作，则二五之中行，所谓利有攸往者，盖至于往涉大川而皆见为利者也。故又曰利涉大川。

**益，损上益下，民说无疆，自上下下，其道大光。**

管见：益之变自否，否之四与初刚柔易位，则为损上益下而为益矣。但上之所由损，五主之；下之所为益，二受之；五为君位，二为臣位，是卦中益下之象，非即以下为民也。然益之道既成，则有见为民说无疆者矣，何也？以损上益下之时，即有自上下下之用耳。损上而上不纯刚，则五之中以行；益下而下不纯柔，则二之中亦行。五之中行先以志，二之中行继以事，此其自上下下，实有以致惠德于民者，将如天施地生，其益无方。失如施生之□方，则大如施生之昭察于天地之间则光。自上下下，其道大光，故益之损上益下。所谓下者，虽不属之民，而民说无疆之所由然，固即此而在也。



**利有攸往，中正有庆。利涉大川，木道乃行。**

《集说》：朱氏震曰："利涉大川言木者三，益也，涣也，中孚也，皆巽也。"

管见：中谓二与五，正谓初与四。益之损上益下，变否之九四为六四，初六为初九，则初四皆正矣。以九五之中，得六四之正，则能以巽承五，而五之中以行，以六二之中得初九之正，则能以动辅二，而二之中亦行。由是二称吉，五称元吉，此所谓庆也。中与正合，则中正而有庆，故《彖》言利有攸往，以引其端。且四与初之刚柔易位而各得其正者，四为巽主，木道也，初为震主，震为东方之卦，亦木道也。惟木可以涉大川，则知攸往之利。《彖》词复以利涉大川尽其义者，以二五所遇之初与四，皆为木道，乃能用之以行，而成涉大川之利也。



**益，动而巽，日进无疆，天施地生，其益无方。凡益之道，与时偕行。**

《折中》：动巽取卦德，施生取卦象。风者天施也，故姤有施命之象；雷者地生也，故解有甲拆之象。

管见：此节言益之变自否来，其道足以济否，而其功亦不减于转否而为泰也。否之二体为内柔外刚，此所以上下不交而天下无邦也。益之损上益下，但使初与四刚柔易位，则初得刚而为震之动；四得柔而为巽之巽，是为动而巽也。四以巽主之柔，承在外九五之刚；初以震主之刚，辅在内六二之柔，则二五之中行。自上而下下者，即自近而及远，其益为日进无疆矣。益之道日进无疆，故其及于民而民之说之亦无疆也。夫否之本卦，有天地不交、万物不通之象者也。而否之变为益，则为动而巽，日进无疆，此其自上下下其道大光，固如天施地生，其益无方矣。然则何减于泰之天地交而万物通耶？故益之道，宜思所以行之。益之道行于天地，其施生以益人者，时也。君道亦天道，臣道亦地道，能因天地之施生而与时偕行，则其益无方，亦与天地同功也。故为凡有益民之责者告之曰：凡益之道，与时偕行。

**风雷益，君子以见善则迁，有过则改。**



管见：凡《大象》配两体之德者，皆先内后外，惟益不然。以益主损上益下，自上下下，其义本先外后内，故大象立言之意，亦因之。如见善则迁，非无动象，特于巽之用为更切耳。巽主入而能顺入，乃见善顺，故能迁也。若夫有过则改，非震体之动不能，所谓震无咎者，存乎悔也。以巽处之，改不改未可知矣。且益之损上益下，亦损刚益柔也。损刚故成上之巽，益柔故成下之动也。以迁善改过言之，过刚则不能俯以从人，是君子之见善则迁。道在损刚而行以巽，过柔则不能勇于克已，是君子之有过则改。道在益柔而主乎动也。巽以迁善，亦成于损刚；动以改过，亦成于益柔。则见君子之迁善改过，其用益之道于一身而合于象者，固切近真实如此。

**初九：利用为大作，元吉，无咎。**

《折中》：利用为大作者，即《彖》所谓利有攸往，利涉大川也。

管见：益变自否而即以济否，则所谓大作者，盖以振兴衰弊与民更始也。即在六四爻指言迁国，其意亦如此用者，五用之也。

益之象未成，其下纯柔，必事隳而民不振。虽得中如六二，亦姑任之而已。至九五损上之刚以居初，而因以辅二，是用为大作以兴民事也。其曰利者，初襄二之事，二成五之志，将有以普天施地生之功而致民说无疆之庆。则是五之用初为大作者，足称元吉。而初之用于五以为大作者，亦以五之元吉而得无咎矣。五元吉而初无咎，故五之于初曰利用为大作也。

**元吉无咎，下不厚事也。**

管见：厚者，事积而不举之意。下不厚事，则上元吉而下亦无咎也。

**六二：或益之十朋之龟，弗克违，永贞吉。王用享于帝，吉。**

管见：初之刚自四来，此五所谓利用为大作者也。但下之才以初为胜，而下之事以二为主，使初虽可用，二或违之而不用，则亦无与共为大作，而益之道不行矣。然初九刚正之德如龟，其刚正之德之可贵如十朋之龟。龟为人用则龟之尊不过于人，而龟之必当用在人，终亦莫能自尊以违龟也，此五之损四居初以益二。而二之必受其益以用初者，合而言之，其词曰或益之十朋之龟弗克违。益之者本自九五，而浑举之曰或，以卦位非如人之有名而可称也。即下文言王用，王亦九五之通称，非独益之九五而已。永贞吉，二之柔中，即其贞也。惟柔中者能用刚正而不违，故二能永贞。则其与初共为大作而不违者，犹之不违龟也，吉可知矣。且就龟论龟，其事之以用之而得吉者，岂小哉？如国之大事，祀其一也。至于王之享帝则尤大，此与兴民事而为大作可类观矣。然祭祀先卜，大祭祀则眂高命龟，是主之享于帝者亦用龟也。用之则不违，用之不违而祭则受福，所谓吉也。夫至尊如王，而有享于帝之事，其以龟为龟而用之莫违如此，则二之为王臣而当大作之时，其得刚正之初九而以人为龟者，顾可违之而不用乎。王之享于帝，敬天也。以龟为龟而用之不违，亦无不吉。二之时当大作，勤民也。以人为龟而用之不违，岂有不吉者乎？

**或益之，自外来也。**

管见：初九之刚，所以益二之柔者也。然初自四来，故云自外。其所由自四来者，何也？由五之损之耳。五损之使来，而后下居于初以益二，故明其益柔之刚自外来。则六二所称或益之而不实指其人者，其为损上益下之九五不待言矣。



**六三：益之用凶事，无咎，有孚中行，告公用圭。**

管见：益之道自上下下，故为天施地生之象而有以及民也。九五以得中为君，而六四之巽承之。传曰以益志也，则与五同志而惠心流，是五之中已行有如天道之圭施也。六二以得中为臣，而初九之动辅之。传曰下不厚事也，则与二同事而大作举，是二之中亦行有如地道之主生也。所以自上下下，其道大光也。六三处上下之交而有应于上九，三与上应，则下不合于中行之二以襄其事，上不合于中行之五以通其志，此不免于咎者。然五之损上益下，其损四之刚以居初者，即以为二之比而因以益二，是曰益之以十朋之龟。其不益上之刚而击上者，即以绝六三之应而因以益三，是曰益之用凶事。盖上之被击，凶事也。三因上之被击而不应上，则已阴受其益而得免于咎矣。故曰益之用凶事，无咎。夫所谓无咎者，其实云何，盖三不应上，则必合于同体在下之二，二之因时与事中行者也。三合于二以襄其事，是为有孚中行矣。且易中柔与柔合为孚，柔与刚合亦为孚，三既有孚于六二之中行以襄其事，则亦可以有孚于九五之中行而通其志也。虽三之位居下卦，不能如四之所为告公从者，切近于五而自达之。然同体在下之六二，与五为应，即其以事成志上下符契之情观之，其臣之合于君，犹以臣之圭而合于君之瑁也。三孚于二而因以通诚于五，则凡有告于公，亦如四之可以益志者，即用六二为圭以告之，不必自达而无不违也。故曰告公用圭，公谓九五。

**益用凶事，固有之也。**

管见：五为主卦之主，三不应五而应上，此三之所以多凶也。然则益之六三而有应于上者，上当击，三亦当击；上见凶，三亦不免于凶矣。故凶为三之所固有。五特以其击上而见于事者，用之以戒三耳。戒三则无咎，而凶去此为益也。

**六四：中行告公从，利用为依迁国。**

《折中》：此爻不专已而与上同德，乃可以益下也。用，用六四也。迁国大事也。亦即《彖》之所谓利有攸往，利涉大川也。

管见：凡卦中以九四承九五，则其刚相敌，而四又不中。其君臣相合以有功者，鲜矣。又六四之承九五，惟巽主之柔为最善，所谓柔得位乎外而上同也。以视坎居上卦，亦以六四承九五者，则有异矣。故益之六四为巽体。其以柔正而承刚中，则能体君之惠心以致于下。而五之中以行，又巽体之四本自初来，初在下而近民，爰知小人之依。凡有所告于公，皆顺承九五之惠心以广其益也。故九五以刚中而从柔正，无有告之而不从者。利用为依迁国，依倚任之也。独言迁国者，举大作之实象以见意耳，宜活看。如益之变自否，可以济否，亦不减于泰。向者否塞，今者大光；向者天地不交，万物不通，今者天施地生，其益无方。向者上下不交，天下无邦，今者损上益下，民说无疆，则是君不易民，民不易地，而其规模气象，固有日即于新者，此亦迁国之意也。

**告公从，以益志也。**

管见：益志，益五之志也。五之所以称得志者，亦以此。或云主益五言，是不疑于益上而与卦义异乎？曰不然。损之损下益上，于上言得臣，于下亦言得友，则亦非谓益上者，必无益于下也。况损之下得其友，不必更有益于君；而益之上益其志，则尤见为大有益于民也。何也？益之损上益下，所谓下者，虽非即指民言，而其意则主于民也。益之道，君以志始，臣以事终，益其志而事愈大。此益之自上下下，所由同于施生之无方也。其于卦议岂有异乎？

**九五：有孚惠心，勿问元吉，有孚惠我德。**

管见：惠心，九五之志也。初之辞曰利用为大作，四之辞曰利用为依迁国，皆九五之用之也。明其为惠心，则知非好事而轻动其民矣。其曰有孚者，谓自四以下，皆能立心有恒，以合于九五之惠心耳。四比五而曰告公从，孚之至也。其应五之二如圭，其初之自四来，由五损之以益二者又如龟。此于五之心无不孚者，若六三之有应于上，是疑同于上之立心勿恒而不孚矣。然亦曰有孚中行，告公用圭。借二之为圭者以告公，则告公之时，其心亦如四之孚于五也。此所谓有孚惠心也。其又曰勿问者，何疑于不孚则问之，其意盖对上九言。上九曰立心勿恒，此与有孚惠心者异矣。是五之所必问也，问之故击之也。立心勿恒者，问之则于有孚惠心者可勿问矣。故曰勿问。夫九五之惠心，自四以下，无有疑于不孚而待问者如此。此其自上下下，必有以成天施地生之功，而致民说无疆之庆也。故曰元吉。有孚惠我德。此言有孚，谓君之惠心洽于民心，而靡不诚服也。惠者德之施。民之见为惠者，即我之德之存于身者也。然民见为惠，则不独以为我身之德而已，是曰惠我德。

**有孚惠心，勿问之矣。惠我德，大得志也。**

管见：惠我德，为民说无疆之实，故五之志得也。称大者，易以阳为大耳。五与上皆阳爻，阳则皆为大矣，皆为大而特于五之大言得志，则歆动上九之意亦寓焉。盖五之得志，以其惠心之洽于民也。上九亦为阳爻，阳亦为大，奈合不孚于五之惠心而因以共行其志耶?

**上九：莫益之，或击之，立心勿恒，凶。**

管见：莫益之，或击之，明上九必为九五之所绝也。须对下六三言，此所谓击，即三爻所见为凶事者也。上与三皆不中正，而位实相应，故上之立心勿恒，其不孚于五者，以其系于三也。传曰或击之，自外来也。下卦以上卦为外，上卦亦以下卦为外，则上之凶以所应之三而凶也。三有应于上，则将不孚于二而无以达于五矣。传曰益用凶事，固有之也，则六三亦在当击之列矣。但六三以柔居下卦之上，犹见危而知惧。上九以刚居上卦之上，则已亢而难回。故于三不击之，而思所以益之。于上则莫益之，而惟以击之者，损之也。夫上与三之有应，皆足以妨自上下下之道，而不容于中正有庆之时。而五之所以处之者，则惟力惩于已亢难回之上，而因以曲全乎见危知惧之三。此亦即损上益下之法，而善用之耳。盖损之损下益上，九二为政；益之损上益下，九五为政也。四之刚居五下，能听命于五而为之用，故损之居初以为大作，此损上之一法也。若上之刚居五上而立心勿恒，则其势不为五用。五亦无地以置之，则用损为难，故问其罪而用击，此损上之又一法也。犹夫二本柔中，五以初九之刚正辅之，则为益之以十朋之龟，此益下之一法也。若六三之柔不中正，而受益于五，则由击上九之刚不中正以戒之，而因以无咎，是为益之用凶事，此益下之又一法也。盖五之以刚中居尊，犹之天也。观其损之益之以用中者，能使四之刚居初而为雷，亦即使初之柔居四而为风。然则五之为天，当亦自具风雷之用矣。故其刚中之德及于民，而为惠则为风之施，问于上而用威则为雷之击。此损益之用之所以行于上下也。立心勿恒，凶。勿，不也，即其立心之不可屈挠者，恒为常道，其在卦象中，风雷为益，雷风亦为恒，是风雷为天地之常道也。上九为巽体，万物齐乎巽，则为风之主于散以佐天施之功者，此其恒也。而上九之刚不中正，则不孚于五之惠心而弃巽道之常，是立心勿恒矣。立心如此，则不能如六三之柔而知戒，犹可益之而不待于击也。风之积而不散者，振之以雷则必解。风不能以违天，上固可以抗五耶？五之为天者，能使初为雷以生物，独不能自为雷以击暴耶。此上之所以必凶也。

**莫益之，偏辞也。或击之，自外来也。**

管见：上与三皆不中正，则皆宜为五之所必问而并击之矣。然五之于三，犹思所以益之，独至于上九，而五之心则似决然不有以益之者。故传以偏字释莫字之义，而曰偏辞也。不益之而击之，其击上者五也。而传以为自外来者，外指下卦之六三言。在蹇之上六，舍九三而从九五，传曰志在内也。以五为内，则以三为外可知，故此言自外来为自三来也。上系于三而立心勿恒，则不从五而不免于击，所以击之事，自同体在内之五行之。而击之所由来，则自六三之不同体而为外者来也。明其自外来，则知上九之被击，乃似三实击之，而于五无与，特上九不自觉耳。夫上九因三以致凶，而五之于三，乃卒有以益之，此上爻所谓莫益之者，有似五之独绝上九而见为偏也。然击必当击之上九，以益犹可，益之六三，人之见为偏者，乃正五之所以用其中也。

**䷪乾下兑上**

**夬：扬于王庭，孚号有厉，告自邑，不利即戎，利有攸往。**

《程传》：邑，私邑，即从也。

《集说》：胡氏炳文曰："复利往，往而为临为泰为夬也。夬利往，往而为乾也。"

管见：扬于王庭，旧解谓扬上六之罪于王庭而决之，非也，扬与《虞书》扬侧陋之扬意相近。盖夬之上六一阴，非九五不能决之，惟五为说体而和，故其中未光，不免牵于小人之柔说，而不能即决。此所以上六之得君而扬于王庭者，其势显盛，天下皆知有若人也。夫上六以柔乘五之刚而扬于王庭，则以刚承五之刚如九四者，必日待王庭而不合于王矣。四之词曰臀无肤，其行次且。盖不能自安之至思，附于上六之扬于王庭者，以自结于王也。然上六以柔说之小人而扬于王庭，是为王之贼，为王庭君子之仇寇也，非婚媾也。当目以为戎而决之者，不能决而以为和，则为即戎矣。即戎者不利而危，非有厉乎？特五与四之刚而说体，主于和而不自知耳。五不知而其所孚之九二知之，四不知而其所孚之初九知之，故哀号以明其有厉。各自其邑而来，告曰：不利即戎，利有攸往。按：二之于五，初之于四之位应而刚德同，故曰孚。四五和于上六，而初二独能哀号以告之者，以初二之刚健而能决，既不如四五之皆为兑体，因上六之说而与为和，亦不如九三之虽为健体，犹因上六之应而未尝有愠也。号者哀声也，涣曰涣汗其大号，同人与旅并言号咷，皆痛哭流涕之状。必言号者，上六之柔说，如甘口鼠，如倾城妇，其危不易见。虽哀号以告之，犹有九四之闻言不信者，从容谈笑，其能动听乎？告自邑者，谓同德相孚之人，自其位应而相属之地以来告也。五为君，四为大臣，其初与二之在下而应之者，犹之为君与大臣之私邑而属之者也。孚主德言，邑主位言，皆谓初与二也。不利即戎，利有攸往。所谓告自邑者，其词如此，即则相从而与为和，往则并进以致其决，以上六为戎，而言即之之不利，则其始之扬于王庭，赫然为时所尚。而若无以加者，庶几因之有所底止而穷矣。故传曰所尚乃穷也。然非有攸往以决之，则上六一柔，何以终能绝迹于王庭，而不乘五之刚乎？此告自邑者，既戒以不利即戎，又劝以利有攸往，其意必欲进而决之，使刚长而变为纯乾，而后可以已也。故传曰刚长乃终也。



**夬，决也，刚决柔也。健而说，决而和。**

《折中》：此言健而说，决而和，起扬于王庭以下之意也。

管见：夬之义在于刚决柔，但下卦之三刚为乾之健，而上卦之二刚为兑之说，是为健而说。健而说者，不能以皆健也。以故下卦之三刚，除过中应上之九三，皆以健而能决。而上卦之二刚，虽居尊得中之九五，亦以说而用和，是为决而和。决而和者，不能以即决也。夫上六一柔，乘五之刚而五与为和，则四之刚必同之，故上六之乘五，有扬于王庭之象。五与上之柔相和而四同之，皆以其说体也。其在下之刚，本为健体而无应于上六之柔者，则皆欲决之。故初二之切陈于四五，有孚号有厉、告自邑、不利即戎、利有攸往之象。

**扬于王庭，柔乘五刚也。孚号有厉，其危乃光也。告自邑，不利即戎，所尚乃穷也。利有攸往，刚长乃终也。**

管见：柔乘五刚，谓上六乘九五之刚而得君，故扬于王庭也。旧谓乘五阳爻者非是。盖上六兑主之柔，为口舌为少女，言与色并，虽以夬五之刚中遇之，其体同于说而不足于健，亦犹处上六以和，而未能遂决之也。五为王而与上和，其四之同在王庭者，亦因五而与上和，则相说之时，适以寇戎为婚媾，而不自知其危矣。此初二之于四五其称同德相孚者，必哀号以明其有厉，而其危乃光也。光者明也，谓明而可见也。玩乃字之意，正见不号则言之不切而其危厉之，故亦犹不可见也。下文言所尚乃穷，言刚长乃终，二句并用乃字。一以见上六之扬于王庭，其为时所尚而无以加者，不用人指之为戎而告以不利，则终无所底止也。故曰告自邑，不利即戎，所尚乃穷也。一以见上六之柔之宜决，苟不至于刚长而变为乾，则虽不扬于王庭，而犹未能绝迹于王庭也，不可以遂终也。故曰利有攸往，刚长乃终也。

**泽上于天，夬。君子以施禄及下，居德则忌。**

管见：泽上于天，必下施而为雨，非可积而不散也，故义取于决而以夬名。君子以施禄及下，居德则忌。德谓德泽，即指禄言，居者积而不散也，忌者不宜也。施禄及下以广其德，则宜居德于上以专其禄，则不宜此所以言居德则忌也。按：夬之上六一阴，以柔为兑主而乘五，此君侧之小人也。而其象为泽，泽之处于最上者，在天为雨，在君则利禄之属也。昵宵小为即戎，专利禄为居德，二者事相类害相等，皆宜用夬之义以决之者。故《象》

传既言决柔以申不利即戎之意，《大象》又推言决泽以垂居德则忌之文，其说固并行而不悖也。

**初九：壮于前趾，往不胜，为咎。**

管见：壮于前趾，往不胜，非谓初九往决上六之柔而不胜也。初在下而位卑，其于乘五之上六，势远而不相及，何缘遂往而思决之？未尝遂往，则所称不胜者，亦臆断而非其实矣。按《彖》词曰：孚号有厉，告自邑，此指初与二言之者。九二曰惕号，号以告于五也。九四曰闻言不信，所不信之言，闻之实自初也。夫初不度四之不能信，而猥以健而能行者，自其邑而往告之，是壮于前趾也。前对后言，非进之谓。前趾犹言前辙，盖明举其冒昧之已事，而使后之毋相踵也。凡感人以言者，必能屈服其心而胜之，然后闻之者能信，言之者得无咎也。初能往告以言，而卒无如九四之不信何，是往不胜也。不胜而往，即其壮于趾者，已为咎矣，何论其他乎？不胜而往为咎，即其壮于前趾者，已足戚矣，更可不谨于后乎？

**不胜而往，咎也。**

管见：不胜而往，则初九之健必屈于闻言不信之九四，而徒自壮其趾也，咎可知矣。

**九二：惕号，莫夜有戎，勿恤。**

管见：惕号，状九二入告于五之时，其心忧惕，其声哀号也。所告于五之言，与初之告于四者同旨，《彖》词所谓不利即戎利有攸往是已。故此爻只用惕号二字，便见九五之感悟。其始为中未光，其后亦中行无咎者，实由于此。又按《彖》中孚号有厉，统初与二言之，皆有所孚，则皆号皆以有厉，而号则皆惕。而惕号独言于二者，初之于四既难，必其言之信，则其孚不真。初之告于四，又独形其趾之壮，则其惕不至。故之不胜而往，宜急指其咎以告之，而其号而不终。孚号其有厉，而不见为惕者，不足言也。莫夜有戎，寇贼也。二知上六之为戎，既以惕号之状明告于五，而求决去之，则上之仇九二而因以为戎，必用柔说之才阴告于五，而思中伤之，故九二有莫夜有戎之象。其曰勿恤者，莫夜有戎为可忧，而惕号之九二实得中道，则其言必见信于五，而五之中因以行也。上不能使九五之中不行，其又何能言于五，以贼得中道者之二乎？故曰莫夜有戎，勿恤也。

**有戎勿恤，得中道也**。

管见：卦惟二五之位得中，其位即其德也。夬之九二，位与五应而中德同，是为得中道也。中与中之相孚，固有闻其言而必信者。此九五之说体而和，其始虽牵于上六之柔说而中未光，其卒必感于九二之惕号，而中以行也。五之中必行，则上六之为戎，虽仇二之惕号，而思阴告于五以图二，而五固终不信也。其何伤于二而用忧耶？此二之有戎勿恤，由二之得中道者，正于五位应而同德，故非上之所能伤，而卒以无患也。

**九三：壮于頄，有凶。君子夬夬，独行遇雨，若濡，有愠，无咎**。

《程传》：頄，颧骨也。

《集说》：王氏安石曰："九三乾体之上，刚亢外见，壮于頄者也。"何氏楷曰："上六为成兑之主，泽上于天，故称雨。"

管见：九三之刚壮，盛形于外，则其中必不能守。而又正与上六之柔说相应，天下状貌强武之人，以兑之为口舌为少女，而主于说者遇之，有顿化为绕指柔而不自觉者矣。夫上六之宜决，有如戎也。而三之壮于頄者，迹似不难于决之，而其实转易于即之。即戎者，不利而危，岂不凶乎？故因三之有应于上六而危之，曰有凶。君子夬夬，谓九三宜勉为君子也。必一再决之，故称夬夬。其独言于三五者，五说体而比于上六，则不如健者之能决也。三虽为健体而又有应于上六，则亦非能一决之而即决者，故三与五并称夬夬。独行遇雨，若濡，有愠，言九三之遇上，不说之而愠之，以成为夬。夬者，其情状宜如此耳。下卦三阳爻，初与四为孚，二与五为孚。在《彖》词所称告自邑者，其决柔同志，其欲刚之决柔而往告之亦同行。惟九三正与上应，故其别于初二而行者为独行，其独行而遇兑主之上六者为遇雨。夫泽上于天而为雨，此万物之所说也。然行道之人遇之，则独苦其沾湿，而不无怨怒，是以濡而有愠也。若九三之遇上六，为独行遇雨者，其不说之而愠之，亦若遇雨之濡而有愠焉。则有以决去小人，而自成其为君子矣，则为无咎。



**君子夬夬，终无咎也。**

管见：夬主于决，言夬夬，则其初之欲决之，固未能以遂决也。恐终有不满于君子而咎之者，然当决而不决为咎，不得以一再决之而后能决为咎也。故曰君子夬夬，终无咎也。且如居尊之九五，其说体而与上和，亦有取于夬夬。至于中之既行则已，不失为君子矣。岂得以其始之未能遂决而中未光者为九五之咎乎？

**九四：臀无肤，其行次且，牵羊悔亡，闻言不信。**

《折中》：臀有肤，则能安坐矣。无肤喻四之不能安坐也。不能安坐，故次且而欲进。

管见：其行次且，如一室之内，十步之间，往还千遍而不能已。其迹似次且不进，而中热志乱，几于无可措吾身者，故不能安坐，而其行如是也。夬之时，上六以柔说得君而扬于王庭，显盛无出其右，则九四之刚，为王庭之大臣，而处多惧之位者，宜乎不能自安，而有臀无肤、其行次且之象矣。计无所出，必思附于上六以相说，而因以自安也。上卦兑体，兑为羊，羊性说群，则以四之为羊，而求合于上之为羊以相说，亦其本性之自然也。特上之主于说为羊，其与人相说，而即以贼人为戎，宜决之，不宜即之者，此九四之有羊象。惟能力自禁制而牵之，则不入上六之群而为羊之说，乃不至以说于上六而生即戎之悔，故曰牵羊悔亡。然九四何能见及此哉？方初之自邑而来告也。其言曰不利即戎，利有攸往，此与二之惕号以告于五者同也。五闻之而信，四闻之而不信，则于上六之为戎者，必即而就之，而不能往而决之矣。其能免于悔乎？

**其行次且，位不当也。闻言不信，聪不明也。**

管见：四位多惧，故九四为位不当也。多惧则不能自安，故有其行次且之象。闻言不信，听不明也。聪字只作听字看。四位不当而多惧，其心瞀乱，故其听不明，而闻言不信也。

**九五：苋陆夬夬，中行无咎。**

《集说》：项氏安世曰："夬夬者，重夬也。当决者上六也。三应之五比之，嫌其不能夬也。故皆以夬夬明之。"

管见：《本义》谓苋陆，今马齿苋，感阴气之多者，《语类》又谓苋陆，是两物。苋者马齿苋，陆者草陆，一名商陆，皆感阴气多之物。药中用商陆治水腫，其物难干，按苋陆若是两物。上六惟一阴耳，固不应联取两物为象。然直以苋陆为一物，则取以象一爻之阴可矣。其于夬之上六，以一阴而乘五阳之上者，亦未尽合也。盖平高为陆，其上不生他物，而苋独生，为苋陆，是地之阳气盛积而多燥者也。以象自五以下之皆阳耳。苋之感阴气为独多，虽平高燥极之地，其生不绝，此则如上六一阴能乘五阳之上，而未能遂决也。故夬之五阳，至九五而成陆象。夬之五阳一阴，至九五之密比于上六，而成苋陆之象。夫九五居尊王也，若竟比于上六之小人，而不终决之，是直使王庭为苋陆矣。其可乎？故以夬夬告之，欲其期于必决也。期于必决，则九五之刚中，其始见为未光而不行者，几不免于咎矣。至于二之惕号，以其得中道者言之，而五之感于惕号，遂信其言而行之，是二之中尽于言而可行，五之中未光几于不行，而以二之言而既行也。中行则君子之道大光，而小人之迹将绝。瞻望王庭，无复有指为苋陆而归咎于五之不能决者，是为无咎。

**中行无咎，中未光也。**

管见：中则宜无咎矣。必于既行而始信之者，以九五之中，其初尚未光也。盖上六一阴，惟九五能必决之，特以刚而说体，不能遂决而与为和。故上六有扬于王庭之象。上扬于王庭，而五之中不可见矣。此所以为中未光也。未光由于未行，故九五之中必于二之得中道者，信其言而行之，而后得无咎也。

**上六：无号，终有凶。**

管见：此爻之词，盖以解初与二言者之罪，而即为听言之四五坚其信而速之行也。当上六以柔说之小人而扬于王庭，初号以告于四，二号以告于五，皆以为不即决之，则有厉而凶也。然在四为聪不明，在五亦为中未光，安知不以有厉而凶为不验。而斥号者之太过耶？不知上六之为小人，固能使人说之而不觉其为戎者，向使无所孚之初二，痛哭陈词以明其有厉，则上六之扬于王庭，终将为王之贼、为王庭君子之仇而凶见矣。故曰无号，终有凶。由是言之，则号者固非过，而号其有厉者为必验也。初与二之有言，四可不闻而信之以亡悔，五可不信而行之以免咎乎。

**无号之凶，终不可长也。**

管见：无号之凶，曰终有凶。所谓终者，非久长有待之谓也。上已扬于王庭矣，若非孚号有厉，则即戎之不利，其祸立见。岂其间尚有可延之时日而假以自宽乎？嗟乎！此见为有厉者之所由不能已于号也。

# 下经卷之八

**䷫巽下乾上**

**姤：女壮，勿用取女。**

《折中》：女壮之义，非以一阴始生于下为壮，亦非以一阴独当五阳为壮，盖卦以阴为主，阴而为主即是壮也。

管见：柔取女象，则遇刚为遇男之象矣。勿用取女，言此女之壮。所以遇于男者，皆自为之主，不待行亲迎之礼以取之，而后遇者也。故言勿用取女。而姤之柔遇刚为女壮，其义乃见。旧解以为女壮之女不可取，而以勿用戒之，似非《彖》词之意。

**姤，遇也，柔遇刚也。**

《集说》：赵氏汝楳曰："柔遇刚者，明非刚遇柔也。"

《折中》：柔遇刚者，以柔为主也。

**勿用取女，不可与长也。**

《集说》：郑氏康成曰："一阴承五阳，苟相遇耳，非礼之正。"苏氏轼曰："姤者，所遇而合，无适应之谓也。"

管见：勿用取女，《彖》词主成卦之初六而言姤之义如此，则其时为女壮之时也。卦中与初六共处此时者，其可听其遇刚以卒成女壮之时乎？此所以言不可与长也。知其不可与长，则于姤之二体六爻所宜通观乎姤之时，以博求乎姤之义者，不容已矣。按：《彖》词勿用取女一句，即已申言女壮之意。经文有自为发明者，传中不重释也。

**天地相遇，品物咸章也。**

《程传》：阴阳不相交遇，则万物不生；天地相遇，则化育庶类。品物咸章，万物章明也。

管见：此主卦之二体言之，上卦乾为天，下卦巽为风。《大象》曰天下有风，姤此即所为天地相遇也。品物咸章者，以此万物齐乎巽。齐也者，言万物之洁齐也。故曰品物咸章也。

**刚遇中正，天下大行也。**

《程传》：五与二皆以阳刚居中与正，以中正相遇也。君得刚中之臣，臣遇刚中之君，君臣以刚阳遇中正，其道可以大行于天下矣。

管见：此又主卦中二五两爻言之，二亦并称中正者，中则无不正耳。故二五之刚，其相遇为刚遇中正。五为君，二为臣，君臣一德，则其德教之洋溢，必沛然行乎天下矣。在《大象》曰后以施命诰四方。命者所以行也，及于四方为大行。然独主后言者，臣统于君，故言君而不及臣耳。其实施命者，君也；承君之命以诰于四方者，臣也。故其君有臣如二五之刚遇中正，则天下大行而有以成施命诰四方之化也。

**姤之时义大矣哉！**

管见：姤之时义，主初六言，则为女壮勿用取女，此《彖》词所已及也。由其所已及以推所未及，其二体之象合，有见为天地相遇，品物咸章者；其二五之位应，有见为刚遇中正天下大行者，时异观而义各出卦中，无所不包，故为观象者告之曰：姤之时义大矣哉！按：姤之初六，为成卦之主，其九五则主卦之主也。欲制初之柔遇刚者，非九五之力不能，故传辞推言时义之大，使九五知之耳。盖五之刚中正为君，君道亦天道也；二之刚中正为臣，臣道亦地道也。五体天地相遇之道而下遇于二，则独行其刚遇中正之道，而不下遇于初矣。由是五主施命，二承五之命以诰四方，其所为天下大行者，亦与品物咸章之化同流。当是时也，天下四方之中，犹有如初六之柔见为女壮，而勿用取女者，其托身于天地合群于品物，为豕之系、鱼之包瓜之陨而已，岂能惟所欲遇，任其壮以乱刚也哉！



**天下有风，姤，后以施命诰四方。**

《程传》：诸象或称先王，或称后，或称君子大人。称先王者，先王所以立法制、建国、省方、敕法、闭关、育物、享帝皆是也。称后者，后王之所为财成天地之道，施命诰四方是也。君子则上下之通称。大人者，王公之通称。

《集说》：龚氏焕曰："天下有风，姤，与风行地上，《观》，相似，故在《姤》则曰施命诰四方，在《观》则曰省方观民设教。曰施曰诰，自上而下，天下有风之象也。曰省曰观，周历偏览，风行地上之象也。"

**初六：系于金柅，贞吉，有攸往，见凶。羸豕，孚，蹢躅。**

管见：先儒谓柅所以止车，以金为之，其义未确。按：下文曰羸豕孚蹢躅，是所系者豕也。若柅为止车之物，止车者非以系车，又何能用以系豕耶？大抵系物之木曰柅。盖义取于止，欲其不移亦不拔耳。又金者，铁索也，用以系豕者为金，而属系之馀者于柅，故并言金柅以明系之之固如此。若谓金柅为一物，以金为柅，以金柅系豕，既难必其事之有无。而豕与金柅之相属，其必有所用以为系者，亦莫知其为何物矣。系于金柅，贞吉。以初六之柔遇刚，非力制之不可，故系于金柅为得其道之正，非已甚也，是为贞。初系于金柅，则遇刚之缘，得因以绝，此君子之福也，岂非吉乎？有攸往，谓不系之而使有所往也。初往则牵于刚者，得以遇于刚而乱之，其患可立而待，故曰见凶。知初之往则见凶，而系于金柅之为贞吉，益可知矣。所以然者，由初六之柔遇刚，为女壮勿用取女之象。盖如未定之娄猪独行以求其壮者然，故终言羸豕孚蹢躅，以申明系于金柅之不可以已也。羸豕谓母彘，而特使孕字者，其形多羸耳。牝牡合为孚。蹢躅，豕行求牡之状。羸豕之孚，孚于蹢躅而行不已，故不欲其有孚者，必制其蹢躅而系于金柅也。按：豕羸似柔，蹢躅似壮，与《彖》词女壮之象亦同。



**系于金柅，柔道牵也。**

管见：牵者，联也、引也。姤之初六一柔，其道与刚相联属，而引之则俱动，故其往而遇刚者，有羸豕孚蹢躅之象，而必系于金柅也。旧解以牵为牵制，与上系字同意，则当云牵柔道，不当云柔道牵，当云柔道牵矣，不当六柔道牵也。

**九二：包有鱼，无咎，不利宾。**

《集说》：胡氏炳文曰：“包如包苴之包，容之于内，而制之使不得逸于外也。”

《折中》：《诗》云：“敝笱在梁，其鱼魴鳏，齐子归止，其从如云。”是不能制之而使及宾之验矣。

管见：包鱼之包，胡氏之说得之。《嘉鱼》之诗曰：“烝然罩罩。”注：罩，篧也，编细竹以罩鱼者也。然则包鱼之实象，当有物如篧。自上罩之而不取之，使犹鸟之在笼，兽之在槛也，其用与系豕正同。鱼阴类，其性主于行，故初六一柔，牵于刚而欲遇之，有羸豕孚蹢躅之象者，由处其上之九二视之，其阴潜于下而行无所制，则又可为鱼象也。豕当用系，鱼必用包，故言包。曰有鱼者，对四之无鱼言。九二之包初，不起无鱼之凶，亦不致远民之咎，是为无咎。其又言不利宾者，下卦以二之刚中正为主，则同体相比之九三为宾象。鱼无不可及于宾者，独九二所包之鱼，则不可使为宾之九三得以利其所有也，何也？初六之在下，自九二之刚中正者视之则为鱼，亦与豕无以异也；自九三之刚不中正者视之，则见为女壮之女，而不复以为鱼矣。利其为鱼可也，利其为鱼而实为女壮之女不可也。故爻词即就包鱼之象而申言之曰：不利宾，以明初之不宜遇于三者如此。或疑二之包初，为包有鱼而不及宾，独非遇于二乎，曰非也。初为鱼而二为水，则遇初为鱼而二为包，则非遇也。二不欲遇于初，故以为鱼而包之，二不欲遇于初，而又恐三之遇之，故其包有鱼者，更不得为宾所利也。

**包有鱼，义不及宾也。**

管见：包有鱼，不利宾者，非以私其所有也。惟九二中正之刚，能断以义，故于九三之为宾者。但曰以鱼遗之，未为非义。以鱼遗之，而实即以女壮之女遗之，则义之所不可也。此九二之包有鱼，其所称不利宾者，义不及宾也。

**九三：臀无肤，其行次且，厉，无大咎。**

管见：臀无肤，其行次且，盖九三牵于初之柔而欲遇之，故不能安坐而行也。然二之为包有鱼不利宾者，终不使初得及于三，故三之牵于初而欲行，亦卒次且而未始遂行也。牵于初而欲行则厉，亦卒次且而未始遂行，是以无大咎也。

**其行次且，行未牵也。**

管见：柔牵于刚，刚亦牵于柔，故欲遇之而不已于行也。然九三曰其行次且，则所以行者，犹未牵于柔而遂行也。此所以虽为危厉而无大咎也。

**九四：包无鱼，起凶。**

《折中》：四与初正应，当制阴之任者也。然不能制之而为包无鱼之象，何也？曰当制阴之任而德非中正，无包容之量、无制服之方故也。《书》曰："宽而有制，有容德乃大。"又曰："尔无忿疾于顽"，是包有鱼无鱼之所由分也。

管见：二之包鱼，同于系豕，制之使不得行耳。九四刚不中正，不能忍而欲贼之，以为豕则可肉、以为鱼则可鲙矣。故九四亦有包鱼之象，而独曰无鱼也。起凶，即申言所以无鱼之义，谓四之疾初以逞忿，不惜生险心而动杀机。其以初为鱼而用包者，乃如网罟以渔获则取之也，是为起凶。观传词曰：无鱼之凶，远民也。则其意即以无鱼为凶，即以无鱼之凶成于远民为起凶也。旧注解起凶二字，指初之有激而悖上，不指四之用忿以远民，与传词似未尽合。

**无鱼之凶，远民也。**

管见：初取鱼象，其实为民；四之绝初，取无鱼之象，其实为远民也。远者断弃之，可以不有此民者也，故其事为凶，其生于心而发于事为起凶。

**九五：以杞包瓜，含章，有陨自天。**

《集说》：俞氏琰曰："瓜熟蒂脱，自杞坠地，故曰有陨自天。"

《折中》：五与阴虽无比应而为卦主，则有制阴之任焉。

管见：以杞包瓜，谓九五用九二之比初者以制初也。二巽体为木，又刚得中正，其为木则名材也。故二有杞象。初与二并为巽体，二阳爻属木，初阴爻属草，二于木为杞，处初之上以包初，则初之包于二而见为鱼象者，就以草附木言之。二为杞而初又可为瓜矣。所谓瓜者，当指栝楼言。按：《尔雅·释草》：栝楼，果蠃之实，注：齐人呼为木瓜，又天瓜。栝楼别名，见《本草纲目》，核其命名之意，大要以其类瓜而谓之瓜耳。惟此所谓瓜者，其蔓引缘木，自生自长、自华自实、自熟自溃，故有有陨自天之时。若他瓜可啖而由人种植者，无树于杞下之理，亦不能听其实之自坠而不问也。曰含章者，上卦乾为天，天之阳光为章，所以煦育万物者也。今初阴之生如瓜，而五以二之为杞者，覆盖其上而包之，则阳光不通于杞下之瓜，而天之章含矣。含章则瓜之施于杞者，虽不能禁其不生，而亦旋见其必陨也，故曰有陨自天也。



**九五：含章，中正也。有陨自天，志不舍命也。**

《程传》：命，天理也。舍，违也。

管见：传词发明九五之义，其意皆以九四对面形容得之，故谓五之以二包初，其但见为含章，而不如四之起凶者，四不中正而五中正也。以故四之远民而起凶，由人心之自为而不念天命。而五之处初，其含章以俟其自陨者，见为有陨自天而人不与，是则志不舍命。常依乎天道之自然，以行其中正也。

**上九：姤其角，吝，无咎。**

管见：角者抵触之物，不可以相遇之象也。上九以五为比，于三为应，此姤之缘也。然上九之刚不如二之中正，则非五之所欲遇也。五不欲遇于上，则五之刚为角，而上之刚遇之为姤其角矣。又上九所应之九三，牵于初之柔而欲遇之，则上九之刚亦非三之所欲遇也。三不欲遇于上，则三之刚为角，而上之刚遇之亦为姤其角矣。夫以姤之时比五而不遇于五，应三而不遇于三，此上之处于穷也。不遇五而穷，则无以事君；不遇三而穷，则无以取友，岂非吝乎？然上穷而不遇三五之刚为吝；上穷而亦不遇初六之柔，则犹得以无咎也。

**姤其角，上穷吝也。**

管见：姤其角，则遇之道穷矣。然上九以穷而吝，亦正以穷而得无咎，故明其吝之由。而其所以无咎者，不言可知。

**䷬坤下兑上**

**萃：亨，王假有庙，利见大人，亨，利贞。用大牲吉，利有攸往。**

《集说》：龚氏焕曰："假字疑当作昭假烈祖之假，谓感格也。"何氏楷曰："用大牲吉，承王假有庙言；利有攸往，承利见大人言。"

管见：萃之聚也，顺以说，刚中而应，有亨道焉，故曰萃亨。其所以亨者，由于聚以正，故《彖》辞以王假有庙，利见大人，言萃之贞；以用大牲吉，利有攸往，言萃之亨也。王指九五，其位正于朝，而其报必丰于庙。故五之以德居位，受天命以为天下王者，必言王假有庙，而其尊无二，上之分乃见，此所以为萃之主也。五位为王，德位兼为大人，天命所属人心系焉。以故王者有庙，以致孝享而王之位定，则下之仰其德者，皆以为大人而利见之。此群合于萃主之五以成萃也。如是以萃，而岂不亨乎？然所以知其必亨者，以其萃以正也。故萃之道利于贞，知贞则知亨矣。如萃主之五，有王假有庙之象，以其天命以位，故顺天命，以致孝亨于庙者，贞也。贞则竭情备物而用大牲，初无不吉，其吉即其亨也。又如五为萃主而下皆萃之，有利见大人之象，亦以其天命以位而实命以德，故顺天命，以从假庙之王之为大人者，贞也。贞则倾心致身而有攸往，皆无不利，其利即其亨也。按：《象》辞之意，盖以卦中惟四五两阳，恐其相敌而无辨，或将并大而失萃之主也。故于五正其位曰王，尊其德曰大人。又举其典物之极隆者曰假有庙，用大牲；既使近五之四顾名思义，以知天命之不可假；亦以使比四之三，应四之初，谢并植而拱一尊，晓然于天命之所归，以定其志也。

**萃，聚也。顺以说，刚中而应，故聚也**。

管见：下顺而上说，可以萃矣。又在上居尊之五，既以刚中为主，四不敢并其大以旁侵；其在下正应之二，复以中顺相孚，初且得藉其引以上达，故有以成萃之聚也。既聚则为亨，故不言亨，而《象》词萃亨之义已具。诸家有因传中不及亨字，遂谓经文卦名下元无亨字者，非是。

**王假有庙，致孝享也。利见大人，亨，聚以正也。用大牲吉，利有攸往，顺天命也。**

《集说》：来氏知德曰："尽志以致其孝，尽物以致其享。"

管见：王假有庙至聚以正也四句，不宜截然作两段说。按：传词之意，以为《彖》言王假有庙，是明王之所以致孝享也。其承以利见大人之词，而总谓之亨者，以假庙而致孝享，则人知王之尊而萃有主，由是下之利见大人，乃复无不萃于王以成一尊之势，合而言之，是为聚以正也，故无不亨也。《彖》词之言利贞者以此，用大牲吉，利有往往，岂非所谓亨乎？然揆厥所由，惟王者躬膺天命，故其假庙而致孝享者曰用大牲，亦顺天命而用之，非有不正，安得不吉也。因是人知王者之有天命为以德得位，故其尊以为大人而利见之者，曰有攸往，亦顺天命而往耳，非有不正，安得不利也。然则萃有利贞之义，处其时者当求端于天命之正，使上之绕下，下之从上，各相安于顺，而后可以言萃之亨也。

**观其所聚，而天地万物之情可见矣。**

管见：天高地下，相去甚远，其絪缊䜣合，有萃象焉，则以天为主而地顺承，地未尝敌天之尊以抗天也，此天地之情也。天高地下，万物散殊，其覆载生成，有萃象焉，亦以天为主而地顺承，故万物虽依于地，而未尝戴天之高而忘天也，此万物之情也。君之尊如天，臣之顺犹地，民之萃于地而统于天，则亦万物而已。故观其所聚，其君与臣民相萃之情，即有可以见天地万物之情者；见天地万物之情，而萃之贞为有准矣。

**泽上于地，萃；君子以除戎器，戒不虞。**

《程传》：除谓简治也，去弊恶也。

管见：泽上于地，泽当指雨言，见为上于地，则方降之时也。雨行于天而施于地，以普于万物，此天地万物合同而化之象也。故成为萃，而以萃名。君子以除戎器，戒不虞。其用萃之道，当与《彖》词假庙合看。国之大事，在祀与戎。《彖》言王假有庙用大牲，所以摄天下仁孝诚敬之志，而莫不尊亲也，萃之道也。《大象》言君子除戎器，戒不虞，所以戢天下强梗乱窃之谋，而罔敢悖畔也，亦萃之道也。合而观之，其事则异，其用则同，经传各举其一，而实不可以废一者。



**初六：有孚不终，乃乱乃萃，若号，一握为笑，勿恤，往，无咎。**

《折中》：易中号笑二字，每每相对。两乃字不同，上乃字，虚字也；下乃字，犹汝也。正如《书》“而康而色”，上而字，虚字也；下而字，犹汝也。言有孚不终，则必乱汝之所萃也。

管见：有孚，指所比之二言，非以有应于四为有孚也。按：五爻曰匪孚，谓四之位不当，五虽与比而不可以言孚也。五比于四而谓之匪孚，初犹欲以得四之应为有孚，可乎？又二爻曰孚乃利用禴，谓二之中未变，五以为应而甚乐得其孚也。五有应于二而为孚乃利用禴，初犹不以得比于二，而受其引为有孚，可乎？故初之有孚，断指所比之二言。初与二为孚，则可与二同志以萃于五矣。卦中惟四五两阳，萃于为大人之五则正，萃于不为大人之四则乱，故初六之在下，惟是有二之孚而不克终，乃私应于四而乱乃萃耳。若使惧应四之非，而急求从五之藉，忧思迫切以号于二，则其情遂若穷而无归之情，其状乃如溺而待援之状，而二必有以引之矣。二之词曰引吉，谓引初以萃于五而吉也。引取以手提挈之意，故称一握。二握初而引之，五受二所引之初而说之，则初可以破涕为笑矣。但当未萃于五之时，为初六者，虽得二之引而已于号，或终畏夫四之大而不免于恤也。所恤者何，恤夫从二以往，则将为四所尤而有咎耳。然五之为大人，四终屈于德而承以巽，其敢以舍己而见大人者为非乎？故以勿恤宽之，而速之使行曰往无咎。

**乃乱乃萃，其志乱也。**

管见：志乱，谓有孚不终也。孚者，孚以志耳。终则志定，不终则志乱，故初之不得萃于五，而乱乃萃者，由于不终孚于二，而其志先乱也。按：传词以有孚不终为志乱，既为乱乃萃之乱字，透出前一层，而经文用乃字承上之意，亦因以跃然矣。



**六二：引吉，无咎，孚乃利用禴。**

管见：引谓引初以萃于五也。初爻所称一握为笑者，即指此，二引初，而五必受其引而说之，故吉。二引初从五，而四不得谓其不宜引而尤之，故无咎。所以然者，萃之主惟五，萃之道在孚，而其以孚成萃，而萃于五，其事莫著于王之假庙，故以时祭言之。王之用大牲以致孝享，禴其一也。然王为祭主，必得下之从王于庙，以将事者无不孚，乃可以举祀典而利用禴也。今二之应五，是为孚矣。二复引初以萃于五，则共成其为孚矣。如是以孚，乃五之所为利用禴者也。用禴亦利，则五之得二以成孚者，固无所不利也。利用禴者必孚，则二之引初从五而得吉无咎者，亦正以其相合以成孚也。按：用禴属王之假庙言，无不用大牲者，先儒有禴为薄祭之说，不必泥。

**引吉，无咎，中未变也。**

管见：中未变，当并二与五言之。初本有应于四，而二乃引之以萃于五，是二之以中应五，其心不以顾瞻九四而稍损也。此二之中未变也。又所应之五，居尊处中为萃有位，非四之所敢干，故二之引初以萃于五，但见其吉，而不见其有咎者，以位不当之四不能与五并大，而窃据其地也。此五之中未变也。

**六三：萃如嗟如，无攸利；往，无咎，小吝。**

管见：萃以五为大人，萃之主也。三比于四，而形迹之间不能竟为之疆界，故曰萃如。然心知四之位不当也，则有危疑不安而窃自悼叹者，故曰嗟如。按：初居二下，二能引之而又与四远，故迫切自鸣而为号。三居二上，二不能引之而又与四偪，故幽暗独伤而为嗟也。夫当萃则无所用嗟，当嗟则可以不萃，居其一者皆利也。今三之于四曰萃如嗟如，两端迭起，迹与心违，是为无攸利矣。三独何为隐忍而出于此耶？岂以舍四而往，亦将为四所尤而有咎乎？然《彖》词曰利见大人，利有攸往，萃之贞者无不亨也。特患三之不往耳，如其决然以往，四非敢抗大人而终以不巽，既于初之去已而见大人者，未敢以为非矣。又何论于三乎？此以知三之往无咎者，亦与初同也。往本无咎，而三之不往，乃卒成其萃如嗟如之状，而无攸利者，何也？盖以三之柔而小者，上承于四之刚而大者，虽知其不足以为大人，而欲使之，显然有所别白、毅然无所瞻顾，则终情怯色沮而不能为此态也。是三之屈于小而吝也，故曰小吝。

**往无咎，上，巽也。**

管见：上即指四之在三上者为上也。四以刚承五，疑于与五并大，究之刚而说体，终必巽以从五，亦同于下体之坤顺。此三之舍四而往，其得与初皆无咎者，由于四之近五而刚，虽疑于大，而不失其巽也。

**九四：大吉，无咎。**

《集说》：胡氏炳文曰：“五曰萃有位，以见四之萃非有位也。”

管见：卦中惟四五两阳爻。阳则皆为大矣。然五之大为大人，四不可与并大也。故就四之大计之，大而吉乃为无咎。九四之所以自处，非可任意而不熟审之者。

**大吉，无咎，位不当也。**

管见：九四之大，必自审其所以吉，而后得无咎者，以其居位不当，非如五之居尊处中，实有合于大人之所以为大也。

**九五：萃有位，无咎，匪孚；元永贞，悔亡。**

管见：统于一尊之谓萃，九五居尊为王，是受天命而有其位者。有位为王，以德居位为大人，故称无咎也。匪孚指下比之九四言。盖四处近君之位，而以刚承刚，当五之见其大、未见其巽之时，则四非如二之应刚而成为孚者，故于四曰匪孚。夫萃之时以孚为本，四于五为匪孚，则恐阻下之顺，而妨萃之道矣。五将何以处四耶？元永贞，悔亡，则欲五之于四，不以王之位与四衡其大，而以大人之德，感四以成其巽也。元者，大人之德，与乾元始物同体，此天命之所由属也。永贞则纯亦不已，是王者所为奉若天道、永保天命者也。九五之增修其德，而不恃位如此，而四有终于不孚者哉？故临四以位而或不终孚，犹有悔也；感四以德而卒无不孚，则悔亡矣。

**萃有位，志未光也。**

管见：九五曰萃有位，则已别于四之位不当矣。然但曰萃有位，则五之有位，而不恃其位之志，亦犹未能昭然大白于天下也，故曰志未光也。惟其志未光，是以爻词既曰萃有位，又曰无咎，明五之有位以为萃之主者，其志在于德，而不徒恃其位也。既曰无咎，又曰匪孚元永贞悔亡，明五之萃有位，所以处位不当之四以卒成其孚者，其志亦在于德，而不徒恃其位也。合而观之，则经文所以发明九五之德之为大人，其词不可省也。按：此节释经，所谓引而不发也，读者当于言外会之。

**上六：赍咨涕洟，无咎。**



管见：赍咨涕洟，盖上六不能堪于四之大而不巽，乃以泣诉于五也。卦中九四之刚，几于与五并大，所顾忌者，独以五有大人之德，不怒而威，故犹不失其巽耳。观于三与为比而嗟，初与为应而号且恤，其不安如此，则四之侈然自大以陵下者可知矣。三与初处四之下而不安于下，则上六之居上，非如五之为大人而不可犯也。其能不为四所侵侮，而独安于上乎？惟是上六为兑主之柔而近君，虽其才比于小人，而以柔说相依，于萃之时为不悖，则犹大人之所容也。以故上六有所不能堪于四者，亦即如其柔说之常为之赍咨涕洟，以诉于五也。赍取传送之意，盖先以其咨嗟之声，遥达于五使闻之，而后随以涕洟之状，近呈于五使见之。未见其涕洟而先闻其咨嗟，如有赍而致之者，故曰赍咨。赍咨涕洟，此懦夫之情儿女子之态也。四字正使上六之柔说，形容如绘。其曰无咎者，上六之居上，可以附于五而同其说，何至有所触于四而招其不巽耶？故当其苦于四之侵侮而不能安，其赍咨涕洟以诉于五，夫亦自明其无咎也。故以无咎谅之，按：萃之六爻皆称无咎，不可以不辨。九五曰萃有位无咎，此指五之受命为君，有大人之德，可以告无过于群臣百姓也，所以著其善也。九四曰大吉无咎，则恐四之妄自尊大，故欲其从事敛身事君以免罪戾也，所以戢其强也。二曰引吉无咎，初与三皆曰往无咎，则又使引者速假之手，往者毋裹其足，初不虑其见尤于强大之四，而有所畏忌也，所以去其疑也。至于上六曰赍咨涕洟无咎，则明上之不安其居而泣诉于五，虽为柔而不能自立之象。然揆厥所由，固非有所犯于四之大而不巽，以自贻之戚也，所以怜其屈也。

**赍咨涕洟，未安上也。**

**䷭巽下坤上**

**升：元亨，用见大人，勿恤，南征，吉。**

管见：《彖》词之意，特主六五之宜顺于九二言之。坤体居上而五为六五，所谓柔以时升也，故名升。凡五皆为主卦之主，不九五而六五，则恐不可以元亨言也。而升之二体为巽而顺，其二之于五为刚中而应，观乾之九二亦与九五并称大人者，以为位则难干，而刚中之德不嫌于并大也。然则升之九二而遇六五，其位卑而德过之，亦不嫌于独大矣，故升二之刚中曰大人。又泰之小往大来，其六五之遇九二取帝乙归妹之象，则知阴为小，阳为大，小宜顺以从六也。故升五之降尊临卑，不恃位而尊德者，其见刚中之九二曰见大人，非见大人则不必其元亨。故变利见而言用，谓必用此道而后元亨也。代氏谓尊爻无此人，故不云利见者，非是；其又言勿恤南征吉者，则恐六五疑于九二之大人为难合，而不速往而见之耳。柔升之时，下卦有二三两阳爻，阳则皆为大矣。然二之刚中大而巽，三之刚不中则大而不巽，故二以善全刚德而独为大人。若六五顺于二而欲见之，则九二之为大人，必巽于五而终应之。君臣相得，但见其有庆也。夫岂如三之难合而用忧耶？

故升之六五，亦惟南征而志在必行，则无不吉者。南为离明之方，阳象也，与上爻冥字对看，则可知矣。以阴从阳者，为以小从大，亦为以暗从明，故曰南征。南征则于见大人之道，能用之以成升之元亨矣，岂不吉乎？

**柔以时升**。

《程传》：柔升谓坤上行也。

《集说》：龚氏焕曰："《彖传》柔以时升，似指六五而言，非谓卦变，故下文言刚中而应，亦谓二应五也。"



管见：刚上柔下，乾坤之定位当如是也。今以坤上行，而其中画之柔当五位为君，是柔本位下，而以其时进而上升也。故其卦名升。若刚而居上则本为定位，不得谓之升矣。明其柔以时升，正见六五之在上，若不得九二之刚中使之以巽应顺，则不可以大亨。此升之元亨，必曰用见大人也。

**巽而顺，刚中而应，是以大亨**。**用见大人，勿恤，有庆也**。**南征，吉，志行也**。**地中生木，升；君子以顺德，积小以高大**。

管见：地中生木，则以地气上腾而见柔之升也。地之质不在木上，而其生木之气则上腾于天，故曰地中生木升。旧注主木言升，而不知地道之上行为升，与柔以时升之义全不相涉矣。君子以顺德，积小以高大。顺德，坤德也。王肃本顺作慎者，非是。易例阴为小，阳为大，卦中惟两阳爻，皆合初以成巽木之体而居下。其处两阳之上者，则坤体为地之三阴，是柔以时升，有小高于大之象也。君子观于此，而知柔之升为坤，坤之德为顺。小而顺，故能高于大也。但坤为天下之至顺，其在人者不积而其德亦不至也。积之而顺德日增，是为积小至于顺之至，而刚大者皆处其下以归于巽焉。则顺德之卑而不可踰也。是为积小以高大。

**初六：允升，大吉。**

《折中》：此允升允字，当与晋之众允同义，盖不获上信友，不可以升进也。

管见：升为柔以时升，则其在上之志，皆欲下之柔升而不欲下之刚升也。观九三之无所疑而以刚升，词曰升虚邑，其明征矣。惟九二之刚中知之，故虽有应于五，终以其志之未孚而不敢上行也。在《象》词曰用见大人，曰南征吉，其皆欲五之下行以见二者，正以二之不敢上行故尔。然则柔升之时，下卦惟初六巽主之柔，乃为与上合志，而信其可升也。故初六曰允升大吉。允者，易孚于上而无可用疑，惟是自安卑下则已耳。苟志于升，无不升者，盖其时然也。与时适合而见为允升，故以初之柔，与同体在下之二刚较之，其有升之利而无升之患，未有能似初者，是不为大吉乎？按：升之时，用见九二刚中之大人，若初六之柔，虽使得升，亦不过六四之能顺事耳，岂足以称有庆耶？故初言允升，亦信其可以升而已，其实不必升者也。所称大吉，亦特初之自为吉而已，非谓在上者之得初而吉也。读者不可不善会之。

**允升大吉，上合志也。**

《折中》：吕氏以上为上体，三阴者是。

管见：初之所以允升大吉者，为其以柔升而合于上之志也。以柔升者上合志，则知以刚升者为上不合志矣。上不合志，此不成为孚而当疑者也。奈何二之刚不求升，常有所疑而必待其孚；三之刚而志于升，若不知其不孚而无所用疑耶？

**九二：孚乃利用禴，无咎。**

管见：五之下行以见二，取南征向明之象，以五阴而二阳也。然则二之于五，其以阳而事居尊之阴，乃如以人事鬼神也。故主祀事言，其以阳事阴如二五之位应而相属；以祀事言，当如后之孙子而事其先之祖考者。故不特主庙中之祀事而言禴，凡用禴者，必阳与阴相孚无间而后利用禴也。九二之以阳事阴，其不求升而必待其孚，固有合于孚乃利用禴之义。此柔升之时，以刚升者皆不能无咎也。惟二之刚而得中，乃不如过刚之三无所疑而冒进，是为无咎。



**九二之孚，有喜也。**

管见：阴阳合为孚，所为利用禴者以此。九二之于五，以阳事阴，亦比于用禴而必主于孚。九二之所谓孚者，果何似耶？当其未孚，五方疑于二之刚而不免于恤，则二之于五其不能同于三之无所疑而不恤可知，至于五来见二，而后二之心为有喜矣。二有喜，故五有庆，五勿恤，故二有喜，九二之所谓孚者如此。

**九三：升虚邑。**

《本义》：坤有国邑之象。

《折中》：诸爻皆有吉利之占，三独无之，则升虚邑者，但言其勇于进而无所疑畏耳。九三过刚，与柔以时升之义反。

管见：三之以刚自升，不合于上之志而无与为孚，故为升虚邑之象。所以然者，柔以时升之时，其在上之志，皆欲下之柔升而不欲下之刚升。此三之上行，其上体之坤为地者，虽有国邑之象，乃如虚而无人、一无所遇也。

**升虚邑，无所疑也。**

管见：二与五为正应，而其所以事之之道，乃比于用禴之杳冥恍惚，而不敢自必其疑可知。盖刚柔之必合，亦常理之可信者，但柔以时升之时，柔升则合，刚升则不合，时不同而理亦易，不可执一以自信也。故初六之柔，非如九二之为大人，有必宜于升者，而其词若深幸之，曰允升大吉，以其合于时而必升，无可疑也。至于九二之刚中应五，虽非如九三之不可为大人有终于无所孚而不宜升者，而其词亦甚难之，曰孚乃利用禴，以其不合于时而未能必升，不得不转而自疑也。二知时而疑之，三不知时而无所疑，故其以刚上行，而卒无与合者，有升虚邑之象也。

**六四：王用亨于岐山，吉，无咎。**

管见：王用，五用之也。六四居近君之位而为大臣，不使王置诸左右。而曰用享于岐山者，其意盖以升之元亨，用见九二刚中之大人，在六四之柔而顺事无能为也。因其才而用之，则有以处四者，如王之有土，其山川皆祀典所必及，岐山在望，亦其一也。若使用顺事之六四出而享之，神之所歆不过顺事而已。故王可以获吉。而四之为王用者，亦得以无咎也。苟王不知所以用之，而倚四之顺事以自辅，则失用见大人之义，而无以成升之元亨矣。岂王之吉乎？且王既用四而舍二，大人屈于下，而顺事之小人据于上，四之咎又何以免乎？按：此爻言王用享于岐山，正以置四于不用之地也。四已不用，又何望于初之必升，故初言允升大吉，明其与时适合如此，非谓其人之不可以不升也。

**王用亨于岐山，顺事也。**

**六五：贞吉，升阶。**

管见：《大象》曰：君子以顺德，积小以高大，此升阶之象也。六五之以柔升而居尊者，实由于此。贞吉，谓既升之后能贞其顺德之积，而亦如其未升之时，则常顺者必常升也。故下文实指其象以明五之所宜贞，而即以获吉者曰升阶。盖五之以顺德而升，惟其自居于小而能降，乃以积小高大而能升，以降而升，是为升阶之象，无不吉者。但恐以降而升，既升则不能复降，如柔升之六五，已居尊位，即不能降见九二之大人，则是由阶以升，既升则无复由阶，而升阶之象失矣，此为不贞。不贞则不吉，故六五之柔，当其未升，其以顺德积小以高大，而成升之时者，此升阶之象也。迨其既升，其能常以顺德积小以高大、不失其贞而得吉者，亦此升阶之象也。



**贞吉升阶，大得志也。**

管见：五之能贞则吉者，惟是顺德之积，常如升阶者然。然则五之升，虽高于大而终不自忘其小矣。不自忘其小，故能以小从大，而九二之为大人而大者，乃以孚于五而得志也。得志即二爻传词所谓有喜也。二有喜而得志，则五为有庆而成升之元亨矣。此五之能贞而不失其升阶之象者，无不吉也。

**上六：冥升，利于不息之贞。**

管见：上六以坤体之纯阴而居卦极，其因柔升之时而在此位者，冥而升者也。言上六为冥升，则所应之九三，其明而不升者，必不能处其下而甘心矣。观三之以刚上行而无所疑，自中岂复有上六乎？故即上六之所明者而告之，使之有以自处，亦有以处三也。其词曰利于不息之贞。上本坤体，坤之顺，即其常性，故为贞。息，灭也，如火之息灭然。不息之贞，谓上六之升，固无解于冥也。而其暗中一线之明不至息灭者，则其能顺之常性久而不昧也。若使冥升在上之上六，能知自处宜顺，亦知所以处过刚在下之九三，不得不顺，则其顺之之情，以阴虚让阳实者，乃如以不富而让富者也。如是而九三之处下，不见其屈，则上六之处上，亦可以自安矣。此亦君子以顺德积小以高大之用也。无不利者，故曰利于不息之贞。

**冥升在上，消不富也。**

管见：上六之升为冥升，以其为坤体之阴也。易例阳实为富，阴虚为不富。其曰消者，阴本为虚升而在上则益见其虚，故曰消。消不富，对三之阳实而富言。然下卦之两阳，五之宜孚于二，曰南征吉，取以暗从明之象。至上之宜顺于三，则曰消不富，取以虚让实之象。其不同者何也？上为冥升，而三之无所疑而升虚邑，亦与上之冥升不相远，其明不足称也。故上六之冥升在上，若谓不如三之明，三固未能以明傲上也。惟上以阴虚而处卦极，是为消不富也。其屈于下之三，则阳实过刚而为富极之状，以寒乞偪于素封，此不得不有以顺之矣。上六虽冥，其顺德之常，根于性而不昧者，能无见及此乎？此冥升者，赖有此不息之贞以自安于上也。

**䷮坎下兑上**

**困：亨，贞，大人吉，无咎，有言不信。**

管见：困亨，统三阳论之，三阳皆君子之道，是必能不失其亨者，君子何以困而能亨，亨于贞也。而其以贞得亨之实，在君子之中尤莫著于二五刚中之大人，故特表大人以为贞之准。推言大人之吉无咎，以明亨之验也。有言不信，则又为卦中之小人发其蔽而使之猛省耳。困成于三阴之揜刚，其心以为刚必受困矣。究之三阳各不终困而自困弥甚，其事非远识者见不及此，故虽与言困亨而小人不信也，言大人吉无咎而小人亦不信也。又岂能信其必自困乎？此小人之所以必穷也。

**困，刚揜也。**



《本义》：九二为二阴所揜，四五为上六所揜，所以为困。

管见：三居上下之交，下合于初以揜二，上合于上以揜四五，与坎三之来之坎坎不相远，此所以成困之象也。故爻中惟三之言凶特甚，此《本义》所未及者。

**险以说，困而不失其所亨，其唯君子乎？贞，大人吉，以刚中也。有言不信，尚口乃穷也。**

管见：险以说，特指揜刚之三阴言。盖困为刚揜，而揜刚之柔，初合于三者为险，上合于三者为说，险则构难，说则乐祸，此所以上下相联而成揜刚之象也。其困如此，而《彖》词乃曰困亨，非谓小人之揜刚以成困，犹得自处于亨而不穷也。困而不失其所亨者，其惟三阳之君子乎？故知《彖》词之言困亨，为君子言之也。二五本为大人，兼四则统称君子，明四之不得比于刚中也。贞大人吉，以刚中也。其不言无咎者，困莫亨于吉，大人之吉，以其困非自取而无咎也。大人之无咎，以其贞由素定而刚得中也。故言刚中而无咎可知。有言不信，尚口乃穷也。不信言者，以口御人为尚口言之者曰困亨，不信者亦曰困之，而安得亨耶？

言之者曰大人吉，无咎，不信者亦曰，谁为大人，乃困之而犹得吉无咎耶？是为尚口究之言亨者，言吉无咎者，皆实而不诬，而小人之不信其言以困刚，乃适以自困而已。岂不穷哉，故曰尚口乃穷也。

**泽无水，困。君子以致命遂志。**

《本义》：致命犹言授命。

管见：泽在上者，当指雨言，无犹蔑如之意。滂沱下集气凌百川，故以泽势之盛于水而曰无水。泽无水之时，阴气上弥下际，白昼晦，而五月秋在气化为阳郁，在卦爻为刚揜，故为困象，而以困名。君子以致命遂志。困而守贞者不忘其身，则其志犹可夺也，其意盖专为九二言之。卦中刚揜于柔以处困者，惟二五为大人，而守贞莫难于二，故特主二言，以臣道存而君道固自昭然也。



**初六：臀困于株木，入于幽谷，三岁不觌。**

《程传》：株木，无枝叶之木也，臀所以居也。

管见：刚揜为困，则所以成困者，三阴也。而三阴亦各言困者，阳不可终困而转以困阴耳。《彖》词曰困亨，曰大人吉，君子亨而大人吉，则小人之不亨不吉可知。故系词者为三阴各指其究竟，使自知其必穷而有悛心也。其用意与坎卦之四阴爻正同。虽使柔暗之小人有言不信圣人，岂能忍于不言以断弃之也哉？臀困于株木三句，盖言初之卒困于刚，其势必将禁锢之而不可复出也。不可出，则坐困而已，故言臀。以株木为坐具，非能安也，特与据于蒺藜者有异耳。其地则如幽谷，入幽谷者何所觌耶。如是者，虽三岁不为久，则终见其入而不见其出矣，此初六之穷也。所以然者，由九五于困亨之时，必问罪于小人，故本刚中之德以致罚于在下之初六者如此。

**入于幽谷，幽不明也。**

管见：言初为幽不明，既以见入于幽谷者为自人，无所归咎也。然亦正见初之居卑而愚，其以幽不明而入于幽谷者为可原也。若三之有位而首祸，则不可谓其陷于不自知矣。

**九二：困于酒食，朱绂方来，利用亨祀，征凶，无咎。**

《程传》：酒食，人所欲而所以施惠也。方来，方且来也。朱



绂、王者之服，蔽膝也。

《折中》：用享祀者，不敢以之自奉，而以为竭诚尽职之具也。

管见：二与五皆刚中而为大人，德同位应，固宜君臣相得以有庆也。其自小人揜之，必使上下隔绝以成困者，何也？以二为坎体，坎独中实，其为水则井养之义也，有酒食之象。五为兑体，兑主毁折，其于时则正秋之卦也，有劓刖之象。小人疑于五之劓刖，而畏其刑人杀人，因有见于二之酒食，而冀其饮人食人，于是互相联结以构大难，欲使二五易位而处，故二之不得通于五而受困者，以其有酒食之象为小人所慕逐也。大欲熏心，遂忘大义，所由三倚上为援以困九五，使不得成其为君。其词曰困于赤绂者，盖以臣下之服辱其君也。三复结初为辅以困九二，使不得安其为臣，其词曰朱绂方来者，又将以王者之服偪其臣也。其时尚可问乎，惟九二之刚中守贞，其于五奉之若神明，罔不竭诚以供享祀，则不惟还朱绂于上而不敢干，虽酒食亦有以用之矣。如是而后利，故曰利用享祀。但当困之时，上下隔绝，非二之脱身遄往入觐于君，则不能以上达，故宜征也。虽其征之时，冒险而出，或恐不得脱于小人以危其身，是亦凶矣。然不可以凶而不征也，故其征

虽凶，必征而后得无咎也。若使二之心疑于凶而不征，则其困于无如何者，虽未尝以酒食招纳群小，其朱绂之来亦凛然于采章之不可越，而其享祀之诚无由上达至九五。困亨之日，问罪于小人在九二，何以自解于不臣而得无咎耶?《大象》曰：君子以致命遂志，正为征凶无咎四字下注脚也。征凶，故必致命遂志，故无咎也。然则《大象》所言君子处困之贞，其特主九二言之无疑矣。

**困于酒食，中有庆也**。

管见：二有酒食之象，故为小人所慕逐而因以困之，是二之困，困于酒食也。然二为刚得中，其酒食虽不自奉，而使小人妄心颠倒，持非分之朱绂以来易之，岂可狗耶?故其用享祀之道以奉于君者，终能自脱于小人之困，而有以成君臣相得之庆也。此其所以无咎也。



**六三：困于石，据于蒺藜，入于其宫，不见其妻，凶**。

《程传》：石，坚重难胜之物；蒺藜，刺不可据之物；宫，其居所安也；妻，所安之主也。

管见：三处上下卦之间，其联结初上两阴以困三阳者，此为渠魁，故初在下而无知从恶，禁锢终身，犹可苟延岁月也。上在外而说体，非如险性之不回，则羁绊之而已，不如初禁锢之严，悔祸还远飏亦可也。惟六三罪大恶极，求其生而不得，故九五困亨之时，所以处之者，甚于初与上，而使之速自毙也，此六三之穷也。困于石，困者拘系之也。三阴爻之言困，其义并同，犹云拘系于石耳，对上之困于葛藟言。困于葛藟，羁其行也。而下文曰有悔征吉，则犹有行之时矣。惟六三之首祸，不可悔亦不知悔，故其拘系之以困其行者为困于石言，非如葛藟之犹可解也。据于蒺藜，对初之臀困于株木言，初有所制而不得行，则所谓臀困于株木者，使之终于坐也。至三则并求株木以为坐具而不得，是使据于蒺藜而臀无所施矣。尚安望其苟全幽谷如初六之迁延于三岁耶，故曰困于石，据于蒺藜，使之速自毙也。然或三之身危，而室家无恙，则其心犹不死，故又告之曰：如六三之罪大恶极，必当徙其妻而虚其室者，虽使入于其宫，岂能见其妻耶？如是而生人之趣绝，欲不速自毙而不得矣。凶莫大焉！

**据于蒺藜，乘刚也。入于其宫，不见其妻，不祥也。**



管见：三言困于石而不得行，已甚于上之困于葛藟矣。而又曰据于蒺藜，不得行，亦不可得坐，所以困之者，更视初之臀困于株木而加甚，则何也？以其乘二之刚而居，三位当上下卦之交，不极困之而使速于自毙，则卦中刚之以揜而困者，皆未可以言亨，又不独为二之患而已也。若夫初居二下而不乘刚，但使久于幽谷而不出，遂不得成为揜刚之象，而刚之困已亨矣。岂如三之乘刚而处卦内，固必不容梗塞其中也哉。按：旧说泥据于蒺藜言乘刚，遂指据为乘，刚为蒺藜。二之刚，于人为大人，于物何以遂比于蒺藜耶？且推而言之，蒺藜指二，困于石之石指四，彼初之株木，上之葛藟，又何所属耶？泥象者之必穷而不可与言易，类如此。入于其宫，不见其妻，凶，亡身而兼丧家，一门之祸，故曰不祥也。

**九四：来徐徐，困于金车，吝有终。**

管见：传曰来徐徐，志在下也。以困之时，九四刚而不中，非如大人之能贞者，故在下之九二当朱绂方来之时，而九四之志亦与之俱来，盖窃疑于二之必将为君，因欲以其事五者转而事二也。故曰志在下也。志在下则宜来矣，然卒见为徐徐而不果来者，其谁困之。四之志在下，则与小人之志同，非小人之所欲困也。志在下而身在上，则其困而不来者，又非因五之受困而欲相守以同其困也，徒以困于金车故耳。四位高则多金，本以事五而得之，及因二之将为君而欲转而事二，所求亦不过此物而已。今累金可以车计，载之而行则不易，舍之而行则又难，故徘徊展转，久而不决，志虽在下，而其身则徐徐而不果来也。夫四居大臣之位而居心若此，何以事君，虽其形迹未尝显白，扪衷自叩，能无吝乎？所幸者，四之志在二而下来，方徐徐而未果；二之志在五而上来，乃仆仆以遄征，以故四未行而二已至，二已至而四为有与矣。由是二因四以入觐于君，特自抒其享祀之诚而无咎，四即得因二以全节于已，实为阴受其致命遂志之助而有终也。二无咎，二固成其为大人；四有终；四犹不失为君子也。危哉！四也。当小人作难之时，而潜生二心，岂能逃九五之照鉴乎？惟大人与天合德，即与天之覆冒同量，知天下多事。冠履不明，其臣子暧昧之私，不可以质幽独者，不胜诛也。苟其迷乱不终，节守有终，则犹欲曲成其卒为君子之心矣。此九五困亨之日，其问罪于小人者，皆有以困之，而九四则未尝不得安其故地也。



**来徐徐，志在下也。虽不当位，有与也。**

管见：志在下则不贞，故有愧于大臣之位而不当也。此正解吝字之意。与者，助也。四几不终事其君，至于二之既来，而后四之志乃得专于五而有终，是为二之助之也。故曰有与也。

**九五：劓刖，困于赤绂，乃徐有说，利用祭祀。**

《程传》：赤绂，臣下之服。

管见：五之劓刖，传言志未得也。明其为志，则未尝加诸人者也。五之志云何？盖欲立刑书以威小人，使知如是者则劓，如是者则刖，而因以遏恶于未萌也。使小人果有悛心，则五之志得而有说矣。然而小人则以五有劓刖之志，必非能君我而生之者，于是思逃五之劓刖而就二之酒食，遂至偪二为君，抑五为臣，以成大乱之道。故二则朱绂方来，而五已困于赤绂也。但小人之为困必穷，大人之处困必亨，至于二来征而四有与，五之困于赤绂者亨矣。当此时也，小人束身待罪，逃命无所，得毋五之能为劓刖者，向怀曲成小人之心而未得志，今将行殄灭小人之事而可以速得志乎？然五之中直，顺天理而洽人情，虽当困于赤绂之后，愤激不生惕忧方至，初不疾求加刃小人以甘心也。故曰乃徐有说。玩乃字之意，盖言其可以有说而志转不在此耳，非必迟之又久而后说之谓。利用祭祀者，言五之困既亨，易赤绂而朱绂，昭告于天地祖宗，所以正位亦以悔过也。用祭祀则不用劓刖，如卦中三与初上之小人，处之皆得其道，所以养仁术亦以防他变也，要之皆以受福也。

**劓刖，志未得也。乃徐有说，以中直也。利用祭祀，受福也。**

管见：直者，因其自然，行乎当然，故无私喜怒也。

**上六：困于葛藟，于臲卼，曰动悔有悔，征吉。**

《程传》：葛藟，缠束之物，臲卼，危动之状。

管见：三阴之困刚而转以自困者，成于二来征而四有与，故九五不失其位，因问罪于小人，而各有以处之耳。困刚之举，三为首，初与上为从，首祸者绝无生理，使之速自毙可也。至于初上之从恶，亦自有辨，初在下而性险，下者而上，则入于卦中。

险者不回，则终为刚患，故使之久于幽谷，禁锢甚严。若上处卦外而又为说体，说性之发散不如险性之坚凝，是犹未必无悔心者。况因其处卦外而驱之使行，则将入于无何有之乡矣。故上六之困曰困于葛藟，于臲卼，惟是羁绊之使不得安而已。既言困于葛藟，又言于臲卼以申之者，以葛藟之象，不能起下动悔之意耳。主于说者身安则忘危而不悔，臲卼以拂其性，身不得安而心之悔生矣。故九五之处此六，其象为困于葛藟于臲卼者，亦曰将以动其悔心已耳。如其有悔，则犹可施解网之仁而纵之，故以其脱系长征而称吉也。吉对六三之凶言，三灭门而上犹有命，岂不吉乎？但以罪戾之身狼籍远窜伥伥乎，其何之耶，此上六之穷也。



**困于葛藟，未当也。动悔有悔，吉，行也。**

《集说》：田氏畴曰："诸家皆以吉行也三字为一句，非也，盖动悔有悔吉是句，行也是句。行也二字，乃是解征吉之义。"

管见：处之甚安为当，此说者之所求也。困于葛藟则不安，故为未当。未当，即臲卼之意。

**䷯巽下坎上**

**井：改邑不改井，无丧无得，往来井井，汔至，亦未繘井，羸其瓶，凶。**

《本义》：繘，绠也。

管见：《彖》词盖为主卦之九五切告之，邑以居民，井以养民，改邑不改井，设言五之得民而不裕其养也。改者，改其旧而为新之意，盖此卦之为井象，特旧井之象耳。井旧则不食已久，其受病莫甚于民，故旧井无禽之词，于初言之，初为民位，居此者则可以邑称矣。词言无禽，乃正为邑中呈荒寂之图也，然皆以井泥不食而成为旧井，故至此。此所以九五刚中之君，其乘时以有功者，将欲改无禽之邑而为有民，惟在改不食之井而令得养耳。若使民则复聚而改邑，民终无藉以养而不改井，不改井而改邑，邑固未能免于凶也。井何以改，以修之者改之，不修则于旧水之淤积者不去，是无丧也。因之新水之甘洌者不生，亦无得也。无丧无得，则其井仍为旧井矣，此所谓不改井也。由是无禽之邑，一旦有新集之民，各以不得水而求水也。往者来者，仓皇于道，其意念语言之所及惟是井耳。井耳绝不闻他有所求，则其声情之切，固惟恐其不得井矣。汔至，亦未繘井。汔，及也，往来井井之人，皆以绠瓶自随而求井以汲者也。然无丧无得之旧井依然泥不可食，故及其至于井上而得井，卒未尝施绠于井中而繘井也。至井而未繘井，则不得水惟挈空瓶以返而已，是为羸其瓶也。民非水火不生活，不得水而羸其瓶，岂不凶乎？按：汔至，亦未繘井，亦字前一层便见井为旧井，而其人之未繘井者，固已久矣，此邑中所由遂至于无禽也。向者旧井无禽，今者往来井井，是不可以为改邑乎，而究之未繘井者如故，人不堪于羸瓶之凶，则往来者旋将绝迹于井上，而复为旧井无禽之邑矣。此改邑不改井，得民而不裕其养者，卒归于无民也。其又何尝改邑耶？使九五而知井之不可不改如此，则修井之功，其宜下合于二三之刚中刚正以共济者，不容已也。旧注说无丧无得往来井井二句，皆如井养不穷之义，则是其井为可汲之井矣，与下文汔至亦未繘井羸其瓶不贯，且羸瓶之羸，取中虚之意，谓瓶空而不得水耳。若训毁败，则与敝漏同，既与羸字不合，且汲井而破其瓶，非甚！不祥，何以为凶。

**巽乎水而上水，井；井养而不穷也。**

《折中》：释名之下，又著井养而不穷也一句，亦以起释辞之端。

管见：巽乎水之巽，取入义不取木象，犹言入乎水耳。以井言，掘地求泉为巽乎水，泉因以生为上水；以汲井言，引瓶入井为巽乎水，得水而出为上水，卦之二体，与井合亦与汲井合，故以井名。井养而不穷一句，正见井之养原自不穷，民皆赖之，特无劳民劝相之君子使以修井者，改井则必至于穷，而有羸瓶之凶也。故《彖》词云云耳。

**改邑不改井，乃以刚中也；汔至，亦未繘井，未有功也；羸其瓶，是以凶也。**

管见：刚中特指九五言之，井之二五皆为刚中，于易例为敌应而不相与之象，此二之言井谷射鲋为无与也。五不与二，则于三不必言矣。其何所藉以兴劳民劝相之事，而成井洌寒泉食之功乎？故《彖》词之于五，患其无民而不改邑，特患其无以养民而不改井者，乃以五之刚中或不能与二之刚中、三之刚正而不中者以为与也。不相与，则无功，是知所云汔至，亦未繘井。初非往来井井之人，未至于井上而不得井也。由于井则仍旧，在刚中之五未尝相与而有改井之功，故无丧无得，不可汲而食也，此其所以未繘井也。更观于羸其瓶之词，可见未繘井者，既非未至于井，亦非无瓶以汲，特以未有改井之功。其往来者皆挈空瓶以返，而见为羸耳。羸其瓶，则井之养穷而邑病，是以谓之凶也。

**木上有水，井；君子以劳民劝相。**

《集说》：《朱子语类》云，木上有水，井，说者以为木是汲器，则后面却有瓶，瓶自是瓦器，只是说水之津润上行至那木之杪，便是井水上行之象。

管见：木上有水，木得所养也，井之义已且矣。且木上之水，必由木根深入得水之津润于下，而后上行木身以至木杪，则其合于巽乎水而上水者，又天然之井象也，故曰井。井非一人一家之利，改井非一人一家之事，是以君子观于井，而知劳民劝相之不可以已也。君子以位言之，劳民劳其竭力任劳而为主者，劝相劝其协力同劳而为助者；劳民而民忘其劳，劝相而民乐为相，则其有功也必矣。养道之不终穷，端赖乎此。



**初六：井泥不食，旧井无禽。**

《集传》：井之不可食，以泥污停于井之下，有泥之象。

管见：初阴在下，为井泥不食矣。又曰旧井无禽者，禽非必求水于井上，而因以无水去也。盖井为时舍而不食已久，则井之所在，其邑为墟，人尽而禽亦不来也。民失其养之后，其境象有如此者。

**井泥不食，下也，旧井无禽，时舍也。**

管见：卦中阴爻凡三，而初为井泥不食之象者，以其居下也。若四上两阴之居上，则一为井身之当修，一为井口之不可幕，不得同于初之象矣。旧井无禽，时舍也。明其为时舍，则知井养之穷。由一时有位之君子，不能劳民劝相以兴改井之功，故至此，非下之罪也。若使举旧井而修之，宿泥悉去，新泉顿生，则井改而可食矣。井改而邑亦必改，将见无禽之地，有实成为居民辏集之地者，然则旧井之为时舍，往时即今时不修之鉴，往时亦今时有功之藉也。在主卦之九五，其可不上下相与以共济乎？

**九二：井谷射鲋，甕敝漏。**

管见：井有窍穴出水而名之曰谷，则其隧不惟缭曲以长，亦且虚豁以大，此由井为时舍而不修。其他处沟池陂泽之水，得通于井者，始之浸入，纔如间隙后之畅达，遂成径路也，是为井谷。井旁成谷，则谷中之泥尽入于井，既可知井泥不食之所由来。且井谷已成，他水畅入，则鱼之可通于谷随他水而至者：亦且注于井矣，是又可知井谷射鲋之所由来也。鲋，鲼也，亦作鲫，鱼之小者。鲋不生于井，而井谷外来之鲋，随水而下投于井，有如射然，故曰射鲋。按：射鲋为自高坠下，则井谷当在四位。四之词曰：井甃，无咎，盖以中爻自二至五，惟上卦之六四阴虚不实，是为井身之缺坏而未甃者，此井谷之所由成也，故必井甃乃无咎耳。井谷在四位，则射鲋亦自四位而下射矣，然独于九二爻见之，则何也？二居三下，而与四隔，水未平于井谷，故鲋之自高坠下有射之象。若三与四比，其水之积益深，则与井谷平而成为井渫，虽有鲋通于井，固不见其下射也。其又言甕敝漏者，盖以二之所处，上当井谷射鲋之时，而下邻于旧井无禽之邑，虽尚有家，亦不堪其萧索也。甕与瓶异名，似当分看，大抵瓶以汲水于外，甕以贮水于家也。甕犹敝漏不完，则其他器用可知，无论财货已。



**井谷射鲋，无与也。**

管见：井有谷而至于射鲋，其井之废而不食，实由于此。然其象成于四，自二见之而无如何者，非二之不能有功也，徒以其无与耳。二与五皆为刚中，有敌应而不相与之象，故曰无与。与者，并心同力以相助也。无与则二之束手无为，亦徒与邑民俱困，而见为甕敝漏矣。其何由举此井谷射鲋之井，与五共修之以有功乎？知二之无功，由于无与，则五之于二，固不宜听其困于甕敝漏之难堪，而使末由自效也。

**九三：井渫不食，为我心恻；可用汲，王明，并受其福。**

《程传》：二以阳刚居得其正，是有济用之才者也。

《折中》：不曰明王而曰王明，乃恻者祈祷之词。

管见：井以四之井谷不甃而成旧井，则下卦二与三之阳实，皆为水自外积之象，不可以为泉也。其二见为射鲋，而三则称井渫者，惟三比于四，则其承四位井谷之水，为已平于谷矣。积水平谷，不见泥，亦不见其射鲋，俨然清洁之井也，故称井渫。而究之未修之井，其水自井谷来，此泥与鲋所由以入也。虽积之既深而成为井渫，其实非寒泉之可食者，故曰井渫不食。惟九三当此井渫不食之时，其心激于四之为井谷，而不能甃，因有望于五之知人善任，以成井洌寒泉食之功也。故爻词谩为九三之言曰：井渫不食。见之者能无心恻乎，彼其关系于邑民之至众且无论已，我亦赖井以食，则亦未能不为我而心恻也。夫井之养原自不穷，不修则不食，修之则可以用汲也，特其转移之机，专望王之审于任人耳。若使王明而知井渫不食，在王臣之中有不得辞其咎者；又知井可用汲，在王臣之中有必能同其功者，于是举此不食之井。易为可汲之井，则王之造福，邑之民公受之，我亦因而私受之，岂不为并受其福也哉！夫九三之刚正而不得中，其视二之顺时自安，虽与邑民俱困，而默默以处者，固有间矣。但修井必藉于刚，苟可任事劳民劝相之时，岂无所以用之耶？故他卦三位之刚，得不弃于刚中之五者绝少，而井则有相与共济之义也。

**井渫不食，行恻也；求王明，受福也。**

管见：爻词曰心恻，传词乃曰行恻，明三之自言其心恻者，盖因井渫不食之时，有激于中，其身常徘徊独行，不能一息安也。着一行字，而三之若不得已而有言，情貌如绘。爻词曰为我心恻，王明，并受其福，传词但曰求王明，受福也，则又明行恻之本心。其言虽称为我，非主于为我也。即其所云王明，并受其福者，亦其心迫于求王之明，而谓可因以受福也，岂主于为我而自求其福也哉！





**六四：井甃，无咎。**

《程传》：甃，砌累也，谓修治也。若不能修治，废其养人之功，则失井之道，其咎大矣。

管见：于四特言井甃，其宜甃者，以四之阴虚而居上卦，是为井谷，故知二之见为井谷射鲋，其象成于四也。夫四为井谷而至于射鲋，则初之停汙而称井泥不食、三之积水而言井渫不食者，其咎皆在四矣。此四之自处，必使其井既甃，而乃得无咎也。按：修井莫大于甃，甃者，甃其谷也。惟卦中五与二三之刚相与共济，然后能劳民劝相以有功也，岂井谷由四以成，又能由四以甃乎？故其言井甃无咎者，盖为责望之词，使四之咎无可辞耳，非幸其能修井而许之也。

**井甃，无咎，修井也。**

《集说》：虞氏翻曰："修，治也，以瓦甓累井称甃。"

管见：治其缺坏为修，去其积聚亦为修，修井统词也。但井以甃为修之大者，井甃而井谷修，则向之由谷而入于井者，固不难尽举而修之矣。此以知井甃无咎之词，盖因四之为井谷而宜甃，乃持举修井之大者，以统言修井之事也。统言修井，则四之无咎，何可倖哉！

**九五：井冽，寒泉食。**

《程传》：冽谓甘洁也，井泉以寒为美，甘洁之寒泉，可为人食也，于井道为至善也。

管见：九五以刚中正为主卦之主，修井之功，必由以成。于是举四之为井谷者甃之，其自三以下积水渫，然而鲋游其中，泥积其底者，又悉举而空之，则井冽而寒泉生矣。井得寒泉，而其养因以不穷邑之民，固不可胜食也，尚有所为羸其瓶而见凶者乎？



**寒泉之食，中正也。**

管见：井得寒泉，故冽而可食。寒泉之食，何所从来耶，以九五之刚中正，能成修井之功，故邑民皆得其养如此。按：中正二字，盖明五之居尊，其德中正，所以能任臣下之中正者，以有功也。修井之功，可与共济者惟刚耳。下卦之两刚，二为刚中，三亦为刚正，惟九五兼之，故二之刚于五为敌应，而其无与者，不终于无与中，必合于中也；三之刚不中，视二为多激，而其求王明者，未尝不遇王之明，正亦必合于正也。君与臣中正相与，以兴劳民劝相之举，以成井冽寒泉食之功，则知邑中之民，其得养于五，而见为寒泉之食者，食其中正之德于不穷也。

**上六：井收，勿幕，有孚，元吉。**

《本义》：井以上出为功，而坎口不揜。

《折中》：勿幕，明取之无禁。

管见：收井口也，井口狭于井身，乃便于汲，故曰收。幕为禁人公取之意，如市中据井口而索水之直者然。有孚，谓孚于五也，柔刚相与为孚。五之词曰：井冽，寒泉食，言其功在养民耳，初非以自养也。故上六之位为井收。但使勿幕而任人之取之，则所志即与五之养民而不自养合矣，是为有孚。其谓之元吉者，对《象》词羸其瓶之凶言。往来井井，汔至，亦未繘井，此养之穷也，故称凶。至于井之既成，上以井收勿幕者，与五合志而成为孚，则寒泉之食，其养不穷，邑之民无复有所为羸瓶之凶者，王之福也，天下之福也，故称元吉。



**元吉在上，六成也。**

管见：井养不穷，则邑民皆食其福，有元吉之道。但上六以阴爻居上而为井收，井收之力，能使井自成为寒泉食之井乎？而爻词所称元吉，乃独在上者何也？以所孚之九五为阳之大者，其中正之德，能合于二三两阳之亦为大者，以共成修井之功，故邑民皆食其福，而称元吉也。然则元吉言于上，而所以致元吉者，则不在上也。读爻词者不可不知也。



**䷰离下兑上**

**革：已日乃孚，元亨利贞，悔亡。**

管见：革之二体，为水火相息，其端见于二女同居，其志不相得，以位言之，是上下相革不两立之势也。下革上者，传词指言汤武之革命；则上之革下，其非属政令之有所改更可知矣。已日乃孚，已日，谓水火之数穷势极而将尽也。水火各有已日，此革之时也。于天地革而四时成见之，人之用革者，一如四时之递更，革水于水之已日；革火于火之已日，则顺乎天矣。顺乎天者，必应乎人，故于人有以信之而成为孚耳。乃者，难词也。革于已日乃孚，则非革于已日必不孚也。观于汤武革命顺乎天而应乎人，此诚得革之时，而为已日乃孚之一验也。今本卦之革为水火相息，则皆非其已日而当革者，其于人特为二女同居，其志不相得之象，是各逞其私志以相革而已，岂能合于人心而有以信之乎？故革非其时，不宜相革而宜各自革也，何也？革之二体，能反其二女同居，其志不相得之象，则上下之志相得而成为元亨矣。然惟下卦之离，不以火革上之水而自革其火，则独存其德之文明，是离之贞也。上卦之兑，不以水革下之火而自革其水，则独存其德之说，是兑之贞也。上与下不见为水火之偏，而合成为文明以说之正，此必其志相得而大亨者，故曰元亨利贞。夫以革之二体，为水火相息，二女同居，其志不相得，非俱尽必俱伤也。苟用革者如之，其得免于悔乎。惟知革之用必于已日乃孚，其非已日而可以致元亨者，利于贞也。于是本无相革之志而或有当革之时，则革而信之以成乎，若其非当革之时而适有相革之象，则惟各自革以存文明以说之正而成为元亨，是革之用虽不同，而皆非如水火相息、二女同居、其志不相得之不当也。革而当，其不悔乃亡。



**革，水火相息，二女同居，其志不相得，曰革。**

管见：息者，克之而使止息也，即革之义。革为泽中有火，火息水，水亦息火，故曰相息。就人言之，如离兑相重为二女同居之象，而其本水火之性以相息者，则为其志不相得，是不欲同居而思有以革之矣。此卦之所以名革也。

**已日乃孚，革而信之。文明以说，大亨以正，革而当，其悔乃亡。**

管见：水火相息，二女同居，其志不相得，此革而不当必有悔者，如《彖》词所称已日乃孚，元亨利贞，则其言革之用，无不当矣。已日乃孚，孚者，信也，有信之者也。革于已日而于人有以信之，此其因时用革，实与天地革而四时成、汤武革命、顺乎天而应乎人者为有合，固为革而当矣。至于非其革之时而知元亨之利于贞，贞之为言正也，卦德之文明以说是已。苟离兑二体之分处于上下者，自革其水火相息之不正，以存文明以说之正，因以革其二女同居，其志不相得之不亨，以成文明以说上下志通之大亨，亦为革而当也。革而当，其悔乃亡。此用革者，必宜由已日乃孚之义以审于时，亦即当因元亨利贞之道以戢其志也。

**天地革而四时成，汤武革命，顺乎天而应乎人。革之时大矣哉！**

《程传》：王者之兴受命于天，故易世谓之革命。

管见：此节特为《彖》词已日乃孚指其实也。水火分主冬夏二时，天地因水之已日而革之则为春，因火之已日而革之则为秋，是四时成矣。夫四时成于革，而皆于水火自已之日，则非以水革火、以火革水成水火相息之象也。故《彖》词所称已日，观于天地革而四时成，则得其实矣。其曰已日乃孚者，如汤武之革命而为天下王，是以下革其上也。而其革命实以征诛，似乎水火相息而偏胜者然。然汤武之兴日，正桀纣之已日，此天之命也。天命通于人心，顺乎天而革之，即以应乎人而信之，则已日乃孚之义。就以下革上之事言，观于汤武革命顺乎天而应乎人，亦可以得其实矣。夫已日者革之时也，必革于已日乃孚，则时之所系，岂不大哉！知革之时为大，则非其时而不免于悔者，固宜以元亨利贞之道，为上下不相革而各自革之道矣。

**泽中有火，革。君子以治历明时。**

管见：泽指雨言。泽中有火，则泽不成润，亦火不得炎，即水火相息之意。君子以治历明时，所谓明时者，明革之时也。已日为革之时，其象莫著于天地革而四时成，故在九五主卦之君子，其欲明于革之时者，不必他有所求也，即以治历明之而已。按：《彖传》曰：汤武革命，顺乎天而应乎人，此为卦中之六二言之，欲其下革上者之无近于逆也。《大象》曰：君子以治历明时。治历，本王者之事，此又为卦中之九五言之，欲其上革下者之无邻于暴也。

**初九：巩用黄牛之革。**



《程传》：巩，局束也，革所以包束。黄，中色，牛，顺物。

《集说》：吕氏大临曰："六二居中，柔顺，故曰黄。"

《折中》：牛之皮至坚韧，以之系物则固，故遯二之执用者似之，以之裹物则密，故革初之巩用者似之。

管见：下卦离为火，为中女，其文明而刚在外，于鸟为雉象，则于兽当取豹象。上卦兑泽为水，为少女，又属西方之卦，彼震位于东为龙象，则兑位于西当取虎象。上为虎而下为豹，是亦水火相息，二女同居，其志不相得之势也。但析六爻言之，上卦惟九五以刚居尊而为大人，虎君百兽，民无二王，故独于五言虎，四与上特左右之不可以虎称也。下卦之六二，柔顺得中，既以黄牛自处而不为豹，又初三两刚，三有位为君子，初无位为小人，上爻之词曰：君子豹变，指三言；小人革面，指初言。独于三言豹，则初九之刚亦只以三为凭藉耳，非能自为豹也。所以革之二体，特使上卦九五之大人，能变其所为虎者，令虎之猛厉消，而独见其文之炳然而可说。下卦九三之君子，能变其所为豹者，令豹之强戾去，而独见其文之蔚然而甚明，则上下不以虎豹相革，而以各自革者共成为文明以说之象而相得矣。但九五之虎变，其刚中正者能自变之，若九三之过刚而为豹，则由为黄牛之六二。以革言三就变之，非三之能自变也。夫三之为豹，由二有以变之，则初之欲从三以为豹，亦由二有以制之也。故六二以中顺之质自守为黄牛之革，其即借以制初而使安其不可有为之常者，为鞏用黄牛之革。按：爻中言虎变，言豹变，言黄牛之革，于人皆为即其材力之可逞者，而各自革之之象也。就上卦言，如九五既为虎，逞之足以凌三之豹？又何论于二之黄牛；就下卦言，在六二虽为黄牛，逞之亦足以犯五之虎，又何独于三之豹？故爻中具虎豹黄牛之象者，皆宜各自革也。黄牛言革，虎豹言变，互文也。虎豹既变，则所存为虎豹之革；黄牛为革，则亦由于黄牛之既变也。黄牛变而为黄牛之革，则不惟本无九三为豹之过刚，亦并不同于九三之豹变犹以文明见也。夫六二为离之主，文岂所不足哉！以黄牛之革自处，所以避九五之虎文也。



**鞏用黄牛，不可以有为也。**

管见：以革局束其物为鞏，故但言鞏用黄牛，而其为革可知。其必鞏用黄牛者，以初九火体之刚，不能顺以从君，一有所为，必将合于九三之为豹以犯虎而危大人，是不可以有为者也。故必鞏用黄牛也。

**六二：已日乃革之，征吉，无咎。**

管见：已日乃革之，之字指上卦之五位言，革之谓以下之二。革上之五，如汤武之革命以臣代其君也。已日乃革之，则其革为顺乎天而应乎人，故曰征吉无咎。征者，上行以革之也。顺乎天，则天实命之，无不吉者，应乎人则人皆信之，又谁咎焉？按：此爻之词，盖因六二之柔，介于初三两刚之间，其于初之无位为小人者，虽能制之而不使有为；或于三之有位为君子者，不能不为所胁而从之以征也。故告以已日乃革之，则征吉而无咎。若非其已日而妄革之，是为九三之征凶矣，其咎岂得免乎？此孰吉孰凶，二之所宜审于自处，而不可随三以妄征也。

**已日革之，行有嘉也。**

《集说》：俞氏琰曰："行释征字，嘉释吉，无咎。"

管见：顺乎天而应乎人，道之至善者也。故曰有嘉。



**九三：征凶，贞厉，革言三就，有孚。**

管见：征，上行也。三离体而过刚为豹象，征而上行，是犯九五大人之为虎者以自贼也。故曰征凶。然使三虽不征，而终仍其过刚为豹之象，是贞而不变矣。大人以虎居上，其能忍于君子之为豹而不变，使得卒安其位以无患乎，故曰贞厉，征凶。贞厉则三之为豹，宜自革而思变矣。然三何能自革乎？所幸者，惟六二变而为黄牛之革，既以其自固者力制下比之初九而不使有为，尤以其自变者敦劝上比之九三而期于必信，故曰革言三就有孚。革言，谓欲三之自革而以言告之也。就如就见之就，就而言之者，不惮一至再，再至三，故三之过刚，虽不遽信，而其终亦有孚也。孚者，信其革言也，有孚则九三为能自革，而成君子豹变之象矣。

**革言三就，又何之矣？**

管见：之，往也，即征凶之征字，又何之矣。传谓九三虽过刚而为豹，而六二之欲其自革者，就而言之，又三就而言之，则亦必能使之信其言而自革矣。岂其贞而不变，终为豹以妄行哉！

**九四：悔亡，有孚，改命吉。**

管见：下卦之两刚，三为豹，初从三以为豹，其于四正当比应之位，则四之刚不得中而居高近君者，能不倚五之为虎以陵下之豹而革之乎，如是则将成为水火相息、二女同居、其志不相得之革而不当矣。有不免于悔者，然九四宜有悔，而词曰悔亡，四之悔何以能亡也？以其有孚于五之改命，故吉而悔亡耳。改命与革言同旨。五爻曰大人虎变，是五之自改也。五为虎而自改，又命于四之欲相辅以为虎者而亦改之，是为改命。有孚，谓信之也，三称有孚，二言之而三信之。四称有孚，五命之而四信之也。二之言为言，五之言称命，革言出于同为君子之六二，又听言之九三，其刚不得中，复为火体而居阳位，不易入也。故必曰革言三就有孚。改命行于尊为九五之大人，又承命之九四，虽刚不得中，实为说体而居柔位，必易合也。故直曰有孚改命。夫以九五主卦之主而有改命，此所以去虎豹之争而已水火不相得之志也，吉道也，四能有孚改命，则既以成五之导休迎祥，而四亦与受其福矣，此为吉也。

**改命之吉，信志也。**

管见：四有孚于五之改命，则吉者，以五之改命实足以致吉也。改命何以能吉，以其既有改命，则有以通上下之志而信之，无复水火相息、二女同居，其志不相得之象。故曰吉也。知改命之吉，则有孚改命之所以吉，不言可知。

**九五：大人虎变，未占有孚。**

管见：上卦有虎象，惟九五之居尊者当之，其势足以陵豹，何论黄牛耶。然九五以刚中正而为大人，不革下而惟自革，故称虎变。变者，丧其为虎也，上爻称豹变者亦同。观传言其文炳也，其文蔚也，则知虎豹之变，皆独存其皮耳。独存其皮，则虎豹之威武两失，而虎豹之文章并美，此所以不成水火相息、二女同居、其志不相得之象也。未占有孚，占字蒙上文虎字生义，虎知冲破，能画地观奇偶以卜食，今人效之，谓之虎卜，是虎亦能占也。有孚，孚者，信也，三四称有孚，信人也；五称有孚，则自信之而已。凡占者皆不信于心而后占之，虎亦宜然。惟九五不为虎亦不用虎之占，故其虎变而成革而当之用也。以大人之德行之，而无所不信于心，所谓不疑何卜也。其视三因二之革言而后有孚，四因五之改命而后有孚者，异矣。故曰未占有孚。



**大人虎变，其文炳也。**

**上六：君子豹变，小人革面，征凶，居贞吉。**

管见：君子小人，以位言之，盖指下卦初与三之两刚耳。三离体过刚有豹象，因二之革言三就而后变之，则不见离之火而独见离之文明矣。故传曰其文蔚也。三为豹，初从三以为豹，是舍五而面三也，及因二之巩用黄牛而能安其不可有为之分，夫乃知舍三而面五矣。始面三而终面五为革面，故传曰顺以从君也。以上二句，言下卦之初与三，其因二以自革者如此。征凶，居贞吉。则为戒上六之词。三言征凶，谓自下上行以革上而凶也；上言征凶，则谓自上下行以革下而凶也。其独戒三上两爻者，三过刚而于火特盛，上至柔而于水为主，以此当相应之位，则恐启水火相息之衅以成二女同居，其志不相得之象也，两戒以征凶而相革之祸已矣。其三言贞厉，而上言居贞吉者，三独成其为豹，贞而不变，是不以离之文明为贞，而以离之火为贞，非《彖》词利贞之贞也，故厉。若上六之兑主而柔，不倚九五之大人，则不成为虎，故但守其兑说之常以为贞而已，无不吉，非如过刚之九三，虽贞犹不免于厉也。

**君子豹变，其文蔚也。小人革面，顺以从君也。**

《集说》：吕氏大临曰："虎之文修大而有理，豹之文密茂而成斑。其文炳然，如火之照而易辨也；其文蔚然，如草之畅茂而丛聚也。"

**☲☴巽下离上**

**鼎：元吉，亨。**

《本义》：鼎，烹饪之器，为卦下阴为足，二三四阳为腹，五阴为耳。上阳为铉，有鼎之象，又以巽木入离火而致烹饪，鼎之用也。

管见：《彖》词特为六五主卦之主言之。元吉亨，元吉一读，谓鼎之元吉由于亨也，旧说以吉字为羡文非是。《大象》曰：君子以正位凝命。命不常而有以凝之所称元吉者，无过于此，然惟正其位以养贤，如九二之德为巽而耳目聪明，其六五之居尊而下合于九二者为柔进而上行，得中而应乎刚，此则君与臣相得无间而成为元亨，亦即由其元亨之亨以致元吉也。故知鼎言元吉亨，谓鼎之元吉由于亨也。

**鼎，象也，以木巽火，亨饪也。圣人亨以亨上帝，而大亨，以养圣贤。**

管见：以六爻言，卦有鼎象，故曰象也。以木巽火，则又举二体言之，巽字即作入字解，与井卦巽乎水之巽同。以木巽火有二义。钻燧为得火之原，薪燎为壮火之具，要之于鼎皆为用以亨饪也。圣人亨以享上帝，而大亨以养圣贤，此推言古圣人制为鼎烹之意。其至大者，莫隆于享上帝，而其致养于人，则非圣贤不足以当之，以此见卦中五与二之相应，一为圣主一为贤臣，固有宜于大亨以养者也。按：鼎养之于人为至隆，故称大亨，盖重其物以尊圣贤也。至于用以享上帝，则圣人犹恐物不足以称其德，故但言烹而不称大烹。



**巽而耳目聪明，柔进而上行，得中而应乎刚，是以元亨。**

《程传》：凡离在上者，皆云柔进而上行。柔在下之物，乃居尊位，进而上行也。

《集说》：刘氏曰：“得中而应乎刚者，以柔居中，下应九二之刚，乃能用贤也。柔得尊位，卑巽以下贤，是以致元亨。”

管见：巽而耳目聪明，特指下卦之九二言之。二巽体而刚中，巽之性主于入，巽而刚中，则巽之入为入于理，此所以致耳目聪明而能合德于离主之五也。夫五为离主，亶聪明，作元后。所谓圣也，其正应之二，亦以巽而耳目聪明，则所谓贤者矣。惟天生圣，惟圣用贤，岂不亨乎？而鼎之六五，尤为柔进而上行，得中而应乎刚，以柔中应刚，则六五并不自有其聪明而专任九二以为耳目矣。不自圣者用贤益亲，此所以上下一德欢然交欣而成为元亨也。虽《彖》词省其文曰亨，然吉曰元吉，则亨之为元亨，可例推而知，以非元亨不足以致元吉也。读者知亨为元亨，则吉之为元吉，又可不言而知，以既为元亨，自足以成元吉也。按：如旧说以耳目聪明指上卦之离体言，则但称巽而明亦可，何必指言耳目。又谓离为目而六五为鼎耳，故兼耳言之。鼎有耳象，无聪义，尤近似而非。

**木上有火，鼎。君子以正位凝命。**

管见：木性生火，火之寄于木上，初不待其自焚而始信，则圣人所以肇兴烹饪之事，而制为鼎者，实由于此。故观于卦之二体为木上有火，而器必有鼎之理已寓，又不必六爻刚柔之位，一一合于鼎象，而后名鼎也。君子以正位凝命。君子，指六五言之。正位，谓正臣下之位以辨其贤也。贤者在位，则君子之集大命于厥躬，有常而不易，故曰以正位凝命。按：凝命为元吉之实，此补《彖传》所未及者，又离之用为类族辨物，为以慎辨物居方，故知鼎五之柔进而上行，得中而应乎刚者，由于为离之主克明作圣，实能正位以远不贤而亲贤，是以能下合于巽而耳目聪明之九二而成为元亨也。

**初六：鼎颠趾，利出否，得妾以其子，无咎。**

《本义》：居鼎之下，鼎趾之象也。

《集说》：熊氏良辅曰："鼎颠趾，鼎之未用而倾仆也。"

管见：鼎仰则承实，覆之则否，初之颠趾而覆其鼎，盖不欲于所应之九四仰干其公𫗧之馀以自养也。利出否，否字旧训否恶，于义不确，且初之为鼎，安见必有否恶之积而待倾耶？盖否者晦滞不利之称，凶咎之先兆也，意与《彖》词亨字相反，卦中四近五而五乃应二，是二亨而四否也。鼎折足覆公𫗧之凶，其实征矣。夫四以否而不免于凶，初复利其公𫗧之养而应之，则亦同在否中也。四凶而初不罹于咎乎，故初之鼎颠趾。其不受养于四而绝其应者，非悖也，以其位有否象，利于远四之凶以自免于咎而出否也。得妾以其子，妾如遯三所称畜臣妾之妾，指婢言之。盖鼎之六五为柔进而上行，君道亦母道也。其得中而应下卦九二之刚，是以二之为臣为其子，而所以应之者，为以母从其子也。故初之阴柔居卑，有妾象，其得终事以母为主之五而为之妾，必由依倚于五所从之二而为其子者以安其身也。故曰得妾以其子，以犹仗赖之意。无咎者，不得罪于五也。初之咎莫大于悖，初唯知利出否之义以绝四，又知得妾以其子之义而因二以自托于五，绝四非悖也，因二以自托于五，而初之为妾乃真为能事其主而不悖矣，故无咎。



**鼎颠趾，未悖也。利出否以从贵也。**

管见：初有应于位高近君之九四而不受其养，有鼎颠趾之象，其迹疑于下悖其上矣。然五为主卦之主，初自外于居尊之五为悖，初自绝其私应之四非悖也，故云未悖。利出否以从贵也，当作一句读。绝四为出否，从二为从贵，言初之自处，利在绝四以从二也。二称贵者，谓五之所贵也。五阴柔得中而以母道居尊，阴之所贵者阳，故五而贵二，中之所贵者中，故五贵所应之二，而不贵所比九四，母之所贵者子，故初之为妾，其绝四以从二者，因其母所贵之子而从之，即得以顺承于贵其子之母而无咎也。

**九二：鼎有实，我仇有疾，不我能即，吉。**

《折中》：此疾字是妬害之义，所谓入朝见疾是也。

管见：九二之刚中为巽而耳目聪明，与五合德，则五之应之，其必以二为贤，而用大亨以致养矣。故二之鼎象为鼎有实也。我仇有疾，仇，匹俦也，指九四言。二四皆刚，二应五，四比五，才力地分相敌，故曰仇。其有疾者，五为柔进而上行，得中而应乎刚，则四非五之所谓贤而欲养之者矣。五之志不在四，彼初之舍四而从二，亦由此也。四虽无如五，何而能忘情于二乎？此所以有疾也。不我能即，即者近而亲之之意。本为我仇其情则应我即，既称有疾，其势必将我远，故曰不我能即也。然四虽疾二而不能即之，五终贤二而有以应之，以二之巽而耳目聪明为能慎所之而无尤也。

故四不免于凶，而二则吉也。

**鼎有实，慎所之也。我仇有疾，终无尤也。**

管见：鼎养之及其权在五，二应五为远臣，四比五为近臣，则受恩宜莫切于四，乃四之词曰鼎折足，覆公𫗧，是不能有其实矣。而于二则曰鼎有实，二何修而得此耶。以二之刚中，为巽而耳目聪明，其深心入理者固能随时随地而慎所之也。之者往也，慎所往，则非如离体过刚之九四，径情自是而不顾其安，此四则以满致倾而成为覆𫗧，二则以贤致养而独能有实也。我仇有疾，终无尤也。尤但指过尤言，慎所之则无尤，是即六五之君所见以为贤，而欲大亨以养者也。我君谓贤而我仇有疾，我仇有疾而我身无尤，无尤故无不吉也。

**九三：鼎耳革，其行塞，雉膏不食，方雨亏悔，终吉。**

管见：二与三四既以阳刚为鼎腹，又于人为有位，予之位必给以养，是其各成为鼎象者，即各有其实以自养者也。如四之鼎称公𫗧，以其受之于五，故称公。三亦有位，则亦宜分公𫗧以为食矣。又岂必贤如九二而后得有鼎实乎？但鼎之本义以养贤为主，三之过刚，不可谓贤，是当举以让贤而不自养者，惟九三见不及此，故于鼎为失其义。有鼎耳革其行塞之象，革，除去也。鼎以耳行，革之则不能举，而鼎之行塞，故五之鼎黄耳，金铉。是圣人不惟自养而能举以尊贤也，此为得鼎之义。三之鼎耳革，其行塞，则不贤者但以自养而不能举以让贤也，此为失鼎之义。失其义者必凶，在九三之晏然自养，方不知鼎烹之几于鸩毒也，故为之说法以已其疾焉。其词曰：雉膏不食，方雨亏悔，终吉。雉，雞类，亦巽体自有之象，必指外卦离为雉者泥也。且他卦言雉，义取其文明，此云雉膏不食，于雉之文明无所取，则于离象亦不相涉也。物之肥者曰膏，雉肥则肉丰身重而难飞，又水鸟毛不濡，林鸟毛濡，遇雨则必困，故雉以多食而膏。方其遇雨，则伏身丛薄而不食，虽日久饥甚，其敛戢如初，此盖物理然也。不食有亏悔之意，言其亏损今日之食而恨悔前此之多食也。使九三能借鉴于此，而以雉膏不食，方雨亏悔自处，则虽鼎耳革，其行塞，始以失鼎之义而见为凶。至于亏悔交并，悚然退处于不贤而不以自养，则于鼎以养贤之义，亦犹不终失也，故得不终凶而终吉也。

**鼎耳革，失其义也。**

**九四：鼎折足，覆公餗，其形渥，凶。**

《程传》：餗，鼎实也。

《集说》：朱氏震曰："其形渥，羞赧之象，泽流被面，沾濡其体也。"

《折中》：三阳为实而四适当其盈，盈则有倾覆之象矣。

管见：九四以离体火象之刚不中，居高位而事柔主，必不能如二之慎所之而无尤也，故以满致倾。其象为鼎折足，覆公餗，按：折足覆餗，四之自为者耳，人不与焉。旧解或因初四位应，遂并指颠趾为折足所由来，是特泥本卦六爻之合为鼎象，而不知折言六爻之义。又可因所分之鼎位而各成为鼎象也，故四为鼎身而亦可言足，初称鼎趾而未尝无身也。其形渥者，鼎覆而色变汗出之状，九四至此，其溃败为不可救矣，岂不凶乎？

**覆公𫗧，信如何也。**

管见：信如何，问之也。覆公𫗧者，其心愧耻，故其形渥也。形自旁观见得，既不堪以对人，更执九四而问其心，则尤不堪自对矣。

**六五：鼎黄耳，金铉，利贞。**

《本义》：五于象为耳而有中德，故云黄耳。

《集说》：胡氏一桂曰："程传及诸家，多以六五下应九二为金铉，《本义》从之。然犹举或曰之说，谓金铉以上九言，窃谓铉所以举鼎者也，必在鼎上，方可贯耳。九二在下，势不可用。或说为优，然上九又自谓玉铉者，金象以九爻取，玉象以爻位刚柔相济取。"

管见：鼎耳饰以黄金曰黄耳，凡鼎皆有耳，而此特隆以贵饰，则五之成为鼎象而有耳，固非如三之视为可有可无而听其革之者也。金铉谓上九，金取刚象，黄耳不称金，饰鼎而黄者必为金也。至于铉独称金，则明其同为金而不必黄矣。其必兼言铉者何？鼎以耳行，亦以铉举，五之鼎黄耳，既无行塞之忧，又得所比上九之刚为金铉者，实足以贯鼎耳而使之行，于是六五之圣欲举大烹以养九二之贤，而上九亦复同心并力以襄此盛事也。但养贤之举，上能同之而四必疾之，故如六五之柔进而上行，必能守其得中而应乎刚之贞，而后不阻于疾贤之近臣而有以逮二也，故曰利贞。

**鼎黄耳，中以为实也。**

管见：大烹以养圣贤，在六五之以离主居尊，是为聪明足以有临之圣，备鼎之养，而适合于鼎之义者也。乃其鼎象曰鼎黄耳，为鼎耳以行鼎，而不为鼎身以承实，则六五之志在养贤而不自养者，初不以鼎之实为实，而以其中德之充积为实也，此其自养者大矣，非圣人而能若是乎。

**上九：鼎玉铉，大吉，无不利。**

《集说》：胡氏炳文曰："上九一阳，横亙乎鼎耳之上有铉象。金刚物，自六五之柔而亲上九之刚，则以为金铉玉具刚柔之体，上九以刚居柔而又下得六五之柔，则以为玉铉。"

管见：上九为鼎铉，其在五爻则称金，则其居上而刚为有力，



实足以辅六五之柔，如鼎虽有耳，必举以金铉而后为能胜也。至于本爻则变金称玉，又明其刚而能柔为刚柔节，乃所以善辅六五之柔，如鼎之耳为黄耳，必贯以玉铉而后为适合也。称金铉以见才，复称玉铉以见德，故在外卦之四与上，皆阳爻而刚。阳皆为大，惟四之大，大而不节，则凶；上之大，大而能节，乃以吉，无不利也。

**玉铉在上，刚柔节也。**

管见：节者，节其过也。上九与四俱刚而独能合于六五之柔，是则不为刚过，而为刚柔节也。以刚言则称金，以刚柔节言则称玉，在善读者之能忘象耳。按：上之所以能节者，以上本卦外为无位，又在鼎为鼎铉，于实不与，非九四之位高而当鼎腹之既盈者比也。故四则履盛满而气必骄，不自克其火动，而上之性，以形为过刚，上则养淡泊，而中不热，适自成为温其如玉之德，而见为刚柔节也。上如是，上亦贤矣。惟贤亲贤，惟贤辅圣，此所以合于六五之应刚而不为九四之疾仇也。旧解谓上九以刚居柔位，故能节，亦通。但与九四之亦为刚居柔义，似不确。

# 下经卷之九

**䷲震下震上**

**震：亨，震来虩虩，笑言哑哑，震惊百里，不丧匕鬯。**

《程传》：虩虩，顾虑不安之貌，蝇虎谓之虩者，以其周环顾虑不自宁也。震惊百里，不丧匕鬯。雷之震动惊及百里之远，人无不惧而自失，雷声所及百里也。惟宗庙祭祀执匕鬯者，则不致于丧失，人之致其诚敬，莫如祭祀。匕以载鼎实升之于俎，鬯以灌地而降神，方其酌裸以求神荐牲而祈享尽，其诚敬之心，则虽雷震之威不能使之惧而失守，故临大震，惧能安而不自失者，惟诚敬而已，此处震之道也。

《集说》：干氏宝曰："祭礼荐陈甚多，而经独言不丧匕鬯者，匕牲体，荐鬯酒，人君所自亲也。"

管见：震为洊雷，恐惧之时也，然君子所藉以修省者，正在此，是恐能致福，有亨道焉。故曰震亨。震来虩虩四句，正发明震亨之义。震来，谓雷作也。虩虩恐惧之状，当雷作而恐惧者，身敛伏而足促缩，在蝇虎之将攫蝇，其悚处每每如此，故取其意象而称虩虩也。笑言哑哑者，盖震后而不失其恐惧之意，所言维何，亦即言震来之可惧，而相戒以修省而已。以震雷之馀不当他有言也。笑者言之貌，当震之方来，虩虩恐惧，其色勃如未敢言也。至于震后色定而将有言，颜柔气下，辅颊之间，有如笑然，故曰笑言，非乐然后笑之笑也。哑哑，盖口吃者欲语而不成语之声，取此以象恐惧在心，当其有言，又常呐呐然不能遽出诸口也。

笑在色而哑哑在声，皆言之貌，即皆生于恐惧者也。震来恐惧，震后不失其恐惧，是能修省而有则矣。有则则身志坚定，虽使震之来往无时，而所守不夺，故处震而能亨也。今如宗庙社稷之中，执匕鬯而为祭主，其自处无不有则者，此时虽震惊百里，而不丧所执之匕鬯，以其有则，故不丧也。然则所以处震而亨之道，固可于此得其端矣。按：旧注于哑哑训和适，字义既不了了，且时当洊雷而期以言笑自若，于《大象》君子以恐惧修省之旨不符。

**震，亨。震来虩虩，恐致福也；笑言哑哑，后有则也。**



管见：乐则生悲，恐乃致福，故震来非天下之不祥，而虩虩非人身之大患也，于此可以识震亨之意矣。震来为震之时，震往为震之后，于其后而见为笑言哑哑，则言容一皆不忘恐惧之征，而其心与身固有则也。有则则震之能亨，无出此者。

**震惊百里，惊远而惧迩也；出，可以守宗庙社稷，以为祭主也。**

管见：惊远承上，惧迩起下，言震惊百里，所惊者虽远，而人之恐惧修省以处震者，不外此一身一心，则甚迩也。《彖》词于祭时见之，其言曰：震惊百里，不丧匕鬯。以其惊远而惧迩，故操存有主而不可夺如此。即此推之，入宗庙社稷之时，当祭而为祭主，其执匕鬯于一旦而不丧者，固以惊远而惧迩也。即其出宗庙社稷之后，当未祭而称为祭主，其守匕鬯于终身而不丧者，亦以惊远而惧迩也。故曰出可以守宗庙社稷以为祭主也。

**洊雷，震；君子以恐惧修省。**

《程传》：洊，重袭也。

《集说》：项氏安世曰："修，克治之功；省，审察之力。"

管见：君子以恐惧修省，谓人情贵喜乐而恶恐惧，而君子正藉此以加修省之功，故恐以致福而震自能亨也。

**初九：震来虩虩，后笑言哑哑，吉。**

管见：震之洊雷，成于四与初之两刚，是初以震主而为雷矣。如《彖》词所称震来虩虩，笑言哑哑，特明遇震之雷而以惧承之者，宜如此耳，于初何与乎？然初在下而四居高，四之为雷，其势必视初之为雷而加盛其心，又必忌初之亦为雷而思凌轹之也。是人屈于雷，雷亦有屈于雷者，故爻词即借四之惊初而令其以惧终也。曰震来虩虩，后笑言哑哑，吉。震来，自四来也，四之震来，则初不得成为雷矣，能无虩虩而恐乎？恐乃致福，非初之不幸也，特患四来则靡，四往复振虩虩，未几而故态旋生耳。若使初于震来则虩虩者，当震往之后，犹见为笑言哑哑而有则焉，则不终为雷以触四，而常以人之惧雷者避四，将见四之为雷，卒以遂致泥，而初之不为雷，乃实以恐致福也，此为吉也。按：笑言哑哑，《彖传》、《象传》，皆云后有则也，其为震往之后可知。但《彖》词为卦中柔爻之遇震者言，体柔则恐惧之勃生于心，移时而未已，亦情有必至，无待提撕其后也。惟初九震主之刚，其心难戢而易纵，故特明著后字，使于虩虩之馀，另作一番收摄耳。

**震来虩虩，恐致福也；笑言哑哑，后有则也。**

管见：知震来虩虩为恐致福，则初之不免见陵于四者，乃所以能吉也，何嫌于震来乎？知笑言哑哑为后有则，则初之卒以受制于四者，又以非是则不吉也，敢疎于震后乎？

**六二：震来厉，亿丧贝，跻于九陵，勿逐，七日得。**

《程传》：六二居中得正，善处震者也。而乘初九之刚，九震之主，震刚动而上奋，孰能御之。厉，危也，亿，度也，贝所有之资也，跻，升也，九陵，陵之高也，逐，往追也。九言其重，如九天九地也。

管见：震来，自初来也。初以震主为雷，二独当之厉者，震来而恐惧修省之谓。亿，度也，贯下丧与得言，因震来而厉，则心危虑深，必能举事之究竟而先定之，此震之所以得亨也。然惟柔而能立者，其方寸不乱，乃足以语此，故独言于二五而不及他爻耳。丧贝者，寇贼之祸也。洊雷成于初四两刚，四位高为强臣，窥窃神器之谋，则初之在下，当为凶盗以肆其攘夺者，故二之乘刚有丧贝之象。跻于九陵者，地卑属阴，陵高属阳，九为阳数之极。称高陵曰九陵，以数穷明其势极云尔，谓陵之重至于九者，泥也。按：九陵当指上卦之九四言，犹诗刺尹氏而咏《节南山》也。古来权奸偪主，不总货宝而威福不行，必将挟势穷搜以自封殖，所以震之时，四不欲初之敌己，未尝不欲其贼二，四不利初之为盗，未尝不利其能致贝也。观初之词曰震来，四何所为而来，又何所得而往乎？此可知二有贝而丧于初，初得贝而又夺于四也。故二所丧之贝，有跻于九陵之象。勿逐，七日得。七日谓阳退而阴进之日也。十二辰以主日，六阳六阴，迭为哀旺，是阳始于一极于六，至七而必变。四之象巳为九陵，九亦必变者也。陵变为崩隤，日变为迁徙，四当迁徙之时而拥崩隤之势，其败可立而待也。贝当反其故地矣，故为勿逐七日得之象。二之贝，有丧有得，二之亿，知丧知得，恐惧修省之中其有主如此，亨可知矣。

**震来厉，乘刚也。**

《集说》：胡氏炳文曰："《屯》六二，《豫》六五，《噬嗑》六二，《困》六三，《震》六二皆言乘刚，惟《困》六三乘坎之中爻，其馀皆乘震之初也。"

管见：曰乘，则震来自初；曰乘刚，则二之于震来，宜其厉也。

**六三：震苏苏，震行无眚。**

管见：经传中震字凡二十一见，皆取震为雷之意，有作心之震惧言者，非也。死而复生为苏，盖人惊于雷而破胆褫魂之状。六三当震之时而几于无命者数矣，是曰苏苏。三何以苏苏也，盖震主之为雷，莫甚于四。初言震来，自上之四来也。五言震往来，谓四既下往陵初，又上来犯五也。上下往来，四之震行未尝稍息，而六三之位不当，适当上下往来之冲，故不胜其惊而至于苏苏耳。非三之有过以触其怒也，故曰震行无眚。

**震苏苏，位不当也。**

管见：九四之震行，必经于三位，则所谓三多凶者，此尤甚也，故曰位不当也。然但言位不当，则其无眚可知。

**九四：震遂泥。**

管见：逞其志而必行曰遂，穷于势而不得行曰泥。四与初皆为震主之刚，而四尤居高势便，当亦自谓横行天下，莫我敢遏矣。然震雷之行，远惊百里，有遂之象，而卒未能使主祭者或失其匕鬯焉，则有泥之象也。使九四径情自遂，恃其雷动之威以撼宗庙社稷之主，而欲丧其所有事，岂可倖哉！故言泥以穷之。

**震遂泥，未光也。**

管见：九四之震如雷，而其行必遂亦必泥者，以九四一阳，见为阳之刚动，不见为阳之光明，是为未光也。观艮阳在上，主于止而其道光明，与此正相反，故艮为时止则止，时行则行，动静不失其时，而震则不免于遂泥也。

**六五：震往来厉，亿无丧，有事。**

《集说》：虞氏翻曰："可以守宗庙社稷为祭主，故无丧有事也。"

《折中》：春秋凡祭祀皆曰有事，故此有事谓祭也。二丧贝而五无丧者，二居下位，所有者贝耳；五居尊，所守者则宗庙社稷也。贝可丧也，宗庙社稷可以失守乎？

管见：震往来三字，指九四言，谓其以震主为雷者，既下往以陵敌应而刚之初九，又上来以犯近比而柔之六五也。厉字与二爻同，皆恐惧修省之意。震往来为四，五当其时而恐惧修省，故曰震往来厉也。亿无丧，有事。有事谓祭事也，《左传》卫献公使子鲜求复，使言于宁喜曰："苟及政由宁氏，祭则寡人"，可见人君之事，莫重于祭，必不可假者惟此。故不必指言何事，而但曰有事，其为宗庙社稷之祭事可知。无丧，有事，则当震往来之时，其自九四为之，虽不减于震惊百里之威，而六五之恐惧修省，能守其宗庙社稷以为祭主者，固犹然不丧匕鬯之义也。震之亨此为大矣。

**震往来厉，危行也；其事在中，大无丧也。**

管见：震往来厉，所谓厉者，以恐惧之心行修省之事，非如三之震苏苏。上之震索索视矍矍，一则靡然不可复振；一则茫然不知所为也，故言危行以别之。五称厉，一亦称厉，厉同则危行亦必同也。犹之二之震来厉为乘刚，则五之震往来厉亦为乘刚可知矣。传词有分举之而其义当互推者，不可不审也。其事在中，中以位言，勿泥德看，上卦以五为中，此君位也。《涣》之《彖传》曰：王假有庙，王乃在中也。中字与此义同。其事在中，则五之事常在五，而不旁落以归于四，是所谓无丧有事也。其曰大无丧者，对六二之丧贝言。贝，其小者耳，至于膺宗庙社稷之寄，执匕鬯而为祭主，其事孰大于是哉！物之小者，可既丧而复得，故云勿逐；事之大者，必有得而无丧，故宜慎守也。

**上六：震索索，视矍矍，征凶。震不于其躬、于其邻，无咎，婚媾有言。**

管见：索字解如求索之索，于下文视矍矍见之二句当作一串解，言上六当震而惊，索索然如求物而不得者，其视徊徨周章而不胜其矍矍也。按：处震之时而其视若此，盖顾虑之甚，欲藏身而无所也，即起下文征字之意。征，逋窜也，无计以避四，遂忍心以舍五。上与四皆左右于五者，四强戾而无君；上懦葸而弃君，其罪一也。当震已而无丧有事之时，其得不告之宗庙社稷以明法乎，故曰凶也。震不于其躬、于其邻，无咎，婚媾有言。震字指四之为雷言，邻谓六五，以五比于上为邻象也。阴阳合而后为婚媾，此喻九四之伪结于上六耳。盖上六之索索而视矍矍，其势欲征而不免于凶，而其后乃未尝遂征者，以四之为震，其威灵气焰之及人，人自危而要之逞雄心以求大，欲其志不在上六之躬，在于上六所比之六五而为邻者也。震不于其躬、于其邻，是使上六之惊，得因以稍定而不征矣。不征，则于邻犹存洽比之旧，于五之为邻，犹不显蹈于临难苟免之迹也。故曰无咎。然上六当震之时，何以能知不于其躬于其邻哉！以九四之于上六，其指为婚媾者，曾有言耳。九四之言于上六者若曰：今日之事，于尔躬无与，不必惊也，我与尔盖婚媾也，何嫌而何疑乎？惟尔之有邻，则我之仇雠也。尔自保其躬，则我将婚媾尔；尔若卫其邻，则我亦将仇雠尔矣。其言如此，此非真以为婚媾也，其法如盗贼将劫其主人，犹恐旁人之相与为邻者，出而救之，于是吓禁以言，使之束手敛身而不动耳。故《传》曰畏邻戒也。有九四之戒，而上六不得不畏，是上六本为四所胁而不征，即得仍与五相守而无咎也。



**震索索，中未得也；虽凶无咎，畏邻戒也。**

管见：中谓在中之五位也。震之时，六五在中而难乎为君，九四不在中而几欲为君，故上之当震而索索者，盖不知此在中之位竟为谁之位也。故曰中未得也。虽凶无咎，畏邻戒也。此邻字即指上六言震不于其躬于其邻，以上六自视，则见为躬耳；以九四视之，则上六与六五皆相与为邻者也。五为上六之邻，四将凭震惊以夺其势；则上为六五之邻，四必先出戒言以止其援也。是为邻戒。夫四之有言，岂可信哉，上不敢信而亦不敢违，故曰畏邻戒也。畏邻戒，非也，而上之欲征而不遂征，实由于此，故知其始虽见以为凶，而其后得无咎者，畏邻戒也。

**䷳艮下艮上**

**艮其背，不获其身；行其庭，不见其人，无咎。**

管见：《彖》词所云，盖坐功也。艮其背，则一身如槁，不然，其运动皆息，几于不为我用也，故曰不获其身。行其庭，谓人来行其庭也。艮其背者，穆然端居神明内矚，故人来行其庭，亦不见其行庭之人也。吉凶悔吝生乎动，能止如此。时止则止者，亦时行则行，动静不失其时，又何咎焉？按：人为动物，莫甚于心，艮以人身取象，不言艮其心而曰艮其背者，艮背乃所以制心也。何以言之，五脏皆系于背，是心之系固在背矣。艮其背，则脊骨直而心系紧，故心即在腔子里，不患其有出入无时、莫知其乡者也。君子以思不出其位，恃此而已，圣人设为制心之法，其使人实实有拿捉处，无有行之而不验者，只此艮其背一言，已无剩义矣。惜乎后儒指为禅家道家之宗旨，而自失其传也。





**艮，止也。时止则止，时行则行，动静不失其时，其道光明。**

《集说》：《朱子语类》，问艮之象何以为光明，曰定则明。凡人胸次烦扰，则愈见昏昧，中有定止，则自然光明。庄子所谓泰宇定而天光发是也。

管见：此节特为艮之所以无咎指其实也。止为行地，静为动根，所谓艮者，非使天下真为木偶土偶以终身也。

观《彖》词无咎二字，正于动而行见之，盖艮其背，不获其身，行其庭，不见其人，此止象也。然当其止也，时止则止，而非泥于止；及其行也，亦时行则行，而非碍于行，动而行与静而止，皆不失其时者，以艮之义主于止，而实为以静御动以止善行，则于动而行之时，其道固光明洞达坦然由之而不疑也。道字解如道路之道，就行边说。其道不明，无迷途自无失足，此《彖》词所以称无咎也。按：艮体每言光明，以其阳在外而不掩于阴耳。人得艮之止，即得艮之光明，故静则思不出其位，其心光明，此艮之体也；动则行不失其时，其道光明，此艮之用也。《语类》引庄子泰宇定而天光发之词，言体而不及用，于《大象》之义正合，于《彖传》之意未完。

**艮其止，止其所也。上下敌应，不相与也。是以不获其身，行其庭，不见其人，无咎也。**

《集说》：孔氏颖达曰："凡应者一阴一阳，二体不敌，今上下之位，爻皆峙敌，不相交与，故曰上下敌应，不相与也。然八纯之卦，皆六爻不应，何独于此言之，谓此卦既止而不交，爻又峙而不应，与止义相协，故兼取以明之。"

管见：艮其止，止字属九三之艮其限言，三既能止，而上九又为敦艮以艮之，是为艮其止，即重艮之义也。止其所者，谓三之能止，既扼要于上下卦之交，上之艮其止，又总摄于上卦之上，其所处皆得位也，故曰止其所也。三与上各止其所，则三之上，上之下于人为背象；三止其所而能止，上止其所而能艮其止，则三之上上之下又于人为艮其背之象，此传之释经，实有得于设卦观象之本旨也。晁氏说之谓艮其止，当依卦辞作艮其背，不知泥背言之，是就人身说象而已，于卦何与乎？观下文释不获其身四句，亦从六爻之上下敌应而不相与看出，则知释经者，必于卦中求真实见地也。八纯之卦，皆为上下敌应，不独艮然，惟艮之体主于止，非如他卦敌应犹有取于同德相与之义也，故曰不相与也。卦中上下之刚与刚，柔与柔，皆敌应而不相与，则于人身为上下各止其所，而不以相与者相牵也，是有不获其身之象。夫一身之上下，犹各止其所而不相与，则外身而为人者，虽使日接于前，必无漫然相与者矣，是有行其庭不见其人之象。由是而我之于身，既以卦之上下不相与者安之而不便 其身以行，其我之于人，亦即以身之上下不相与者遇之而不逐于人以行，是将成为艮之时止则止，时行则行，动静不失其时也，其无咎可知矣。故传词统言之曰：上下敌应，不相与也，是以不获其身，行其庭，不见其人，无咎也。



**兼山，艮，君子以思不出其位。**

《程传》：此而并彼为兼。

管见：位，心之位也。心位当胸臆之间，为人之君而不能不因思而出其位，故君子观兼山之象，而知艮之有人者，莫要于心之不出其位，即莫要于心之思不出其位也。思不出其位，此心之光明所由生也。凡人之用思，其妄想颠倒无论已，即如务学好古，强探力索，其究乃至于怔忡懵懂，不可救药者，以思其位，其心有散无收有乱无理故耳。若君子之天君泰定，有主无他，虽使穷天地、察古今、析毫芒、洞幽杳，而心神无出其位者，此所以思睿作圣，至人之心之光明比于镜也。然君子之思不出其位，以何道致之，曰心之系在背，心不可制，求之于系心之背可矣。《彖》词所称艮其背者是也。



**初六：艮其趾，无咎，利永贞。**

《程传》：六在最下，趾之象。

管见：卦中以三与上两阳为艮之主，则所止者，止上下之四阴而使各安于正也。然四阴惟二五得中，中则无不正者，故于六五之阴居阳位，疑于不正，而《象传》特表之曰：以中正也。至于初四两阴，皆不如二五之得中矣。而四之阴居阴位，犹为得正，则知不得中而亦失其正者，惟初而已。故初爻之词，当与四爻参看，其义乃见。四居上卦之下为身，初居下卦之下为趾，四本得正而能艮其身，是以得正而无咎也。若初之本不得正，而犹能艮其趾，则亦以未失正而无咎也。然四曰艮其身无咎，不言利永贞者，以四本得正，又下束于艮限之九三，上领于敦艮之上九，不患其不永贞也。惟初六本不得正，又随六二之柔而居其后，则其不得正之本然非六二之所能救也。二之词曰：不拯其随，即指此。此以知初之不失正者其暂，而失正者其常也。故特以利永贞告之。

**艮其趾，未失正也**。

管见：止于正而不失为无咎，初言未失正，盖取四之得正者较之，而见其未失耳。四之艮其身为得正，初之艮其趾亦为未失正，则经文于初四两爻所以并称无咎之意，可以观其合矣。



**六二：艮其腓，不拯其随，其心不快**。

管见：腓，足肚也，二当其位而居中得正，是不能艮其腓以安于正者。然在下之初，为趾以随腓，其不安于正之性，二不往拯之以救其失，势将其于腓欲止而趾欲行也。夫腓与趾之相随，其行止皆听命于心者，二之腓能退听，初之趾不能退听，则心失其主而百体从令之适乖矣。故曰不拯其随，其心不快。按：此二句，盖言二当自变其力之所屈，而授权于艮主之九三耳。趾之不艮，腓无如何也。艮其限则趾不得前而自定，是初之随二者，二不能拯而三能拯之，不拯其随，而以趾累腓，犹可言也。至于其心不快，则何能安于不拯而不借力于艮主之九三乎？旧注说不拯其随，皆谓六二不能往拯所随之九三，大三以阳刚为艮主，艮其限，列其夤，乃所以能艮其背之实力也，何待于拯而致惜于二之不能拯耶？以所随为三，因即以不拯而不快之心亦为三，三之位既为限矣，限岂心位之所居乎？此由不解三爻之词，故此拯字随字心字，皆错认耳。

**不拯其随，未退听也。**

**九三：艮其限，列其夤，厉，熏心。**

《本义》：限，身上下之际，即腰胯也。夤，膂也。

《折中》：夤为夹脊骨，正与心相对列峙也。

管见：欲艮其背者必先艮其限，此要法也。因之脊骨峙然竖立，而有列其夤之象，则背已艮矣。厉熏心。厉者，身之不安而危也。人为动物乐散而恶敛，一旦艮其限，列其夤，使此身如束缚桎梏然，则其危而不安之意，必隐隐上蒸以熏其心，故曰厉熏心。心体属火，熏之则热，必烦苦而难耐，言此以明艮其背者，其用功伊始未能遂快然于心也。久之至于不获其身然后厉熏心者皆息，而心之快然者可自得矣。此所以尤有资于上九之敦艮以厚终也。旧说谓九三为不当止而止，故危厉熏心而不如上九之吉，非也。盖艮其背者，舍三之艮其限，列其夤，更无可着力处，可知上九之敦艮，敦此而已，何谓不当止而止耶。其必告以厉熏心者惧人之偶尔尝试，不知必有此艰苦或不能忍而终日也。故明白指出，使人知为意中事而不以自废耳。按：三之厉熏心，与二之言不拯其随，其心不快，有别。盖不拯其随，是放弛其身而因以拂心；其心不快者，终无处心于泰之日。艮其限，列其夤，厉熏心，是敛束其身而因以危心。其厉熏心者，卒为致心于安之地也。又按：艮卦之词，既主人身立义，则于心不得略，但心居人身之上体而属阳，必得外卦之九五当之。今艮之五为六五，无心之象，故使心为上下六爻之主而处于虚位耳。在《大象》曰：君子以思不出其位，盖明明以艮之主归诸心矣。心为身主，则身之位皆其位，身之主，不离其身，即不出其位也。然身心联属之故，爻词独于内卦一再言之者，盖以人知自限以下，如腓与趾，皆无间于心，则近心之上体，可不待言矣。

**艮其限，危熏心也。**

**六四：艮其身，无咎。**

《集说》：胡氏瑗曰："人之体，统而言之，则谓之一身；分而言之，则腰足。而上谓之身，六四出下体之上，在上体之下，是身之象也。"

管见：三为限，即腰胯也。五于首为辅，则四位之处其间者，当属身言。统腰以上首以下而谓之身，此背之所附以立，亦即心之所藉以居也。于是而不能艮，则厥躬之负咎，不可胜，亦不得谢矣。惟六四以阴居阴，其位得正，能奉身以听命于心，即能从心以受制于背。故当三之艮其限，列其夤，而四之为身，已得因之自固而不乖于正也，是为艮其身之象。艮其身，则身之背既安而身之心有托，上足以承元首而不至于亵下，足以属限与腓趾而不即于颓也，此所以为无咎也。按：艮其背之法，莫要于三之艮其限；艮其背之功，莫大于四之艮其身，说者既以三为不当艮其限而非之，又以四为仅能艮其身而少之，不可解。又按：四与初并称无咎，初本不得正，而其能无咎者，传曰未失正也，则四之无咎，其本为得正，不言可知。犹之二与五皆得中，五以阴居阳位，疑于不正，传特表之曰以中正也，则二之阴居阴位，既为得中而又无疑于不正者，其中正亦不言可知。

**艮其身，止诸躬也。**

管见：躬，俗躳字，《说文》："身也，从身从吕。"注吕古膂字，象人垂骨之形，或作弓。然则六四之艮其身，传以躬释之，明其所谓身者，指腰以上首以下言。

非不获其身之身，为人之总名也。

**六五：艮其辅，言有序，悔亡。**

《程传》：辅，言之所由出也。艮于辅，则不妄出而有序也。言轻发而无序，则有悔；止之于辅，则悔亡也。

《集说》：谷氏家杰曰："止在言前，非出口方思止也。然有序为止，止亦非缄默之谓也。"

管见：五居尊为元首，又君者出令者也，故辅属于首而主言。于五位合，五为辅象，而见其能艮者何也？人当艮其限列其夤之时，其身既凝然以止，则气之呼吸出入在鼻而不在口，故口阖而其辅不动也。五之位为辅，而其能以柔中得正者，亦与四之柔正，并受范于艮主之九三，故有三之艮其限，列其夤；四得之为艮其身，五即得之而为艮其辅也。《咸》之上六曰：咸其辅、颊、舌，传曰滕口说也。反是以观，则知艮五之艮其辅，其为言有序必矣。言无序者，既出而乃悟其非，已失而复逞于后，其悔不可胜道也。至于艮其辅而言有序，则其时然后言语不害于默，亦如时行则行动不妨于静也。此时行则行者，《彖》词既明其无咎；时然后言者，爻词复断以悔亡也。合《彖》爻观之，艮之象，能言能行，人何虑其沦于枯朽而无用乎？艮之用，能使言亡悔而行无咎，人何听其逐于纷嚣而不返乎？

**艮其辅，以中正也。**

管见：中正，对六二言之，二居中得正，故能艮其腓。二艮其腓而五亦能艮其辅者，以五既得中，中则能正，不得以其阴居阳位，而谓不如二之中且正也。《本义》谓正字为羡文者，非是。

**上九：敦艮，吉。**

《程传》：九以刚实居上，而又成艮之主，在艮之终，止之至坚笃者也。敦，笃实也。人之止难于久终，故节或移于晚，守或失于终，事或废于久，人之所同患也。上九能敦厚于终，止道之至善，所以吉也。

《集说》：胡氏炳文曰："敦复敦临，皆取坤土象。艮山，乃坤土而隆其上者也，其厚也，弥固，故其象为敦。其占曰吉，艮之在上体者凡八而皆吉。"

管见：传曰敦艮之吉，以厚终也。上为厚终，则三为基始可知。以卦中惟三上两刚为艮主也，其必厚其终者，以九三艮其限，列其夤之始，不免于危厉熏心非常情之所能忍。故必上九以敦艮者固之，而后不摇于熏心之厉以中辍也。敦字，即从兼山生义。三之基始如山，上之并力于三以厚终如兼山，则所止之四阴，在二之中且正，五之以中得正，四之不中而犹为得正，其永贞有终固已。即如初之本不正，而拯之使不失其正者，亦皆安于永贞而见为有终，此所为敦艮以厚终也。由是一身之中，下而其趾其腓，上而其身其辅，所称无咎悔亡者，以敦艮而得终其身于无咎、终其身于悔亡矣。岂不吉乎？或谓卦中自初至九，皆取人身之实象，至上九而虚言敦艮，于重艮之义得矣。于人身将何属乎？曰以初与五例之而已。初为趾，则上为首；五为首之辅，则上为首之顶可知。然则何以不言艮其顶耶？曰艮以《彖》之言艮背为主，艮背以三之言艮限为要，此言敦艮，即使常艮其限以为敦也。欲常艮其限者，非其顶耸起如山，忽不知其腰折而下矣，故但言敦艮。使人思所以常艮其限之故，则上之为艮其顶当自得之；自得之，其视人告之者为更切也。然上为顶而三为限，其位隔而势乃相属，则何也？以人身有督脉，《庄子·养生主》所称缘督以为经是已。督，都敢，为阳脉之都纲，自尻循腹而上至于目，由目内眥上额交巅入络脑，此自下而上也；由络脑还出，别下项，循肩髆内，侠脊抵腰中，此自上而下也。督脉贯彻人身之上下，其迹不可见，而验之于列其夤以艮其背之时，限起则顶应，顶固则限坚，其相属有由然矣。圣人指其可见者，以明不可见者，故言夤言背而不言督脉。

**敦艮之吉，以厚终也。**

管见：厚终，谓积累于后也。

**䷴艮下巽上**

**渐：女归，吉，利贞。**

《程传》：乾坤之变为巽艮，巽艮重而为渐，以渐体而言，中二爻交也。

管见：《易》中专主女之从人言者，惟《渐》与《归妹》耳，二卦皆刚柔各半。惟《渐》之六位，柔皆下乎刚而从之，其从刚之柔虽不皆如二之得中，而其体为止而巽，则其上进以归于刚者，皆能有以轨于正而无妄动也，此所以名《渐》也。女归吉，特指二之以女归于五言，归五则有正邦之功，所谓吉也。然二之所以吉，由于以柔中归于刚中，其进得位者，即为进以正也。二以正得吉，则知女归之利于贞；在初与四之两阴，其位虽不中，而有止而巽之贞者，即当观于二以自慎其动也。二进以正，则为往有功而称吉；初四动以正，则为动不穷而称无咎，有利贞之义也。

**渐之进也，女归吉也。**

《折中》：曰渐之进也，以别于晋之进、升之进也。

**进得位，往有功也。进以正，可以正邦也。**

《折中》：进得位，以卦位言，进以正，以人事言。在卦为得位者，在人事即是得正也。正邦，亦只是申有功之意。

**其位，刚得中也。**

《程传》：所谓位者，五以阳刚中正得尊位也。

管见：以上三节，盖明《彖》词女归吉一句，特指二之以女归于五言，故谓渐之进也。本言卦中三柔爻之归于刚，有女归之象，而其进皆以渐，非归妹之比也。乃于女归之中而有独见为吉者，何以言之？女归之吉，其必由于进得位乎！进得位，则其往而归之也，非惟无咎亦且有功，此所以为吉也。何谓有功？谓其能正邦耳。邦之人至众，其类则男女而已。正邦以女之得正为难，正其邦之女，以女归之得正为大，今卦中之女归而进得位者，即为进以正，是则可以正邦而有功矣。曷言乎女归而进得位，即为进以正也，以其进得位之位为五之刚得中故也。五居尊而刚得中，为邦之主；二以女之柔得中者，进而归于五之刚得中，是二之女归为进得位即为进以正也。此所以有正邦之功，而曰女归吉也。

**止而巽，动不穷也。**

管见：此节又明《彖》词之言利贞，盖因二之以贞得吉，而欲初与四之两阴，亦各以能贞而不即于凶也。初不如二之得中，而同为艮体，止即其贞；四亦同于初之不得中，而别为巽体，巽即其贞也。初得其止之贞者以义行，四得其巽之贞者以顺往，则其进而动也。虽不能比于二之有功而称吉，而爻词于初四并称无咎，亦可知其必不即于凶也。不即于凶，故曰不穷。或谓初四以贞而动，其不穷固宜，然所谓动者，进而归于刚也。初四敌应，其于卦中之刚，当谁归乎？曰渐之柔爻凡三，二归于五为夫妇，此以得应而归之，易之常例也；初与四皆柔而不相应，作易者乃以初归于三为夫妇，四归于上为夫妇，此以同体而归之，易之变例也，观爻词可见。或又谓初四无应，不必皆无比也。初比于二，女不归于女，归三可矣。若四之下比三而上比五，虽以归于三为不正，何不取他卦以四承五之义而归五乎？曰五之刚中，惟六二之柔中能为之妇，四非其偶也。且渐与归妹，专主女之从人为夫妇言，非论君臣之通义。故以四归上九，得女子从一而终之道，不得以其近五而不承五为嫌也。

**山上有木，渐；君子以居贤德善俗。**

管见：渐者，阴之上进以从阳也。木属阳，其根入于山为阴；山属阳，其基托于地为阴。坤土之气，由山足而达山顶，即由山之木本以达木身，故观于山上有木，而地道之上行，有渐之象也。自人言之，渐为以阴上行，则非并言阳之进也，故《彖》词主卦中三柔爻立义，曰女归吉，利贞。然阴之进为上行以归阳，亦必阳为之表有以待其归也，故《大象》又主卦中三刚爻立义，曰君子以居贤德善俗。君子，统指丈夫言，居以之自处也，自处于贤德，而不至辱身败名以离群丑，则男子之行无亏，而女子之贞亦保，此为可以善俗也。故曰以居贤德善俗。按：卦中三刚爻，五为刚中而二归之，有以成正邦之功，此君子以居贤德善俗之大者也。又凡巽体之上九，多以贤德称，在《家人》为反身之君子以正其家；在《观》为观其生之君子以式天下，则《渐》之上九，其为自居于贤德可知矣。至于四既来归，又岂不能合于可用为仪之女以善俗乎？惟九三以艮主之少男，上比于六四巽主之长女而欲乱之，不能安其艮止之性。爻曰夫征不复，传曰离群丑也，此为不能自居于贤德而败俗之甚者，不足以为君子也。故《大象》之词，以五与上为士，行夫纲之准，而特表之，其戒三之意，言外尤见警切。

**初六：鸿渐于干，小子厉，有言，无咎。**

《集说》：李氏鼎祚曰："鸿随阳鸟喻女从夫。"何氏楷曰："昏礼用雁，取不再偶，又于女归之义为切也。"

管见：渐之爻位，阴皆居下而随阳，又所归各有定偶而不可乱，故《渐》取鸿象。干，水涯也，此初之本位，而曰渐者，谓初之为鸿，其渐而归于三之陆自干始也。小子厉，小子指所归之九三言，初以三为夫，自人视之，则艮主之少男为小子也。何谓厉？以三之小子，上比于四之长女而欲乱之，有夫征不复之象，此凶道也，故曰小子厉。小子之厉，于何知之？以人既有言，皆云小子厉耳。人何以有言？其意盖重为初六之归之者危之也。然初六以止而动，是能进以义也。女为人妇而进以义，则将能御夫之不义而征者以脱于凶也。三爻之词曰利御寇，传曰顺相保也，此正明初之既归于小子，其能止之以义有如此者。然则未归以前，在小子之欲征而不免于厉，即使人见为厉而不得已于言，特小子之咎耳，初何咎焉，是曰无咎。

**小子之厉，义无咎也。**

管见：厉为小子之厉，则非初之厉也，宜其无咎矣。然其所以无咎者，以初得止之贞而轨于义，故称无咎耳。义者止之则也，指出义字，则止字更得实地，勿滑口读过。

**六二：鸿渐于磐，饮食衎衎，吉。**

《本义》：衎衎，和乐意。六二柔顺中止，而上有九五之应，故其象如此。

《程传》：磐石之安平者，江河之濵所有。

《集说》：胡氏炳文曰："初之小子厉有言，危而伤也。二饮食衎衎，安且乐矣。"

管见：磐为得安所止之象，亦二之本位也，而曰渐者，谓二之为鸿，其渐而归于五之陵，自磐始也。饮食衎衎，盖明二止于磐而未渐之时，无急于适人之意，亦无遇人不淑之忧，故衎衎也。人之大欲，饮食男女而已，既得饮食则思男女，男女不得与得而非匹，皆害于饮食而不能衎衎者。惟六二柔顺中正，安于所止，上比于九三之阳而非其应，饮食自如，未尝处于磐而志于陆也。又上本有九五刚中之应，非如初之归于九三，不免以人言小子之厉转而自危，或至当饮食而不乐也。故惟二有饮食衎衎之象。《彖》词所谓女归吉者即指此，此爻中于初与四，皆称无咎而二独曰吉也。

**饮食衎衎，不素饱也。**

《程传》：素，空也。

管见：不素饱，正释爻中吉字，盖饮食衎衎，亦自饱而已。其称吉者，以其柔中之德，能事五之刚中，以成正邦之功也，非素饱也。

**九三：鸿渐于陆，夫征不复，妇孕不育，凶，利御寇。**

《程传》：平高曰陆，夫谓三，征，行也，复，反也。

管见：二位高于初，磐势高于干，故二取磐象，然未离乎阴也。以阳爻居下体之上，则去湿而燥，是为陆矣。鸿渐于陆，鸿指初言，非谓三也。初进而归于三，如鸿之随阳，其始发为鸿渐于干，其既至为鸿渐于陆耳。若谓三即为鸿而渐于陆，陆为三之本位，适从何来而至于此耶，须知渐为阴进从阳之义，其三阴各有所归，故言女归。至于阴所从之三阳，惟自居于贤德以待女之归而已，非皆有渐之义者也。故爻中凡六言鸿渐，其实则三鸿耳。夫征不复，妇孕不育，凶。初进而归于三，则三为夫而初为妇矣。但九三以小子而刚不中，不能守其止之贞以自居于贤德，其于所比之六四，势将妄行以乱之也，故曰征。其不复者，以六四之顺以巽，其心矢志上九而不可乱，所谓可用为仪者也。而九三乃欲妄行以乱不可乱之女，是六四可用为仪，而九三已离于群丑矣。行亏者，身必危，妇将见其夫之出而不见其入也，尚可复乎？夫征不复，则妇虽孕而有子，亦无所倚赖以为存活之地，是不育也。夫征不复，其身不保；妇孕不育，其家亦不保，凶孰大焉！但九三小子之厉，人早言之，初亦宜早闻之矣。当其既归于三之时，在夫之意有所欲征，其窃发有如寇然。若初为之妇，而能以其自止于义者，预防于欲征未征之际如御寇然，亦犹可使卒安于顺以相保也。故曰利御寇。

**夫征不复，离群丑也。妇孕不育，失其道也。利用御寇，顺相保也。**

管见：离，丽也，犹言随入其中耳，与《诗》云：“鸿则离之”之离同。群丑，谓百行瓦裂，无丑不备也。九三之妄征必至于此，此所以不保其身而不复也。至于妇孕不育，并不克保其家，亦皆由于夫征不复，行失其道而然，岂妇之咎乎？道为道路之道，失道即对上征字，以明三之所由凶耳，非谓妇孕不育之妇为失道也。利用御寇，所谓御者，御其逆而不顺之心也。三本初为夫妇，而其心乃欲上征以乱四，是为逆而不顺也。御之而使去逆以归于顺，则其身其家，亦可以相保无患矣，是白顺相保也。

**六四：鸿渐于木，或得其桷，无咎。**

《程传》：鸿趾连，不能握枝。

管见：三阳位为陆象，则同为阳位而高于陆者，惟九五之陵，与上九陵外之陆耳。六四虽处三上而本为阴位，阴虚不敌阳实，故不取陵下邱阜之象，而取陆上之木象，所以别于阳也。木亦四之本位，而曰渐者，谓四之为鸿，其渐而归于上之陆，自木始也。或得其桷，或者，疑之之词。桷，椽也。以木为之，施于屋上，其茎横垂而平，其行密比而均，非木枝之所得似者。当鸿之处于木而未渐之时，趾连而不能握枝，其托足巩不安矣。乃四之为鸿，其卓立不挠者，固能有待而归于上九陵外之陆，不以不安而下从于九三水湄之陆，是其得木而止之。其木枝之可据，托足甚安，疑与椽之施于屋上者，同其茎之横垂而平，行之密比而均也。故曰或得其桷也。惟四之为鸿，其处于木而未渐之时如此，此所以三欲乱之而不可乱，及其归于上九则曰：其羽可用为仪也。不可乱而可用为仪，又何咎焉，是曰无咎。

**或得其桷，顺以巽也。**

管见：鸿之渐自木始，而其未渐时之托于木，乃如得其桷而甚安，此四之能处于顺以成其巽也。四为巽主，顺即其贞也，但巽有入义，入为向下之势，故特提出顺字，以明四之巽为顺以从上，非向下而为巽之入也。按：顺以巽与顺相保，两顺字有辨。

三宜侣初而不宜乱四，上征为逆而下止为顺也；四宜从上而不宜乱于三，下交为逆而上进为顺也。

**九五：鸿渐于陵，妇三岁不孕，终莫之胜，吉。**

《程传》：陵，高阜也，象君之位。

管见：鸿渐于陵，鸿指二言，非谓五也。二进而归于五，如鸿之随阳，其始发为鸿渐于磐，其既至为鸿渐于陵耳。五位为陵象，而二之鸿进而归之，是二为五之妇矣。夫二之为妇，以柔中而归五之刚中，是为有功以正邦者也。他女固莫之能胜矣。窃念凡为妇者，他可自主，惟孕为不可必。妇而不孕，则能孕者将胜之，然五之得妇，不患其不孕，而患不能有功以正邦也。今二之来归，曰有功，曰可以正邦，则五之所顾得矣。然则二之为妇，纵使至于三岁之久而不孕，其他女之能孕者，虽欲胜之，而终莫之胜也。有妇如此，五之福也，岂不吉乎？

**终莫之胜，吉，得所愿也。**

**上九：鸿渐于陆，其羽可用为仪，吉。**

管见：胡氏程氏皆云陆当作逵，以云路当之，非也。《尔雅》："九达谓之逵"，特通衢而已，安见其为云路耶？其意但虑三已称陆，重出则混耳。不知三之陆，在干与磐之上，水岸之陆也；上之陆，在水与陵之外，山阿之陆也，何嫌于同名也。鸿渐于陆，鸿指四言，非谓上也。四进而归于上，如鸿之随阳，其始发为鸿渐于木，其既至为鸿渐于陆耳。其羽可用为仪，亦指四言，非谓上也。羽者渐之具，仪，法则也，谓上之位为陆象，而四之鸿振羽而归之，其进可用为法则。何以言之？四下比于九三之小子而不可乱，其守利贞之义以自立者，实为女归之准也。故曰可用为仪也。有妇如此，上之福也，岂不吉乎？

**其羽可用为仪，吉，不可乱也。**

管见：不可乱，谓归上之四，不为三所乱也。

**䷵兑下震上**

**归妹：征凶，无攸利。**

《折中》：《归妹》文意如《春秋》归地归田之类，以物归于人，非其人来取物也。

管见：归妹之名，其取义以五之下归于二，有合于帝乙归妹之象，又三居下卦之上而归于初，上居上卦之上而归于四，皆下归也，即皆与帝乙归妹之下归同象也。故卦以《归妹》名。征凶无攸利，则以三比于四，一为少女而主说，一为长男而主动；动者易乱，说者善迎，于是三将舍其所当归之初，而私归于上所未归之四也。故戒之如此。凡私归者必奔之，所谓征也，女之丑莫甚于奔，罹于法则不可赎，凶可知矣。既曰凶，又曰无攸利者，于其征而见为凶，旁观之明也。以为利而必于征，当局之迷也，如三之舍初以奔四，岂不以初居卑，而四位高，有所利而为之乎？究之私归而不正其始，必反归而不保其终，无论凶也。即其向之私心窃计以为有所利者，及其以身狥之，而实无所利也，其悔不可追矣，奈何不顾而妄征乎？

**归妹，天地之大义也。天地不交而万物不兴，归妹，人之终始也。**

《折中》：将言归妹之凶，而先言其本天地之大义，《犹》姤言柔遇刚之失，而又推本于天地相遇之正也。由此言之，阴阳原不可相无，而惟当慎之始以防其敝者，是易之道也。

管见：天地之大义，从泰卦看出，此正推归妹之所由得名也。泰为天地交而万物通，通则兴矣；反泰为否，则为天地不交而万物不通，不通则不兴矣，故知归妹为天地之大义也。上坤下乾为泰，四与三刚柔易位，则上震下兑而为归妹。归妹之同于泰而合于天地之大义者，如泰之五交于二，其词曰帝乙归妹，以祉元吉；归妹之五归于二，其词亦曰帝乙归妹，月几望，吉。然则此卦之以归妹名，其意以五之归二而同于泰者为主也，无所为凶与不利也。惟泰之三四刚柔易位，变而为归妹之三四，则震兑之主也。其说以动之象，以少女而私归于长男者，亦为归妹，是则有凶而不利也。当其始归，其可不以永终知敝乎？故传词既明归妹为天地之大义，又申之曰：归妹，人之终始也。妹之适人为归，是为人之始；妹之既归，则不宜复反，是为人之终。以始计终？以终慎始，则《彖》词所称征凶无攸利者，宜早辨矣。



**说以动所归妹也。**

管见：说以动，特指卦中三四之为卦主者言。四为震主已动而不能自制矣，而三之为兑主者，又以说而昵就之，是为说以动也。说以动则说为动之媒，其端肇于三矣，故知征凶之征，其背于天地之大义而归之，实由于三之为妹而主于说者也，故曰所归妹也。

**征凶，位不当也。无攸利，柔乘刚也。**

管见：旧注谓自二至五皆不当位，故言征凶，非也。易例莫贵于中，中则能正，故二五多善词，不得以阴居阳位，阳居阴位，概指为不当也，且本卦之六五九二，以为位不当，犹可说也。爻词于五之归二曰吉，于二之为五所归而亦不言凶，又何所据而见二五之征凶耶？按：征凶无攸利，《象》词特指六三之私归于九四言，则所称位不当者，谓六三耳。兑居下体之卦凡八，《象传》于复于临于睽于兑于中孚，其六三爻皆曰位不当也，大要以三位多凶，虽处以忧惕而犹或不免，至以兑主之柔而主于说者居之，则将纵心佚志而忘其危矣。故曰位不当也。今归妹之六三，以兑主之少女，上比于九四震主之长男，说之而遂归之，其见为征凶者，即其位不当而可知也，何也？三主于说则必征，说而处三之位其征亦必凶也。然三之以说而征，初不知其凶而犹以为利也，故《象》词又以无攸利告之。所谓无攸利者为何？以卦中凡三柔爻，皆处刚之上而乘刚，柔皆乘刚，则归妹之时为刚屈于柔之时也。如归二之五，其象为月几望，度其甚盛之势非二所敢敌也，此足以观柔乘刚之概矣。至于三宜归初，上宜归四，亦分据内外二体之上而乘之，在三之舍初而私归于四，其意乃如未尝有初者然，是三之恃其柔乘刚而轻于相背也。然当三之反归以娣也，三不能不反四，亦不能私之而使不终反，则又上之倚其柔乘刚而力以相制也。故知三归于四而无攸利者，以卦中之柔皆乘刚，其上亦有以制四也。按：《彖传》言柔乘刚者惟归妹而已，他卦于《象传》言乘刚，皆取下之所比者言，如屯二震二噬嗑二皆乘初，豫五乘四，困三乘二是巳。此卦五之乘二，以应言；三之乘初，上之乘四。以同体言。位相隔而言乘者，何也？归妹之三柔，五归二，三归初，上归四，各于其所归者乘之，固不复觉其位之相隔也。此又传中言乘刚者之变例，不可以不知者。旧注泥指三乘二、五乘四为柔乘刚，其说非是。

**泽上有雷，归妹，君子以永终知敝**。

《集说》：吴氏慎曰："永终知敝，言远虑其终而知有敝也。"

《折中》：泽上有雷，不当以泽从雷取象，当以泽感雷取象，盖取于阴气先动为归妹之义。

管见：泽气上行而欲雨，则雷应之而动，是为泽上有雷。兑泽为说，为少女。震雷为动，为长男。故知泽欲上而有雷应之，于人事为少女，比于长男而说以动，有归妹之象也。上字当从上声读，按：《大象》之释卦名，特就震兑二体取义。在爻中惟卦主之三与四当之，此归妹之未当《彖》词所云征凶无攸利者也。君子以永终知敝，君子，丈夫之通称，其意盖为九四启其悟耳。妹之归也，苟不顾天地之大义而妄征，亦不复计人之终始而知敝矣。然在六三之见不及此，犹曰女子固无知也。若九四之为丈夫而称君子者，亦懵然听其妹之归而不一顾虑其可乎？故《彖》词曰：征凶，无攸利，欲三之无以说行也，维女德也；《大象》又曰：君子以永终知敝，欲四之无以动应也，端士表也。

**初九：归妹以娣，跛能履，征吉**。

管见：初九之刚，三之柔归之为归妹。旧谓初九亦为妹者，非也。三之词曰反归以娣，盖三归于四而不终，故以娣反归于初九耳。此初九所以得三之归，为归妹以娣之象也。娣，媵也，婢之属。初居下为士之卑贱者，以娣归之，固宜无所择也。跛能履，征吉，亦指三言，非谓初也。三以少女私归于四之长男而不终，妄行失足，有跛象。然当其反也，犹得以娣归于初而不穷，是有跛能履之象。三之以说而归四，此私奔而惟恐后也，有征象，及其不终而反归于初，此被弃而不稍留也，亦有征象。征吉，正与

《象》词征凶反对，皆所以告三也。征而上行以归四，则凶；征而下行以归初，则吉。使三不归四而专归初，则有所为征吉无所谓征凶矣，奈何不早自决乎？

**归妹以娣，以恒也。跛能履，吉相承也。**

管见：恒，永终也。三之反归于初为归妹以娣，妹而曰娣，非三之所乐居也。然反之者以娣之名贱之，其实乃以永终不敝之地归之也。故曰归妹以娣，以恒也。三不终于四而反归于初，其归妹以娣也，特为跛能履之象耳。而其征乃曰吉，所谓吉者为何？以其能相承也。承字须与《彖传》柔乘刚之乘字合看。三本乘初与上之居四上者同也。然当其以妹归四，能舍初而背之，及其以娣归初则亦能下初而承之，又初之为三所乘，非四之居三上者比也。虽四以三为娣能反三而弃之，初固仍以三为妹方受三而善承之，是相承也。相承则能有恒而永终不敝矣，岂不吉乎？

**九二：眇能视，利幽人之贞。**

管见：六五有帝乙归妹之象，则五之所归，必归于下卦正应之九二可知。但五以贵行，其势之甚盛，如月几望。当其归也，凡有目者见之，罔不惊于心而变常者。为九二计之，此时虽令以眇自处，眇者犹能视也。欲其视之若无有而安漠然不变其常之素，其唯利于幽人之贞乎？幽人，谓瞽而无目，并不能视者也。几望之月流光严天而幽人乃终身，如当晦日冥暗而无所见焉，是幽人之贞也。使九二而自处如此，则虽月几望之六五，以帝女来归，其势之甚盛，固当始终视之若无有而漠然不变其常也。是曰利幽人之贞。旧注谓幽人为抱道守正之人，亦通，但与上句眇能视不贯。按：易中以幽人说法者，惟履与归妹之九二耳。其理本在人意中特以习而不察，徒知目明视远之人为有用，初不知自托于幽人之昧，昧而亦有妙用也。固无惑乎？解人之难得矣。

**利幽人之贞，未变常也。六三：归妹以须，反归以娣。**

管见：须与贲卦其须之须同，面毛也，盖九四长男之象。三为少女，妹也，妹而归四，是以长男而须者为归矣。故曰归妹以须。又俗称人之以须得名者多好内，由宦寺推驗之，理或然也。然则三之归四曰归妹以须，须为九四长男之象，亦即可为九四说之而易动之象也。反归以娣，反归，归于初也。初之词曰归妹以娣，此其所由来矣。三何以反归以四者。上之所归也，上未归于四而三乃先上而归之，是四未得于归之妇而已得私归之妾矣。于是乘刚之上六，敢于拒四而务在逐三，其愆期不归之志，必待三之反归于初而后行，以故四当迟归有时，虽不胜其愤，亦不得卒违天地之大义以绝上而暱三也。此三之所由以反归也。曰以娣者，借名耳。三既归于位高之四，而复反归于居卑之初，是四为不能保其所爱也，能无羞乎？名之以娣，则可听其去来矣，故曰娣者借名也。



**归妹以须，未当也。**

管见：三则婉兮娈兮，四则于思于思，其貌之少长不敌，其情之说动相牵，皆不合于天地之大义者，故曰未当也。惟当而后能永终，未当则知归妹以须，固不必待反归以娣之日而始信其必敝矣。

**九四：归妹愆期，迟归有时。**

《集说》：胡氏炳文曰："迟，待也。"

管见：此言归妹，谓上六之柔，来归于九四之刚也。期为纳妇之吉日，至期而违之曰愆期。凡归妹者，必先有请期之礼，而上之归于四，既有期矣，乃忽焉愆期而不果归，至使九四迟之而待其归者，为时已久，而其期竟过其妹亦不果归，归妹，人之终始也。帝女犹以贵行而上六乃不受命耶，此其愆期之志，在上六不必明言，而以九四度之于迟归有时之际，当亦悟其有以致此矣。

**愆期之志，有待而行也。**

管见：告期者四，愆期者上也。上何为而愆期？以其志有所待而不即行也。上之志何所待，以三既归，四必待其反归于初，而后上乃行也。然则愆期之志，显以拒四而不行，实阴以逐三而使之必反矣，但在心为志，上六所以有待之，故未尝明言也，九四亦知之否乎。按：有待属上，迟归属四，上有待而后行，故四于其未归而迟之也，不可混看。



**六五：帝乙归妹，其君之袂，不如其娣之袂良。月几望，吉。**

《程传》：六五居尊位，妹之贵高者也。下应于二，为下嫁之象。王姬下嫁，自古而然，至帝乙而后正婚姻之礼，明男女之分，虽至贵之女，不得失柔巽之道，有贵骄之志，故易中阴尊而谦降者，则曰帝乙归妹，泰六五是已。贵女之归，唯谦降以从礼，乃尊高之德也，不事容饰以说于人也。娣，媵者，以容饰为事者也。衣袂所以为容饰也。六五尊贵之女，尚礼而不尚饰，故其袂不及其娣之良也。良，美好也。

管见：君者，主之称从其主而为之，婢则娣也。其君之袂不如其娣之袂良，盖言帝乙归妹之时，其服之有章而无加饰如此，非即实指归妹之六五言也。有章，则其君之衣非娣所得僭，然有章而无加饰，则娣之饰其袂而非所禁者，固将以君之袂较之，而见为不如矣。月几望，阴之甚盛也。月既望则就衰，故以几望为甚盛也。旧注即谓未至于盈为不亢，其夫之象，非是。归妹之六五，其位在中，此阴之甚盛而为月几望之象也，其去月盈则食之日为近矣。惟六五之为妹，其以贵下行以归于二者，能亦如帝乙归妹。其君之袂，不如其娣之袂良，则即其服之有章而无加饰，固可知其贵而不侈矣。不侈不盈，不盈不缺，是则虽当月几望之盛势而终不见有月盈则食之衰征也，如是者为吉。按：泰之六五，称帝乙归妹，以祉元吉，不如归妹之六五，其词若有以规之者，何也？泰之六五为顺体，归妹之六五为动体，动则恐其过，则固不如顺者之安于自下也，故其词不同也。

**帝乙归妹，不如其娣之袂良也。其位在中，以贵行也。**

管见：观传词直言帝乙归妹，不如其娣之袂良也，可知爻中其君之袂二句，正述当日帝乙归妹之妹如此非即谓本卦之六五有中德而不尚饰也。其位在中，中字以位言，不兼德说。上卦五为中而六居之，是妹之至贵也，故有月几望之象。五在中而至贵，则其下行而归于二者，以贵行也。以贵行者易侈，故必如帝乙归妹，不如其娣之袂良，而后五之在中而至贵者，见为月几望之象，而无不吉也。

**上六：女承筐，无实；士刲羊，无血。无攸利。**

管见：此爻之词，盖言上六于愆期之后，三既反归而上之复归于四，与四之因其归而有以处之者，其在初昏之日，女与士之情事如此。女指上六，承筐无实，谓上六之来归，家无长物，其有承筐以随之者，取而视之则无实。缘上六以阴居卦极，阴虚不如阳实，故易例以阳实为富，阴虚为不富也。又阴爻本虚，居上而益见其虚，此升之上六传曰消不富也，归妹之上六，与升之上六同一消不富者，故有承筐无实之象。士刲羊，无血。士指九四，刲，刺也。礼称无故不杀羊，以大昏刲羊，不为无故矣。然曰无血者，凡祭以血告杀，则知刲羊以血验之，无血，是欲刲而中止也。四阳实而富，非如上六之无实者，何缺于羊，何惜于刲，而中止乎？盖四之震主为雷，其心必易怒，当上六愆期之日，四之迟归有时，固不胜其愤矣。及其久而来归也，女之外，虚筐而已，乃谓女无以益我，且因女之归而损我乎，我得女之虚筐而无用，我留我之生羊不犹愈乎，于是遂止，故为刲羊无血之象。无攸利，谓四之所以处上者非道而适以自屈也。四试平心度之，女之以贿迁者，虽可欲女之以虚筐来者，遂可疾耶？且士苟不富而求羊，无有所以谢女者，犹有词若因女之承筐无实而有羊不刲，所以为士者诚何心耶？至于向之愆期而不即行，则由四之私于三而背天地之大义，故待之非上之咎也。然则四当女之来而刲羊无血，以为将爱一羊则已，末以为足以逞愤于女，而自反不直，是益以伸乘刚之势而使不可夺也。故曰无攸利也。

**上六无实，承虚筐也**。

《集说》：王氏宗传曰：“专取虚筐无实为言者，上六女子也。”

管见：上六无实，言上六以阴居上为虚而无实，所谓消不富者也。此无实二字，是推爻中承筐无实之所由来，非复举经文而已。

**䷶离下震上**

**丰：享，王假之，勿忧，宜日中。**

管见：丰为雷电皆至，则天下昼晦，此否塞之象，非能吉也。其曰享者，在王之有以假之耳。王指六五，假，感格也，与家人王假有家之假同义。勿忧，言六五虽柔，而既为天下王，不必忧其欲假之而不享也。王未尝假之，则为雷电皆至之时固无以照天下而见为丰，王既有以假之，则宜变雷电皆至之时。为日中之时，此则有以照天下而致丰之亨矣。以假致亨，乃必然之理，故为王之忧其不亨者而代决之曰：宜日中。宜为决词，非勉词也。

**丰，大也，明以动故丰。**

管见：丰为雷电皆至，其势甚大，故丰曰大也。易例阴小而阳大，则丰之雷电皆至而见为大者，其象盖自卦中三阳爻成之。阳皆为大，而此卦之三阳交为明以动，故独见其大而以丰名。盖九四一阳以刚动为雷，雷之大则已甚，而初与三之两阳，又以刚明为电而合之，是为明以动也。明以动，则雷电皆至而大益甚矣，此卦之所以为丰也。

**王假之，尚大也。勿忧，宜日中，宜照天下也。**

管见：尚如尚德尚贤之尚，尚大，谓尊阳也。六五之为王，本阴柔而小，其位应之六二，亦阴柔而小。故五称夷主，夷为衰弱而莫能自振之意；二亦称配主，配为偶对而不知熟胜之文，凡皆以其小也。五与二之小者皆为主，四与初三之大者皆不得为主，于是四不甘屈于五之夷主，既自倚其雷之动而大，其初与三，因亦舍其同体六二之配主，而为电之明。从雷之动以共成其大，其共成其大者，亦皆以其屈于小而无以尚之也。以小抑大则大者益张而与小敌，以小尚大则大者自损而与小和，故丰之能亨，在于王假之，而王之所以假之者，其道不外于尚大也。阳大而阴小，亦阳明而阴暗。六五处丰之时而假之，其有所尚者为以小尚大，即属以暗崇明，由是因五之假之而相通以成其亨。其为所尚者，能以大从小，即属以明辅暗，五之词曰来章，以其尚大故来章也。此宜有以照天下而为日中之象矣，故《彖》词言勿忧，宜日中。按：卦中凡三阳爻，阳之刚皆能大，无以假之，则明者亦与动者而俱大，不独震之动而后大也。故上节称明以动，未尝无明，要适成为雷电皆至而曰丰也。阳之光皆能明，有以假之，则动者亦与明者而俱明，不独离之明而后明也。故此节称尚大，未尝言明，固可决其勿忧宜日中而能照天下也。

**日中则昃，月盈则食，天地盈虚，与时消息，而况于人乎？况于鬼神乎？**

管见：此节特为《彖》词假字勿忧字宜字发明所以然也。君为日象，臣为月象，丰之六五以阴柔居尊为夷主，此日昃之象也。其四与初三之皆阳，于五为臣，则其明以动而见为大者为雷电隐日之象，即可以为月盈代日之象也。观经文于初爻言虽旬无咎，传曰过旬灾也 。旬之义取诸月过旬之灾，即此所谓月盈则食也。日中则昃，是日之照天下，虽不必其雷电皆至，而亦有时而向晦也，然则安能保其日之常中而不为丰乎？至于有以假之，而可信其勿忧宜日中者，于月盈则食验之，月不能常盈，雷电之至又何能常大耶？此丰为日昃之时，而未尝不可复为日中之时也。天地盈虚，与时消息，专承月盈则食句言，谓天地之化盈虚递乘，当其盈，则与暗消之，当其虚，则与时息之，非惟月也。而月盈而不虚，即为天地之所宜消而不宜息者，故必食也，因是而必诸人。月之以盈虚而有消息，天地主之；人之以盈虚而有消息，鬼神主之也。月盈则食已如此，而况于人乎？天地盈虚与时消息已如此，而况于鬼神乎？谦之《彖传》曰天道亏盈而益谦，地道变盈而流谦，鬼神害盈而福谦，天地鬼神之合，此可以观其概矣。故丰之时，其人之明以动而见为大者，此鬼神之所害即天地之所必消也。王于此时而以小尚大，思有以假之，则其假之者，在鬼神早祐其志，即天地并鉴其衷，人虽欲自怙其大以抗王，其能不夺于鬼神而受裁于天地乎？故假之而恐其不亨，则有忧也。可以比而解之曰勿忧，假之而丰之，雷电皆至，不敢必其亨之为日中也，亦可以此而信之曰宜日中。

**雷电皆至，丰，君子以折狱致刑。**

管见：雷电之象，成于卦中三阳爻之明以动也，皆至则其势勃兴，而天下昼晦，故爻词更取日食以明丰象，曰丰其蔀，丰其沛也。君子以折狱致刑一句，为六五处丰之时，而明告以尚大之道耳。折狱则无冤抑之民，折狱致刑则亦无幸逃之罪，日中而照天下之实无踰于此。此在丰之六五，以阴柔而称夷主，致此亦诚难矣。然君子因丰之时而有尚大之道，其于明以动而见为大者，不疑其偪已而资以行政，故其折狱致刑，所以威天下者，既兼收雷电之才而善其用，由是折狱而狱理，折狱致刑而刑清。所以照天下者，即以宣昭日中之治而布其光也，六五不可不知此也。

**初九：遇其配主，虽旬无咎。往有尚。**

《集说》：胡氏瑗曰："旬者，十日也。"

管见：旧注谓四为配主，初为夷主，非也。卦中三阳爻，惟九四位高，又以刚动为雷，则丰之大莫大于四也。初尚卑于三，其敢以下偶上而谓四为配主乎？四犹尊于三，其肯降上就下而谓初为夷主乎？且四为震之主爻，于主之义犹有属；初非离之主爻，于主之名殊不称也。窃谓夷主指六五言，配主指六二言，其义可与小过之二五参看。五为六五，则有不得比于九五者，是之谓不及其君也，故称夷主。五为六五，其应五之二，亦为六二，乃为能合于六五者，是之谓不及其君遇其臣也，故称配主。凡五皆为主卦之主，故上卦之震成于四，亦抑于五而不以主名。四比五而近，二应五而远，近疑于偪远借其援，故四为震主而不以主名。二为离主而得以主名也，特五之所赖于二者，在于以柔相合而能孚，非以其明也。故二本离主，而其得名为主者曰配主，欲其委身而不树敌也。遇其配主，虽旬无咎，谓初能从二，则虽明体而刚，其终犹得不以大而盈者与灾会也。盖六五以阴居尊为夷主，有日昃之象，则阳爻之明以动而不能为六二之配主者，有月盈之象也。故其时虽以初九之居下位卑，而其刚明之外见，亦有如月之及旬者。夫月生于朔，盈于望，旬则已过半矣，此必盈之势而取灾之道也，能无咎乎，然所以不免于咎者，惟不遇其配主而已，初位比二而应四，四不名为主而实为震主，二名为主而特为配主；四大而强，二小而弱；初若以大小强弱之迹为从违，则将倚四以为主，而于二之近而易求者，乃咫尺若千里矣。不遇二而遇四，是与四俱大以至于盈，而灾亦同之，必有咎者。惟初九能舍其所应之震主，而遇所比之配主，则其刚明之外见，虽如月之及旬，而既以六二之柔而晦其明者为归，则亦不至以过旬而犯月盈则食之灾也，此所以无咎也。其曰往有尚者，往谓既遇于二而即因以往遇于五耳；有尚，谓五尚之也。《象传》称王假之，尚大也，则如初九之离体而刚大而未至于盈者，在六五固欲来其刚明之章以自助，是有以尚之也。二之词曰：往得疑疾，有孚发若，此二之往而从五，不以疑疾阻也。初既遇于二，而即得与二俱往以从于五，则知初之遇其配主者，非惟无咎亦且有尚也，然则何为不遇二而遇四耶？

**虽旬无咎，过旬灾也。**

管见：过旬则灾，即月盈则食之意，但灾字与上九咎字反对，就人言，不泥月言，凡灾以咎集，过旬而为月盈之象，则求无咎以免灾而不得，况期于有尚乎？此初九所以宜遇其配主也。



**六二：丰其蔀，日中见斗。往得疑疾，有孚发若，吉。**

《程传》：斗，昏见者也。蔀，周匝之义，用障蔽之物，掩晦于明者也。

管见：丰其蔀，日中见斗，此日食之象也。雷电皆至则昼晦，日有食之亦昼晦，其为丰象一也。故两取之。丰其蔀二句其词与四爻同，《象传》亦于四爻释之而此爻不及，则知其象成于位不当之九四，而二乃适际此幽不明之时也。蔀以蔽日，日暗则星见于日中，独言斗者，以其大而先见，亦人无不辨其名耳。往得疑疾，往谓往而从五，疑疾二字不平，谓有疑如疾也。丰之丰其蔀，日中见斗，盖由四之恃其大以侵君，故有此象。四以刚大侵君而二以柔小从君，当其欲往必将疑其不吉，而耿耿于中，有如疾之客其身也，故曰往得疑疾。但二之欲往，惟在于有孚耳。易例同德相与为孚，惟六二之配主，以诚信合于六五之夷主，其于忧庆凶吉必与同之，则君臣如一体矣，是有孚也。有孚，则从五之心既笃而畏四之志潜消，于是所谓疑疾者，乃如发其病而药之，而豁然以解也，故曰有孚发若。使六二之柔而能信心发志如此，是必往而从五矣，既往则当六五庆誉同声之时，在二之以信从君者，亦必与有荣施也，此为吉也。

**有孚发若，信以发志也**。

管见：经称疑疾，传曰志者，明疾字取象，其实生于志之疑耳，非真疾也。非真疾，故其发为发若。

**九三：丰其沛，日中见沫；折其右肱，无咎**。

《程传》：沫星之微小无名数者，见沫，暗之甚也。若肱人之所用，乃折矣，其无能为可知。

《折中》：易中所取虽虚象，然必天地间有此实事，非凭虚造设也。日中见斗，甚而至于见沫，以实象求之，则如太阳食时是已。食限多则大星见，食限甚则小星亦见矣。故所谓丰其蔀、丰其沛者，乃蔽日之物，非蔽人之物也。

管见：沛字，古本有作旆字者，王弼以为幡幔，难解，按草木之蔽茂为沛，则沛有蔽之义。又或称沛然自大，沛若有馀，则所谓丰其沛者，谓其蔽大而有馀也。或谓蔀与沛，何物为之，曰日之食也。以月会于日而侵日，故食，则蔀与沛乃月为之矣。君为日象，臣为月象，以臣侵君，犹以月侵日也。或又谓初与三四，皆以臣为月象，初阳居下为月之及旬而未盈，其于三四两阳之位高居上，何不取月之过旬而既盈者言之即？曰此易之所以变动不居也。月盈之与日食，其为月之过盛一而已，如月生于夕而有光，其明皆借诸日也。至月与日望而月盈，则夺日光之明而独有之，月行于昼而无光，其明皆让诸日也。至月与日会而日食，则薄日光之明而欲无之，其为以臣侵君之象，岂有异哉？象同，固不妨并见也。且月远于日者，即月之盈不盈以言月之盛否；月近于日者，即日之食不食以言月之盛否，此于理为尤切。故初之于五为远，则因月盈之象而明旬与过旬之宜审；三四之于五为近，则因日食之象而言丰蔀丰沛之已甚也。或又谓丰沛甚于丰蔀，见沬甚于见斗，而二爻之词，独承四之丰蔀见斗言者何也？曰丰之象成于四，三其辅之而益甚者也。月偪近于日而日乃食，稍远则否，故丰之象成于四。至于四为月侵日之象，而三又并于四以辅之，则因而益甚矣 。故于二言丰蔀见斗，明丰之象成于四者，其甚已如此，则三之为辅可不言，而其因以益甚尤不可言也。折其右肱，盖以灾祝之之意，言九三之倚四而成丰而沛之象者，至于日中见沬，其势益无君矣，其心以为可以大事也。此其获咎，尚可闻乎？故如九三者，但令鬼神瞰其过盈而早降之灾，一旦折其右肱，使之终不可用以为废人，则大事将已，而其身亦因以无咎，是灾之正所以福之也。不然，则九三将不知其所终矣，折肱其小者耳。

**丰其沛，不可大事也；折其右肱，终不可用也。**

管见：三并于四之大以侵君，既为丰其沛矣，若因是而兴乱窃之谋，则大事也。为大事，则必不保其首领矣，如之何其可哉？此丰之九三，乃以遇灾而折其右肱为无咎也。盖右肱人尤便用，既折则大事之不可为者，乃由肱之终不可用而不为，故无咎也。

**九四：丰其蔀，日中见斗 ，遇其夷主，吉。**

管见：九四大而侵君，成丰其蔀、日中见斗之象，则三之因而加甚以丰其沛者，必将狥以身，而固要之迫四以行大事也，凶不可言矣。惟九四不牵于三而脱身以行，入觐于六五以与夷主相遇，在六五处丰之时，方以来章之心行尚大之道，则惟恐其相见之晚而已，岂尚有他患乎？是为吉也。特九四计不出此，则亦有不知其所终者，此宜早自决也。



**丰其蔀，位不当也；日中见斗，幽不明也；遇其夷主，吉，行也。**

《集说》：吴氏澄曰："丰蔀见斗，六二爻辞已备，《象传》不释而独九四致其详者，盖二象由九四而成。四为蔀，故二见斗，二爻之象同，而所重在四也。"

管见：震居外卦，则震主雷动之刚，适当近君之四位，是为不当，故丰之九四，其大而侵君，有丰其蔀象者，由于位不当也。日中见斗，斗见则日隐而昼晦，是为幽不明也。至于为九四挽其末路而曰遇其夷主吉，四本近臣，谁实阻其遇耶？以附于四之九三，方攘臂而要以大事故耳。三之折肱不可必，则非四能舍之而行以委身于五，其得免乎？故曰遇其夷主，吉行也。



**六五：来章，有庆誉，吉。**

管见：来，来之也。明之外见为章，指卦中三阳爻言。何以来之，由五之尚大者，有以假之耳。以假之者来之，则为所假者，假于五之尚大而自损其阳之刚，则不以侵小；假于五之尚大，而各效其阳之明，则乐为小用也，此所以来章也。来章，则丰之时为日中见斗见沫者，固将易为日中而能照天下矣。世运一新，庆何如也？夫天下共庆，则其誉归于一人，向之称为夷主者今为明主，是将以六五而比隆于九五也。其有庆誉如此，岂不吉乎？按：来章有谓来所应之六二者，二为离主，岂曰不明，而要之能致其孚以心乎夷主，正由不见其明以独为配主也。故丰之六五，所赖于二者，在孚信，不在明章，所谓知可及愚不可及也。又二当有孚发若之时，从五之志，出于至诚，非必待五之来之而后往者，就使二积孚而五以章取之，二欲往而五以来速之，来章之后，惟配主合于夷主而已。彼四之丰蔀，三之丰沛，其共成为幽不明者，未尝解也。又何以成日中之治而有庆誉乎？

**六五之吉，有庆也。**

管见：有庆所以勿忧，此实福也，因而有誉，则美名亦归之矣。传词不并举者，见爻中庆誉二字，宜串看，不宜平看。

**上六：丰其屋，蔀其家，窥其户，阒其无人，三岁不觌，凶。**

管见：丰其屋四句，盖言上六之舍五而逃也。丰之时，九四以大侵君，为丰蔀见斗之象。而三又甚之，此在六二之本为离主者，当其往而从五，犹不免于疑疾，而谓上六之昏昏，能自定其志乎，况上以动体而处卦外，其才其地，皆能以苟免之心行狡脱之计者，故必逃也。观传词可见，传曰丰其屋，天际翔也，以为爻词之于上六，不言其人而曰丰其屋者，谓徒见其屋之丰以大耳。其屋之主，则已不知其所之，故曰天际翔也。天际翔，状其诡，非状其高也。地上行者，人知之；天际翔者，人不知；以飞象为行象，则其去不可踪迹，诡莫甚焉，蔀家者，欲人不遂料其为虚室而进窥之耳。迨久之而窥其户，则已阒其无人矣。人谓其家之人也，尽以其室行，则上六之翔其始发于何时，其终止于何所，更无可执而问之者，故传曰窥其户，阒其无人，自藏也。但六五以丰之时为夷主，而上六实处其侧，于义非可舍之而逃者，上于五为比，二于五为应，二以孚信从君而称吉，则上之以狡脱弃君必为凶矣。为上六计之，虽其自藏之固，能使至于三岁之久而人不之觌，然当复为日中而照天下之时，则终有觌之之日也。其何所逃于天地之间而得免乎？故曰三岁不觌，凶。按：此爻丰字蔀字，就其屋其家言之，非卦之正义也。盖丰之义为大，蔀之义为蔽，而上六之掩人以自藏者，亦复能因其屋其家而大为蔽如此，故爻词即借丰字蔀字之义以形容之，其实丰非卦之所以名丰，蔀非九四丰其蔀之蔀，乃即所以成丰者也，不可泥看。

**丰其屋，天际翔也，窥其户，阒其无人，自藏也。**

**䷷艮下离上**

**旅：小亨，旅贞吉。**

管见：小亨，指六五言。五阴柔为小，既丽于四上两刚之间，而下卦九三之刚，又比四而应上，人或以为五必困于旅而不亨也。然五为柔得中乎外而顺乎刚，所谓顺者，刚不顺而有以顺之也。阳刚为大，大顺则小亨矣。旅贞吉，指六二言。二艮体为止，其与五俱柔而独见其上下相与之至者，为以止而丽乎明。丽字与凡卦之言应不同，应犹有彼此之迹，丽则合而为一体矣。此六二于旅之时，能以身狥五而不失其贞者也。不失其贞则吉，按：小亨指六五言，贞吉指六二言，故《彖》词既著卦名于首，中间更用旅字以界之，使人晓然于小亨贞吉之各有属也。旧注谓小亨为亨之小者，《彖传》称旅之时义大矣哉，何所据而见其亨之小耶？又谓小亨者能守其贞则吉，则经文于旅小亨之下，即宜直连贞吉为五字句矣。何以既曰旅小亨，又重用旅字而曰旅贞吉乎？

**旅小亨，柔得中乎外而顺乎刚，止而丽乎明，是以小亨，旅贞吉也。**

管见：此云柔得中乎外，与他卦称柔进而上行皆指离居上卦之六五言之，此传例也。顺乎刚谓五之柔得中乎外者，既能顺乎四上在外之刚，亦能顺乎九三在内之刚也。刚皆顺，则柔能亨，故曰小亨。止而丽乎明，明谓离主之六五，《彖传》称丽乎明者凡三，晋与睽旅是已，其意皆言二之附于五而相合无间耳，盖离之为丽，以其丽于二刚之间也。其正应之在下，如晋二之柔而顺，睽二之刚而说，旅二之柔而止，皆上合于五如一体然。故传词即借用丽字以形容之，非统论上下二卦之相属为丽也。止为能贞之本，以止而丽乎五之明，则为实能守其贞以致吉者，故旅之言小亨，以五之柔得中乎外而顺乎刚也。至于二之于五，所以同处于旅者，又为止而丽乎明，是以既曰小亨，又曰旅贞吉也。



**旅之时义大矣哉**。

管见：《彖》曰旅小亨，旅贞吉，此于旅之时而言旅之义也。然小亨指六五言，是人君处旅之时，能戢强臣而不困之义。贞吉指六二言，是人臣同处于旅之时，能狗柔主而不夺之义。则知旅之时义，非特为寻常小民之去其乡，谋其一身一家而已，故曰旅之时义大矣哉。

**山上有火，旅。君子以明慎用刑而不留狱**。

《集说》：赵氏汝楳曰："火炀则宅于灶，治则宅于炉。在山则野烧之暂，犹旅寓耳。"

管见：火非宅于山者，故山上有火为旅象。君子以明慎用刑而不留狱，盖言六五自处于旅之中，即能轸念民之困于旅者而使得所归也。五离主为明，明而柔中，则不恃其明而能慎。《未济》之《大象》曰：君子以慎辨物居方，亦指离主之六五言，可知明而柔中者必能慎也。凡国有狱而稽留不决，其中以无辜而被系者必多，人之久羁于旅不得返于家，其情境莫难堪如此。故君子以明慎用刑，使有罪者莫逃，即使无辜者得解，初不以留狱而忍平人之久于拘系也。按六五之明慎，于旅人无所不周，门关道路之间，凡如卦中初六之琐琐志穷而不免于灾者，皆矜恤所必至，用刑而不留狱，盖特举其尤加意者耳。

**初六：旅琐琐，斯其所取灾。**

管见：琐琐，小貌，状初六之柔而不能自立也。卦中凡三阴爻，惟初六处于卑下，而其志亦因之，故阴皆为小，至初则小之至而为琐琐也。在《彖》词曰小亨，曰贞吉，五以小能亨，二与五俱小而以贞得吉，处旅者，何嫌于小耶？乃初六则小之至而琐琐若斯，是旅之时，五不失其位而亨，二能事其君而吉，初则不获保其身而取灾矣。故曰旅琐琐，斯其所取灾。灾如旅中冻饿疾病死亡之类皆是。

**旅琐琐，志穷灾也。**

管见：身以志为主，旅而琐琐，由其志穷于无所之耳。志穷者身诎，故取灾也。

**六二：旅即次，怀其资，得童仆，贞。**

管见：次为旅舍之粗可憩息者，即不离也，以资随其身而不轻出之曰怀。旅即次，怀其资，此在旅中童仆之能贞者，其即次非徒庇其身，欲以依其主也；其怀资非求赡其身将以供其主也。惟六二之于五，其相从于旅之时，所以不离其次，亦有资而怀之者，固自以其身为童仆，亦即以童仆之贞为此身从君于旅之贞，是曰得童仆贞。按：此句为《彖》词贞吉之贞指其实，正见旅中狗主之贞，必如此乃适合也。然惟六二得之，故其委身于五以成相合无间之谊者，《彖传》特借用丽字以形容之曰：止而丽乎明。

**得童仆贞，终无尤也。**

管见：尤谓过尤，盖得罪于五也，从君于旅者，惧不免矣，惟六二有得于童仆之贞，则终无之。《彖》词所称贞吉之吉，即指此。

**九三：旅焚其次，丧其童仆，贞，厉。**



管见：上经离之九四称突如其来如焚如，则知旅之九四，以离体之刚不中而屈于五，每以未得位而心不快，则其势必将以焚快其心，而成山上有火之象者，四既欲快心于一焚，而下卦九三之过刚，不能因艮止之才以守其义。又上合于四而与之，于是四之火欲兴而未兴，而三先焚其次以发火之端矣。故知三之旅焚其次，盖三自焚之，非人焚之也。旅之有次以庇身，即其借以从君于旅者也。二即之而三乃焚之，是二以狥五而得童仆之贞，三以与四悖五而丧童仆之真矣。《彖》词曰旅贞吉，得其贞则吉，丧其贞则必凶也。岂不厉乎？按：程传以厉为一字句，以贞字合上丧其童仆为五字句，当从之。

**旅焚其次，亦以伤矣。以旅与下，其义丧也。**

管见：以与已通，火之所经，皆为灰烬，故曰伤。亦以伤者，对上九之鸟焚其巢言。旅之山上有火，起于三之焚次，遂缘延而至于上之焚巢，焚次亦以伤矣，焚巢尚可问乎？以旅与下，与者，助也，下指九四，旅之六五为柔得中乎外，所谓尊无二上者也。故九四位高于三，亦屈于五而曰下，乃三于旅之时，不即次以从五而焚次以助四，是以旅与下也。不与上而与下，则君臣之义蔑如矣，故曰其义丧也。按：臣之于君，犹童仆之于主，所谓义也，义之所在即为贞，故知。义字不当作虚字看。

**九四：旅于处，得其资斧，我心不快。**

管见：处者，人所安居之室庐，非次之比也。二之资以供君，四则指其所自给而已。二之怀其资而不及斧，柔中之用固不假威于凶器者，四刚明而恃强好察，则宜加斧以自防卫矣。旅于处，得其资斧，此凡为旅人者所共快也。然九四以为旅中得此，我身则安；旅中而仅得此，则我心不快也。四之心何以不快，传曰未得位也。所谓位者，指五之中位言。以不得中位而心不快，则旅之时，四将不能从五而思逞志于一焚以觊其位矣。此所以三之焚次，其缘延而成上之焚巢者，人见其伤而不胜悼叹，而四则欣然而笑也。

**旅于处，未得位也。得其资斧，心未快也。**

管见：六五柔得中乎外，是为得位。四与五同处于外，而其得中不得中，则上下之分甚悬。且四刚而大，五柔而小，小得位而大不得，则其心不快。故旅之时而旅于处，视即次者为安，而不可以当五之得中乎外也，故曰旅于处，未得位也。未得位，则心不快，是舍位言之。无有得之而心快者，如爻词既称旅于处，又云得其资斧，所以处旅之具甚备，而其心终以未得位而不快也。然则非逞志于一焚而岂有快心之事乎？

**六五射雉，一矢亡，终以誉命。**

《集说》：王氏申子曰：“一矢亡，言中之易也。”

管见：程传谓人君无旅，旅则失位，故六五不取君象，非也。周之前有少康，文之后有宣王，其始皆可作人君之在旅者观也。若嫌于失位而不取君象，是必古今独有端居高拱以为君者而后可，不然，而易之道穷矣。且《彖传》称旅之时义大矣哉，若舍君言之，亦安见其大耶？故知旅自有君之旅，君自有旅之君，君而在旅，则亦自有旅中之君位，旅五之为君象，不可易也。射雉一矢亡，借言六五之在旅中小试其弧矢之利，亦足以戢强臣不顺之心也。盖离主之柔当五位者，非特见其明而已。如大有之六五言威如，传曰易而无备，离之上爻称王用出征，有嘉折首，获匪其丑，亦指六五之能正邦言，则知旅之六五，所为柔得中乎外而顺乎刚者，惟其威足以正邦故耳。然言五之威，而特取诸射雉，则何也？射雉于旅中切，于山上尤切，又雉身有文为离象，其性躁难驯，为刚不中之象，亦正与九四对照。盖刚之不顺，莫甚于四，以六五临之，彼下比于艮山，而独见其离体而文，且刚不得中而难驯者，则亦一雉而已。当五之在旅中而射雉于山，其应弦而毙者曰一矢亡，彼四之不顺，亦雉也。能无见之而心折其威乎，如是则六五之柔得中乎外而顺乎刚，不必有王用出征之举，而适行其易而无备之常也。此所以旅之得亨，不终以威命而终以誉命也。以，用也，君言为命，其命之赏功宥罪，理狱救灾，使群臣百姓感于心而颂于口，曰誉命，此旅亨之时，六五之自上而逮其下有如此，故传曰终以誉命，上逮也。

**终以誉命，上逮也。**

管见：五以柔得中乎外为上。逮者，逮其下也。以誉命逮下，如二之得童仆贞，有功无尤，固誉命之所宠嘉也。即以刚而不顺如九四之甚者，实构焚山之祸，而卒未闻膺射雉之矢以即于亡，则犹得因誉命而邀减免矣。由是推而下之，以及于民，如明慎用刑而不留狱，此君子所极不忘也。其他若初之琐琐，志穷以取灾，亦何莫非其誉命之周详曲至，而不能已者哉。旅五之柔得中乎外，其不恃威而以恩行，盖如此。 

**上九：鸟焚其巢，旅人先笑后号咷。丧牛于易，凶。**

管见：上与四皆以离体，而刚为火象，四欲快心于一焚，则上必因之以助其焰，故其焚也，始因次而及山，即已缘山木而及鸟巢也。按：此句特明山上有火，其象之既成有如此。旧注泥指上为巢象，上九为鸟象，非也。盖鸟焚其巢，由上九以火济火成之，其鸟字巢字，从山上生出，泥上九言，则失其意矣。旅人先笑后号咷。旅人，暗指九四，四以未得位而欲快心于一焚，故先笑。然六五终无所伤而其位不失，则将问罪于焚者矣，故其后号咷也。号咷，盖畏罪乞怜之状。丧牛于易，大旨谓六五之能脱于焚而无所伤，亦正见九四之快心于焚而必不免于号咷也。丧失而不得也。易为平地，对山上言。坤顺为牛，离得坤之中画亦为牛，故上经离之《象》词称牝牛也。今旅之六五，既以中顺为牛，其与下比之九四，以刚明为雉者，固同处于下卦艮山之上者也。但五以四为雉，苟欲射之，有必得之势，而五不自逞。四以五为牛，将欲焚之，有丧而不得之理，而四不自觉，故当山上有火之时，其烈至于鸟焚其巢，在六五之有牛象者，乃得脱然出于山下平易之地，而焚者终莫之闻，是丧牛于易也。夫九四之快心于焚，将以六五必在焚中而有以伤之，故快心而笑也。今五之从容远患，为丧牛于易之象，则于五固无伤也。当焚已而问罪于焚者，岂射雉之矢有不利乎？至其不遂即于亡，而犹得以号咷进畏罪乞怜之状者，独以六五终以誉命之心，其逮下为至优极渥耳，不然其先为笑，其后并欲致其号咷而不得也，凶孰大焉。知四之为凶，则上九之与四为援，以济其焚者必同之矣，然则何为不早辨于上下之义，以自免于凶乎？

**以旅在上，其义焚也。丧牛于易，终莫之闻也。**

管见：《象传》于三与上皆言其义，义者所以定君臣而辨上下也。九三以旅之时而与下，是为四之助而忘五之在上者矣。故当旅焚其次，丧其童仆贞，而知其义因以丧也。上九以旅之时而在上，是又为四之援，而亢五之在上者矣。故当山上有火，以成鸟焚其巢之象，而知其义亦与俱焚也。丧牛于易，终莫之闻也，言九四之火其山以快心于焚者，至于鸟不保其巢，其意盖主于伤牛而非以伤鸟也。卒之鸟焚其巢，而牛乃丧于易，则以其丧之之时，在主于焚之九四不自觉，即在相济以成其焚之三与上，亦更无有觉之而来告者，故曰终莫之闻也。使其得闻，则亦何能听其丧乎？然则六五之在旅中，所以全身之道为不可测矣。合五爻之词观之，如所称射雉一矢亡者，其戢暴之威，与全身之道相辅而行，而皆不可测，离主之柔得中乎外，其能亨之本量，固无所不有如此。

# 下经卷之十

**䷸巽下巽上**

**巽：小亨，利有攸往，利见大人。**

《集说》：《朱子语类》云："巽有入之义，巽为风，如风之入物。"蔡氏清曰："顺字解巽字不尽，潜心恳到，大为巽也。《程传》只说顺，然孔子不曰顺，而每仍卦名曰巽，是必巽字与顺字有辨矣。《大传》曰巽，入也，又曰巽，德之制也，又曰巽称而隐，未尝只以顺字当之也。"

管见：小亨，指初四两阴爻言，易例阳为大，阴为小，有谓小亨为亨之小者，非是。利有往往，即所谓亨也。所以利有攸往者，由于小能顺大，故曰利见大人。大人谓二五，阳皆为大，惟五之位正中，与二之得中而亦无不正者为大人。乾之二五，可例观已。按：重巽申命，以二五之大人为主，《象》词称初与四之小者为亨，正以见三与上之大者为不亨耳。《象传》于三曰志穷，于上曰上穷，两穷字正与亨字相反。穷则不亨，是为不利有攸往矣。然由不能如柔之顺乎刚故，然则于利见大人之义，正宜早辨也。

**重巽以申命。**

《集说》：朱氏震曰："巽为风，风者天之号令也，故巽为命。"《朱子语类》：问申字是两番降命令否，曰非也，只是丁宁反复说，便是申命。

管见：上卦五为主，下卦二为主，以其同为大人也。五以大人而有命，又得二之为大人者，因五之命而申之，故曰重巽以申命。

**刚巽乎中正而志行，柔皆顺乎刚，是以小亨，利有攸往，利见大人**。

《程传》：如五二之阳刚中正大人也。

《集说》：朱氏震曰："刚巽乎中正，则所施当乎人心，是以志行乎上下。"李氏舜臣曰："利见大人者，盖指二五以阳刚之画，处中正之位，而初四二阴，出而顺从之，乃所以为利也。"



管见：刚巽乎中正，兼二五言。《象传》于五曰位正中，于二曰得中，中则无不正者，盖二五之并称中正，固即二五之所以并称大人也。巽者，入也，观鼎之《彖传》言巽而耳目聪明，则知巽之在人，为用心深察之象，此申命行事之本也。独患其不中正耳，重巽之五与二，其刚而巽体，为刚巽乎中正，则以之申命行事，无不如志者，故曰志行。由是卦中六四之柔，上承九五之刚而顺之。初六之柔，下承九二之刚而亦顺之，是为柔皆顺乎刚也。顺者，顺其中正之志以成申命行事之终也。此所以重巽之时，初与四之柔为小，而其顺于刚之巽乎中正而志行者，其亨为利有攸往，其所由以亨者，在于利见大人也。

**随风，巽；君子以申命行事**。

管见：重巽之两风，上下相入，一气流行，故曰随。君子以申命行事，君子即指二五，传于大人亦通称君子，此与乾与困同例。命属五，申命属二，五有命以行事，二即因而申之，以行五所命之事，是五之与二，无敌应之嫌，而深同德之契，则亦随风之义也。

**初六：进退，利武人之贞。**

管见：《象》曰小亨，利有攸往，此为初与四言之也。乃四称有功而获攸往之利，初则进退不果而未尝遂往者，由于未明利见大人之义耳。卦中二与五皆为大人，知其为大人无不顺者，特以五居君位，其为大人易明；二当臣位，其为大人难明。故当申命行事之时，初宜顺二以往，而其志犹不免于疑也。利武人之贞，武人，卒徒也，所谓贞者，顺而已。巽五为君以出命，则二之以臣而申命者犹之将也。若初六之柔，所以顺乎九二之刚者，如卒徒之奉将令而无进退之疑。彼四之顺五，既有田获三品之功，则初之以武人自处，而一于顺二者亦不宜，独为无功矣，岂不利乎！按：爻词取象武人，教顺非教勇也，武人之志，治则顺，疑则不顺，故知初曰利武人之贞者，欲其以柔顺刚，无自用其巽人之性，以疑二之不为大人而不往也。故传曰志治也。旧注谓以武人之武，求初之柔懦而不武，泥言武字，而贞字之义失矣。

**进退，志疑也；利武人之贞，志治也。**

《集说》：赵氏汝楳曰：“治与疑对，志疑而不决，故进退靡定；志治而不乱，故决于行。”

管见：不知二之为大人而不遂往为志疑，知二之为大人而决于往为志治。初之所以能疑。以其质虽柔暗而有巽人之性也，武人之志，岂不能疑？而其受命于将者，不可疑亦不敢疑，则以顺为贞而已。故初之志治，治以此也。

**九二：巽在床下，用史巫纷若，吉，无咎。**

《集说》：冯氏椅曰：“周官史掌卜筮，巫掌祓禳。卜筮所以占其吉凶，祆禳所以除其灾害。”

管见：巽，入也。巽在床下，此察人之入其室而为寇贼者也。又因之以用史巫，则测鬼神之行于空而降祸灾者也。床下之切近，其地似可无虞而莫敢稍疏，史巫之幻杳，其术似属难凭而莫敢或废，则方巽之能入，在平时之探索多方者，此足尽该一切矣。纷若二字为句，谓九二之刚而巽体，其常性之能入，有巽在床下用史巫之象，以迹求之似乎纷然不一，与九三之频巽不相远也。岂五所能借以申命行事者乎？然九二得中，中则能正。巽乎中正者，虽其迹疑于纷，而其志实不纷，此二之合于五，以申命行事，人但见其有功，而不见其有过也。见其有功为吉，不见其有过为无咎。



**纷若之吉，得中也。**

管见：二之吉由于得中，则其所以无咎，从可知矣，按：得中则无不正，故易例莫贵于得中。观九三以阳居阳位，似乎得正，而不免于频巽之吝者，以其不得中也，不中则亦不可以言正。

**九三：频巽，吝。**

《折中》：巽者，入也，然又曰德之制，若不能断制，则其入之深者，非惟无益，而又害之也。夫子曰再思可矣，言事贵断也。

管见：三不中则不正，其巽也。略无定在，亦茫无定用，是为频巽。频巽，乃真所谓纷也，此非申命行事之时之所宜矣。其能如二之合于五而志行乎？下卦之三与二皆有位，而三尤位高，其志宜行而不宜穷也。乃二以巽乎中正而合于五，则志行；三以不巽乎中正而不合于五，则志穷。穷而不行，是当申命行事之时，而不与其事矣。三位高于二，而不与于五之事，何以恬然安其位而能不自恧耶？此所以为吝与。

**频巽之吝，志穷也。**

管见：三之频巽，非五所借以申命行事者，故其志不行而穷。

**六四：悔亡，田获三品。**

《本义》：三品者，一为乾豆，一为宾客，一以充庖。

《集说》：王氏安石曰："田者，兴事之大者也。三品，有功之盛者也。"郭氏雍曰："六四近君，志决于进，无初六之疑，则悔亡矣，是以有田获三品之功也。"

管见：卦中凡两柔爻，惟六四切近九五之刚而一于顺，其不以疑而致悔者，如九五有田之命，四即奉之以往，而无初六进退之疑，是真能以武人之贞，而効奔走于大人者也。至申命行事之既终，五有田获三品之象，则四之以顺从五者，即得因之以有功矣。《彖》词所谓利有攸往，盖如此。

**田获三品，有功也。**

管见：传意谓田获三品，象四之顺五，其往则有功，盖如此。于田验之，不宜只泥田说。

**九五：贞吉，悔亡，无不利，无初有终。先庚三日，后庚三日，吉。**

管见：贞者，巽人之常性也。五与上皆刚而巽体，而五为位正中，位正中者，乃能巽乎中正也。故上不巽乎中正，则以贞致凶；五能巽乎中正，则以贞得吉也。悔亡无不利者，其志行也。五主出命，命出惟行弗惟反，弗反则悔亡，行则无不利也。悔亡无不利，即所谓吉也。既曰悔亡，又申之以无不利者，所以别于四也。盖四言悔亡，明柔之顺乎刚，其志治而不疑；五言悔亡，明刚巽乎中正，其志行而不穷也。无初有终，先庚三日，后庚三日，言五之有命以行事，就其有所变易言之，其巽乎中正者，以人事而通于天行也。十干之次，以戊已为中正，甲乙丙丁居前而甲为始，庚辛壬癸居后而庚为始。甲为始于十干之端，此造事之象；庚又为始于十干之过半，则更事之象也。蛊取诸甲者，蛊宜往有事。则莫患其安于废颓，故重言造事而取诸甲，巽取诸庚者，巽以申命行事，则莫患其轻于变易，故重言更事而取诸庚。事之当更者，欲其悔亡无不利，必能巽乎中正而后可也。巽乎中正之道，以何为准？准之于天行而已。天行之有庚以主日，此更事之象也。就庚言庚，其次当十干之过半，不可见其中正也。惟以先后三日求之，知其无初而有终，则庚之为中正得矣。先庚三日，丁也，丁为先庚之初，即为后甲之终。以甲之终为庚之初而不以甲始，是无初也。先庚三日为丁，后庚三日为癸，后庚三日之日，即先甲三日之日也。先甲始于辛，即上与庚接；后庚讫于癸，即下与甲接，是先庚三日以起于丁，不首于甲为无初，后庚三日则以止于癸，即抵于甲为有终也。合先庚三日之无初，与后庚三日之有终而计之，则天行之有庚日，固适得其中正也。惟巽之九五为位正中，即能有以巽乎中正，故于事之当更而有合于庚象者，其通先后计之以求其中正，一准于天行之有庚日，必通无初有终之先后三日计之，以求其中正也。五之巽乎中正以为贞者如此，此所以能悔亡无不利，而曰吉也。

**九五之吉，位正中也。**

管见：传于九五之吉但曰位正中，似于爻中先庚后庚之义，无所发明者然。然庚之言先后三日者，特以求庚之中正耳。故明五为位正中，则其巽乎中正之贞，能以人事之当更，合于天行之有庚，而适得其中正者，其义已毕举矣。又按：传言位正中，谓五之位正而尤得中，所以示贵中之义也。得中则虽位疑于不正，亦可以为正，九二是已，不得中则虽位疑于正，亦不可以为正，九三是已。故知巽之九五，其所由称吉者，正与中合，而尤莫贵于中也。





**上九：巽在床下，丧其资斧，贞凶。**

管见：巽在床下，义与二同，盖皆察人之入其室而为寇贼者也。丧其资斧，丧，失去也，资斧皆床头之物，所蓄之财为资，其置斧者，卫资亦以自卫也。上九处卦外为无位，非有申命行事之责，则其刚而巽体，所以自谋者宜切矣。如二称巽在床下，又曰用史巫，巽之能入，何所不至哉，但以二为此则可行，为其得中则无不正也；以上为此则必穷，为其不中而兼失正也。今就其一端言之，上九亦巽在床下，而床头之资斧，有忽焉丧之而不自觉者，此其穷可知矣。若因是而用史巫，则将有求致吉祥而反遇于祸灾者矣。盖巽不中正者，一穷则无乎不穷，使上九不即丧其资斧之事以为戒，而犹狃巽在床下之性以为常，则始之正乎凶者，行将即于凶矣。故曰贞凶。

**巽在床下，上穷也；丧其资斧，正乎凶也。**

管见：巽在床下，上与二之词同也。然二以中正而碍于行，上以不中正而必即于穷，故曰上穷也。二不碍于行为吉。则上之必即于穷为凶矣。丧其资斧，此穷之见端，即凶之见端也。故曰正乎凶也。正者犹相对而不相远之谓，明其正乎凶，则其不可贞也审矣。

☱兑下兑上

**兑：亨，利贞。**

管见：兑之亨利于贞，观卦中之二五可见矣。兑，说也，至于应乎人而民劝，其亨大矣。然惟顺乎天者，乃能应乎人也，贞为天之道，故曰利贞。知兑亨之利于贞，则知卦中三与上之来兑引兑，其不出于贞者，必不亨矣。按：巽兑皆以柔爻为成卦之主而不得中，不中则不能正，故作易者，于巽则主二五之刚，巽乎中正以成申命行事之功，其初四两柔，则以一于顺安之，不使妄用其巽入之志以方命而害事也。于兑则主二五之刚中，而柔外以成顺天应人之亨，其三上两柔，则以利于贞闲之，不使妄行其兑说之私，以昧天而惑人也。



**兑，说也。刚中而柔外，说以利贞，是以顺乎天而应乎人。说以先民，民忘其劳，说以犯难，民忘其死。说之大，民劝矣哉！**

管见：刚中而柔外，特指二五言之，以其为说体，故称柔外。旧注指三上之柔爻在外言者，非也。柔外为说，说体者，无不柔外也。惟二五以刚中而柔外，则其说必利于贞，说以利贞，是以顺乎天而应乎人也。在《乾》之《彖》词曰元亨，利贞，《无妄》之《彖》传曰大亨以正，天之命也，故刚中而利于贞为顺乎天。说以先民以下，所谓应乎人者如此。先民者，率之以趋事也。说以先民，民忘其劳，说以犯难，民忘其死，此民劝之象也。说之大至于民劝，亨莫亨于此矣。然惟二五之刚中而柔外，说以利贞，故然。此《兑》之《彖》词曰亨利贞。

**丽泽兑，君子以朋友讲习。**

《集说》：虞氏翻曰："兑两口对，故朋友讲习也。"

管见：泽相重则相入，有不见其重者，故重兑为丽泽。兑为泽，亦为口，泽说物，口说人，以口相说而能不失其贞以致亨者，惟朋友讲习而已。故《大象》特表之曰：君子以朋友讲习。

**初九和兑，吉。**

管见：初居卑为民位。和者，相劝之象也。民宜和而不宜乖，乖而不和，则虽偷安而幸生，亦初之凶；和而不乖，则虽服劳而效死，亦初之吉也。

**和兑之吉，行未疑也。**

管见：《彖传》曰：说以先民，民忘其劳，说以犯难，民忘其死。忘之故未疑也。

**九二：孚兑，吉，悔亡。**

管见：孚，信也。二之孚兑，谓信于五而相说也，吉可知矣。其又曰悔亡者，兑之时，初为民位，其和兑者有忘劳忘死之象也。五居外卦而远于民，二居内卦而近于民，若使五之于二，不能信其志之无他，则或以其得民为嫌，而相说之情有不终者，此二之悔也。惟兑为孚兑，则其志信于五矣，信于五，故其得君为吉，而其因得民而不得于君之悔，则亡也。

**孚兑之吉，信志也。**

管见：志属二，信之者五也。二之志以五信之，而成为孚兑，其吉由此，悔亡亦由此矣。

**六三：来兑，凶。**

管见：来，招之也，三之所欲来者为谁，谓九四也。九四曰商兑未宁，以三之来之故自商也。三下此二而上比四，其不来二者，二刚中而孚于五，三虽欲就之而不可得，又何法以来之乎？四之未宁，亦非往从三以相说者，特以刚不得中，故先时不能预绝，而致人之来之，亦临时不能即决，而待己之商之也。三之来兑，何以为凶，在《大象》曰：君子以朋友讲习，亦来兑之象也。未为不贞，安得为凶耶？惟六三之位不当，则所为来兑者，其视君子以朋友讲习之道，固相背而驰矣，是不贞也，不贞故凶。



**来兑之凶，位不当也。**

管见：兑主之柔，在外卦则居上，在内卦则居三，皆不中也。主于说而不中，则居上居三，皆为位不当矣。而易例又以三位为多凶，则尤为不当者，故兑居下体之卦凡八，《象传》于履于临于睽于中孚并此卦为五，其六三爻皆曰位不当也。位不当则不贞，不贞则凶，此以知但言来兑不必皆凶也。惟自六三言之，无解于位不当，则亦无解于凶耳。故曰来兑之凶，位不当也。

**九四：商兑未宁，介疾有喜。**

管见：四之商兑，由三居其下而来之，故谋往从三以相说，而自商之也，特以四位多惧，其身束于有万之九五而未得宁，故未尝遂往耳。然三之以说来之，无已时也，四之商兑，徒以未宁而不往，然则苟有宁时，亦有不能已于往者，试更为九四筹之。常情皆以身之终于得宁为有喜。而四之自处，则又当以身之常不得宁为有喜也，故曰介疾有喜。疾，病也，此未宁之象。介疾者，以身负病而不去也。介虫之负介于身。如龟鳖之属，皆死而后已，故取其意，以明负病而不去诸身者曰介疾。介病，则终无得宁之日矣。而在四为有喜者，以四之有惧心，而商兑未宁，其初如遇人之以说招我，而谢之以疾也。至于惧以终始而卒未有宁，使其身同于介疾，则是六三来兑之缘，虽无已时，而四之所以遇之者，固举初时商兑之心而并灰之矣。此为能近有厉之九五而终事之者，四之可庆莫大焉！故曰有喜。按：《易》中疾字皆与喜对，而义各有归，如损其疾，使遄有喜，无妄之疾，勿药有喜，此以去其疾为喜者；若此爻称介疾有喜，义与豫五之贞疾恒不死相近，则又皆以不去其疾为喜者，当分别观之。

**九四之喜，有庆也。**

管见：五有厉，而四以能惧得终事之，则亦可同于二之孚兑而信于五矣，是有庆也。明四之喜为有庆，则其不以去疾为喜可知。

**九五：孚于剥，有厉。**

管见：旧注谓上六之引兑为剥，以九五之信之为孚于剥，其有厉者，戒词也。夫以兑之九五为说体，用规亦固其宜，然传称孚于剥，位正当也，既特表其位正当，何以牵于引兑之上六而孚于剥耶？此不辨而知其非矣。窃谓剥为刊落损去之名，孚于剥者，盖明九四之有喜而与五孚，孚于刻苦自治，以成介疾之象，其用有同于剥也。如传以四之喜为有庆，谓其得与五孚也。然所由得孚者，其初之商兑未宁，犹之疾矣。其究并欲使之常不得宁，而比于介疾，则其身之自治，必将谢甘茹苦却肥守瘠以痛加减削也，其用不有同于剥乎？夫四之于五，其所由得孚者为孚于剥如此，可知五之说体而柔外，虽似予人以易亲，而五之位正当而刚中，固实予人以可畏也，是为有厉。然五之有厉，由四之以剥得孚见之，而五爻之词，乃特借九四得孚之难以指言有厉者，其意则以怵上六引兑之心而使之自已也。

**孚于剥，位正当也**

管见：以九居五，其视以六居五者为位正当也。位正当则见其有厉而不易孚，故以四之近五而其得孚者，为孚于剥也。



**上六：引兑**

管见：上六以兑主之柔而处君侧，则所谓引兑才，欲以说引五而使之相说也。然五之词曰：孚于剥，有厉，盖明位正当之五，其难亲而可畏有如此也。上与四皆左右于五者，乃四之孚五，孚于剥而上之引五，引以兑，是五之有厉，四则心知之，而上若无睹矣。所以然者，四之阳刚能明则光，上之阴柔而暗，则未光也。故传曰：上六引兑，未光也。

**上六引兑。未光也。**

**☴☵坎下巽上**

**涣：亨，王假有庙，利涉大川，利贞。**

《本义》：风行水上，离披解散之象，故为涣。

管见：《彖》词言亨，利贞者，谓卦中之二与四，虽当涣之时，而皆有亨通利于贞而已。涣之内外二体，以二与四为成卦之主，当涣之时，人心汹汹，天下事几不可为矣。乃二之刚来，则终以不穷而亨，四之柔得位乎外，则有与上同而亦亨者，以有九五为主卦之主耳。五居尊为王，王假有庙，所正位也。观《彖传》王乃在中之意可见，然王者虽假庙正位，而下之险难未已，必有以济之也。五有乘木有功之象，故曰利涉大川。涉大川者，所以拯难也。夫五之假庙，能正位而在中，则四之柔得位乎外者，即得因之以为正位之辅，而有与上同，是四之亨也。五之涉川，能拯难而有功，则二之刚来者，即得因之以为拯难之使，而终以不穷，是二之亨也。故涣之时，二与四皆有亨道，特利于贞而已。所谓贞者何？二位应五，四位比五，涣之时，人将贰心而与五离，而二之为使，与四之为辅，独能各竭忠诚以与五相比相应而不相离，此之谓贞。



**涣，亨，刚来而不穷，柔得位乎外而上同。**

《集说》：王氏弼曰："二以刚来居内而不穷于险，四以柔得位乎外而与上同；内刚而无险困之难，外顺而无违逆之乖，是以亨也。"冯氏椅曰："不穷上同明亨，刚来不穷，即需刚健不陷义不困穷之象。"林氏希元曰："柔得位乎外而上同，是六四之柔，得位乎外卦而上同九五。"

管见：乾刚坤柔，六子各得其一画以成卦者，亦通称刚柔，此传例也。又六子惟坎离之刚柔为得中，以天地之定位言之，其在重卦中，刚宜上而在外，柔宜下而在内。然坎居内卦者，传于讼特曰刚来而得中，于此卦又曰刚来而不穷，明乎坎之刚中，虽使自外而来居于内，亦不见其不宜于内也。犹之离居上卦，传于《大有》特曰柔得尊位大中，于他卦又多称柔进而上行，明乎离之柔中，至其自下而进居于上，则尤觉其适宜于上也，亦传例也。若夫巽主之柔，在内卦则居初，在外卦则居四，居初为阴居阳位；

又卑而为民，居四为阴居阴位；又高而近君，故巽居外卦者，其六四为柔得位乎外也，亦莫非传例也。

**王假有庙，王乃在中也。**

管见：中指五之尊位言，《象传》于《震》之五称其事在中，于《归妹》之五称其位在中，中字并与此同。旧注以中为庙中，或为心中，皆非也。盖涣之时，五之尊位为中，五之不失其尊位为在中，而《彖》词特举王假有庙言者，明涣之九五能为鬼神所凭依如此，则其为臣民所系属可知，故言王假有庙。而五之为王，乃不失其尊位而在中也。



**利涉大川，乘木有功也。**

《集说》：胡氏炳文曰："易以巽言利涉大川者三，皆以木言。《益》曰木道乃行，《中孚》曰乘木舟虚，《涣》曰乘木有功也。"

《折中》：王乃在中，谓九五居中；乘木有功，谓木在水上。

管见：乘木有功，特指九五言之。巽为风，亦为木，风行水上为涣象，木在水上为乘木之象，然上卦皆巽体为木，皆居坎水之上为乘木也。而惟九五之在中为王者，为能即因乘木以济涣之时而有功，故《彖》词既言王假有庙，又继之曰利涉大川，所以明涣之九五，其居巽体之中以乘木者为必能有功也。按：《彖》言利贞而传词不及者，以二之刚来为刚中，四之柔得位乎外为柔正，刚中柔正，必无贰心于居尊之五者，贞其所固有也。特恐当涣之时，而不知其必亨，则守贞之志或不固耳。故传词既因王假有庙以明五之在中，则四之柔得位乎外，其所由有与上同以成其亨者见矣。因利涉大川以明五之有功，则二之刚来，其所由终以不穷以成其亨者亦见矣。亨之道明，则利贞之义，在刚中之二，柔正之四，当自知之，不待再申也。

**风行水上，涣，先王以享于帝，立庙。**

管见：享于帝立庙，明其受命于天而承世德于祖考耳，此先王正位之大义也。涣之《彖》词称王假有庙者，盖取诸此。

**初六：用拯马壮，吉。**

《程传》：马谓二也。

管见：初为民位，民涣则不顺，不顺则凶。拯者，救其凶也。但用拯以五为主，必以二为使，故有取于马壮也。如《彖》词称利涉大川，言五之乘木有功也。乘木以涉为舟虚之象。爻词称涣奔其机，言二之刚来不穷也。刚来而奔为马壮之象。涣之时，五以舟虚自托，不待拯于人，故能以拯人也。然有主而无使，其功必自己出，则有时而穷，犹之舟能涉川而不能以行陆也。故五之于初，其势甚远，苟悯其将蹈于凶而用拯，必得二之为马壮者以济之，而后初赖以拯，不至终为不顺以干王诛也，此为吉也。

**初六之吉，顺也。**

管见：初居下而不失其顺，则长为王民矣，故曰吉也。

**九二：涣奔其机，悔亡。**

《折中》：机者，所以凭而坐也。

管见：奔，急来也。初爻之言马壮，即指此涣之时，宜用拯者，莫大于初之民散而将不顺也。二当下卦之中，五之远而尊，不如二之近而亲，此收合人心之要地也。急来据之，则汹汹者可以坐镇，故为奔其机之象。夫二之刚来，其及时则如马之甚疾，其得地则如机之可凭。行以马而坐以机，此所以能成九五用拯之功而不穷也。不穷，故曰悔亡。

**涣奔其机，得愿也。**

《集说》：王氏宗传曰："当涣之时，以阳刚来居二，二安静之位也，故有奔其机之象。夫惟安静，然后能一天下之动，五奠王居于上，而二奔其居于下，各得所安，此所以能合夫下之涣也。"

管见：下卦为坎，而九二之刚来，见为奔其机不见为入于坎，是则能自得其奉五以拯初之愿者，得愿则不穷，故悔亡也。



**六三：涣其躬，无悔。**

管见：按：此言涣其躬，四言涣其群，五言涣汗其大号，上言涣其血，数涣字皆借用散义，非名卦之正义也，与《解》四之称解而拇、《丰》上之称丰其屋同例。三之必涣其躬者何也？以三与上皆不贞而相应，故三之身在内而志则在外，其自结于上者，有如合而为一人也。然涣之时，以志在于五为贞，今六三乃矢心于私应之上九而将狥以身，则于正位之王为悖而不臣矣。必有害者，此爻词之于上九，犹戒之曰：去，逖出，欲其逃三以远害也。三不免于害，其能以无悔乎？悔者，悔其志在外之志也。若使三能早见及此，而使所以自处者，与在外之上九，判而为二，不合而为一，是则当涣之时，用涣之义以涣其躬也。涣其躬，则结上之志，绝而悖五之害消矣。故曰无悔。

**涣其躬，志在外也。**

管见：三之宜涣其躬者，以其志在于外之上九也。然《象》词但言志在外，其必属上九者，于何知之？盖卦之六爻，三在内而与上位应，故知三之所谓外者必上九也。

**六四：涣其群，元吉。涣有丘，匪夷所思。**

《集说》：胡氏瑗曰："天下之涣，起于众心乖离。人自为群，六四上承九五而居阴得正，下无私应，是大臣秉大公之道，使天下之党尽散，则天下之心，不至于乖散，而兼得以萃聚，故得尽善元大之吉也。"

《折中》：孔安国书序云："丘，聚也，则丘字即训聚。"

管见：六四一爻，所谓柔得位乎外者也，其曰涣其群者，却初之私归于己耳。初为民位，民之数固至众也，涣则不合并以顺于王而各自为群矣。初之位与四应，其时必有率群以私归之者，惟初以私归，而四不以私纳，是为涣其群。涣其群者，所以上同也。上同则能辅正位之王以混一区宇，此天下之大庆，非独六四之能散党以全身而已也，是为元吉。然但言涣其群，其于所以元吉之故，犹未明也，故以涣有丘申之。风行水上曰涣，合土为山曰丘，涣其群者，因其涣而涣之，似无救于风水震荡之势也。然四之涣其群以上同于五，其涣不苟聚者，乃使一聚而不复涣，是涣其群之涣，其中乃有丘山合聚之观也。涣有丘，则涣之象将因以变而其群亦永有依归矣，是岂不为元吉乎？然四之所以能涣其群以成元吉，则何也？由四之柔得位乎外者，柔为巽主之柔，巽之入于人为思，又其得位为得正，则尤能善用其思者，于是其心光大，当涣之时，而有见于涣有丘之理，故能用涣以涣其群也。若其他柔爻，而非四之巽入而得正者，则见不及此，故曰匪夷所思。夷谓等夷，指同类之柔爻言，如下卦之初与三，其柔与四为等夷也，而其体非巽入而得正，则皆不能思以几于光大者，试使设身处地为六四谋之，其能有见于涣有丘之理，而使之用涣以涣其群乎？此爻词特用匪夷所思四字，以表四之才与用也。

**涣其群，元吉，光大也。**

《集说》：来氏知德曰："凡树私党者，皆心之暗昧狭小者也。惟无一毫之私，则光明正大，自能涣其群矣，故曰光大也。"

管见：传言四之能涣其群以成元吉者，由其心之光大，则见六四一阴，非凡为柔爻者可比，而爻中匪夷所思之意亦明矣。盖易例阴暗阳光，阴小阳大，则柔爻不可以光大称也。惟涣之六四为巽主而得正，巽入能思则光，其得正而善用其思则大，四称光大，则是以阴柔而具阳刚之体矣。宜其思之所到，非等夷所及见也。

**九五：涣汗其大号，涣王居，无咎。**

《折中》：凡易中号字，皆当作平声为呼号之号，在常人则是哀痛迫切，写情输心也。涣王居涣字，当一读。

管见：涣汗，汗散而出也，此涣字只借用散义，如下文涣王居之涣，乃名卦之正义也。大号，痛哭也，人有所欲白而痛哭以陈，声泪俱下，则汗出沾衣，故称涣汗而大号乃见。其九五有此象者，盖言王假有庙之时，将正尊位以拯天下之涣，其祭告于祖考之情状哀痛迫切如此。涣王居无咎，居与《论语》居其所之居同，对二爻奔字看。盖涣之能拯，以五为主，以二为使，为使者恐其后时而功不成，故宜奔；为主者恐其轻身而位不固，故宜居。且二之始奔，其壮如马，及其奔之既定，则其安如机，机为坐具，是奉命于王以为使者，其终犹在有所凭以居也，而况于王乎？但九五为阳刚之主，当其假庙以正位也，有涣汗其大号之象，或者有激于中求速伸其拯涣之志，则如《彖》词所称利涉大川以明五之乘木有功者，方欲以身亲涉而期功之自己出也。若然，则是二既奉命以奔，而五之为王，亦且继二以奔而不能居矣。特时为涣之时，而王不能以居镇之万一，忽生他变，则有失其位而庙亦不保者，咎莫大焉，故爻词为九五揆时以陈戒曰：涣王居，无咎。

**王居无咎，正位也。**

管见：正位，谓定其位而使不可易耳。王居则位正，位正则庙安，故无咎也。

**上九：涣其血，去，逖出，无咎。**

《集说》：王氏申子曰："以诸爻文法律之，涣其血句也，涣其所伤而免于难。"钱氏一本曰："去不复来，逖不复近，出不复入，其于坎血远而又远，何咎之有?"

管见：此称涣其血，盖以去病之象为远害之象也。血之着于身而为害者，如痈疡之属，以药物鍼石溃之则安，此所谓涣其血也。其上九取此象者，以下有六三之应故耳。下卦本坎体为水，而六三属阴，故为血象。按：三之词曰涣其躬，三之躬何以宜涣，以其志在于外之上九，而欲合而为一人也。三与上合为一人，是上之阳为气者为之主，而三之阴为血者从而合之矣。但三之为血，险而不正，其合于上也，非惟无益而又害之，是宜用涣其血之道以远之者。何以远之?亦曰去逖出而已。盖就血之害吾身者言，则以涣远之，是为涣其血；就人之比于血而将害吾身者言，则以去逖出远之，其道亦即同于涣其血也。去字当一读，上处卦外而可去，此足逃三以远害矣。然远之者不至，则犹恐其害之不终远也，故必逖出而后无咎。无咎者，谓不获罪于五耳。涣之时，五在中而为王，而上九以不正之刚亢居五上，遂使六三之私应，悖五而以志相许，以躬相属，此其咎大矣，故上九之自处，惟其主于去而尤能逖出者，实足逃三以远害，夫乃不获罪于五，而无咎也。

**涣其血，远害也。**

《集说》：项氏安世曰："上九爻词，血与出韻叶，不以血连去字也。又惕与逖文义自殊，据小象言远害也，则逖义甚明，不容作惕矣。"陈氏友文曰："坎为血卦，逖，远也，小象远害，正是以远释逖字。上虽与三应；然超处涣上，故涣散其血，舍之远去，去坎险之害而得无咎也。"



**☵☱兑下坎上**

**节：亨，苦节不可贞。**

管见：节之二体，下兑上坎，在九五六三两爻，一刚一柔皆成卦之主，即皆可为节之主也。但节之时，必以九五之刚中为极，《彖》词于节言亨，盖特指其当位以节中正以通者，为节之亨也。苦节不可贞，则明六三之柔不中，其节不可以为时极耳。观三之词曰：不节若，则嗟若，可知性说于节而不中者，固将常见为不节而其嗟正无已也，是为苦节。苦节岂可贞乎？道之可贞者，如九五甘节之吉，曰往有尚，此明其为时极而可贞也。至六三以不节之嗟而成为苦节，则虽其身无咎而道非时极，故曰不可贞也。按：此不可贞之言，其告九二之意为最切，盖九二之于九五，有敌应而不相与之象，其势必以同体相比之六三为合道也。如爻词称九二之节为不出门庭，此与在下之初九，并承六三苦节之道而行之者，然六三之无咎，初九犹得同之，而九二则不免于凶，由此知其不可贞也。

**节，亨，刚柔分，而刚得中。**

管见：外卦为坎，坎，刚卦也，以九五之刚为主。内卦为兑，兑，柔卦也，以六三之柔为主。一刚一柔，实居节之内外卦而分主之，是曰刚柔分。言分，则其为卦主者皆能节，其用节以各成其道者，当俱亨也。然以位相较，在内卦兑主之柔，其居三为不得中；在外卦坎主之刚，其居五为得中也。刚柔分而刚得中，故知节之言亨者，以有九五而谓之亨也。按：旧注以卦爻之刚柔适均解分字，即借以申节之义，易中三阴三阳之卦多矣，不独节然，岂得皆称刚柔分而谓之合于节乎？又按：此云刚得中，有作统指二五言者亦非是。观二之词为不出门庭，凶，《传》以失时极申之，所谓时极者，九五当位以节中正以通是已。二方失时极而不由九五之道，又安得不失其刚中以与九五称同德哉？

**苦节，不可贞，其道穷也**

《集说》：俞氏琰曰："凡物过节则苦，味之过正、形之过劳、心之过思，皆谓之苦，节而苦，则非通行之道，故曰其道穷也。"黄氏淳耀曰："合于中，即甘即亨；失其中，即苦即穷。苦与甘反，穷与亨反。"

管见：刚柔分而刚得中，此九五之当位以节中正以通者为甘节也。中正则可贞，通则其道亨而不穷矣。刚柔分而刚得中，柔不得中，故九五之当位以节为甘节，六三之不当位而节则为苦节也。苦节非中正以通之道，必穷而不亨者，故知苦节不可贞，其道穷也。

**说以行险，当位以节，中正以通。**

《集说》：林氏希元曰："九五阳刚居尊，当位以主节于上，而所节者得其中正，是可以通行于天下。"

管见：说以行险，盖明卦之二体，非九五之当位以节者，其性多与六三之苦节相近耳。盖节之有苦节，非中正之道也。其心以为苦，则不说；其身以为苦，则险而难行。今节之二体，内为兑而偏于说，外为坎而习于行险。偏于说者，能说人之所不说而苦节成；习于行险者，能行人之所难行而苦节亦成，合而言之，是说者与行险者，有内外相牵之势，而为说以行险矣。其于六三苦节之道，亦孰知其不可贞而必穷乎？独其时有九五之刚得中，其居尊以行节之道者，为当位以节，故其道之中正则可贞，其道之不穷而通，亦即由其中正以通也。当位以节，中正以通，五之处于说以行险之中，而独为时极者如此。

**天地节而四时成，节以制度，不伤财，不害民。**

管见：此言九五之为时极，其用节之道，原本天地而志存乎民也。盖天地所为生财以养民者，莫大于四时，而四时之成，成于有节，观天地之节者，釐日月以验气候，则可知矣。故九五奉天地之节以为极，其节以制度者，量四时之入以为出，既有以裕天地生财之力而不伤财，亦即有以宏天地养民之心而不害民也，此所以为时极也。

**泽上有水，节。君子以制度数，议德行。**

管见：泽居下卦者为薮泽之泽，所以潴水也。泽潴水而上又有水，其见为有水者，必其水来下汇于泽而泽能有之，非过而不留者也。斯亦同于水之潴而为泽矣，故为节象。君子以制度数，议德行。制度数，所以节也，而又曰议德行者，国家之经费有定而赉予无定，必议德行而后成礼贤、或旌善，皆非无为，此所以塞滥赏私恩之窦也。

**初九：不出户庭，无咎。**

管见：卦之有节，言节财也。财之蓄必于其室，室之外为庭，庭之外为户，其身出庭出户，则财必随之，财不能无因而自出也。惟初九因此而知通塞之故，以为我出则户庭通而财亦通；我不出则户庭塞而财亦塞，于是屏谢一切以关其身，非惟不出户也，亦且不出于庭矣。不出户庭之状，若疾病然，若桎梏然，岂有生人之乐哉？而初九之借以守财，独能堪此，此固以六三苦节之道为可贞而说行之者，然二之词曰：不出门庭亦犹是也。二凶而初无咎者，初为民位，民之慎谋其身家于分宜然，是其不节为咎，节之太过非其咎也，故称无咎。

**不出户庭，知通塞也。**

**九二：不出门庭，凶。**

管见：门字从两户，则其义当视户为加广矣。初为民而二有位，故言门以别之。不出门庭，是亦以六三苦节之道为可贞而说行之者，其与初岂有异乎？乃初之不出户庭，则为知通塞而得无咎；二之不出门庭，则为失时极而不免于凶，何以苦节之道，独至二而见其穷也。盖门庭之与户庭气象不同，其储蓄亦不同，非可一例论也。故主塞而不通之法以守财者，在编户小民为之，犹是日用饮食之常而已，以缙绅大夫之家而出此，悭鄙甚而货宝益崇多藏，所以厚亡也，岂不凶乎？

**不出门庭，凶，失时极也。**

管见：节之时，五与三皆为卦主，而以五之甘节为中正之极，此所谓时极也。今二之不出门庭，乃从六三苦节之不可贞者，而舍九五甘节之往有尚者，是为失时极矣。五为时极，而爻词称吉，则二之从三舍五而失时极，宜其凶也。二何以失时极，以卦主之五与三，有刚柔分之势，几于并为时极而不独九五，又九二之刚而兑体，与九五之刚为敌，与六三之柔易说，有不免于舍所敌而从所说者，此其所以失时极也。



**六三：不节若，则嗟若，无咎。**

管见：不节若，则嗟若，言六三之苦节也。两若字形容极妙，盖不节则伤财，不节若者，非真不节而似乎不节云尔。见为不节，则疑于伤财，亦非伤心之故也。而六三之嗟其不节者，则已若或伤其心矣，故曰嗟若。不节若，则嗟若，是其目中意中口中无时无事而不见其不节，亦无时无事而不用其嗟者，故为苦节。苦节非时极也。二由其道而为不出门庭之象，既不免于凶矣。在六三之自为之，又何以无咎耶？盖初与二之有辨，在门大而户小；三与二之有辨，在九阳而六阴耳。易例多以阳实为富，阴虚为不富，则知卦中三阳爻之实，皆馀于财，三阴爻之虚，皆不足于财者。三居下卦之上，与二皆有位，不与二皆阳实而馀于财，则是门庭可观，其中固无所有也。于此而犹或不节，后亦必有欲用其嗟而已，无及者，节之时，以不节为咎，谓其伤财以害民也。今六三之不节若，则嗟若，本以不足于财而惟恐伤财，则亦不至取足于民而因以害民矣。此揆之九五节以制度之本心，而可以无咎者，九五不之咎，而又谁咎乎？故曰无咎。

**不节之嗟，又谁咎也。**

**六四：安节，亨。**

管见：安与险对，盖外卦为坎，坎体之二阴，其性习于行险，势将不能由其所安也。然在节之时，九五之居尊以制度，其本诸天地之节以成为甘节者，有中正以通之道，则切近于五之六四，以柔比刚，必将承其道而行之。道犹路也，节有二道，由六三苦节之道，则为行险而必穷，由九五甘节之道，则为履安而必亨。三居四下，五居四上，故六四之承上道，其节为安节者，以其不行险也。不行险而其道亦不穷，不穷故亨。

**安节之亨，承上道也。**

管见：五与三皆为卦主，而四处其间，五为上，三为下。甘节为上之道，苦节为下之道，则知传词所谓承上道者，其意虽明，四之承五，尤欲见其能舍三也。

**九五：甘节，吉，往有尚。**

《程传》：九五刚中正，居尊位为节之主，所谓当位以节，中正以通者也。在已则安行，天下则说从，节之甘者也。

《集说》：王氏弼曰："为节而不苦，非甘而何。"《朱子语类》云："甘便对那苦，甘节与礼之用和为贵相似。"赵氏汝楳曰："甘，味之中也。"

管见：甘为中正之味，欲甘为中正之性，天下可通者也。故九五之当位，以节中正，以通为甘节。苦节之道，九二因以守门庭之财而将危其身，所谓凶也。甘节之道，九五主以理天地四时之财而大福其民，此为吉矣。往有尚者，谓九五甘节之吉，其道亨而可贞，使位应之九二，能舍六三苦节贞凶之道，而由之以往，则亦能与九五并为时极而有尚也。尚者，尊奉之名，与六四承上道之承字义相近。五为时极于上，此时之所尚也。二以从五而不失时极于下，则亦当为时所尚矣，故曰往有尚。往有尚者其道亨，不可贞者其道穷，道亨则吉，道穷则凶，此甘节苦节之究竟，较然不诬者也。人性之主于说而丧其中正者，虽或舍甘而说苦，其能舍其亨吉而说穷与凶乎？九五中正以通之道具在，二其奉身以往可也。

**甘节之吉，居位中也。**

管见：五之居位中，对六三言，则知甘节之吉，所以异于苦节贞凶者，由五之居位中，异于六三之居位不中也。对九二言，五在上为居位中，二之在下亦非居位不中者，此足合于九五以并为时极矣。故言居位中以申甘节之吉，而于所谓往有尚者，亦并使九二返观而自得之也。

**上六：苦节贞凶，悔亡。**

管见：苦节贞凶，盖举下卦之六三九二而合言之，非指上六也，指上六者，惟悔亡二字耳。节之时，六三以柔为下卦之主，有不节若则嗟若之象，此所谓苦节也。苦节不可贞，贞则必凶，故九二之比于六三而说之者，其以苦节之道为可贞而行，有不出门庭之象，则不免于凶，此所谓贞凶也。夫六三以苦节为主，其卒犹以无咎而不悔也。至九二以为可贞，而遂即于凶，能不悔乎？苦节贞凶之悔，不可有也，而以观于上六，则其悔亡矣，故曰悔亡。上之悔何以亡？以其近比于九五之甘节而同其吉，故虽与六三位应，又坎体之阴习于行险，初不至以苦节为可贞而即道穷之凶也，此所以悔亡也。按：旧注以苦节，贞凶，泥指上六，与下文称悔亡者难通。

**苦节贞凶，其道穷也。**

管见：道亨则吉，道穷则凶，苦节之道之穷，《彖》词但曰不可贞，犹浑言之也。此则实指其不可贞者曰贞凶，而其为道穷，益信矣。

**☴☱兑下巽上**

**中孚：豚鱼吉，利涉大川，利贞。**

管见：二五为中，中德同而相与曰孚，是为中孚。然一卦六爻，其独取二五之中孚以名卦者，何也？盖三与四之柔在内，为凡巽为卦之主。六三之柔，与上九之刚为应，六四之柔，与初九之刚为应，柔刚应，则有孚之象矣，但其位皆不得中，不中者，不可孚也。至二与五之俱刚，于易例为敌应而不相与，是虽其位得中，固转不如柔刚应者之有孚象也。然苟不得中，虽有应而不可孚，苟为得中虽敌应而不可不孚也。故贵其中之孚而名中孚，中何以孚？二之孚于五者，曰豚鱼吉；五之孚于二者，曰利涉大川，利贞。豚鱼为泽中之物，盖江豚似鱼者，将风乃出，此其信也。下卦兑为泽，而二处其中，使即以泽中之豚鱼自处，必待风之将来而始出，则其得孚于五者，亦自守其豚鱼之信，非苟出以来合也，故曰吉。二不苟出，则非五之下求必不孚也。上卦巽为风，亦为木，木在泽上，为乘木舟虚之象。所谓伊人，在水一方，五苟涉大川以求之，其势固易及也，岂不利乎？但五之求二而志于孚，虽以乘木舟虚为涉川之利，而五之终能得二以成其孚，则实以刚中位当为天德之贞也。惟贞乃孚，故又曰利贞。

**中孚，柔在内而刚得中，说而巽，孚乃化邦也**。

管见：巽兑，柔卦也。以柔为主，下兑上巽，则三四两柔适当重卦之间，人或误以为中也。故先言柔在内以别之，明其但为在内而非得中耳。夫三四之柔皆在内，而二五之刚独得中，此中孚之所谓中也。二刚中而说体，五刚中而巽体，说遇巽则相和，巽遇说则相入，说而巽，此中孚之所谓孚也。然二五之刚得中，其必欲其说而巽以成为孚，则何也？盖五以居尊为邦之主，二应五为邦之佐 ，不孚不足以化邦，孚乃化邦，故特有取于中孚而以名卦也。



**豚鱼吉，信及豚鱼也。利涉大川，乘木舟虚也**。

管见：《彖》词于二称豚鱼吉者，以能守其信耳，盖风泽之中，豚鱼不失其信，是天以信之德予人，而亦及于豚鱼也。故二以豚鱼自处，则能守其信而得吉。至于为五言之，而曰利涉大川者，以五为巽木而乘泽上，木即为舟，乘则见其舟之虚也。凡舟处于陆则实，而滞于行，处于水则虚，而达于行，故知言舟虚者，盖因泽虚之可乘，而见舟虚之能涉也。舟虚二字，正解利涉之利字。

**中孚以利贞，乃应乎天也**。

管见：二有豚鱼之象，则所处不外泽中，五有乘木舟虚之象，则能涉大川，以与豚鱼之二遇矣。然五之求二，但言涉川，则似以人相求而已，以人相求者，其应不应不可必以其非应乎天也。故《彖》词既言涉川，而又曰利贞，贞者，中德之受于天者也。

中之能孚，五为主而二为应，中孚以利贞，则是五由涉川之利以求二，其本求以贞者，实为求以天，以故二因豚鱼之信以应五，其特应乎贞者，乃为应乎天也。五不得二之应，则其中不孚，二非因五之贞而应乎天，则二亦不应，此五之以主致应而成化邦之功，必以贞全天而作同德之合也。

**泽上有风，中孚；君子以议狱缓死。**

《集说》：杨氏万里曰："议狱者，求其入中之出，缓死者，求其死中之生也。"

管见：泽上有风，风感而泽受，其两合者皆天也。人之中与中孚而相合以天，其象如此，故卦名中孚。所贵乎中孚者，在《彖传》曰：孚乃化邦也。言化邦，则知中孚之时，惟以德感而不以刑威矣，故曰君子以议狱缓死。

**初九：虞吉，有他不燕。**

《折中》：初之虞吉，谓其有以自守也。燕，安也。

管见：下卦为兑泽，《礼》有泽虞，初宜自二而不可有他，故取虞人掌国泽之象以告之。其词曰虞吉，言如泽虞之守泽则吉也。所谓吉者，何以其得与同体之九二相欢以为燕耳。若不能自守，而志于所应之六四，是志变而有他矣。夫六四一阴，其居高承五，如月几望之甚盛，光可仰而势不可即求；如九二之欢，言好爵，尔我相呼，此其不得之数也。故曰不燕。不燕，则与初九兑说之常性相拂，有不可终日者，岂为吉乎？

**初九虞吉，志未变也。**

管见：明虞吉为志未变，则知有他不燕，其为志变不待言矣。

**九二：鸣鹤在阴，其子和之。我有好爵，吾与尔靡之。**

《折中》：易例凡言子言童者，皆初之象，故张氏以其子和之为初者近是。好爵，谓旨酒也。

管见：鹤，泽鸟，似兑体，亦阳鸟，似刚爻，故九二取鹤象在阴者，昼为阳，夜为阴耳。鹤鸣知夜半，亦豚鱼之信也。观六四称月几望，上九称翰音，皆取夜象，则知以鸣鹤在阴为在泽者非也。但九二之为鹤，其当六四月几望之时而鸣于深夜者，特以呼其类而已，非如上九之为翰音，固有为而欲登于天也。鹤呼其类而类应，是为和，然莫如其子之中心愿也，故特言其子和之，二与初皆阳，而同位于泽，二为鹤，则初之在下而承二者为其子，此二之呼初，而初必应，有鸣鹤在阴，其子和之之象也。我有好爵，吾与尔縻之，则又设为九二呼初之词，以见意耳。好爵，谓旨酒，酒以合欢，故借以明兑体相说之义，相说则忘形，故上文以初为子象。此又合初于二而为尔我之象，无不可者，盖在初之应二，当有鹤鸣子和之诚，泛言尔我则不切，而在二之呼初，犹是鸟鸣求友之道。直称尔我而益亲也。靡者，无也。之者，往也，与上和之之字不同，其意谓我与尔皆无他往，当来共此好爵以为燕云尔，与《行苇》之诗言戚戚兄弟，莫远具迩者同。

**其子和之，中心愿也。**

管见：鹤鸣之有和，不泛就他鹤言，而特言其子者，盖以其子和之为中心愿也。愿者，望也，其中心常恐失所依归，故望其鸣以相呼也。望之切，必和之诚，此惟其子则然，故特言其子。

**六三：得敌，或鼓或罢，或泣或歌。**

管见：同类而不孚曰敌，卦中三与四之两柔皆在内，是为类矣。乃六四之位高得君，为月几望，其心常欲依于位当之五以保其盛，则于三之同类而位不当者，必绝之以远咎也。此三之于四，位相比而情不相说，有不得匹而得敌之象焉。得敌，故于初则或鼓或罢，而其趣殊。于后则或泣或歌，而其归亦殊也。四或字，暗指三与四对言之，三方鼓而四乃罢，此见三之得敌，亦见四之能绝类也。三既泣而四独歌，此见三之必凶，亦见四之得无咎也。盖三以不中而为说主，性眈于燕。所谓鼓者，发兴忘疲之状，亦即趋四使同之也。三趋四而四不为动，故罢。泣者，乐极而悲生也。三位多凶而以说居之，其究能无泣乎？四下同其说，亦幸不同其凶，故歌也。按：旧注不明得敌之意，遂以鼓罢泣歌，并泥三言之，窃意人非病狂，情状当不至此。

**或鼓或罢，位不当也。**

管见：鼓属三，罢属四，三之于四，其见为或鼓或罢，以成得敌之象者，何也？由于三以兑说居凶位，是为不当，故三欲说之，而四必绝之，其象如此。按：于三言位不当，明其凶也。鼓者位不当而必凶，则三之不免于泣可知，罢鼓泣其三之位不当而凶，则四之不失其歌亦可知。

**六四：月几望，马匹亡，无咎。**

《程传》：四居近君之位，处得其正而上信之，如月之几望盛之至也。古者驾车用四马，不能备纯色，则两服两骖各一色，又小大必相称，故两马为匹，谓对也。

《折中》：六四遇九五，则以从上为义，易例皆然。而此爻尤明月几望者，阴受阳光承五之象也。

管见：按：《彖传》之例，巽居上卦者，在六四一爻，其柔则得位。于小畜言之，得位而近五则上同；于涣言之，上同而以柔承刚则能顺；于巽言之，故知中孚之六四，其以巽主得位上同而顺乎五者，授恩深而宠光渥，有月几望之象也。马匹亡者，谓其能绝同类之六三耳。旧注谓指初九言，与匹字之义不合，坤为牝马，则柔爻亦有马象。四与三柔皆在内，则其以类相比，有马匹之象矣。亡，丧失也，其有取于马匹亡者，所以远咎也。盖六四之得君承眷，显盛如月之几望，光辉照人，其不为近比之同类所依附者，鲜矣。况六三之为兑主，尤能以说邀乎？此而稍涉依违，昵比淫朋之咎，其在亲信近臣，九五尤督过之深也。惟三欲说之，而四必绝之，其或鼓或罢，牴牾而不相入者，使三之得四若仇雠而为敌然，是则绝其类而为马匹亡矣。马行地而月行天，四不牵于三，而为马匹之行地，乃以常依于五，而为月几望之行天，则知绝类上，行四之善事，其君以有终者，正在此也。故曰马匹亡，无咎。

**马匹亡，绝类上也。**

管见：类谓六三，下有类而绝之上行，其与三相失为马匹亡，其因以承五而得无咎，则常见为月几望也。

**九五：有孚挛如，无咎**

《本义》：九五为孚之主，下应九二，与之同德。

管见：四之绝类上承，其得君之象，为月几望，岂不谓乎？然非有孚挛如者也。玩挛如之意，盖由我有相需甚殷之人，而求之不得，有时猝然相遇，几欲以手固抱，而问昔何避我之深，今何见君之晚也。如六四之上承，此五所不必下求而自得之者，觌面之时，岂有此情致哉？故九五而有孚挛如，惟九二足以当此，盖九二之在下，与初九以好爵相招，尔我之外无复更求知已，此以鸣鹤之高而守豚鱼之信者也，殆将终身于泽畔矣。惟九五因乘木涉川之利以求之，一旦相遇，见贤人如见好色，比耆德如比顽童，直欲登诸膝而置于怀也。故为有孚挛如之象。有孚如此，此《彖传》所谓孚乃化邦者也。五居尊而有以化邦，故功当其位而曰无咎也。不然，如六四之上承者，为巽主之柔，是特以顺事君而已，岂能相与以成化邦之功乎？五而无与化邦，其可谓之当其位而无咎乎？





**有孚挛如，位正当也。**

管见：有孚挛如，则能得二以成化邦之功，无不及其君之咎也，故曰位正当也。位正当，释无咎二字。

**上九：翰音登于天，贞凶。**

《集说》：朱氏震曰："巽为鸡，刚，其翰也。柔，其毛也。鸡振其羽翮而后声出于口。翰，音也。"

管见：巽为鸡，鸡曰翰音，其为翰者，亦豚鱼之信也。翰音登于天，此象上九之因其巽顺说于五以乞命耳，在《大象》曰：君子以议狱缓死，此爻主出，所以然者，与六三以而荒无所不至，又欲结欢于月几望之近臣以希其光，此居尊之五所必咎也。至于四既绝之，而三不得于所比，必转求于所应，上九以刚居上，既不能如四之承五而得君，其刚不得中，亦不能为二之侣初而得友，是必合于三以相说者。然上之与四，皆五之左右也，绝于四而可通于上乎？五苟咎之而问其罪，必俱付诸狱而置之死也。观三之以鼓始而以泣终，泣以此矣。惟上九旧处君侧，又其罪不如三之绝无可解，故犹幸望生全，欲以呼籲达天听也，此所以言翰音登于天也。鸡不能夜视而敛翰棲埘，于人为罹于狱之象，其引颈叫号，音特哀厉警听，于人为畏死而疾鸣求缓之象。天高听卑，以理言之，翰音当不隔于苍苍莽莽也。于人为情得上闻，而蒙君子议狱缓死之象，其曰贞凶者，言上九之计出于此，特侥幸于万一耳，不可以为贞也。今就五言之，无论有罪而呼，呼之而不闻，闻之而不议狱，议狱而不缓死也。就令缓死，上九其可长保乎？是必终于凶者，故不可以为贞也。

**翰音登于天，何可长也。**



管见：何可长，言上九虽缓死而死期亦近耳，正释凶字之意，盖人惟不入于狱不陷于死，则可长也。至于上九之有罪求生，而为翰音登于天之状，虽幸缓死，亦气尽神伤而辗转于狱中耳，岂可长耶？不可长而岂不凶耶？如是以凶而尚可贞耶？

**䷽艮下震上**

**小过：亨，利贞。可小事，不可大事。飞鸟遗之音，不宜上宜下，大吉。**

《本义》：小谓阴也。

管见：易中二刚四柔之卦不一，惟此卦柔多而柔，又得中，刚少而刚又失位不中，则知阳刚为大，阴柔为小，小之胜大者至此为已过也。故卦名《小过》。小者过则小必亨，如二五之得位相遇，其在三四两刚虽处重卦之间，不能隔之使不通也，岂非亨乎？小过而小亨，则大者必利于贞矣。大何以利贞？以小过之时，可小事不可大事故耳。按：小事贵慎密而用柔，大事贵勇敢而用刚，易中于用柔用刚，多称小事大事者，与六爻之阴阳称九六同例，皆取象也。所谓其词文者以此，可小事，不可大事，此其时然也。行其时之可者，不行其时之不可者，是为贞矣。大贞则大必吉，岂不利乎？但卦有飞鸟之象，两刚在内，如鸟之有身，其四柔相与夹之，则如鸟之有翼而附诸身也。身苟不靖，必将以身使翼而欲飞矣。然小过之时，在二五得位之柔皆不胁于刚，而转欲制刚，则所谓有飞鸟之象者，在二五之柔之为翼，皆不使于身，而转欲困身也。故就人言之，则为可小事，不可大事；就鸟言之，则为不宜上宜下也。特人之刚必志于大事，犹夫鸟之身必乐于上飞，岂能必知时之可不可宜不宜哉？人不知则当遗之以言，鸟不知则当遗之以音也。遗字当从去声音位，盖以物赠人之名，如卦中三四之两刚，其身为飞鸟之身，非能敛戢以自下者，若使有人能谕鸟以言而遗之音曰：不宜上宜下，则亦当有所觉悟而守其贞矣。鸟飞为上，其不宜上者，于人为逆于时之象，鸟不飞而集为下，其宜下者，于人为顺于地之象。不为上逆而为下顺，是有合于可小事不可大事之时，而不失其贞也。小者过而小亨，大者贞而大亦吉，故曰大吉。

**小过，小者过而亨也。**

管见：小者过，则大者不能逆之而顺之矣，故曰亨。

**过以利贞，与时行也。**

管见：《象》曰小过亨，利贞谓小者过而亨，则大者利于贞也。大何以贞？亦常守其不及之势以为贞耳。夫小则已过，而大乃利贞？不益以成小者之过乎？然小过之过，时也，非人之为之也。在大者处此，因其过以利于贞，所谓与时行也。时当顺而不当逆，固不得谓惟吾所欲行以自逞其大矣。

**柔得中，是以小事吉也。**

《本义》：以二五言。

管见：中以位言，不以德言，观下节于刚之不中曰失位，则知此称柔得中者，犹云柔得位耳。卦以五之中为君位，以二之中为应五之臣位，两位相得，则无不受其控制者。今本卦之中位，刚失之，而柔得之，柔得位则得时，此刚者所宜顺也。惟顺则吉，惟用小事之柔则顺，是以小事吉也。按：《彖》词末称大吉，言大者之顺而吉也。传即以其吉明，其所可于可字之义，更得其实矣。



**刚失位而不中，是以不可大事也。**

《本义》：以三四言。

管见：三与四俱刚，一居下卦之上，一居外卦之内，皆有位者。然不得中位而居之，则视柔得中者为失位也。上可以使下，内可以驭外，旁不可以控中，故三四两刚，虽能分属初上之柔以成飞鸟之象，终难同胁二五之柔以易小过之时也。苟不知此而用大事之刚，舍顺趋逆，不与时行，有必即于凶者，是以不可大事也。

**有飞鸟之象焉，飞鸟遗之音，不宜上宜下，大吉，上逆而下顺也。**

**山上有雷，小过；君子以行过乎恭，丧过乎哀，用过乎俭。**

管见：山上有雷，必其山漭漭出云而雨气方郁，故有雷以殷轰其上也。此阴盛敛阳之时，故卦名小过。小过大过，皆非气化调均之象也。然君子观其象而用之一身，固亦有不嫌于过者，如大过之过，君子以独立不惧，遁世无闷；小过之过，君子以行过乎恭，丧过乎哀，用过乎俭，皆不嫌于过也，在用之得其道耳。按：小过者，阴过也，阴体卑下，于人为恭；阴气肃杀，于人为哀；阴性收敛，于人为俭。过恭过哀过俭，皆小过之象也。

**初六：飞鸟以凶。**

管见：小过有飞鸟之象，主于飞者，三与四也。上爻称飞鸟离之，凶，其飞鸟指四，非即谓上也。此爻称飞鸟以凶，其飞鸟指三，亦非即谓初也。三四主于飞，而二五不利其飞，故不以柔随刚而为飞鸟之翼，乃以柔侵刚而为贼飞鸟之人也。但三四之为飞鸟，虽受制于二五，在初上之柔亦为鸟翼，似犹得挟之以飞者，如是而二五之图三四，其势亦不得已而及于初上矣。如初以柔类居卑，而又为艮体，是并非如上处卦极而震体者，犹觉其能亢也。此岂不为下顺而为上逆乎？然不免于凶者，以三为飞鸟之身，其于初同体相属而未能绝，则或假之翼也，以故二处下卦之中，既恐三之为飞鸟而欲戕之，将克其易于上逆之刚也。乃窃虑初之属于飞鸟而先戕之，早自伤其能为下顺之柔矣。此初之见为凶者曰飞鸟以凶，盖言三实贻之凶耳。以者牵累之意，传词所谓不可如何，即指此。按：旧注言初之凶由于应四，非也。小过有飞鸟之象，象定则义因之，鸟身之于翼，左以属左、右以属右，则知初当属于同体之三，不得泥言应四，上当属于同体之四，亦不得泥言应三也。

**飞鸟以凶，不可如何也。**

**六二：过其祖，遇其妣；不及其君，遇其臣，无咎。**

《折中》：晋之王母，此爻之妣，皆谓祖姑也。两阴相应，故取妣妇相配之象。凡易之义，阴阳有应者，则为君臣，为夫妇，取其耦配也。无应者，则或为父子，或为等夷，或为嫡媵，或为妣妇，取其同类也。

管见：过其祖者，妣也。九五为祖，六五为妣，小过之时，以柔居尊，易九五而六五，是妣过其祖而代之者，故曰过其祖。六二亦柔而居应五之位，当过其祖之时，则其身之所遇，不为九五之祖，而为六五之妣矣，是为遇其妣也。夫五为君位，以六居之，成为妣，不成为祖，则六五不如九五，此不及其君也。如使不遇六二之柔，以顺承之，则不及其君者，难为君矣。惟上为六五，而下又为六二。是小过之六五而遇六二，适为遇其臣也。夫二遇五为遇其妣，则五之遇二为遇其妇；五以妣遇妇为遇其臣，则二之以妇遇妣为遇其君矣。君为妣而臣为妇，则是阴类之相合，以成小过之时者，君不及其君而臣亦不过其君也。以不过其君之臣，而事不及其君之君，此以知二之于五有遇之而见为亨，无过之过惟于咎者，故称无咎。

**不及其君，臣不可过也。**

管见：君不及其君而臣过之，其势必逆而不顺，此为咎矣，故曰不可过也。按：《象传》特发明咎字，不正言二之无咎者，以爻词所谓无咎，但由五之不及其君，乐得此不过其君之臣耳。如是而得无咎，则二之无咎不足言，其不能为二之无咎者，乃深足戒也。故即其词以申之曰：不及其君，臣不可过也。盖欲三与四闻之，而共凛然而过云尔，与《彖》词称不可大事，又曰不宜上者，同旨。

**九三：弗过防之，从或戕之，凶。**

管见：按：三言弗过防之，四言弗过遇之，弗过二字当一读，谓五为不及其君，三与四之为臣者皆不可过也。但四与五比，其不过于五者，即在能承五而有以遇之也，故曰弗过遇之。此之字指六五言，至于三与五隔而与四比，则其不过于五者，乃在能绝四，而有以防之也，故曰弗过防之。此之字指九四言，防之如何？如四之震主为雷象，三之艮主为山象，雷虽不免于动，山则自安其止，此为有以防之矣。若使不防之而从之，三与四之刚既合，势必志于大事以为逆也。四曰往厉必戒，从四以往者，岂不凶乎？故曰从或戕之，凶。从字亦当一读，谓其不克防之也。或字盖暗指六二言，三不防四而从四，则二必因比三以戕三矣。五之词曰：公弋取彼在穴，言五之取四也。取四者五，则戕三者必二，特以卦爻非如人之有名而可指也，故称或焉。凡言戕者，虽无罪而可致之死，虽有罪而非正其法，此与公弋取彼在穴同一诡道也。三有伺其后者如此，则其欲戕之时，用戕之具，受戕之状，皆不可以言罄矣，故《象传》作不了之词以危之曰：从或戕之，凶如何也。

**从或戕之，凶如何也。**

**九四：无咎，弗过遇之。往厉，必戒，勿用，永贞。**

管见：九四突言无咎，何修而得此也？由五爻公弋取彼在穴之词推之，乃知五之于四，将欲取之，惧其疑而为备，亦激而先发也。于是四虽多咎，五特心含之，而无督过之迹，故九四以震主雷动之刚而近柔主，其外若无咎者，然如是以称无咎，岂可长耶？盖六五之不及其君，臣不可过，必如二之以妇而过其妣，乃为五之所乐遇，而曰遇其臣也。三为刚失位，四亦为刚失位，故欲其弗过与三同，二之位应五，四之位亦比五，故欲其遇之与二同也。若使恃刚而往，不遇之而过之，则五之取四，亦如二之戕三，皆诡而难测也，岂不厉乎？《象》词曰可小事，不可大事，又曰不宜上宜下，其戒之如此，则四之当戒，固必然而无疑者，何以戒之？亦曰勿用，永贞而已。永贞者，狃故常而不变，不能与时行者也。岂《象》词所谓利贞之贞乎？四用永贞，则将以无咎为可长，谓终无恶于五，而不妨于过也。然往则必厉，固有心方省，其咎而未得，身已蹈于危而莫救者，可不戒哉！

**弗过遇之，位不当也；往厉必戒，终不可长也。**

管见：此言位不当，言终不可长，总见四称无咎，非其身之果无咎也，特由五不显归之咎，而见为无咎耳。试取爻词而读之，既曰无咎，又曰弗过遇之，其惟恐其过之，而必欲其遇之者，以其位不当也。四位近君而多惧，震居上卦，则九四为震主雷动之刚，此非能事六五之柔主以安其位者，故云位不当也。位不当，则将动辄得咎矣。苟非弗过遇之，其能使其身果无咎乎？由是以思，则知爻词既曰弗过遇之，又曰往厉必戒者，以为四苟过之以志于往，必遭五之取之，以即于厉，非可恃其形迹之无咎而不戒也。卦中凡两言无咎，惟六二之柔得中而能遇于五，本无厉之可戒，则其初之实为无咎者，终可长也。若九四之位不当，而不免过于五，固有厉而必戒，则其始之似乎无咎者，终不可长也。此爻中更为戒词以告之曰：勿用，永贞。

**六五：密云不雨，自我西郊。公弋取彼在穴。**

管见：小过，阴过也。密云不雨，则沉冥昼晦，天日无光，此为小过之象。按：密云而雨者，滂沱降则晴霁旋生，密云必因以解，故言不雨，而小过之象乃成也。自我西郊，西郊者，兑方也。与震为对待之位。小过之六五本震体，震东方之卦也，乃其以阴上行而成为小过者，曰密云不雨，则是密云之所从来，不本于东方之发生，而出于西方之肃杀矣，故曰自我西郊。夫六五一阴，其常性乖方，绝无善气如此，此所以用心险秘，将图位不当之九四而取之者，其词曰公弋取彼在穴，五虽不及其君，其体阴为妣，其位尊则公也。弋取飞鸟，穴藏猛兽，曰公弋，谓君将射飞鸟于云也。似无意于在穴者，乃忽焉取彼在穴，是特以弋为名耳。其意之所属，则不取飞鸟之在云，而欲取猛兽之在山矣，岂可测哉？按：外卦上居五上，四居五下，以五视之，上于飞鸟属翼，而其已亢之势，即可作一飞鸟观也。至于四为飞鸟之身，其以过刚比下卦之艮体者，又俨然猛兽之凭山以为穴矣。然则公弋取彼在穴，盖假弋上以取四也。弋上故上凶，取四故四厉，其先弋上而不直取四者，欲使四自信其无咎，而不知其厉也。

**密云不雨，已上也。**

管见：九五在上之象，为天之覆为日之升，至小过之六五而为密云不雨，无天日之体，而有天日之势，则亦高高在上矣，故曰已上也。按：五之中位为上。已者，既然之词，非谓太甚也。已上则其位既得，虽使不及其君，而已为臣不可过之君，故其时过刚如九四者，当其未逞飞鸟之逆，而五之恶其逼已，则既如在穴之猛兽，而图所以取之也。其得不因五之已上而守不宜上宜下之戒哉？

**上六：弗遇过之，飞鸟离之，凶，是谓灾眚。**

管见：三四言弗过，弗字作戒词，此言弗遇，弗字只作不字看。弗遇过之，与飞鸟离之，两之字并暗指六五言。五已上而为君，上六不遇之而过之，是逆而不顺以成为亢也。但上本柔类而与五比，奈何不即之以相遇，乃离之而至于过乎？所以离之者，以四之刚动为飞鸟之身。其势犹能假上六以为翼，此亦如三之于初缘同体而相厉也。四能使上属已，而上因以离于五而不遇，故曰飞鸟离之，犹言四实使上离之也。离与《中庸》不可须臾离之离同，作去声读。夫四虽欲上之离五，五能坐听上之属四乎？五之词曰公弋，言弋上也，是上以九四为飞鸟之身而将假之翼，五即可以上六为飞鸟之类而先加之弋矣，岂不凶乎？夫凶有特谓之灾者，有不特谓之灾而亦谓之眚者。灾由波及，眚乃自为，不可以不辨也。如初曰飞鸟以凶，其飞鸟指三，是三贻之凶也。上亦曰飞鸟离之凶，其飞鸟指四，是四使之凶也。以此为灾，亦谁不谓灾者，但初居卦下而艮体能止，未遂见其逆而不顺以成为亢也。至于上六之处卦极，又震体而主动者，既曰弗遇过之，则逆而不顺之势成矣，是已亢也。初未亢而凶，此初之不可如何也，特谓之灾可矣。上已亢而凶，则其弗遇过之者，即上六不能自谢之眚也。又安得独诿之不可如何而谓之灾乎？故曰是谓灾眚。

**弗遇过之，已亢也。**

管见：已与五言已上之已同，皆既然之词，非谓太甚也。已亢正释眚字。

**䷾离下坎上**

**既济：亨，小利贞，初吉，终乱。**

管见：卦以水在火上，曰既济，济者，相协以归于和平也。于时为上下胥安之象，既济，亨，亨字为句，谓六二必能遇主，不以九五之喜功而误用小人，遂终处于困也。二之词曰：妇丧其茀，勿逐，七日得。有丧似乎不亨，其丧而必得则亨矣。但六二之柔为小，小每顺大，当既济之时，五以刚大而兴高宗伐鬼方之举，在六二虽知其不可，而此心或以丧茀自危，则恐不免依违顺旨，以失其贞也，故曰小利贞。其亨利于贞者何？以其时初告之与终乱，皆有赖于六二之能贞耳。初谓初九，终谓上六，吉与乱字对看，盖特指其不起凶以为乱言。卦以初与上为无位，以自二至五为有位，有位为无位之主，而中位尤要也。如既济之初九处于卦初，由五之动众兴师，而有曳其轮濡其尾之象，其惫已甚矣。然卒不生乱心，而见为吉者，惟柔得中之六二，其始毅然守贞而不曲从九五远伐之谋，于是初九有所恃赖以望更生，犹能忍而不为乱也，故传曰初吉，柔得中也。至于上六之处卦终，而有濡其首之象，此习于行险以造乱者。上何以乱？为其不如初之得二，虽惫而其道不穷也。盖上六比五而应三，当是时也。五以腹地无虞，志劝远略，因是三以小人得用，贪功恋赏，遂至举国困敝而不之惜，则上六欲求所以托命者，亦道穷而无所之矣。无所之，则止其能坐以待毙而不出于乱乎？故传曰：终止则乱，其道穷也。合而观之，其初吉而不乱者，既由二之能贞，以维慕义之心，则其终不丧而乱者，亦当由二之能贞，以筹御患之策矣。故既济之六二为小，苟知利贞之道，在九五之大者，虽欲勿用，固不能不欲初之吉而备终之乱也。又安得舍一而勿用哉？五有二而必用，则二之必遇于五以成其亨，从可知已。

**既济，亨，小者亨也。**

管见：按：此传词言既济亨，则卦名之外，亨字为句无疑矣。盖既济之亨，本言小者亨也。以下文有小利贞之词，则亨之为小亨，其义自见，故小字从省耳。传恐读经者不知亨之何属，于是特指之曰：既济亨，小者亨也，乃说着转因此而谓《彖》中亨字，当连下小字为句，则其泥甚矣。又按：既济以九五六二为上下卦之主，九五刚为大，六二阴为小，其曰所谓小者，与下柔正位，当及柔得中者，并指六二言之，亦不可不知也。

**利贞，刚柔正而位当也。**

管见：《彖》曰小利贞，此但曰利贞，以其承上节小者亨也说下，可不复用小字耳。刚柔正而位当，特指九五六二言之，盖九五坎主之刚，得乾之中画。六二离主之柔，乃坤之中画，惟中乃可言正也。且刚正者居五位，亦如乾之九五。柔正者居二位，亦如坤之六二。此与未济之六五九二其刚柔正则同，而位当不同也。或谓利贞指小者言，传词何以刚柔并举耶？曰此合亨与利贞而统言之耳。盖六二之柔正位当，不苟从于刚，此小者所以能贞之本也。其九五之刚正位当，终合道于柔，则又小者所以必亨之由也。将此节承上节一气读之，合并解之，则语意得矣。按：旧说释刚柔正而位当，谓卦中三刚三柔皆正而位皆当，六十四卦中，独此一卦而已，故特赞之非也。盖利贞本非赞词，又二五而外，初之刚犹得无咎，三之刚则为小人，四之柔犹能惧患，上之柔则为乱首，岂得概称刚柔正而位当乎？

**初吉，柔得中也。**

管见：初比二而亦应四，何以初之吉而不乱，独倚柔得中之六二，而无籍于四乎？盖柔得中而后能贞，贞则独立不惧以为民望，故有以定初之乱，而成为吉也。若四之柔不得中者，其词曰终曰戒，传曰有所疑也，此其自危亦甚矣，初何赖焉。

**终止则乱，其道穷也。**

管见：止即穷也，道犹道路之道。

**水在火上，既济：君子以思患而豫防之。**

管见：按：水在火上曰既济，可于人身验之，水上生于肺而下入于肾，火下宅于命门而上应于心，其得中者必相济也。又按：水在火上，何以异于泽中有火之革乎？盖坎之为水，其卦刚中，泽之亦为水，其卦为柔不中，不中者不能与中济，故泽中有火，则成为水火相息而曰革，中者不与中相革，故水在火上，则成为水火相合而曰既济也。君子以思患而豫防之，其告九五之意为最切。盖既济之时，所当思之患无大于乱者，但乱起于惫，惫生于远伐，远伐由于用小人，然则豫防之道，亦曰小人勿用而已。

**初九：曳其输，濡其尾，无咎。**

管见：曳其输，濡其尾，惫象也。凡辙深而轮陷，人必以绳系轴端而曳之，是为曳其轮。其所以至此者，以马力既尽而濡其尾耳。马乏则身热汗出，至于其尾如濡，则力尽而不胜车矣，故轮有不行，必待人之曳之也 。然在初有此象者，何也？以初为民位，当既济之时，九五欲为高宗伐鬼方之举，至于三年而后克之，故民之久于师役，其惫有若此者。然《象》词曰初吉，谓其得比于二之能贞，则虽惫而不为乱也。不乱者不失其义，故称无咎。

**曳其轮，义无咎也。**

管见：曳其轮者，人也，人之惫已若此，无论马已，故传词不言濡其尾，义者不悖其主以为乱也。初九之惫，至于曳其轮而以义忍而终事，故曰义无咎也。读义字，当略项。

**六二：妇丧其茀，勿逐，七日得。**

管见：先儒有谓茀为妇人之首饰者近是。按：《硕人》之诗曰："翟茀以朝。"解者多谓妇车之蔽为茀，以翟饰之为翟茀，恐未必然。盖上文既称四牡朱幩，以下不应更从车上铺叙，且诗中于夫人君后之类，在采蘩言被，在偕老言副珈，未尝遗首饰也。况《硕人》之诗，他皆形容曲尽，岂应独缺此乎？则知翟茀以朝，是为身衣，茀乃首饰也。又《周礼·内司服》，掌王后之六服，袆衣揄狄阙狄，皆翟属也。追师掌王后之首服，为副编次，追衡笄，皆茀属也。是则茀之贵，并于翟，犹之冕之尊同于衮矣。如《易》中此爻言妇丧其茀，其称妇者，以九五刚正位当而居尊，君道亦夫道也。六二柔正位当而相应，臣道亦妻道也，故称妇焉。二对五而称妇，则妇者后也。后之首服为茀，其有时而丧之，必为君所黜，而乃不得有其饰也。然则二之于五为妇象，其因不用于五而去有位之仪观者，是为丧其茀之象也。所以然者，由九五时当无事，而才足有为，其在位之小人如九三者，以火体而过刚不中，必将进威远拓地之谋，以求自效也。然穷兵者国必惫，惫则召乱，此在二之柔中能贞，必力争于五，而以为不可也。三爻之词曰：高宗伐鬼方，三年克之，小人勿用，此足以当二之直言。五爻之词曰："东邻杀牛，不如西邻之禴祭，实受其福，此足以当二之讽谏矣。"《象》词所谓小利贞者，其贞盖如此。然二之柔而小，五特以为妇人，则将鄙其懦而避事，至三之刚而大，五不遽疑为小人，乃欲用其才，以图功也。于是三为师中丈人，而邀锡命之荣，二则不免削夺，而为妇丧其茀之象矣。其曰勿逐，七日得者，逐，求也。惩于前此之所以丧，而别图后此之何以得，是为逐。惟六二之自守于中道，则无是心也，故曰勿逐。勿字不作戒词，十二辰以主日，六阳六阴，至七日则阳退而阴进，此象刚如九三，有不用之时。柔如六二，有复用之时也。三不用而二复用，则始之丧茀者，将自得矣，故曰七日得。然既济之七日于何定之，以鬼方之克为断，则三年既终之日，即七日方始之日也。盖五之舍二而用三，特生于一时之喜功耳。卒之师克而国惫，与高宗之往事如出一轨，则小人之不可用已信，至于上六之因以为乱，亦必借九三之殃民误国为辞，在九五虽欲怜其功而不加摈斥，亦不可得矣。是日也，小人既去，则贞臣可思，既济之终乱，由三酿之，其不皆为乱而犹得成其初吉者，则由二实维之也。然则九五将舒已成之惫，而定方兴之乱，舍六二谁与同哉？昔虽削夺，今复宠嘉，可知茀之由丧而得，其必有此七日之日者，亦理数之必然也，又可逐焉？

**七日得，以中道也。**

管见：以中道也，释爻中勿逐之义。道犹道路之道，明其以中道得之，则非由他途以逐之而后得者。

**九三：高宗伐鬼方，三年克之，小人勿用。**

管见：鬼方，盖远夷之通称，以其无中华文物之观，故名鬼方，以丑之耳。按：此爻之词，惟小人二字指九三，馀皆陈戒于九五也。以为既济之时，宜防患，不宜喜功。昔者高宗伐鬼方，三年克之，盖不胜其惫矣。今若九三之为小人，故慎勿用也。用之必穷兵于远，而国将受惫，乱由以生，在九五亦知之否乎？

**三年克之，惫也。**

管见：如初言曳其轮，四言繻有衣袽，皆惫象也。

**六四：繻有衣袽，终日戒。**

管见：繻当依本字音须，缯帛也。衣去声，袽敝衣也。言国中衣缯帛之人，今有至于穷乏而衣敝衣者，盖鬼方三年之役，行者毕力以即戎，居者必竭财以供饷，故初云曳其轮，状行者之惫也。此云繻有衣袽，则又状居者之惫矣。然独于四言及此者，五忿不服而用大师，三专阃外之寄，四当总司转输以相给也。至于征敛既久，民财悉空，繻有衣袽之惫，六四固亲见之矣，然终无如何也。此其所以惄焉终日，常独疑于国之将乱，而有戒心与！



**终日戒，有所疑也。**

管见：有所疑，疑国之将乱也 。至上六之濡其首，以成终乱，则疑者亦信矣，独恨其不早辨耳。若六二之柔中能贞，其不稍狥九五之喜功者，虽不合而至于丧茀，亦所不计，则岂待见其繻有衣袽，而后以疑主戒徒作此不能终日之态乎？

**九五：东邻杀牛，不如西邻之禴祭，实受其福。**

《集说》：潘氏士藻曰：“东西者，彼此之词，不以五与二对言。”

管见：鬼方之役，高宗为政，则既济时之劳师远伐，虽由于九三之小人，然亦九五之志也。至于师克而还，九五必将告成于庙，故主祭祀言，告庙之时，献俘执馘，所谓东邻杀牛之祭也，何其盛也。然三年之惫，国则受病矣。若使借鉴前王，小人勿用，本思患豫防之心，守宗庙以为祭主，当其顺时修祀，虽无鬼方之克可以献功，而国不受三年之惫，所获多矣。故曰东邻杀牛，不如西邻之禴祭，实受其福。

**东邻杀牛，不如西邻之时也，实受其福，吉大来也。**

管见：人之因事行礼，其务华好胜者，每至破其家而不惜，东邻杀牛之祭其类也。若西邻之禴祭，意特主于无废时祀，初不借杀牛以耸人观听也。卒之杀牛者不可继，而禴祭者终可长，故不如也。实受其福，就西邻言之，一家人之福而已，实小者也。然即小可以见大，若九五师其意，以制治保邦，则天下群黎百姓之福也，故曰吉大来也。



**上六：濡其首，厉。**

管见：《象》词曰终乱，谓上六也，人必能行险而后可为乱，故因上六之坎体为水，而取行险之象，曰濡其首。濡其首者，盖言解水之人，自以其首投入水中，若獭与鸬鹚之驱鱼然，能入亦能出，此工于行险者也。今上六其此象，而其为乱必矣。但人之濡其首以行险，非能以水为宅，久而不出也。若使能防者，从其上而抑之，使之既久而不得行，则莫知其所终矣，岂不厉乎？故传曰：濡其首，厉，何可久也。然则上六之行险以成终乱，在既济之君子，虽失思患豫防之道，然未尝不能临患而急防之也，亦何为自蹈于厉，而不问于初之吉哉？

**濡其首，厉，何可久也。**

**䷿坎下离上**

**未济：亨，小狐汔济，濡其尾，无攸利。**

《本义》：水火不变，不相为用，故为未济。

管见：未济亨，谓六五之柔得中，能安其位，以达辨物居方之用而莫御也。但离主之六五，下乘九四似震之刚，是为不当位，何以能亨？所谓亨者，亨于六五之得九二，其刚柔自相应耳。盖外卦火体之二刚，莫强于四，以其非如上处卦外为无位也。位重而势炎，在初六之以卑相属者，必贡媚而潜归之，故为小狐之象。易例阴为小，小狐犹阴狐云尔。《说文》曰：“狐妖兽，鬼所乘也。”此其性邻于阴矣。然四有小狐相属，而无害于五之亨者何，以九二居内卦之中，而为坎主，有亘以大川之象，非小狐所能济也，故曰小狐汔济。濡其尾，无攸利。汔，及也，汔济之济为涉水，以坎取义，与卦名济字不同，不必牵合为是。盖小狐之能济，必于冰坚之时，未济为火在水上，则但成为汤汤大川耳，岂能济乎？故初六之为小狐，虽志在必济，不无舍身尝试之谋，然及其济也，至于渐深而濡其尾，则已不可更进矣。人之甘心犯险，皆有所利而为之者，如小狐之汔济而濡其尾，命在呼吸，此实祸也。彼妄心希冀之利，曾何有哉。由此言之，初之不得往从于四，实由九二之应五者，能遏之，使不得越也。此五之柔得中，虽不当位，而其合于二为刚柔应者，固能处未济而自成其亨也。

**未济亨，柔得中也。**

《本义》：指六五言。

管见：五为柔得中，则二之刚得中者必应之，刚柔应，故未济之六五有必亨者。

**小狐汔济，未出中也。濡其尾，无攸利，不续终也。虽不当位，刚柔应也。**

管见：上言柔得中，中字指五，此言未出中，中字指二，未出中者，谓《彖》词称小狐汔济，盖言初之欲往从四也。然初为小狐而不安于下，二则为大川以扼要其中，是初之在下者，终不能踰二之在中者，而过之也，故曰未出中也。小狐汔济，明其始；濡其尾，无攸利，究其终也。始欲济而终不得济者，以初之不靖而窃附强臣，二守贞而阻绝之，四亦不敢失贞而接引之，故曰不续终也。不续终，则初与四隔，以故六五之柔，其下乘火体过刚之九四而疑于偪，虽为不当位者，而九二得中之刚，与六五得中之柔，固不求而有应也。两中相应，则其旁或被控制亦受转移，此初六疑比于小狐，二不使之上征从四以趋所利，在九四之比于震雷，五并能用之下行伐初，以劝于赏也。如是而未济之六五，其亨可想见矣。



**火在水上，未济，君子以慎辨物居方。**

管见：火在水上则不交，是为未济。君子以慎辨物居方，君子特指六五言之，辨物居方，离明之大用也。明生于柔得中，故行之以慎，号物以万而物各有方，区方以五而万皆有物，君子处未济之时，而能辨之使从其类，居之使止其所，则《彖》词之所谓亨，莫亨于此。

**初六：濡其尾，吝。**

《程传》：兽之济水，必揭其尾，尾濡则不能济。濡其尾，言不能济也。

《集说》：张氏振渊曰："卦辞所谓小狐，正指此爻。"

管见：按：此爻称濡其尾，因《彖》词也，故知其为小狐，若既济之初九曰濡其尾，承上文曳其轮来，则指驾车之马言之，非谓小狐也。其曰吝者，以初六既为小狐，人也几于鬼矣。于时五居上卦之中为离主，其象如日；二居下卦之中为坎主，其象如川。白日昭明而小狐不思敛迹，乃至冒险涉川以濡其尾，身将安适，意欲何为乎？其愚妄亦可蚩矣，故曰吝。

**濡其尾，亦不知极也。**

管见：极者，究其终而谓之极耳。《象》词言小狐汔济濡其尾，而以无攸利终之，则已决其究竟矣。其极如此，而初六之不能已于济，犹然濡其尾焉。此其不自度量以卜所归，惟是冥焉罔觉，悍然不废已耳。故为非笑之词以明其可吝，曰：亦不知极也。

**九二：曳其轮，贞吉。**

管见：既济言曳其轮，谓轮陷不利而自曳之状，初之久于行而不胜其惫也。此言曳其轮，曳字与睽三见与曳之曳同，谓他人曳之而已，终有舆者求轮而不得耳，所以状二之未能脱然以行，不宜守其贞也。盖未济之时，二于五为刚柔应，固宜上行以从五者，特以初为小狐而欲济，专赖刚中之二，实为大川以阻之，故使濡其尾而不终济也。二苟去而上行，则将变大川为平原矣，小狐不且疾奔以从四哉，故二处下卦之中，其不得上行以从五者，乃因防初而即牵于初，其状固如二则有舆，适由初之曳去其轮而不行也。然二之中以行正，方因是而坚以相持，使小狐之济未已，而大川之防益力，此所谓贞。贞则有以待鬼方之师之来伐，而小狐之迹可荡然一清矣。九二以是时登车就道上行，以觐君子之光，五当论功行赏之时，饮酒为宴，其受祉当无多于二者，此为吉也。

**九二贞吉，中以行正也。**

管见：中以行正，但释九二之所以能贞耳。二居下卦之中，其欲往而从五为行正，初居下卦之下而不中，其欲往而从四为不行正也。此九二之以贞得吉，其所以能贞者，惟其得中而主于行正，故于不中而不行正之初六，有以力御之，而不自失其贞也。

**六三：未济，征凶，利涉大川。**

管见：下卦之二，以坎主为大川之象，初居其内，阻于大川，而临水莫济，三居其外，则不阻于大川，而有途可征矣。初应四而三比四，其欲济欲征，必皆往而从四也。然未济之时，二与五为正应，方曳其轮而不得上行，乃三之私合于四者，固以无大川之阻，而遄征以从之，是柔主孤立而强臣有党，必将成九四逆戾无君之罪，而三亦不可逭也，故曰征凶。然征则必凶，而又曰利涉大川者，使之不上行而下行耳。盖其时初六之为小狐，虽阻于二之大川而不得济，然未肯即安也。当九四之守贞防悔，能用六五之命以兴鬼方之师，势必下涉大川以来伐也。若六三以此时从之下行而共济焉，四将有赏，则三之因人者，虽功不足言，而其凶则免矣，故曰利涉大川。

**未济征凶，位不当也。**

管见：卦中六五之亨，实借九二之应以成之，五亨而二亦吉，可知未济固期于得济也。但济必以正，不然则凶，如六三处重卦之间而与四比，比尤易合，是当未济之时，而居得济之位也。然三之能征，虽不若初之未出中而艰于济，而其征则必凶，固亦不如二之能行正，以趋于吉者，以其位不当也。按：《彖传》称不当位，指五言；《象传》称位不当，指三言。其意特以九四之火体过刚有震雷之势，故上可偪君六五乘之，为不当位，下可召党六三比之，亦为位不当也。旧注专泥阴居阳位、阳居阴位，说者非是。

**九四：贞吉，悔亡。震用伐鬼方，三年有赏于大国。**

管见：九四之贞，盖以志孚五，而不狥私属之三与初耳。孚于五而依君子之光，则吉；不狥于三与初，而使征者易其妄心，即令济者除其逆迹，则悔亡。故下文为九四指其所自效，以全贞者告之曰：震用伐鬼方，三年有赏于大国。震者，雷也。四为离火不中之刚而偪近柔主，其视震居上卦之九四无以异也，此其威灵气焰，有如雷矣。以未济之时而四有雷象，是六五之所不安，亦三与初之所以仰瞻而来附也。殆不吉而有悔者，然九四能善用之，而不失其贞，则无虑此。昔者高宗伐鬼方，三年克之。其时必有若九四之比于震雷者，受命于君以率师也。至于既克言旋，自鬼方而来大国，立功于外者，受赏于内，是震之用不失其贞，其吉则必至矣，悔何自来哉？使未济之九四而知此，用其震雷之势，下挟六三以涉大川，而伐小狐之初六，其地无鬼方之远，其力无三年之劳，当其既定，与九二并辔入朝，在六五之赏功也，必谓小狐之不靖，赖二以防御扼其要冲，赖四以攻伐清其窟宅，二者皆无可左右也。如是而四之导三行正，相与击初，以自效于五者，其由匡王国以被赏，而吉之实已见，其即不因纵私党以罹罚，则其悔亦终亡矣。九四亦知所以自处否乎！按：大国对鬼方言，远夷为鬼方，亦为小邦。中国为华夏，亦为大国。

**贞吉，悔亡，志行也。**

管见：九四切近君子之光，其卒亦皆孚于五者，乃下卦之二阴，以私相附，三犹欲征而未征，初则早为小狐之济，以濡其尾矣。然《彖》词曰无攸利，传曰不续终，则亦由九四之志，未敢悖五援初，以失其贞耳。然志存于中，不行亦不大白，当小狐未靖之时，四惟奉命兴师，牵率六三，以明正其罪，使震雷所及，一朝肃清，而后其志已行，乃真不失其贞也。贞则吉由之，悔亡亦由之，故曰贞吉悔亡，志行也。

**六五：贞吉，无悔；君子之光，有孚吉。**

管见：六五之贞，柔得中也。不当位而自成其亨，是为吉。其曰无悔者，指五之能用四言，盖初之为小狐，其欲济之意，本以从四也。乃五不因是以疑四，而复假之兵以伐初，安知震雷之四，必劝于大国之赏，以速鬼方之克乎？此其悔似不免也。然六五则可决其必无者，五以柔中为离主，其明由慎行，固将宏辨物居方之大用，而不闻以察察之明，曰予圣焉，是君子之光也。其光有别亦有容，则其晖可畏亦可爱，以故六五一柔，于卦中之三刚，无不相合以成孚者，是曰有孚。有孚，故五之去嫌用四以伐初，实有以信其志，而四之毕力伐初以报五，亦即有以行其志也。四之志行，则四之悔亡，五能必四之志行，而五因以无悔矣。五无所谓悔，则独有所谓吉也，故但决言其吉，而无悔之意自见。

**君子之光，其晖吉也。**

《本义》：晖者，光之散也。

管见：君子之光，其晖使人被之而无不孚，故虽火体过刚之九四，比于震雷，亦能委心听命，而为之用也，此五之所以有吉而无悔也。

**上九：有孚于饮酒，无咎。濡其首，有孚失是。**

管见：此言饮酒，盖六五所以燕有功也。小狐之不济，二之功，其得同于鬼方之克，四之功也。将赏之必先燕之，故言饮酒。然上九亦得与者，五之词曰君子之光有孚，谓卦中之三刚，六五皆能相合以成孚也。上与四皆左右于五，伐小狐之役，四以孚奉命而行，上以孚与君相守行者尽其力，居者必赞其谋，是四与二同功，而上亦得次之矣。故当饮酒而歌燕喜，其君臣则柔与刚上下相孚，其僚友则刚与刚亦彼此相孚，故曰有孚于饮酒。饮酒以燕有功，皆有功则皆无咎。在上九亦可以自信者，但臣待君宴过三爵非礼也。若饮酒而不知节，则将濡其首矣。按：《国风》曰“赫如渥赭”，此濡其首之色。《小雅》曰“侧弁之俄”，此濡其首之貌也。有孚于饮酒而至此，则所谓有孚者，将任情而忘礼矣，故曰有孚失是。是即是非之是，失是则非，此于无咎之时而得咎也，可不戒哉？按：未济之有孚于饮酒，在上卦之二刚，其火体不中之性，必皆有未能尽化者，然取而较之，其位当权要，劳苦功高，上不如四也。而濡首失是之戒，犹谆谆焉，天威不违颜咫尺，彼四之受饗于君，其无敢陨越以致咎者，当何如慄恪也。

**饮酒濡首，亦不知节也。**

管见：既济之上六称濡其首，盖因坎体为水而取行险之象；此爻称濡其首，则承上文饮酒而言不知节之象也。传恐读者不辨，故曰饮酒濡首，使人知其与既济词同而义别耳。亦不知节，亦字从爻中无咎转出，盖上九之有孚于饮酒，本为无咎，至于饮酒而濡其首，则亦不知节矣。不知节，亦无咎而有咎矣。

**图书在版编目（CIP）数据**

凝园读易管见/(清)罗典撰;兰甲云校点.—长沙:岳麓书社,2013.5

ISBN 978-7-5538-0075-2

Ⅰ.①凝… Ⅱ.①罗…②兰… Ⅲ.①《周易》—研究 Ⅳ.①B221.5

中国版本图书馆 CIP 数据核字(2013)第 006952 号

湖湘文库

**湖湘文库编辑出版委员会**

# 凝园读易管见

**据湖南图书馆藏本校点**

**作　　者**　〔清〕罗　典

**校　　点**　兰甲云

**责任编辑**　马美著　刘　文

**特邀编辑**　赵振兴

**整体设计**　郭天民

**出版发行**　岳麓书社

**网　　址**　http://www.yueluhistory.com

**地　　址**　湖南省长沙市爱民路47号

**邮　　编**　410006

**电　　话**　0731—8885616(邮购)

**经　　销**　湖南省新华书店

**印　　刷**　唐山楠萍印务有限公司

**版　　次**　2024年10月第1版第2次印刷

**开　　本**　960×640　1/16

**印　　张**　32.5

**字　　数**　380千字

**书　　号**　ISBN 978-7-5538-0075-2/B·108

**定　　价**　98.00元

如有印装质量问题，请与承印厂斟换

厂址：唐山市芦台经济开发区场部　电话：022—69381996

邮编：063000